祥瑞 天命 竊國者

史上第一位儒家皇帝王莽和他的時代

張向榮 著

祥瑞・天命・竊國者
史上第一位儒家皇帝王莽和他的時代

作　　者	張向榮
文稿編輯	何維德
責任編輯	何維民

版　　權	吳玲緯
行　　銷	吳宇軒　陳欣岑　林欣平
業　　務	李再星　陳紫晴　陳美燕　葉晉源
副總編輯	何維民
總 經 理	陳逸瑛
發 行 人	凃玉雲
出　　版	麥田出版 104台北市中山區民生東路二段141號5樓 電話：（886）2-2500-7696　傳真：（886）2-2500-1967
發　　行	英屬蓋曼群島商家庭傳媒股份有限公司城邦分公司 104台北市中山區民生東路二段141號2樓 書虫客服服務專線：(886)2-2500-7718；2500-7719 24小時傳真服務：(886)2-2500-1990；2500-1991 服務時間：週一至週五09:30-12:00；13:30-17:00 郵撥帳號：19863813　戶名：書虫股份有限公司 讀者服務信箱E-mail：service@readingclub.com.tw 麥田部落格：http://blog.pixnet.net/ryefield 麥田出版Facebook：http://www.facebook.com/RyeField.Cite/
香港發行所	城邦（香港）出版集團有限公司 香港灣仔駱克道193號東超商業中心1樓 電話：852-2508-6231 傳真：852-2578-9337
馬新發行所	城邦（馬新）出版集團【Cite (M) Sdn Bhd.】 41-3, Jalan Radin Anum, Bandar Baru Sri Petaling, 57000 Kula Lumpur, Malaysia. 電話：(603) 9056-3833 傳真：(603) 9057-6622 Email：service@cite.my

印　　刷	前進彩藝有限公司
電腦排版	黃雅藍
書封設計	陳文德

初版一刷	2022年6月
定　　價	550元
I S B N	978-626-310-221-7

原書名：《祥瑞：王莽和他的時代》
作者：張向榮
本作品中文繁體版由北京行距文化傳媒有限公司、北京世紀文景文化傳播有限責任公司經光磊國際版權經紀有限公司授權城邦文化事業股份有限公司麥田出版事業部在全球（不包括中國大陸，包括台灣、香港、澳門）獨家出版、發行。

國家圖書館出版品預行編目資料

祥瑞・天命・竊國者：史上第一位儒家皇帝王莽和他的時代／張向榮著 -- 初版. -- 臺北市：麥田出版：英屬蓋曼群島商家庭傳媒股份有限公司城邦分公司發行, 2022.06
608面；15×21公分
ISBN 978-626-310-221-7（平裝）

1. CST：（漢）王莽　2. CST：傳記
622.19　　111004399

目次

引子：皇帝之死

漢元壽二年六月戊午（西元前一年八月十五日），深夜。

像往常一樣，長安城正在宵禁。按照漢律，即使官府也不許在夜間捉拿嫌犯。[1]路上除了巡夜的衛兵，絕無閒雜人等。雖是溫熱的夏季，寧靜的氣氛裡透出肅殺。

此時，一個從長樂宮，也就是太皇太后王政君住處出來的人在街上疾行，格外引人注目。知曉了他的身分，巡夜的衛兵們不敢阻攔，只偷偷猜測宮廷中又發生了什麼事。

此人匆忙趕到一處閭里，穿過閭里和宅第的重門，很快見到了被叫醒的主人——太皇太后的侄子、新都侯王莽。王莽曾經擔任大司馬，但在六年前被免職，更在四年前被逐出長安遣回封國。一年多以前，他才被召回長安照顧姑媽王政君，眼下正賦閒在家。

使者傳達了王政君的旨意：盡快收拾準備，立即趕去未央宮。

未央宮是皇帝所居的宮殿，漢家天下的心臟。

王莽雖屬外戚貴族，但在外朝也就是「政府」沒有任何職務，皇帝也沒有賜予他能夠進入內廷宮禁的身分。因此除非皇帝召見，王莽沒有資格進入未央宮。當然，還存在另外一種可能：

使者說出一個令王莽極為震驚的消息：剛剛，皇帝晏駕了！[2]

王莽的震驚，一是消息來得太突然。這位名諱劉欣，後人稱為漢哀帝的年輕帝王，早已將王莽徹底趕出權力場。王莽四十四歲，皇帝才二十五歲，只要他活著，王莽註定將老死於戶牖之下。二是漢廷必已陷入嚴重的統治危機。王莽迫切地想知道劉欣是否有遺言？倘若有，安排誰繼承帝位？姑媽急召自己入宮是真是假？是吉是凶？……

大約一兩個時辰之前，未央宮。

皇帝劉欣覺察自己即將大行，命令掌管玉璽的官員符璽郎取來傳國玉璽和綬帶——這是皇帝占有大位的標誌——交給了陪伴在龍床前的二十三歲寵臣董賢，並說了一句意味深長的話：

無妄以與人。[3]

就是「不要隨便交給別人」的意思。

說完不久，劉欣就晏駕了。他沒有子嗣，也沒有指定繼承人。按理說，如此重大的消息應當盡快稟報太皇太后。天下沒了皇帝，她的身分最為尊貴，而且她居住的長樂宮與未央宮並不遠。

但消息被董賢有意無意封鎖了。

後人把董賢看作古代最著名的同性戀者之一，劉欣的情人，典型的「佞幸」。這當然不錯。董賢原本籍籍無名，是劉欣當太子時的太子舍人，為劉欣所愛慕。劉欣即位兩年後，藉故將他召回到身邊擔任侍從職務黃門郎。此後，兩人朝夕相伴，形影不離。

建平二年（西元前五年[4]），定襄郡[5]發生了一件災異，有匹母馬生了一隻三足的馬駒。《漢書》

後來認為，馬是打仗的利器，三足的馬怎麼打仗呢？這就意味著將有一個不堪此任的人當上大司馬。果然此後不久，二十幾歲的董賢被拜為大司馬，居上公之位，頭銜包括高安侯、大司馬、衛將軍、領尚書事，成為帝國的二號人物，家人也迅速飛黃騰達，印證了三足馬的災異。

但這是他人眼中的董賢，劉欣可未必這麼看。細察劉欣晏駕當日之情形，他雖然沒有選定劉姓繼承人，但把傳國玉璽和印綬交給董賢的動作以及囑咐，就像是一份交代後事的政治遺囑，說得更清楚些，就是希望董賢當天子，最起碼也是要董賢來主持選擇繼位者。

這不是沒有根據的猜測，一來因為傳國玉璽不是一個只具有形式意義的印璽，而是高皇帝從秦帝手中繼承的最珍貴的東西，是劉氏家族合法統治天下的證物。二來，這已經不是劉欣第一次表達禪讓的意思了。

最初，董賢剛被拜為大司馬時，冊文裡使用了「允執其中」，這句話出自《尚書》，是堯禪位給舜時說的。用在拜董賢為大司馬的冊文裡，顯得非常扎眼。當時就有勛舊私下裡議論，「此乃堯禪舜之文，非三公故事，長老見者，莫不心懼」[6]，就是說用這四個字冊立三公，別有意味。

第二次，是劉欣在未央宮麒麟殿與董賢父子等近臣飲酒宴樂，或許是出於試探，或許是借酒發揮，他看著董賢，從容一笑說：

> 吾欲法堯禪舜，何如？[7]

意思是，「我打算效法堯舜禪讓，把皇位讓給你，怎樣？」這比起在冊文裡隱晦使用「允執其中」，當然更進了一步。

劉欣一而再、再而三地表達禪讓的願望，在後世看來頗不尋常。東漢、曹魏、東晉末年的禪讓，都是因為皇帝早已成為傀儡，大權已成權臣的囊中之物。但劉欣卻是牢牢把控著皇權，既沒有霍光這樣僭越的權臣，也沒有呂氏家族這類越軌的外戚，更沒有反叛的諸侯和入侵的外族。

一個大權獨攬的皇帝要將繁盛的帝國拱手相讓給異姓，透露出他本人陷入了嚴重的精神危機。帝制時代，皇帝的精神危機就是帝國統治危機的表徵。

於是問題來了，劉欣的精神危機是什麼？來自哪裡？

從後人的視角看，劉欣死後不到十年，西漢就被新朝取代，演繹中國帝制時代的第二次改朝換代。這說明，劉欣的精神危機的確不是他個人的事情，他的暴亡使漢朝陷入了空前危機。

但是，一般來說，王朝的覆滅往往與政治的敗壞、經濟的崩潰、文化的腐朽、版圖的分裂、禦外的失敗相關聯。而劉欣晏駕時的漢朝，基本沒有上述問題，至少程度遠沒有那麼嚴重。諸如土地兼併、貧富分化、自然災害之類的社會問題當然存在，但對比東漢外戚與宦官交替專權、西晉的「八王之亂」、唐末的藩鎮與黃巢、明末的叛亂與後金旁伺……西漢末年的時勢根本達不到崩壞的程度。

從大的方面看，自漢景帝治內「七國之亂」以來，已經約一百五十年沒有發生過大規模內亂了，稱得上承平日久；外部，困擾了漢朝多年的匈奴問題也已緩和，從漢武帝派衛青和霍去病追亡逐北、漢元帝派「昭君出塞」至今，漢朝與匈奴已經和平共處了三十多年，說起匈奴和自家親戚的感覺差不多，西域的局面也很穩定。

生活在此時的西漢普通臣民，其富足程度雖然不宜誇張，但也絕沒有要天下大亂的慘澹：戰爭的平息、社會的穩定帶來經濟增長，人口臻於極盛。據《漢書》記載，到漢哀帝的繼任者漢平帝元始二年，漢朝的在籍人口達五千九百五十九點五萬人，墾田約八百二十七萬頃，在兩漢最為阜盛。[8]

從劉氏的統治看，漢朝開國以來經歷過多次皇權交接時的統治危機，多數看上去更嚴重。高皇帝死後呂后秉政、呂氏上位，靠的是高皇帝的一班勛舊功臣和劉姓諸侯發動政變，才得以扭轉局勢；漢武帝好大喜功，極度壓榨民力，晚年的「巫蠱之亂」更是釀成皇太子自殺、漢昭帝八歲即位的危亡局面；漢昭帝死後昌邑王只當了二十七天皇帝就被霍光廢掉，改立漢宣帝，局面一度危如累卵。

於是另一個問題來了：以往更嚴重的局面都能有驚無險地度過，為什麼劉欣之死會導致漢朝統治的空前危機，並且漢朝最終沒能挺過去？

對於上述兩個問題，一個籠統的答案是：以往的危機只是權力危機，而此時的危機是合法性危機。所謂合法性，就是「天意」。權力危機不出長安城，甚至不出未央宮；而合法性危機則遍於天下。

劉欣的精神危機，其實就是漢室的合法性危機。

漢朝以高皇帝提三尺劍取天下，槍桿子裡面出政權，但政權要長治久安，就不能純粹以武力這種粗鄙野蠻的方式作為合法性來源，需要設計一套文雅、仁義、道德的高尚理由或者說政教倫理才能行穩致遠。在當時，關於政教倫理的解釋權掌握在儒家手中，也就是人們熟知的「德性」。

漢朝是否符合儒家的理念，意味著它能否具備統治的合法性。

而漢朝人的一大特點，就是信天意、信鬼神、信天人感應。天上、人間、地下是一個渾然的世界。生亦何歡，死亦何苦？反正鬼魂不滅。地理對應著星圖，星宿對應著君臣。上天不語，但會通過地震、水旱、蝗蟲等「災」和日食、隕石、謠言等「異」，抑或雉鳥、嘉木、彩雲、甘露等「祥瑞」

來表達意志。

這些災異和祥瑞，有對未來的預兆，有對過去的褒貶，體現了上天對統治者的真實態度。儒生通過儒學的「理論」和數術的「科技」，掌握著解答災異和祥瑞寓意的鑰匙。由此，漢朝的統治、儒家的理念、上天的意志，就集中體現在災異和祥瑞上。

其實，漢朝的合法性危機，早在漢昭帝時期已有徵兆，朝野流傳起劉姓皇室即將失去天命的可怕預言。那是距劉欣晏駕七十七年前的漢昭帝元鳳三年正月，霍光掌權時期。泰山、萊蕪山的南邊有塊巨石自己豎了起來，石頭旁邊還有數千白色的烏鴉聚集。與此同時，皇家園林上林苑裡有一棵枯斷在地上許久的大柳樹忽然復活，也立了起來，有蟲子把樹葉吃成文字，是五個字的讖語：

公孫病已立。[9]

此時，漢廷有個擔任符節令[10]的中央官員名叫眭弘，是位儒家人物。他根據《春秋》推斷：這些災異意味著「王者易姓告代」「匹夫為天子」[11]，也就是要改朝換代；鑒於「漢家堯後」，漢室是堯的後代，所以漢昭帝應該主動退位，禪讓給舜的後代「公孫氏」。

霍光見此，認為「妖言惑眾，大逆不道」[12]，將眭弘殺了。

這件事情的後續，一方面，漢昭帝死，昌邑王被廢，霍光改立漢宣帝。漢宣帝原名劉病已，又是漢武帝的曾孫，正好符合「公孫病已」的讖語。所以，眭弘的大膽進言被證明是真的，原以為預示漢朝滅亡的災異，實際是漢宣帝登基的祥瑞。漢宣帝後來徵眭弘的兒子入朝為郎，有報答之意。

但另一方面，這次預言被證實，又強化了王朝改姓易代的必然性，使得漢室必定退位自此成為一股暗流，湧動在朝野之間。其實，眭弘當時很有可能就是在暗示讓霍光稱帝[13]，因為推演族譜，霍氏被認為能追溯到舜。

於是，漢昭帝的繼承人漢宣帝為了對沖這種輿論，積極回應執政期間出現的地震、日食等災異，向臣民展示自己的大度胸懷和化解危機的能力；同時大力宣傳各種祥瑞，略略統計一下，漢宣帝時期不斷有鳳凰在全國各地出現，甘露頻繁降臨未央宮、上林苑，神爵（也就是神雀）多次出現在泰山和皇家祭祀地雍城，五色鳥鋪天蓋地飛過，更罕見的是出現了黃龍。漢宣帝一共只有七個年號，至少有四個來自祥瑞：神爵、五鳳、甘露、黃龍。

縱覽漢宣帝時期出現的祥瑞，數量幾乎可與王莽時期相媲美。

事實上，災異和祥瑞本質而言是一回事，漢宣帝的做法一時鞏固了天下對劉姓仍然葆有天命的信心，但也對災異和祥瑞的信仰推波助瀾，使得朝野對異象蘊含的預言愈加深信不疑。合法性危機的種子一旦種下，就會生根發芽。

到了漢宣帝的兒子漢元帝、孫子漢成帝時期，這類預言已經在民間廣泛流傳，一些儒家信徒根據「五德終始」「漢家堯後」等說法，篤信只要繼任者的祥瑞不斷出現，堯的後代劉姓一定會禪讓給舜的後代，火德終究被土德取代，這是不可違的天命[14]。

這就好比「事物發展的客觀規律」，當時的人們恰恰因為和平穩定太久了，才會盼望天命轉移，認定漢室讓賢將會帶來更美好、更公平正義的明天。

在這一「客觀規律」的「歷史必然性」下，扮演「歷史偶然性」的就是劉欣的突然晏駕，以及我們的主角王莽倉促登上歷史舞臺。因此本書並非旨在提供又一部王莽的傳記，而是考察帝制時代人們追求並「實現」儒家版「理想國」的一段歷史，並在接下來的細節裡窺探舞臺上誰是玩偶、誰是主人，有何教訓、有何經驗，以及看罷這場戲劇後是感到充實抑或虛無？
讓我們從巍巍漢室說起……

第一章

漢室

邪徑敗良田，
讒口亂善人。
桂樹華不實，
黃爵巢其顛。
故為人所羨，
今為人所憐。

——漢成帝時歌謠

一、安得猛士兮守四方[1]

1 劉邦的隱憂

漢高帝十二年冬天[2]，劉邦剛剛在蘄西[3]一帶擊破叛亂的淮南王英布的軍隊，他令屬下繼續追擊，自己啟程返回長安。途經故鄉沛縣時，劉邦特意駐留，把當年的故人父老找來一起喝酒，選了一百二十個沛縣子弟教他們唱歌。且歌且酒，劉邦喝醉了，親自擊筑，唱了一首著名的楚歌：

大風起兮雲飛揚。
威加海內兮歸故鄉。
安得猛士兮守四方！

歌罷，又讓那一百多個年輕子弟們唱，他自己在眾人面前起舞，「忼慨傷懷，泣數行下」。劉邦對這些故舊父老們說，他是「遊子悲故鄉」，其實也是衣錦還鄉，所以他在沛縣待了十幾天，並永遠免除了沛縣和豐縣兩地的賦稅。

不過，劉邦雖然自詡「威加海內」，卻發出了沒有猛士守四方的感慨，透露了他內心的不安全感。

明明外有劉姓子弟的諸侯國，內有從豐沛起家時跟隨自己的功臣，為何劉邦還要說「安得猛士兮守四方」？

劉邦有理由對天下的局勢備感憂慮，尤其是對自己死後這個國家能否維持下去並不是很有把握。這是因為，劉邦首先是個戰國人，秦併天下的時候，他已經三十五歲[4]了，不必說在人均壽命只有二十幾歲的秦漢，即使在二十一世紀，一個三十多歲的人，他的觀念也已定型。劉邦出生的時候，「戰國四君子」有三人還健在[5]，作為魏國的移民後裔、楚國的編戶齊民，他性格上極度欣賞「竊符救趙」的信陵君魏無忌，還曾經給魏無忌的門客張耳當門客；風俗習慣上又屬於楚文化。所以，在劉邦以及時人的觀念裡，天下屬於列國是天經地義的事情。

後來，秦國分滅六國，各國君主退位，只比劉邦大三歲的趙政[6]成了皇帝。按照秦制，劉邦到咸陽去服徭役，有幸圍觀了出行的趙政，於是感慨道，「嗟乎，大丈夫當如此矣！」劉邦這才意識到，在列國的封建之外，還有一種集權的安排，還有一個比「王」更高的新鮮稱號：皇帝。

此時劉邦所心儀的「大丈夫」，就不完全是信陵君那樣的人物了。列國並立和皇帝一統同時進入了他的觀念。

劉邦四十八歲時，也拉起隊伍加入蜂起的反秦大軍。他這個年齡是貨真價實的「長者」，比起那些血統尊貴的六國舊貴族，比起光芒四射的年輕人項羽，劉邦顯得比較邊緣。好在，他遵照楚懷王的命令先進入咸陽，終結了已經去掉帝號的秦王國。劉邦可能會想起，僅僅幾年前，他還在這裡仰視皇帝，而今天卻成了這座城市的主人。

後來，在蕭何的努力下，劉邦的漢王國延續了秦法，並仿照秦制改組建立了王國朝廷，繼承了秦國的體制。

但是，這個體制只限於漢王國自身，至於天下要形成怎樣的統治秩序，漢王國將來能走到何種程度，此時的劉邦未必有清晰的觀念。用後來史家的話說，從秦亡到漢初，是一個「後戰國時代」[7]。「後戰國時代」最鮮明的特徵，就是戰國時期的舊貴族紛紛復國。項羽西楚霸王的身分，是各諸侯王的共主；劉邦後來在定陶稱的皇帝，和嬴政的「皇帝」並不完全一樣，而是更近於項羽的西楚霸王，也是諸侯王的共主、盟主。因此，這些諸侯王名義上是由劉邦所封，但各諸侯國的地位和劉邦的漢朝基本上是並列的，諸侯王統治的臣民也不把自己看成漢朝人。

劉邦的不安全感正在於此，他雖然是皇帝，但有效統治的範圍並不及於諸侯國的土地，甚至也不及於功臣所封侯國的封地。怎麼辦？學習秦朝在天下普遍建立郡縣制？把漢朝從秦朝繼承來的體制應用到天下？

那要問各位諸侯王和跟隨他的功臣，不必說諸侯王們肯定不答應，就是一般的功臣也未必答應。天下初定時，劉邦與功臣們在洛陽南宮聚會，他讓功臣們說說為什麼自己能代替項羽擁有天下，功臣們坦白，論「人品」劉邦肯定不如項羽，但劉邦能把打下來的土地給群臣，「與天下同利也」，項羽卻嫉賢妒能，「得地而不予人利」。

這個對比看似讚美，細想來頗有攻擊性，是在「告誡」劉邦，功臣們跟隨他的真正動力就是能夠分天下。劉邦當然聽得出這個意思，綿裡藏針地反駁說「公知其一，未知其二」。「其一」，即劉邦並不想甚或不敢否定功臣的這番道理；但「其二」則是說，張良、蕭何、韓信這三位人傑「吾能用之」，言外之意就是強調我能駕馭這三個最強的功臣，普通的功臣還是收斂一點為好。[8]

這番酒桌上的對話，揭示了劉邦得以建國，既因為「誅暴秦」的功績，還因為他對外是諸侯王的盟主，對內是功臣列侯的盟主。[9]所以大家會支持盟主當皇帝，條件是可以「大者王、小者侯」，天下由列國分享是大家腦海裡普遍的觀念，不然，劉邦的下場就會和項羽一樣。

據說劉邦曾經手敕兒子劉盈，說了一句話：

汝見蕭、曹、張、陳諸公侯，吾同時人，年倍於汝者，皆拜。[10]

此事未必屬實，但仍可見蕭何、曹參、張良、陳平等人之地位。

因此，所謂漢初的「郡國並行制」，並不是被預先選擇或設計的制度，而是戰國、秦、西楚以來的慣性；而依靠功臣、給功臣封侯，又是劉邦得以被其他諸侯王推舉為皇帝的前提。

一個新政權建立，至少要解決兩個基本問題，一是「建政」問題，就是政權如何組織。統治者怎麼才能把自己的意圖貫徹下去？怎麼對國家進行有效的治理？怎麼調動你所需要調動的人力物力等資源？這其中又涉及兩個方面：一方面是中央和地方的關係，是集權還是自治？另一方面是政權依靠哪些人來管理，怎麼管理，怎麼擺布功臣、宗室、外戚、文法吏、儒士在政權中的位置。

二是「建國」問題，就是這個政權的性質是什麼，合法性在哪裡，用何種意識形態立國，確立何種政教倫理。通俗地說就是，我憑什麼讓你們服從我：血緣與宗法？武功與暴力？收買與分贓？宗教與信仰？一個政權不論怎麼得到天下，遲早且必須擁有自己的政教「德性」，否則就始終是流氓政權，不可能長治久安。

從劉邦建漢到王莽建新，其實就是對這兩大問題進行解決、修正的過程。簡單地說，從王國侯國高度自治到皇帝中央集權「一人專制」[11]，給了王莽崛起於中央而不受地方挑戰的機會；從漢初依靠功臣和宗室到依靠外戚，給了王莽身分上的先天優勢；從延續秦政、依靠文法吏，到不斷改制、依靠經師儒生，「王霸之道」讓位給「周政」，給了王莽在意識形態上勝出的絕對把握。

劉邦在沛縣高歌起舞的時候，這兩個問題他都還沒有解決，只能任由自己在歷史的慣性中沉浮。對沒有猛士為他守四方的不安全感，他無力根除。

劉邦活著時，能做到的就是從洛陽遷都長安以防備關東諸國，同時儘量把個別諸侯國的土地變成漢郡，以及最重要的是把異姓諸侯王基本上換成劉姓諸侯王，希望自家宗室子弟能夠出於宗法血緣來拱衛嫡系。把這些事情做完，也就是在沛縣高歌起舞之後半年，他就死去了。

劉邦留下的，是一個「建政」和「建國」均未完成的國度。

2 漢文有道恩猶薄？

劉邦臨死之前，呂后問他，「陛下駕崩，若蕭相國也去世，誰能代替他？」劉邦說，「曹參可以。」呂后繼續問，「下一位呢？」

劉邦說：「可以讓王陵和陳平搭班子，讓周勃當太尉（管軍隊）。」呂后再問繼任者，劉邦說：「這就不是你能知道的了。」

呂后問得如此詳細，劉邦安排得也很明確，呂后卻在劉邦死後密不發喪，向這些勛臣們隱瞞，司馬遷甚至認為呂后有殺光功臣的打算。直到四天之後，大臣酈商才通過呂后的寵臣審食其告訴呂后，密不發喪意味著對功臣不信任，而現在功臣們內掌大權，外領重兵，如果這種不信任蔓延開，那就會群起攻之，劉氏和呂氏都會滅亡。

呂后這才發喪。

劉邦已經明確授意功臣繼續負責「政府部門」[12]的情況下，呂后依然對功臣沒有安全感。這正是皇室在漢初面臨的狀況：漢朝內部，治權由功臣所掌握，劉邦安排身後的丞相任職，說明功臣牢牢把控著「政府」；外部，諸侯國雖然是宗室，但除了定期奉朝請[13]之義務，地位是獨立的。國王自行選聘除丞相之外的官吏，而且官吏的名稱印綬俸祿和漢朝等同；自己建立宮廷；自己徵稅自己用，還能收人頭稅。漢廷給這些諸侯王的文書，形式上等同於外交文書[14]，雖然號稱君臣，實際上和敵國差不多，邊境線上也互設關卡防備，一些重要軍事物資比如戰馬，更是嚴禁流通販賣。

二十世紀八十年代張家山漢墓出土的《二年律令》裡，記錄了漢初漢朝對諸侯國的高度警惕：

> 守乘城亭障，諸侯人來攻盜，不堅守而棄去之，若降之，及謀反者，皆腰斬。其父母妻子同產無少長皆棄市。[15]

就是說，為漢朝守備的官員如果在諸侯攻打時棄城而逃，視同謀反，不僅本人腰斬，還要誅滅三族。這是極為嚴厲的懲罰。

在這種內外交迫的情勢下，即位的皇帝劉盈無力應對，皇權主要靠呂后以劉邦妻子的身分來維持。

呂氏是漢朝的第一個外戚，由此可見，恰恰是外戚保證了皇權的穩固。所謂「外」，那只是從宗法的角度來說，若從皇帝自身情感而言，比起叔伯、堂兄弟們，母親才是至親。也就是說，外戚從一開始就是皇權的一部分，這一基因深深鏤刻在漢朝的皇權之中。皇室要想對抗功臣和諸侯，外戚是必要的補充和依靠。呂后把呂氏家族的成員封為王，並讓呂產當相國，維護的也是皇室的利益。

但這就侵奪了功臣和諸侯王的利益。所以呂后一死，關東的齊王劉襄率先發難，逼近函谷關，說是勤王，實際有奪取帝位之意圖。劉襄是劉邦的長孫，他的二弟朱虛侯劉章、三弟東牟侯劉興居都在長安，在他倆的策動下，漢朝的大臣們很快就與齊王裡應外合，一舉誅滅了呂氏家族。其中，劉章親手殺掉了呂產。

諸侯王的勢力如此強大，功臣們當然不敢取劉氏而代之，而是選擇諸侯王即位。皇室的大宗嫡系僅延續兩代即告滅亡，虛弱可見一斑。

若論功行賞，當然是由齊王劉襄繼承皇位了，劉章、劉興居也是這麼想的。但是，功臣們掌握著漢朝政府的實權，他們不願意引入實力強大、外戚難以駕馭的齊王來繼承皇位，以免再造呂氏，就擁立劉邦僅存的兩個兒子中年長的代王劉恆為皇帝。

劉恆——就是漢文帝，並沒有參與齊王的行動，在這次政變裡，他是置身事外的。所以，當漢朝使臣來到代國，要迎他即位時，他非常謹慎，召集王廷的官員前來商議，大家的意見基本一致——不能去：

> 漢大臣皆故高帝時將，習兵事，多謀詐，其屬意非止此也，特畏高帝、呂太后威耳。今已誅諸呂，新喋血京師，以迎大王為名，實不可信。願稱疾無往，以觀其變。[16]

這段話清楚地揭示了當時漢廷、諸侯和功臣三者之間的關係。代國的官員們將中央官員稱為「漢大臣」，顯然將漢朝和代國看作兩個國家，也說明漢廷中央政府的權力掌握在功臣手中。功臣與皇室的關係，也不是那麼一條心，而是「畏高帝、呂太后威」。而且，此時呂后所立的皇帝尚在位，所以，假如入主漢廷，會不會是陰謀？即使不是，恐怕也會受「漢大臣」們挾制，甚至有生命危險。

最終代國中尉宋昌力排眾議，認為功臣雖然強大，但劉姓諸侯王更強大，「內有朱虛、東牟之親，外畏吳、楚、淮南、琅邪、齊、代之強」[17]，所以，大可以放心去當皇帝。

劉恆於是決定即位，出於謹慎，他走一步看一步，到了長安附近的高陵就停下了，讓宋昌進入長安觀察。宋昌到了渭橋，受到漢朝大臣歡迎，劉恆才又進到渭橋。周勃跪上天子印璽，劉恆這才進入長安城，先住進代國駐長安的「駐京辦」，等劉興居驅逐了在位的小皇帝，劉恆才正式入主未央宮。連夜任命宋昌為衛將軍，接管長安軍隊；張武為郎中令，負責未央宮保衛，親自在殿中徹夜巡邏。

這說明劉恆和劉邦、呂后一樣，也對功臣不信任。入主漢廷後的首次改元伊始，已經穩定政局的劉恆正式拜祭高帝廟，把母親從代國接到長安，並頒布了改元之後的第一份詔書。這份詔書就說了一件事：褒賞誅滅呂氏的功臣和諸侯們。

但是，當了皇帝的劉恆，身分已經變了，在褒賞的背後，他看待呂后的真實態度會是什麼？他真的會憎恨呂氏家族嗎？

未必。

呂氏殘害劉氏子弟，劉恆從情感上當然是反對的。但站在皇帝的位置上，劉恆應該會同情呂氏家族。因為，外戚是皇權的一部分，呂后並沒有取劉氏而代之，而是在不斷抵抗諸侯王和功臣，保衛皇室嫡系。呂后恰恰證明了外戚對於皇權的重要性。

劉恆從誅滅諸呂的政變中吸取的教訓，並不是防範外戚，而是避免再次出現諸侯王領兵叩關，或是功臣發動政變廢立皇帝這樣的事。

此時，一個年輕人出現了。

他的名字叫賈誼。

賈誼值得多說兩句。後世所熟悉的賈誼，是唐人李商隱那首名詩「宣室求賢訪逐臣，賈生才調更無倫。可憐夜半虛前席，不問蒼生問鬼神」裡的賈誼，是一個懷才不遇、被君主所耽誤的人物。事實上，自身陷於牛李黨爭、沉淪下僚的李商隱遮蔽了賈誼的真實面目，在司馬遷筆下，賈誼的生平至少有兩點可說：

第一，賈誼得以進入漢廷中央，是被上司，曾任河南太守、後被徵為廷尉的吳公所推薦。司馬遷特意交代了一個背景，這位沒有留下名字的吳公，是秦丞相李斯的同鄉、學生，而且吳公治下的河南郡「治平為天下第一」[18]。能被吳公推薦，說明賈誼是一位有治術的人。第二，賈誼的主張，實際上頗為劉恆所採納——只是沒有全部採納而已。熟習職場的人都能知道，一個剛從地方被舉薦到中央的年輕人，被皇帝高度重視，連年升遷，即使不被言聽計從，仍然說明他是一個「紅人」，絕非懷才不遇。

賈誼就是如此，他的主張是漢朝要改正朔、易服色、更官名，當然，最迫切的是讓功臣列侯們回到自己的封國，不要待在長安；以及注意避免同姓諸侯王尾大不掉。漢朝之所以還不是真正的帝國，一個重要原因就是功臣和諸侯王的權力太大，漢朝需要強化皇帝的權力。

劉恆及其繼位者們的「建政」大業，就是沿著二十歲出頭的賈誼所設想的目標徐徐展開。

劉恆即位改元後不到三個月，就決意立太子，封舅舅薄昭為軹侯，以鞏固皇權。文帝二年初，丞相陳平去世。按照賈誼的建議，劉恆趁機下詔，要求在長安居住的列侯都必須返回自己的封邑：

朕聞古者諸侯建國千餘，各守其地，以時入貢，民不勞苦，上下歡欣，靡有違德。今列侯多居長安，邑遠，吏卒給輸費苦，而列侯亦無繇教訓其民。其令列侯之國，為吏及詔所止者，遣太子。19

就是說，古代的諸侯都是在封國統治自己的人民，現在很多列侯卻住在長安，封邑的賦稅物資要輾轉運到長安來，耗費人力物力，因此所有列侯必須返回封國，有特殊情況不能返回的，讓侯國太子返國。

此詔令一出，朝廷怨聲四起。因為，這些居住長安的列侯其實就是跟著劉邦的那些功臣勛舊。他們留在長安不僅享受榮華富貴，而且在誅滅呂氏家族的時候，抱團串聯，交通消息，顯示了強大的力量，一旦返回封國，就被打散了。因此，這些功臣們開始抵制，大家拖著不走，彼此觀望。一些勛臣更是大肆攻擊賈誼年少輕狂，居心叵測，挑撥離間。

拖了一年，竟然沒有幾個列侯歸國。劉恆於是在三年初下詔重申。這一次，他改變了策略，把絳侯周勃免去丞相之職，要周勃返回絳國，帶頭做表率。其他列侯功臣見周勃尚且如此，才不得不離開長安。劉恆統治期間，一直嚴格執行這個政策，從而消除了漢廷中央的功臣勢力，代之以他從代國帶來的舊班底。而付出的代價是賈誼受到了激烈的攻擊，被先後外放為長沙王、梁王的太傅，這是貶謫，也是劉恆對他的保護。

功臣會隨著時間的推移而老去，威脅性是下行的；但諸侯王卻恰恰相反，隨著血緣的疏遠以及年齡的長成，威脅性是上行的。事實上，誅滅呂氏家族時立下大功的齊王劉襄、劉章、劉興居三兄弟，就是劉邦的孫輩裡率先成人的，因為他們仨是劉邦長子齊悼王劉肥的後代。劉恆當了皇帝，齊王劉襄的目的落空，不久病逝，劉章、劉興居十分難過，對劉恆表面稱臣，暗地裡又惱又恨。

文帝二年，劉恆將劉章封為城陽王，劉興居封為濟北王，看似賞賜，實際上城陽、濟北本來就是齊國的郡，從老大的國上割下兩個郡給老二老三封王，只能讓劉章和劉興居更加不滿。

文帝三年，劉章去世，幾年前還躊躇滿志準備入主漢室的三兄弟，只剩下劉興居滿懷怨氣地活著。劉章去世兩個月後，正好趕上劉恆到代國視察與匈奴戰爭的前線，劉興居以為劉恆「御駕親征」，長安空虛，覺得機不可失，舉兵造反，但兩個月後就失敗了，劉興居自殺，國除。十二年後，劉恆又借齊國絕嗣之機，將齊國一分為六給了齊王的子孫，齊國被肢解，整個齊悼王世系對皇室的仇恨也就更深了。

與處置齊國的方式相似，另一個頗具實力的諸侯國淮南國也是國王劉長謀反，在被流放的路上自殺，國除；又過了十年，淮南國被一分為三。

以劉恆的實力，在「建政」道路上只能走這麼遠：早立太子以防不測，讓功臣列侯歸國，並對實力強大的齊國和淮南國進行削弱。至於賈誼關於改正朔、易服色、更官名等「意識形態」的政教主張，尚未提上皇室的日程。漢朝「建政」和「建國」的道路仍然遙遠。

至於賈誼，則因為成就功名太早，未能理解這「道阻且長」的大業絕非一代一人所能完成，劉恆已經很不錯了。因此，當賈誼照管的梁王不慎墜馬去世後，他糾結於身為太傅的失職，更傷悼於壯志難酬的抑鬱，不久死去，年僅三十三歲。司馬遷將他和屈原合為一章立傳，表面是哀憐賈誼的命運，實則是把賈誼和屈原拉到一起以批判帝王不識珍寶，以賈誼之酒杯澆自家之塊壘，此為司馬遷之微言大義。多年之後，王安石更客觀地反問說，「一時謀議略施行，誰道君王薄賈生？」而另一位詩人則說得更直白：「梁王墮馬尋常事，何用哀傷付一生？」當然，這些都是後話了。

3 賈生晁錯是知音

吳王劉濞派王太子劉賢入漢朝拜見皇帝劉恆的時候，沒有想到兒子回來時卻成了一具腐爛的屍體。

原來，王太子和皇太子劉啟飲酒下棋，因為爭棋路吵了起來，惹怒了劉啟。大概是飲酒的緣故，劉啟提溜起棋盤就砸到劉賢頭上，竟然把劉賢打死了。

史書說，是劉賢出言不恭在先。但根本原因還是吳國與漢朝之間的關係。諸侯國之所以能與漢朝並列，除了體制因素，還因為各地都有自己的獨特風俗，臣民的當地語系化程度很深，說同一種方言的人彼此會有認同感[20]。吳王二十歲就被分封到這裡，經過幾十年的薰陶，他和他的家族在性格和地域認同上，也會更切近吳國本地。

劉濞高帝六年就被封王，劉恆是高帝十二年才被封王，如今昔日的代王當了皇帝，就可以縱容兒子打死自己的兒子，劉濞之憤怒和不平可想而知。眼見愛子慘死，他說了一句很有意味的話：

> 天下一宗，死長安即葬長安，何必來葬！[21]

這句話表面上很有道理，天下都是劉氏的，劉賢是劉氏子孫，死在長安就葬在長安，何必要運回吳國？但這恰恰反映了漢朝與吳國分屬異國，諸侯王及其家族成員並沒有留葬長安的慣例。所以，劉濞把遺體送回長安安葬，是一個鮮明的挑釁。殺子之仇已經結下，劉濞從此稱病不朝。劉恆為了安撫劉濞，賜几杖（坐几和手杖，敬老者之物），默認劉濞可以不必遵守藩國禮儀。

劉啟即位後——就是漢景帝——繼續朝著「建政」目標努力。此時離劉邦草創功業已過了半個世紀，漢朝內部功臣問題已經解決，一度在高帝時期占據了漢朝三公九卿和王國相、郡太守總量百分之九十的功臣們，到了文帝時期就下降到百分之五十，到了劉啟的時代下降到百分之三十[22]。而像竇嬰、田蚡這樣的外戚，逐漸變得炙手可熱。

半個世紀的時間，足以讓天下人漸漸習慣了漢室天子的地位，有能力的王國臣民願意跑到漢朝任職。漢朝削弱諸侯王和列侯權力的條件愈加成熟。猶如劉恆當年用了賈誼，劉啟則重用了晁錯。

晁錯是靠學申不害、韓非的法家治術起家的，是劉啟當太子時的太子家令。現在劉啟即位，晁錯一躍成了御史大夫，景帝對他幾乎無言不聽。被君主眷顧，就要全心全意為君主著想，身死族滅也在所不惜，這是戰國以來法家之士的傳統和命運。晁錯於是建議削藩，因為「削之亦反，不削亦反。削之，其反亟，禍小；不削之，其反遲，禍大」[23]，這是橫亙在漢帝國「建政」大業之前最堅固的石頭。

所謂削藩，就是削減王國轄內的郡縣。趙王此前有罪，被削去常山郡；膠西王賣爵被查，削了六縣；楚王在文帝薄太后去世服喪期間「私姦服舍」，削去東海郡。這些削藩都是「有法可依」的，所以諸侯王雖然明知道漢朝的真實目的，卻有苦說不出。

漢承秦制，以律令治國，晁錯為了使削藩師出有名，「更令三十章，諸侯歡嘩」[24]，使得削藩變成國策。晁錯的父親聽說了，專門從故鄉趕來阻止，老人家的話頗能代表普通人的慣常看法：

侵削諸侯，疏人骨肉，口讓多怨，公何為也？[25]

晁錯父親關注的不是皇權、統一之類的宏大敘事，而是認為削藩疏離別人親屬，不僅危險，而且不道德。晁錯並沒有否認這一點，他說的是「不如此，天子不尊，宗廟不安」[26]。

通過尊天子來安天下，避免封建分權、列國紛爭，這正是法家的主張。漢帝國的建政道路，到此已經很清晰了，就是要從「後戰國時代」的列國殘念轉向一統理想。

見到晁錯如此固執，老人家預料到兒子將來的結局一定很慘，服毒自殺了。

吳國是遠離漢朝的東南大國，懲於當年的殺子之仇，劉濞暗地裡積蓄力量已經三十年了。這三十年裡，各諸侯國越來越感到漢朝的壓力。「國際局勢」已經與劉邦封子弟的時候大不相同。矛盾不斷積蓄，當漢朝削去吳國會稽、豫章兩郡的文書到達劉濞手中時，他終於等到了起兵的理由。

早在起兵之前，劉濞已經和眾多諸侯王祕密聯絡，承諾跟隨的不只是七國，劉濞致諸侯書所提到的還有淮南王、衡山王等。但到了起兵時，最終成功發兵的只有其他六國，其中：趙國和楚國，是剛剛被削去了大郡的王國；濟南國、淄川國、膠西國、膠東國，國王都是劉肥的兒子。劉肥的另外兩個兒子，一個是齊王，原本也要反，但最後一刻後悔了；另一個是濟北王，被屬下控制，沒能參加叛亂。如果齊國、濟北國也參加，那就是被拆分之前的齊國幾乎全數加入了叛亂。

此外，參加叛亂的還有位於這些王國境內的一些列侯。

也就是說，七國之亂主要是劉邦的侄子吳王帶頭，劉邦的長子齊王劉肥的四個兒子重點參與的叛亂。吳國、齊國，都是民風習俗與關中差別格外顯著、自身經濟實力和人口數量都頗為可觀的東方大國，也是在漢朝削藩中損失最大的王國。七國之亂，一定程度上說是楚漢之爭的重演，並不是一般意義上的叛亂。劉啟的確是在改變漢初劉邦的約定，改變當時人們還比較相信的列國觀念。吳王的動機也不是一定要奪取皇位，而是要讓天下復歸劉邦時期列國並存的「國際秩序」。

劉濞在叛亂之前，已經構思了重點聯絡齊王世系的戰略，他甚至不顧身軀老邁，親自跑到膠西國去面見膠西王。尤為重要的是，劉濞和膠西王除了分析時局，還對叛亂成功後的「國際秩序」做了初步設想：

天下可並，兩主分割，不亦可乎？[27]

劉濞打動膠西王的正是這句許諾：打下天下之後，你我把天下一分為二。這頗似昔年劉邦和項羽在鴻溝二分天下的模樣。當然，膠西王的臣子們並不相信，如今一個皇帝都很麻煩，將來兩個皇帝豈不是更麻煩？認為吳王這話是在「畫餅」。但吳王未必是「畫餅」，他是從劉邦時代過來的人，是真心相信天下應該列國共處。

這就是為什麼七國之亂由幾個王國同時叛亂，大家都是皇室後裔，都有資格爭奪皇位，但似乎並沒有考慮一旦成功了誰當「老大」的問題，說明這至少不是非常重要的問題。不妨對比西晉的八王之亂，幾個國王為了當「老大」或支配「老大」，叛亂是相繼發生而不是同時發生。名雖相似，性質迥然不同。七國之亂並沒有取皇室而代之的明顯意圖。

這就是為什麼劉濞打出的旗號是「清君側」，這三個字似乎純粹是託詞，但在當時被許多人認為是真心話。也正因為此，景帝一度認為是受了晁錯的蠱惑，果然將其斬殺。景帝曾因言語之怒而殺兄弟，又因一時之懼而殺忠臣，後世與文帝並列的令名其實難副。

當然，晁錯是白死了。七國之亂因為戰略戰術的失誤，因為諸侯王國和漢朝權威的此消彼長，因為歷史的潮流就是向帝國行進，戰爭僅僅持續三個月就平息了。擊敗七國的漢朝將軍們，除了功臣後裔周亞夫，還有外戚竇嬰。劉濞之死，意味著最後一批篤信舊時代列國關係的人物的失敗。

此後，景帝可以挾平叛之威，從容對諸侯國進行削弱了。

他主要做了三件事。

第一，拆分叛亂七國。這是最直接的懲罰。景帝或是把有的諸侯國直接廢為漢郡，如濟南國被廢為濟南郡；或是把大國劃出若干郡建立新的諸侯國，讓自己的兒子當國王，如吳國三郡，一郡歸漢朝，兩郡成立江都國，國王是景帝的皇子劉非；或是保留舊的諸侯國，但國王換成自己的兒子，如叛亂的膠東王劉雄渠死後，景帝把皇子劉徹封為膠東王，這位未來的漢武大帝這年才三歲，膠東國實則與漢郡無異。

第二，給諸侯王和侯國降格。叛亂結束後，在平叛中有功的梁王劉武權勢大增，成了現存諸侯王裡的新貴，在親哥劉啟的信任、母親皇太后的寵愛下，劉武竟然派人刺殺了漢朝大臣袁盎。這件事的是非曲直且不論，造成的影響就是景帝覺得必須從制度上消除諸侯王的特殊地位，絕對不能又養出一個劉濞。於是，景帝下令剝奪了諸侯王的治國權力，王國宮廷的官職或是降格，或是裁撤，官吏由漢廷選拔再由諸侯王任命。以往，諸侯國的官職和漢朝的官職名稱一樣，秩級相同，景帝就降低王國官職的秩級，提升漢朝同類官職的秩級。王國的真正統治者變成了漢廷委派的國相，侯國也如此。等到漢武帝劉徹即位後，又藉著淮南王、衡山王謀反案的餘威推行印章制度改革，把諸侯王的玉璽降為金印，收回了諸侯王國僅存的官吏的任命權[28]。

第三，把王國境內的侯國都遷到漢郡裡。以往，漢朝的列侯分封在各地，有很多位於王國境內，七國之亂裡就有一些列侯或是主動或是被脅迫跟隨叛亂。景帝逐漸把這些位於王國境內的侯國遷到漢朝直接控制的郡裡，使這些侯國受郡守的管轄[29]。

這就是漢景帝對漢帝國「建政」的努力。自劉邦立國一個甲子之後，「後戰國時代」的格局已經改變，漢朝終於真正有了帝國的樣子。地方上，王國和侯國基本郡縣化；中央裡，外戚們日益活躍，與功臣後代和從地方拔擢上來的文法官吏們分庭抗禮。

4 漢武帝的建政大業

年輕的皇帝劉徹即漢武帝，見到臨淄人主父偃等人時，說的第一句話是：

公等皆安在？何相見之晚也！[30]

日後的歲月裡，劉徹常常對一些初次見面的臣子表達出這種相見恨晚、君臣知遇的情愫，令臣子感激涕零。當然，這毫不妨礙在某一天突然殺掉他們。這一次，劉徹當下就拜主父偃為郎中，一年將他升遷四次，很快就提拔為中大夫。中大夫這個官職就是後來的光祿大夫，是郎中令的屬官，雖然品秩只有比二千石，低於王國相和郡太守，但卻是皇帝身邊能說上話的人。漢興以來，如賈誼等名臣都有擔任中大夫的經歷。

就像劉恆之於賈誼，劉啟之於晁錯，劉徹對主父偃也是重用的。

主父偃的人生十分坎坷，曾經四處碰壁，屢遭排擠，連族人、兄弟都對他很冷漠。半生流浪，一朝受寵，主父偃就把懷揣著的錦囊妙計一股腦獻給了劉徹，都是很高明的縱橫家術。例如有一條，是借鑒劉邦讓六國貴族遷居關中的做法，強令天下豪傑大族遷徙到茂陵居住，從而削弱了關東豪族，還開發了茂陵一帶，可謂一舉兩得；再有一條，則是著名的推恩令。

在漢景帝的努力下，諸侯國已經大傷元氣，但是版圖仍然很大，倘若聯合起來，勢力仍不可小覷。而且，漢景帝雖然平定了七國之亂，但削藩導致了軍事叛亂，這使得朝野對這種明目張膽的削藩政策並不看好。晁錯的政策被認為是錯誤的，至少也是不高明的。七國之亂也導致漢景帝沒能像漢文帝那樣被尊廟號。正如晁錯父親當年所說的，削藩刻薄寡恩，沒有親情。

主父偃恰好戳中了劉徹的痛處，他認為，既然削藩有違漢家以孝治國的標榜，那麼不妨反其道而行之，把仁孝做到極致。以往諸侯王只有宗子才能繼承王位，其餘的兒子一般沒有封地。那麼，就讓王國把領土分給宗子之外的子弟為侯，這樣既能普施仁義，宣揚孝道，還能削弱大國，一舉兩得。

推恩令實施後，漢朝和王國正式演變為中央與地方的關係，王國宗室們再也沒有對抗漢朝的實力。再以後，已經面積很小的王國，還常常因為犯錯或有罪被削縣，漢初那橫跨數郡的大國，到後來只有幾個縣的版圖了。

不僅是王國，劉徹對列侯們也頗有所圖。劉徹時代，漢初那些封侯的功臣已經傳了兩三代，祖輩的交情和先帝的恩澤都已經被時光消磨殆盡。細察這些遍布全國的列侯領地，劉徹發現，列侯所真正占據的並不是封地，而是租稅。特別是漢初的侯國領地，因為當時天下初定，地廣人稀，所以雖然只有一縣之地，但面積很大，有些侯國的戶數甚至多過推恩令實施後的王國。這就意味著，中央損失了大量的財政收入。

於是，著名的酎金案發生了。

元鼎五年（西元前一一二年）八月，劉徹主持宗廟祭祀，向宗廟獻酒。按照慣例，全國的兩百一十名列侯全都要奉獻黃金來「助祭」。祭祀之事雖是朝廷大典，非常嚴肅，但因定期舉行，禮儀已成套路，列侯們頗認為這是走形式的例行公事，對獻金的成色重量等應付了事。

這一下子就被劉徹抓住了把柄，他小題大做，羅織成罪，以酎金成色不足的罪名，一次性褫奪了一百零六位列侯的爵位，占全部列侯的一半。值得玩味的是，這些被奪爵的列侯裡，劉邦所封的二十四位列侯，有二十位被奪爵；漢惠帝至漢景帝所封的十八位列侯，有十位被奪爵；而從地域看，河南、河內這兩個與京畿地區接壤的郡內所有列侯均被奪爵。因此，劉徹通過酎金案不僅打擊了前朝功臣的勢力，清除了近畿的列侯，還把大量封地收歸中央，從而增加了財政收入，使得中央對地方的統治更加牢固[31]。

不靠諸侯王宗室和功臣列侯，那皇帝依靠誰呢？

劉徹是個不甘寂寞的人，半生在發動戰爭，半生在改革朝廷制度，他需要國家機器更加高效。但是，外朝的朝官們一直大致沿襲著蕭、曹等功臣的風格任職，又沒有蕭、曹等人與皇室的交情，還缺少戰爭時代的歷練，因此越發不能滿足劉徹的統治意圖，越來越不受劉徹的歡迎。

為了找到用得稱手的左膀右臂，劉徹把目光投向了身邊的兩類人：

一類是出入宮省的宮官和省官。有的本身就是宦官，有的是出身低微、才能出眾，但甘願為君主效犬馬之勞的年輕人，劉徹將其安排到中朝，成為名副其實的「御用文人」；還有的是劉徹寵信的外朝官員，就授以侍中、常侍、散騎之類的加官，允許出入宮省。劉徹讓這些人幫助他管理機要、處理公文、傳達指令、參謀規劃，這些中朝官裡領頭的就是大司馬、大將軍。

另一類就是外戚。雖然漢廷出現過所謂呂后干政的事，但呂后並不是一般的「后」，她其實是劉邦的「合夥人」，是漢朝的立國者之一，而且呂后沒有當武則天。所以，這不影響漢朝的外戚特權和傳統。從文景時期的薄氏、王氏家族，到武帝初年的竇嬰、田蚡等外戚，都得到了皇帝的重用。畢竟諸侯宗室們從血緣上都是高皇帝子孫，都有繼承皇位的可能性，但外戚沒有，所以不會爭位。

在王莽之前，朝野從未聽說在先秦有過「小君」（周代稱諸侯之妻為「小君」）家族篡位的事，也沒有見過劉氏的外戚有篡位的企圖，難以想像外戚除了受寵邀功、干預朝政之外，還能有別的可能性。到了劉徹時代，衛青、霍去病、李廣利等外戚備受重用，就是因為外戚又「好用、好棄」又沒有政治風險。

中朝官和外戚都是在漢朝一直就存在的，但只有到了劉徹手中，才變得十分重要，實際權力開始超過宰相領銜的朝官。

宗室的削弱、王國和侯國的郡縣化、中朝官和外戚對皇帝的忠誠，使漢朝終於發生了質的變化。元朔六年（西元前一二三年），劉徹下詔，其中有句話是這麼說的：

今中國一統而北邊未安，朕甚悼之……[32]

這是現有史料裡，漢朝第一次在詔書裡使用「一統」這個詞。這意味著，在劉徹手中，劉邦時期漢朝與列國並存的「天下」徹底轉變為由中央和地方組成，且地方被中央牢固控制的一統「帝國」。這也意味著，中央集權基本不會得到地方的挑戰，宗室拱衛中央的義務名義上還在，但權力實質上已被剝奪，功臣列侯也不再是相對獨立的強大力量。

帝國的「建政」大業完成了。

但是，孤獨的皇室大權獨攬，也隱藏著如果中央權力失守，皇室權力必將旁落的隱患。

二、漢家自有制度

5 黃老與秦制

漢文帝的皇后竇氏很是長壽，從被立為皇后到去世整整有五十一年，幾乎貫穿了西漢的前期。她年輕時是呂后的宮女，去世時已經到了漢武帝時期，是名副其實的人瑞。竇氏特別喜好和尊崇黃老之術，可能是深受呂后影響，更可能是因為她那個年代的漢朝上層人士大都如此。她雖不干涉朝政，但逼著兒子漢景帝學習黃老之術，這種狂熱仍然對政局產生了影響。

一天，兩位大臣在景帝面前爭論一個問題：商湯滅夏，武王伐紂，這兩個或者說一類歷史事件是什麼性質？儒學經師、博士轅固生認為是正義革命；尊崇黃老法家之術的黃生認為是犯上作亂。兩人爭執不下，轅固生最後來了個釜底抽薪：如果湯武是犯上作亂，那麼高皇帝誅秦稱帝也是犯上作亂？

這句話令黃生沒法回答，也令景帝感到警惕，於是禁止今後討論這個問題。轅固生的好鬥、直言，很快就傳到了竇太后的耳朵裡。她就把轅固生召到面前，詢問如何評價黃老之書。轅固生明知皇太后好黃老，卻傲慢地說：「此家人言耳。」意思是說黃老之書是給僕人家奴看的，不是經世治國的大著。竇太后大怒，勒令他去野豬圈裡和野豬搏鬥。野豬不是家豬，對已經老胳膊老腿兒的轅固生來說，無異於猛獸。看來竇太后是要置他於死地。

景帝覺得，轅固生直言不諱，言者無罪，就選了把鋒利的兵器給他。轅固生的行動和他的性格一樣，毫不怯弱。下場後，他一下子刺中野豬心臟將其殺死。竇太后親見這一幕，沉默不語，只好把他放了。

還有一件事，武帝劉徹剛即位，興沖沖地準備制禮作樂，策免了先帝舊臣，令魏其侯竇嬰出任丞相，武安侯田蚡出任太尉，由魯學大師申培公的弟子趙綰出任御史大夫，這三位外朝實權人物都是支持儒學的。同時，九卿之一的郎中令也由申培公的另一名弟子王臧擔任，郎中令就是後世的光祿勳，掌管皇宮侍衛、禁衛軍和舉賢良事務，是皇帝近臣。

在竇嬰、田蚡、趙綰、王臧的運作下，儒學的勢頭突飛猛進，朝廷甚至籌劃修建明堂，制定巡狩、封禪、服色制度。突然有一天，竇太后——如今已經是太皇太后了——從東宮來到未央宮，向劉徹舉證趙綰、王臧有貪贓枉法之事。

漢室的太后輕易不到未央宮，到就是干預大事，甚至臨朝稱制。劉徹還年輕，迫於無奈只得詔令查辦。同日，丞相魏其侯、太尉武安侯皆被免職，明堂停止修建，申培公罷免驅逐。御史大夫趙綰、郎中令王臧下大理議罪，雙雙自殺。劉徹首次制禮作樂的行動以失敗草草收場。

竇太后所做的這兩件事，儘管都有直接原因，但根本在於她對黃老之術的篤信。從劉邦立國到劉徹，黃老的勢力如此之強。那麼是否可以說，黃老之術就是這一階段漢朝的「建國」之道，或者說是漢朝的「德性」呢？

恐怕不能。

黃老之術，清靜無為，後人有時誤判成不干涉民間的活動，以為是西方經濟學裡的「自由放任」。實際上，「清靜無為」主要說的是不增飾過多的律令、禮儀、制度，並不是說不干涉。政府原來怎麼治理，現在還是怎麼治理。漢朝繼承的是秦制，早在劉邦初入咸陽、子嬰投降的時候，就在蕭何的幫助下繼承了秦制，像「約法三章」「悉除去秦法」只是臨時性措施，而且劉邦很快就撤出了咸陽，約法三章並沒有長期實施。

事實上，不繼承秦制，劉邦根本無法擊敗項羽，他自西向東擊敗項羽就是其同齡人秦始皇統一六國的翻版[1]。劉邦立國後，仍然在漢朝的統治區域內實行秦制，秦朝制定的那些官制、爵制、法律大部分繼續執行。所以，「清靜無為」與延續秦制並不矛盾。而所謂黃老之術，只是上層人士的態度、觀念，到了下面可以說仍是法家。換言之，法家「制度」沒有變化，只是上層採取了黃老的「政策」[2]。

黃老與法家本來就有密不可分的關係，司馬遷寫《老子韓非列傳》，將老莊和申韓放在一起，就是因為黃老與法家的這種親緣。例如，黃老崇尚清簡，法家崇尚以清晰明確的律條來約束臣民，兩者一拍即合。

所以，黃老之術並不是漢初皇室主動構建的「建國」之道，而是他們不得不延續秦制的無奈之選。劉邦欣賞陸賈「居馬上得之，寧可以馬上治之乎」的名言，但究竟拿什麼治天下，劉邦並沒有答案。

這就是說，從劉邦到劉徹這半個多世紀裡，漢朝並沒有實現「建國」大業，還是在延續秦制。而秦制總的來說就是三條：律法、文法吏、編戶齊民。

律法是秦制的根本，法家恨不能連每個人每天每頓飯吃幾口都立法，所以形成了龐大的法條。這些律法和現代國家的「法律」在根子上不是一回事。秦制的律法是一種「刑名之學」，世界上任何事，只要它被命名了，就得做到「名實相符」，就需要有律法來規定怎麼達到名實相符。比如說，世界上存在「砍樹」這件事，那就得有律法來規定怎麼砍樹，推而廣之，上到國家大事，下到老百姓的日常生活，事事都得有律法，才能把天下人都「管」起來。而這種名實相符的基礎一旦被破壞了，那麼社會就不穩固了。所以，趙高「指鹿為馬」並不僅是權臣排斥異己，更是「破壞了名實相應的法律基礎」[3]，秦制的國家機器也就逐漸失效。漢朝延續了這種「刑名之學」的觀念，也沿用了秦帝國的大量律法，比如規定「焚書」的著名的《挾書律》，就直到漢惠帝劉盈時期才被廢除。

文法吏，或者叫作刀筆吏，就是掌握、維護這些律令法條，懂得使用「刑名之學」來管理天下事務的行政官僚。他們不是後世的士大夫，而是粗通文墨、精通律條的職業官僚。秦帝國之所以有效率，是因為由文法吏組成的官僚體制非常有效率。按照法家的設想，皇帝是地位最高、最精通且最按照律法行事的首席官僚[4]，可以類比古羅馬的「第一公民」。文法吏不僅是社會運轉的官僚，還是「群眾」的楷模和老師，李斯設計的「以吏為師」的安排，直到漢景帝時期還在詔書裡予以重申——「夫吏者，民之師也」[5]，可見文法吏在秦制中的地位。

編戶齊民，就是「老百姓」。在周代，按地域有國人、野人，按宗法有貴族、平民，地位是不平等的。而編戶齊民之所以叫「齊民」，是因為秦制才不管一個人的出身、地域、家庭怎樣，都是地位平等的民，包括秦國自己的百姓也一樣。從某種意義上說，這是一種歷史的進步。但是，「齊民」不等於現代國家的公民，也不是西周和春秋時期享有一定自由和權利的「國人」，而是「編戶」，被安排在嚴密的戶口和連坐制度裡。他們有繳稅、服役的繁重義務，平時耕種，戰時出征，雖然可以憑藉軍功獲取一定的地位，但幾乎沒有什麼權利。中國社會從戰國到漢朝的歷程，就是老百姓從奴隸加自由民變成農民的歷程[6]。

當然，黃老之術畢竟崇尚清靜，與純粹的秦制有差異。漢朝在繼承秦制的同時拋棄了秦政[7]，刪減秦法，減租減稅，也就是後世所說的休養生息。秦制就好比一臺齒輪嚴絲合縫的機器，秦朝駕馭的時候，採用「秦政」，功率開到最大，超負荷運轉，直到機器過熱而崩潰；漢朝駕馭的時候，拿掉一些不必要的零件，低功率運行，穩定至上。但無論是秦還是漢，都是同樣的一臺國家機器。

西漢前期，皇室成員所做的就是讓這臺國家機器平穩運行，不要重蹈秦亡覆轍。而且，延續了秦制的漢法也只在漢朝直接統治的國土上施行，並沒有大面積地推廣到關東諸國。

但隨著時間的推移、人口的增長，面對內部的諸侯王、功臣和外部的匈奴，國家需要調動的人力物力資源空前增多，這臺機器勢必要加速，要提高功率，那麼，該如何在機器提速的時候，防止秦朝的命運重演呢？換言之，漢朝既然否定了秦政，又延續著秦制，那麼漢朝到底要建立一個怎樣的國家？劉氏家族統治天下的合法性在哪裡？

漢朝「建國」的問題，就這樣浮出水面了。

6. 廢除肉刑的一段往事

漢文帝劉恆剛當皇帝沒幾年，就和齊國較上了勁。

幾年前，齊王劉襄沒能憑藉誅呂之「功」而當皇帝，兄弟幾個都與劉恆結了仇。後來，齊國成了劉恆在位期間被削弱最甚直至分拆的諸侯國。

有理由推知，伴隨著齊國的削弱，劉恆也會將漢法（秦法）一步步在齊國推行。當年秦朝迅速滅亡，原因之一就是秦國本土雖然習慣了秦法，但移植到關東各國後，臣民極不適應，視之為「無道」。所以漢朝雖然延續秦制，但不敢也沒有能力立刻在各諸侯國全面推行秦法。[8]齊國的削弱給了劉恆嘗試推廣漢法的機會。

其中一項可能就是肉刑。

漢文帝十三年[9]，齊國的「糧食局長」、太倉令淳于意被人告發下獄，按律要被執行肉刑。他的女兒緹縈給漢文帝上書，痛陳肉刑之苦，還說願意給官家當奴婢代替父親受刑。文帝讀後特別感動，就把肉刑給廢了，後世遂稱漢文帝為儒家仁政的典型。

細究起來，這件事絕不會如此簡單。首先漢文帝並不是儒家的典範皇帝，他是一位「外取黃老，內主申韓」[10]的君主；其次，淳于意何許人也？僅是一個小小的太倉令嗎？

不然——淳于意是一個被司馬遷注意到，並在《史記》立傳的人物，絕非庸俗的官員。在司馬遷筆下，他是和扁鵲並列在同一篇列傳裡的神醫。

既然是神醫，名氣肯定很大。淳于意後來被釋放時，劉恆下詔詢問他給哪些人治過病？淳于意回答：我給齊王的太后、齊王、濟北王、淄川王、陽虛侯、濟北王的寵妃、濟北王的奶媽、齊王的孫子、齊王寵妃的哥哥等等都治過病，趙王、膠西王、濟南王、吳王都來請我，我怕治不好他們把我抓起來，都沒敢去。由此可見，淳于意不僅名氣大，而且與齊國及齊國衍生出來的諸侯國關係密切。

所以，緹縈的呼籲能上達天聽，並不是她的文筆好，而是因為淳于意是個名人。有理由猜測，齊國被削弱後，漢文帝將漢法移植到齊國，肉刑就是其中之一，在齊國屬「新事物」。[11]但連神醫淳于意都要被處以肉刑，普通臣民的命運可想而知。緹縈的呼籲反映了齊國當地人對這種酷刑的排斥，恰好淳于意是個名人，他的遭遇引起了皇帝的注意。

緹縈的上書能通過層層官僚之手，最終被遞到皇帝手中，還感動得皇帝親自下詔，放人不說，連肉刑都廢除了。她哪能如此幸運？誰為她開的「綠色通道」呢？猜測是漢文帝在淳于意的案子裡，發現了關東民眾對純粹施用漢法已經有所不滿，才借此機會，既要繼續將漢法推廣到關東，又要修訂漢法，避免引發臣民反感甚至反抗。

於是，漢文帝下了那道著名的廢除肉刑詔：

> 制詔御史：……《詩》曰：「愷悌君子，**民之父母**。」今人有過，教未施而刑已加焉，或欲改行為善，而道亡繇至，朕甚憐之。夫刑至斷支休，刻肌膚，終身不息，何其刑之痛而不德也！豈稱**為民父母**之意哉！其除肉刑，有以易之；及令罪人各以輕重，不亡逃，有年而免。具為令。[12]

這則詔書是現存史料中第一個引用儒家經典《詩經》的皇帝詔書，以往，不論是秦始皇還是漢高帝，都不會在詔書裡引用儒家的句子。

詔書，就如同今天的中共中央文件，引用《詩經》就好比一份文件引用「馬列經典」來作依據。

漢文帝並沒有大規模採用儒學的打算，但這起碼說明了，皇室已經意識到漢法的弊端，或者說意識到一個政權不能只靠嚴刑酷法，還要靠「德性」。

在當時，要想平衡「漢法—秦制」的酷烈，除了儒家信條，似乎別無選擇。詔書裡引用《詩經》彷彿開了一扇門，射入一道光，哪怕是不經意的一道光，也足以照亮一段新的路程，為漢朝的「建國」指出了道路。當然，「廢除肉刑」在名義上是非常正面、非常仁慈的舉措，但它的實際效果並不在君王的考量之內。

漢文帝到底是如何廢除肉刑的？

黥，改成把犯人頭髮剃光，脖子戴上鐵圈，去築城服勞役；劓，改為鞭笞三百；

砍去左足，改為鞭笞五百；

砍去右足，改為棄市，也就是在鬧市當眾處死。[13]

——等一下，有沒有搞錯，砍去右腳的肉刑改成了殺頭？

確實如此！皇帝廢除了肉刑，履行了「民之父母」的承諾，表明皇室已經著手進行「頂層設計」，修改秦代遺留下的惡法，逐漸走向「以德治國」。

但其中確有荒誕之處，《漢書》毫不留情地評論道：「是後，外有輕刑之名，內實殺人。斬右止者又當死。斬左止者笞五百，當劓者笞三百，率多死。」[14]就是說，廢除肉刑，表面上減輕了刑罰，實則死的人多了，大部分人在遭受鞭笞時，還沒挨完人就掛了。

想來的確如此，改為鞭笞之後，刑罰的輕重就掌握在基層執法者手中，執法者完全可以根據自己的好惡和意圖，控制鞭笞的輕重，而且花樣一定不少。兩千年後，清代的一些稗官野史裡記載著清代官府的衙役們「打板子」打出了經驗、打出了水平、打出了職業精神，他們可以根據上峰的指示或自己受賄的情況，有時候看上去下手巨狠，犯人卻不疼；有時候看上去輕輕落下，實則打得犯人非死即傷。其手段之精妙，堪稱「國粹」。想來，漢文帝時期的鞭笞，與此情形不會差太遠。

於是，從緹縈救父算起僅僅十一年，也就是漢景帝登基的第一年，就懲於鞭笞的可怕威力，下詔說：「鞭笞是很重的懲罰，犯人就算不被打死，生活也不能自理，朕實在覺得可憐啊。」於是修改法律規定「笞五百曰三百，笞三百曰二百」，減少了鞭笞的數量。又過了十多年，漢景帝發現還是常常打死人，再次修改法律：「笞三百曰二百，笞二百曰一百」。減少數量還不夠，還進一步公布細則，對鞭笞的刑具「竹片」進行標準化設計，規定竹片長五尺，相當於現在的一公尺多點兒；竹片的把兒要厚一寸，竹片的頭要薄半寸。因為竹片是用竹子削的，竹子有節，這些節要刨平，不然會更疼。對鞭笞的部位做了明確規定——「笞臀」。對行刑者也做了要求——「毋得更人」，中途不能換人，否則，一個人打沒勁兒了接著換人打，那犯人一準會被打死。

即便如此，《刑法志》仍然說「酷吏猶以為威」[15]，說明鞭笞始終是令人恐懼的酷刑。東漢儒者崔寔在他的著作《政論》中曾說：「雖有輕刑之名，其實殺也。當此之時，民皆思復肉刑。」[16]老百姓甚至想要恢復肉刑了！

肉刑最終並沒有恢復，漢文帝贏得了仁慈的美名，緹縈贏得了孝順的褒賞，淳于意贏得了完整的身體。但在當時，這個事件恐怕主要是贏得了儒家的心意。

儒家的「王道」，就這樣淫浸著帝國的「霸道」，而王霸之道的關係，也就成為後來的君主所矚目的問題。

7 漢武帝初建漢道

在後來被命名為元封元年的前一年冬天，漢武帝劉徹親自勒兵十萬向北方邊境進發。但這次他並不是要打仗，而是要去泰山封禪，展示武力是封禪前必不可少的準備工作之一。結束了朔方巡狩，又稍稍折回到橋山[17]附近的黃帝陵祭祀，劉徹問隨從：「聽說黃帝不死，現在卻有塚，為什麼？」

有人答道，黃帝確實不死，已經升天了，這裡的陵埋的是他的衣冠。

劉徹的這個問題，透露了他此次去泰山封禪的重要目的：像黃帝一樣長生不老、升天成仙。

幾年前，汾陰[18]的后土祭壇附近出土了一只寶鼎，這個祥瑞令劉徹認為，漢家封禪的時機已經成熟。寶鼎出現了一只，用大臣的話說，意味著「一統」。劉徹即位以後至寶鼎出土之前，他幾乎完成了一生中的大部分文治武功，漢家確實成為「一統」的帝國了。

既然功業完成得差不多，自己也老了，加上連年戰爭導致「天下戶口減半」[19]，就該考慮帝國偃武修文和自己長生不老的事情了。

封禪之事，古已有之，「封」是在泰山頂上封土祭祀天神；「禪」是在泰山下一座名叫梁父的山或其他小山上取土祭祀地神。「封禪」並未專屬後代哪個學術派別。在劉徹的時代，無論是儒家還是黃老，都很重視封禪。儒家把泰山封禪看作天子的特權，「王者易姓受命」，封禪就意味著統治得到了上天的許可，當然前提是封禪者真的具有王者的功業；而術士會把封禪看作人與天通、升天成仙的途徑。

但不論是哪種說法，封禪已經很多年沒有施行過，始皇帝封禪過，再之前就渺茫不可確認了。所以，封和禪分別怎麼操作？用什麼禮儀？一時無人知曉。劉徹召集儒生和方士研究了好幾年，眼下封禪在即，仍然莫衷一是。劉徹把封禪的禮器給儒生們看，儒生們紛紛說不合古制，但要問應該怎麼搞呢，他們又說不出來，而且翻遍了儒經也沒有創制出新的禮儀。

劉徹很不耐煩，事實上，他對儒學沒有研究的興趣，也不關心細節。這次封禪，他的打算是既能效仿黃帝，上與天通，實現將來升天成仙的夢想；又要按照儒家的禮儀來做這件事，從而展示漢家受命於天。至於這兩者如何協調，劉徹並不在意，領導的特權就是「既要又要還要」，至於如何實現那是下面的事情。

離開長安後，劉徹又東巡大海，次年四月終於抵達泰山腳下。而那些儒生和方士們仍然沒有搞清楚封禪禮儀。劉徹決定不再等待，就分別按照在甘泉[20]祭祀太一和在汾陰祭祀后土的禮儀行封、禪之禮。其間，他單獨與寵愛的霍嬗一同登上泰山，霍嬗是霍去病的兒子，此時只有十歲，在父親死後襲爵冠軍侯。兩人在山上做了什麼誰也不知道，因為霍嬗不久之後突然暴病而死[21]。總之，封禪泰山就這樣結束了。

就在劉徹得意揚揚地在泰山封禪時，司馬遷的父親司馬談已在洛陽病危。剛剛遊歷天下回到長安的司馬遷火速趕到父親病榻之前，才知道父親竟然是因為沒能跟隨劉徹參加封禪而激憤發病。

封禪泰山連基本的禮儀都沒有搞清楚，至於令司馬談激憤至此嗎？彌留之際，司馬談拉著兒子的手吐露了緣由。原來，司馬家族從周代就擔任太史，「典天官事」，「天官事」可以理解為「占星術」，因為古代把星圖的星宿看成是天官，通過占星可以察知人間政事，也能通曉曆法的祕密。

所以太史令是非常重要的神職人員，仰觀天文、俯察地理，擔負著協助天子觀象授時、制定曆法的重要使命[22]，進一步說，是輔助天子受命於天的「專業人士」。現在漢家終於封禪，意味著天下將會「更始」，也就是重新開始，這才是真正的建國大業。按照太史的職責，司馬談理應參與，甚至陪同天子登山，引導天子觀象授時。結果連跟隨的資格都沒有，這說明太史令這一職責已經不再重要，或者說，雖然重要但不再由太史令壟斷，皇帝本人說了就算。

於是，劉徹成了漢朝第一個通過封禪泰山而宣稱受命於天的皇帝。劉氏家族從此不再是一個造反起家的暴發戶，也不是先秦舊貴族的延續，而是由上天認可的神聖家族。在法家幫助劉氏皇族「建政」、建立專制集權帝國的同時，儒家終於可以在劉氏皇族的「建國」大業上展示自己的用處。

但是，漢家的「建國」並不是要建立儒家國度，劉徹對儒家的態度在封禪之事上已展示得淋漓盡致。連不喜儒家的汲黯，也曾當面對劉徹說：

> 陛下內多欲而外施仁義，奈何欲效唐虞之治乎！[23]

一個「內多欲」，一個「外施仁義」，精準勾勒出劉徹的個性。「內多欲」，可以理解為劉徹就是始皇帝，好大喜功，征伐四夷，對待臣下殺伐決斷，毫不留情。用人也不拘來路，所以司馬遷才會說劉徹「博開藝能之路，悉延百端之學」[24]，而不是後來班固所猜測的劉徹聽了董仲舒的話「罷黜百家」，更沒有「獨尊儒術」。所以，劉徹時期，黃老的汲黯、法家的桑弘羊、儒家的公孫弘都得到重用，更多的情況是很多大臣兼修儒法，比如主父偃；或是「不學無術」（這裡不學無術不是貶義詞，指未受教育之意），比如霍光。

同時，劉徹確實有「外施仁義」的一面，他願意抬舉儒家來掩飾自己「內多欲」，所以才會在剛登基時的就要搞改制、建明堂，雖然被竇太后阻攔，但專門養儒生的「五經博士」已經正式設立。後來，按照公孫弘的建議，他又建立了中央太學，令郡國選拔優秀子弟到博士那裡「委培」，「結業」後到中央擔任「文學、掌故」等官員，選拔地方上的儒學人才擔任重要地區官員的屬員等。總之，劉徹是把原來「以黃老為主、百家為輔的局面，變成了以儒家為主、兼容百家的局面」[25]。

最重要的，當然是封禪。

封禪之後，劉徹心滿意足地回到長安。

司馬遷安葬父親後，心事重重地回到長安，繼承了父親的太史令職位。

劉徹很快召見了司馬遷，並交給他一個非凡的使命——制定新的曆法。封禪之後，時間重新開始，就需要新的曆法、新的正朔、新的服色。這令司馬遷振奮起來，決意在制定曆法上為太史的職責贏回榮譽。不到一年，在司馬遷和具有天文曆法才能的術士的努力下，《太初曆》制定了。

這一年本是元封七年，正在實行的是秦制的《顓頊曆》，原本是秦尚為列國之時使用的地方曆法，以十月為歲首，統一六國後頒行天下，成為當時的「公曆」，因此被漢朝所沿用。劉徹在封禪後，正式改正朔、定曆數、易服色。把元封七年改為太初元年，實行《太初曆》，以正月為歲首，以往是六年一改元，從此以後四年一改元[26]；從形式上看，太初之後的漢朝，與以前的漢朝已經不一樣了。

秦始皇戴上了王道的面具，就是漢武帝。劉徹之道，以法家的霸道打底，以儒家的王道為表，同時廣羅陰陽法術縱橫之術為我所用，這是一種新的「漢道」。

「漢道」，意味著漢朝的「建國」大業終於摸清了方向。

8 以洪範察變

巫蠱之亂，劉徹將衛皇后家幾近滅族，太子、兒媳、公主及皇孫全部死難。長安城內，丞相劉屈氂和太子的軍隊發生了激烈的巷戰，死傷枕藉，天下震怖。

這期間，寧陽[27]侯國的儒生夏侯勝卻在故鄉平靜地讀書問學，他主要修習《尚書》，最先跟隨同族長輩、有名的經師夏侯始昌學《洪範五行傳》[28]和說災異的方法。董仲舒死後，夏侯始昌作為名儒進入了劉徹的視野。正如劉徹對儒家一貫的態度，他表面上重視，但並不會把經師們放在至關重要的位置上。董仲舒只是個王國相，夏侯始昌則被拜為昌邑王劉髆的太傅。

昌邑[29]是個好地方，四面通衢，物阜民豐。劉髆是劉徹和李夫人的兒子，李廣利的外甥，一時為劉徹所寵愛，所以才被封到這裡。太子死後，劉徹在世的兒子裡，劉弗陵只有三歲，成年的兒子燕王劉旦、廣陵王劉胥俱不為劉徹所喜，劉髆就在舅舅李廣利和舅舅的姻親劉屈氂的支持下，對太子之位有了念想。

此時的劉徹，漸漸從巫蠱之亂的暴虐殺戮中緩了過來。如今他後悔了，他理應明白，自己的豐功偉績是以死了無數人為代價的，正應該由忠厚的太子來改弦更張。現在，自己已風燭殘年，漢朝該如何渡過這個危局？

他開始懷念冤死的太子，一個在高皇帝廟供奉寢殿祭祀的郎官田千秋，因為率先給太子說情，被一下子提拔為大鴻臚。他專門修建了思子宮寄託哀思，忌恨當初曾幫他鎮壓太子兵變的人，包括劉屈氂。

於是又一場屠殺開始了，劉屈氂被腰斬，他與李廣利曾密謀幫助劉髆成為太子的事情也暴露了。此時李廣利正出征匈奴，聽說自己的妻子兒女被朝廷拘押，一時手足無措，戰敗後投降匈奴。消息傳到長安，李廣利被滅族，劉髆的儲君之夢也成了泡影，在劉弗陵即位前夕以壯年之齡去世。考慮到劉徹為了避免劉弗陵被母族挾制而不惜處死他的母親鉤弋夫人，劉髆是否屬正常死亡，給後人留下了謎團。

這場宮廷變故平息後，大臣們似乎沒有覺察到劉徹發生了微妙的變化，還按照皇帝以往的做法提出政策建議。新晉寵臣大鴻臚田千秋與長寵未衰的大司農[30]桑弘羊一同上書，認為李廣利新敗，需要鞏固西域，防備匈奴，提議繼續徵發內地士卒，在車師國以西千里之遙的輪臺屯田。屯田不只是種地，還要設置都尉、疏通溝渠、修築亭燧，是一個耗費大量人力物力的工程。

若在以往，這是符合劉徹胃口的。但劉徹不僅否決了這個提議，還下了一道很長的詔書，反思了過去一段時間對西域和匈奴的政策，頗有悔過之意。詔書的最後說：

當今務在禁苛暴，止擅賦，力本農，修馬復令以補缺，毋乏武備而已。[31]

熱衷於開邊拓土的劉徹竟然說當今的要務是禁止苛政，不要隨便徵稅，鼓勵農民耕種，願意養馬的可以抵消徭役，邊疆的安全只要保持現狀不要鬆弛即可。隨後，劉徹開始安排後事，外朝，提升田千秋為丞相，封為富民侯，政府首腦以「富民」二字封之，其意味不可謂不長[32]。田千秋終於明白了皇帝的意圖以及對自己的真正期許；內朝，由衛皇后的外甥——霍去病的弟弟霍光擔任大將軍大司馬，以內朝大臣的身分領銜輔佐劉弗陵。

不久，劉徹死去。

昌邑王國靠近曲阜，儒學氛圍比較濃厚。基於夏侯始昌的關係，夏侯勝與昌邑王家可能有些聯繫，所以也可能對這些宮廷內幕乃至劉徹的風格有所耳聞。目睹了劉徹這些年來窮兵黷武導致民生凋敝的帝業，身為儒家經師，他對劉徹的評價不會高。

無獨有偶，霍光被劉徹委以首席輔佐的重任，也忠於劉徹，但霍光僅有政客的資質，達不到劉徹的思想高度，也就難以理解劉徹的政策。劉弗陵——漢昭帝即位後，霍光掌權下的朝廷雖然給劉徹立了宗廟，但並沒有尊廟號。漢朝仍然只有劉邦、劉恆的宗廟有廟號，分別是太祖和太宗。劉徹只得到了一個「武」的諡號，不得不說，劉徹給帝國留下的創傷太深了。霍光淡化對劉徹的尊崇，也符合劉徹晚年政策轉向的意圖。

不過，已經成為御史大夫的桑弘羊仍然希望延續舊政策，包括鹽鐵專賣、對匈奴用兵等。桑弘羊精於理財，熱衷為國求利，是劉徹的「好學生」。現在他與霍光同為輔政大臣，兩人不可避免地在政策主張和權力分配上都產生了矛盾。

霍光對儒家沒有興趣，但政敵的敵人就是朋友。既然桑弘羊主霸道，那就拉攏講王道的儒生。在儒家看來，國家壟斷鹽鐵專營是與民爭利，當然會反對。當年公孫弘設太學、選儒生入仕，積累幾十年，效應顯現，儒生的數量已經很多了。於是霍光躲在幕後，讓丞相田千秋出面召開了西漢著名的鹽鐵會議，從郡國選舉了六十多位賢良文學也就是經生儒士，到長安與桑弘羊辯論。經過長達五個月的論辯，桑弘羊遭到不小的挫折，他所主張的郡國酒榷和關內鐵官都被取消，霍光實現了自己的意圖。

正是在這一時期，夏侯勝被漢廷徵為博士，又擔任光祿大夫。他日益感覺到，劉徹造成的嚴重後果，必定使推崇儒家成為社會的廣泛共識；此時儒家還不足以抗衡霸道，中央的權臣裡也沒有儒臣，但力量正在快速滋長，必將從霸道的裝飾品向真正的王道突破。促使他有這個想法的，是不久前發生的一件驚險大事：

漢昭帝始元五年（西元前八二年），有一名男子進了長安城。他乘坐著黃牛車，打著畫有龍蛇的黃旗，身穿黃衣，頭蓋黃巾，一看就非凡俗人等。果然，他熟門熟路地直抵未央宮北闕，對宮門負責傳遞信息的官員說：「我是衛太子。」

衛太子？漢武帝的兒子衛太子不是早在十年前的巫蠱之亂裡就死了嗎？

消息火速傳到宮內，霍光、漢昭帝都很疑惑和緊張，畢竟衛太子死在外地，一般人都沒見過屍體。民間出於同情，一直流傳著衛太子還活著、理應由衛太子繼承皇位的謠言。這事兒如果不能妥善處理，後果會很嚴重，影響到漢昭帝的合法性。

十年前那場政變死的人太多太多了，長安的市民誰不記得呢，消息不脛而走，數萬市民聚集到北闕圍觀。詔令下達，一面讓公卿、將軍、中二千石及以上俸祿的官員去辨認，一面讓負責長安戒備的右將軍勒兵在旁，防止事變。由此可見，漢昭帝、霍光可能也拿不準衛太子到底死沒死。

那黃衣男人對全城的騷動似乎無動於衷，也沒有發表意見或表達訴求。來到現場辨認的丞相御史等公卿官員，看見他如此平靜，沒有一個人敢說話，那些曾經見過衛太子的人，此時也不敢言說是非。十年過去了，誰敢說自己的記憶準確無誤呢？

此刻的氣氛極為恐怖，可能，有人振臂一呼，臣民們就把黃衣男人抬進未央宮為皇帝；可能，右將軍一聲令下，虎狼軍士們大開殺戒；可能，支持黃衣人和支持漢昭帝的官民混戰在一起……

正在此時，京兆尹雋不疑終於趕到，他來自齊地的渤海郡，靠通曉《春秋》而被選為郡文學，後來被漢武帝的繡衣使者，也就是王莽的曾祖父王賀的同僚暴勝之賞識，得以重用，一路升遷至京兆尹。

雋不疑擠進人群，二話沒說，直接喝令左右將黃衣人拿下。圍觀的官民大驚，有人悄聲對雋不疑說，「是不是真的衛太子還不知道呢，先別急，少安毋躁。」

雋不疑說：「諸君對衛太子有什麼怕的？春秋時期，衛國衛靈公的太子蒯聵逃亡，衛靈公死後，國君由蒯聵的兒子繼承，蒯聵想回來從兒子手裡奪取君位，被兒子擋在城外，這件事《春秋》認為是對的。衛太子已被廢掉，所以，這個人不管是不是真的衛太子，不重要，即便是真的，這次來也是自首，是罪人。」說罷，把黃衣人送往詔獄。

一見此景，一聽此言，市民們也就散去了，公卿官員和右將軍那繃緊的心也放下來了，一場突如其來的事變有驚無險地結束了。未央宮裡的霍光和漢昭帝，則為雋不疑的臨危不懼和「活學活用」儒家理論而擊節讚賞。霍光尤其覺得，「做實際工作的公卿大臣得通明儒家經術才行」。

夏侯勝是博士，他敏銳地告訴學生們：

士病不明經術；經術苟明，其取青紫如俛拾地芥耳。學經不明，不如歸耕。33

就是說，將來從政只要精通儒術，登上公卿高位佩戴青綬紫綬，就像彎腰撿草一樣容易。如果不能精通還想當官，那還不如回家種地。

劉弗陵八歲即位，二十歲就晏駕了，身後沒有子嗣。在霍光的支持下，漢廷迎昌邑王劉賀，也就是劉髆的兒子即位。夏侯勝與昌邑王家有過舊緣，見到劉賀帶到長安的舊臣裡不乏儒學之士，比如劉賀的師傅就是研治《詩經》的王式，因此十分高興。

但這種高興勁兒並沒有持續太久，夏侯勝發現劉賀極度缺乏安全感，並不信任霍光等人，剛到長安沒幾天，甚至還沒去高帝廟告廟，就火速提拔王國舊臣，排擠前朝官員，而且日夜與親信密謀。霍光表面神情自若，但瞞不過夏侯勝的眼睛。或者說，明眼人都能看得出，前朝權臣與新任皇帝之間的衝突一觸即發。

夏侯勝注意到，劉賀的有些舊臣試圖調和霍光與劉賀的矛盾，王式就幾次借著說《詩經》來勸誡劉賀。夏侯勝雖然與昌邑王家有些淵源，但畢竟不是近臣，他也想提醒劉賀注意，恰好劉賀乘車出行，夏侯勝衝到御輦前，大聲說道：

> 天久陰而不雨，臣下有謀上者，陛下出欲何之？[34]

這句話體現的正是儒家公羊學的經義，天氣久陰不下雨，說明臣下有謀反之心，陛下難道沒有察覺，還要到處跑嗎？

劉賀非常生氣，說這是妖言，下令將夏侯勝拘押。但劉賀真的以為這是妖言嗎？就在不久前，他還在昌邑國的時候，曾連續見到災異，一次是高三尺的白狗，無頭，脖子以下像是人；一次是明明見到一頭熊，但身邊的人都說沒有；還有一次是大鳥飛集王宮裡，也甚是可怪。

霍光聽說這件事後大驚，因為他正和心腹、車騎將軍張安世密謀廢掉劉賀，此事只有他們兩人知道，夏侯勝如何得知？既然不是自己，那只能是張安世洩密了。霍光趕緊去見張安世，責怪他嘴巴不嚴。張安世卻說自己根本沒有說過。

兩人覺得納悶，就詢問夏侯勝。夏侯勝卻說，不是從哪裡聽來的，而是按照《洪範五行傳》，天氣久陰不雨，就是有下謀上。

霍光和張安世這才領會到儒學的高妙之處，原來儒學所說的王道，還包括了天人合一、災異祥瑞之類神乎其神的道理，並不僅僅是當年鹽鐵會議上那些道德仁義的高調。兩人都認為，對儒家的經師還是要重視重用才行，不能像劉徹那樣只拿來裝點門面。

十幾天後，霍光與張安世果斷出手，廢掉了劉賀。因為劉賀一直沒去高帝廟告廟，從程序上看，他也就還沒從祖先那裡獲得帝位的合法性。當然，霍光也沒有資格廢立，宣布廢掉劉賀的是十四歲的皇太后——霍光的外孫女。

劉賀被廢，他的那些王國舊臣大多被殺。王式因為曾拿「三五百篇當諫書」，用《詩經》勸諫劉賀，從而逃過一死。其實，與其說他真曾勸過劉賀，不如說霍光有意要留下這些通經致用的儒士。[35]

漢朝的帝位兜兜轉轉，居然又轉回劉徹太子劉據的家中。劉據的孫子劉病已雖然人在民間，但已恢復了皇室的身分，一直在霍光的視野裡。霍光等人將劉病已迎入皇宮尊立為帝，劉病已這個粗俗的名字也改為劉詢。

一場驚心動魄的政變以極小的成本塵埃落定，霍光又想起夏侯勝竟然根據經義通過天氣的異常就能準確預判政治的變動，可見儒術是何等重要，正是帝王所需。霍光就令夏侯勝以《尚書》教育皇太后，升為長信少府，賜爵關內侯，夏侯勝儼然是帝師重臣了！

9 漢宣帝的建國大業

劉詢即漢宣帝剛即位時，壓力也非常大。鑒於劉賀被廢，他主動接受霍光的大權獨攬，處處小心，如芒在背。他是劉據的孫子，但武帝和昭帝都沒有給劉據公開平反，因此很多人私下裡對劉詢即位的合法性有所質疑。

廣陵王劉胥從劉徹時期就念叨帝位，他養了個女巫，詛咒漢昭帝，漢昭帝果然早死；又詛咒劉賀，劉賀果然被廢。聽說劉詢即位，大為不爽，說：「太子孫何以反得立？」[36]

所以，劉詢有必要宣示自己的合法性。

即位不久，劉詢下了一道詔書，極力稱頌漢武帝的豐功偉績，請列侯、二千石、博士討論武帝廟的廟號。劉徹本人雖已成往事，但劉詢決意為劉徹尊上廟號，試圖喚起人們的記憶：劉詢是劉徹的曾孫，是武帝不容置疑的繼承者。當然，尊崇武帝不代表要恢復武帝的政策，這件事一定經過了霍光的同意。

詔書一下，群臣心知肚明，所以對「尊廟號」這件事都沒有什麼異議，接下來主要討論廟號是什麼。唯獨夏侯勝站了出來，堅決反對。他的理由非常清楚：武帝雖然有豐功偉績，但代價實在太昂貴了，死人無數，耗盡天下財產，導致百姓流亡，「物故者半」，人民相食，財政收入和糧食儲備至今還沒有恢復。這樣的帝王，再怎麼偉大，「亡德澤於民」，就是說對老百姓是沒有好處的，所以怎麼能尊廟號呢！

看來，夏侯勝對劉詢的真正目的並不理解，只是單純批判劉徹。所以，當群臣來批評他的時候，他說：「人臣之誼，宜直言正論，非苟阿意順指。議已出口，雖死不悔。」[37]表達了儒士的風骨：既然身為人臣，那就要有啥說啥，不能阿諛奉承，而且話都說出來了，收回也沒有意義，我死也不後悔。

被臣下好一番羞辱，劉詢當然惱火，但關鍵是夏侯勝沒能領會他的意圖。所以，夏侯勝和在這件事情上支持他的丞相長史黃霸一併被下獄，而劉徹的宗廟終於被尊為「世宗」，成為有漢以來第三位有廟號的皇帝。

在獄中，黃霸請求向夏侯勝學習儒經，夏侯勝覺得兩人將來都得死，學不學意義不大。但黃霸卻說，「朝聞道，夕死可矣」，竟然就在獄中拜夏侯勝為師學習儒經。這不僅說明黃霸的好學，更說明了儒術在當時如此炙手可熱，令士大夫雖九死而不悔。

師徒二人在獄中講誦了一個冬天，拐過年來的夏天，關東發生大地震，有四十九個郡國受災，一些山陵也因災滑坡崩塌，被房屋倒塌直接壓死的就有六千多人。在濃厚的儒學氛圍裡發生如此恐怖的災異，劉詢坐不住了，他下詔承認「蓋災異者，天地之戒也」，承認自己有過失。同時大赦天下，夏侯勝和黃霸都被釋放，夏侯勝出任諫大夫，加官給事中，被賦予出入宮禁之權。黃霸則外放為揚州刺史，這時期刺史還未具備後來州牧的大權，但也是重用了。

夏侯勝終於和劉詢建立了比較融洽的關係。他不拘小節，在劉詢面前有時候不稱「陛下」卻說「君」，這反而令劉詢很喜歡，大概是「君」更富有古意吧。有些時候，夏侯勝還會刻意把劉詢的一些話傳到外面，一開始劉詢還不高興，夏侯勝說：陛下說的都是好話，我把好話放出去，是為了讓大家都敬仰陛下。總之，夏侯勝和劉詢的關係在一場你死我活的風波過後，反而出奇地和諧。有理由猜測，夏侯勝表面上質樸簡單不拘小節，實際上多年的儒術修養令他通曉人臣之道，所以才會將儒術售於帝王所用。

這恰恰詮釋了劉徹「漢道」的精髓：王道與霸道並用，霸道為裡，王道為表。

多年以後，劉詢苦等到霍光去世，給霍光極盡哀榮，卻很快又將霍氏家族全部誅滅，將大權牢固握在手中。

劉詢也終於卸下了面具，雖然沒有遽然更改霍光的政策，但不再允許對漢武帝的攻擊和批判。事實上，他還要效仿漢武帝，在牢固把控大權的同時，平衡國家政策上王道和霸道的衝突。畢竟自武帝死後，漢朝休養生息二三十年，又具備了施行霸道的物質基礎；同時，經過多年的涵養，儒家也已經興旺發達，外朝充斥著大量儒臣，勢力不可小覷，似乎復現了漢初功臣集團雲集外朝的局面，例如他的丞相黃霸、于定國等，都是從法家的官吏轉變為儒者，才得以先後當上了丞相。

所以劉詢要追慕劉徹，也得與時俱進。他採取了兩方面措施。第一，順應儒家關於災異、祥瑞的說法，鼓勵郡國發現祥瑞。劉詢當皇帝時期，鳳凰在全國到處出現，甘露多次降臨未央宮和上林苑，神雀出沒在泰山和皇家祭祀地雍城，甚至出現了黃龍！劉詢對祥瑞的熱愛不啻他兒媳婦的侄子王莽。此外，劉詢還在石渠閣召集儒學諸家討論分歧，「稱制臨決」，據說對一些分歧做了平議，以彰顯他作為帝王對儒學具有的權威。

第二，在權力的運作上，劉詢刻意打壓甚至殺戮儒臣，重用那些法律行政出身的官員。此外，他借鑒武帝抬高中朝的做法，著力提高宦官的地位，不斷給外戚委以重權，從而抗衡、牽制外朝那些咄咄逼人的儒臣。武帝的外戚衛青、霍去病、李廣利都曾經擔負重任，劉詢也很重視自己的外戚許氏家族。霍光死後第二年，劉詢曾懲於霍光的權勢，取消了大司馬的印綬和官署，但又把外戚兼任大司馬大將軍這件事作為定例，在微妙中取得平衡。

劉詢不愧是西漢的中興之主，死後「中宗」的廟號當之無愧。他既能籠絡儒家，又能抗衡儒家，也不惜殺戮儒臣，從而在王道和霸道之間圓潤執中，漢朝的「建國」至此才算真正完成，漢家也臻於極盛之絢爛。

就在這絢爛之中，隱約存在著某種危機。劉詢的太子劉奭熱衷儒學，曾在侍宴的時候，看父親心情好，從容勸父親要遵從王道，減少殺戮。沒想到劉詢對此很不滿意，說了一段著名的話，這段話可以視為漢朝「建國」的內涵，也是「漢道」的宣示，更是王莽登上歷史舞臺的預言：

漢家自有制度，本以霸王道雜之，奈何純任德教，用周政乎！且俗儒不達時宜，好是古非今，使人眩於名實，不知所守，何足委任！亂我家者，太子也！[38]

「霸王道雜之」，不能「純用周政」，這一不可淆亂的「家法」就是漢朝「建國」的漢道。從劉邦和呂后立國，經過一百五十多年的探索、涵養，至此，漢朝的建國和建政大業終於都已完成，西漢的「德性」也在這時期臻於圓滿[39]。

當然，這一「家法」很難說是皇家有目的製作的若干制度，而是由幾代漢帝層層累積形成的慣例、傳統。如果說儒家提供了一種理論上的合法性，那麼對皇室以及當時的漢朝人來說，漢家自秦沿襲而來的慣例、傳統也具有合法性。兩者都是劉氏家族擁有天下的必要因素。

然而，劉詢鼓勵各地報祥瑞，是為了烘托漢朝的偉大和自己的神聖，卻做夢也沒想到，祥瑞和災異是「一體兩面」，當朝野習慣了以災異和祥瑞來窺探政事，那麼一旦對政治不滿，就滿眼都是災異；而所有的災異都會指涉政治，從而侵蝕著漢朝統治的合法性。

劉詢用外戚來對抗儒臣，是因為外戚不必學習儒術即可從政，而且外戚一般只擔任中朝官，與外朝的儒臣形成平衡。但他沒有預料到，有一天，兒媳婦的侄子王莽身為外戚，居然儒家化了，甚至成為儒家的代表，從而得以收攏內外兩朝，架空皇權。

而儒術又是與災異密切相關的，到了那一天，儒術、災異、外戚，三者在王莽身上合為一體，劉氏家族的建國和建政大業面臨淪喪的危險。

三、陳聖劉太平皇帝

10 漢元帝的恐懼

王政君的丈夫劉奭，也就是漢元帝，因為好儒差點被父親漢宣帝廢掉太子之位。但平心而論，劉奭好儒的種子是漢宣帝親自種下的。漢宣帝長在民間，大概因為年少時只能依靠祖父劉據身邊的一些故人長者，沒能接受系統的皇家教育，所以對太子的教育就頗為上心，以作彌補。

劉奭成為有漢以來第一個接受了完備的儒家教育的帝王。他的太子太傅都是有名的經師、重臣，例如前面提到過的大儒夏侯勝和獄友黃霸，還有疏廣、嚴彭祖、夏侯建、蕭望之等，蕭望之後來還成了劉奭的丞相。這幾位師傅有個共同點：所傳授的都是儒家的齊學[1]，也就是最講究天人感應、祥瑞災異等近乎神學的那一派學問。

可想而知，性格溫柔、舉止雅致、為人謙遜又受齊學教育的劉奭一旦當了皇帝，會出現何種情形。

那就是一看到天災人禍，就會認為是上天對他的警示。

漢朝剛剛經歷了昭宣中興，國力已從漢武帝末年的凋敝恢復過來。但這畢竟是西元前，社會發展水平整體不高，抗災能力很差。面對天災，有些帝王並不在乎，史書也未必一一記錄；劉奭卻憂心忡忡，每次都很緊張，下了許多「罪己詔」。再加上後來班固想把西漢走下坡路的起點畫在漢元帝時期，所以《漢書》裡這期間記錄的災異特別多。

即位第一年，劉奭就遇上了地震、瘟疫、關東十一個郡國水災，「饑，或人相食」，令他寢食難安。第二年，又遇上隴西地震、歉收、北海水倒灌，以及關東饑荒，「齊地人相食」。[2]

再以後，連年災異，水旱雪霜就不多說了，還有日食、地震，或是皇家宗廟起火，或是星宿逆行，或是「白蛾群飛蔽日」……不一而足。而且幾乎沒有什麼祥瑞。劉奭陷入了一個循環：他越害怕災異，就越篤信儒家；越是篤信儒家，就會發現災異越來越多、越來越凶。

有一次，儒生京房向他報告說，自陛下即位以來，《春秋》上所有的災異全都有了——「陛下視今為治邪？亂邪？」

這個問題明知故問，倘若讓後世帝王來看，一定覺得大逆不道。但劉奭卻沉痛地答道：

亦極亂耳！尚何道！[3]

有的災異他甚至沒有注意到，比如他即位第四年時，皇后王政君曾祖父的墳墓發生了一件怪事，支撐墳墓門口的木頭柱子突然長出了新的枝葉。也是這一年，王莽呱呱墜地。多年以後，王莽將會把這條從祖先陵墓上生長的新枝作為自己崛起的祥瑞。

不管怎樣，災異頻發就意味著上天不滿，上天不滿就要轉移天命、改姓易代。要想避免，皇室就得改制。儒家涵養多年，派別越來越多，調門越來越高，主張越來越具體，理想也越來越宏大，要改制就不會是小打小鬧，班彪後來說過一句話：

貢禹毀宗廟，匡衡改郊兆，何武定三公。[4]

一個是宗廟制度的改革，一個是祭祀制度的重置，還有一個是最高級別官制的改革。這三件事對儒家都非常重要，都屬最基礎最核心的制度，又主要是外在形式上的改制，不太涉及朝廷權力的重新分配和既得利益者的損害，阻力相對比較小，雖然幾經波折，最終都確定了。

這三件事意義重大，意味著漢朝從「霸王道雜之」真正轉向了「獨尊儒術」。而前兩件最終是在王莽手中完成的。可以說，儒家的改制最終造就了王莽，而王莽也成就了儒家的改制。

先說說宗廟，就是漢室自家的廟。

高皇帝定天下後，在長安和郡國立了太上皇廟。因為當時漢廷對郡國的控制能力比較弱，所以需要用立廟這種宗法的方式來維繫統一。後來，每死一位皇帝，都會在長安周邊立廟，部分郡國也要立廟[5]；有些不是皇帝也要立，比如史皇孫。代代相累，到了劉奭的時候，宗廟已很龐大，全國有一百七十六所。

漢朝人無論貴賤，大抵都相信地下世界的存在，所以對喪葬宗廟很在乎。皇室的宗廟可不僅僅是一座房子。一處典型的宗廟一般設在陵墓旁邊，有房屋也有寢園，園中有寢殿、便殿，就像一個微型的宮殿；宗廟裡還有許多人侍奉著亡靈，「祭司」們每天要把亡靈的衣服請到寢殿，按月請到宗廟，四時節慶有「樂隊」吹拉彈唱，衣冠出遊的時候車馬儀仗和生前一樣，士兵守著陵園，廚師給死人做飯；有些皇帝生前的寵臣妃嬪也會住在這裡。

一所宗廟如此，全國的宗廟就會產生巨大的人事費用和維護開支，成為很重的財政負擔。據記載，元帝的時候每年宗廟上就需要衛士四萬五千一百二十九人，祭司和樂人一萬二千一百四十七人，祭品犧牲不計其數[6]。

這一時期，地方的諸侯郡國已經牢固地被中央控制，地方宗廟維繫宗法的功能已經不太重要。而且，祭祀皇室的列祖列宗被看作嫡子的特權，諸侯王祭祀的話不合禮，所以皇室宗廟只在長安保留由皇帝主持就好。

貢禹是劉奭的御史大夫，在儒生們關於宗廟改制的呼聲下，他向劉奭提了宗廟改制的建議。在丞相韋玄成、匡衡等先後支持下，宗廟改制的大幕拉開。漢朝的經學也從董仲舒開創的「天人感應」向著「復禮復古」轉變。

既然原來的宗廟數量多，又不合乎禮，所以改制的目標比較明確。首先把各郡國的皇室宗廟都撤銷；在中央，把宗廟分成三類，劉邦是立國者、最早受命的皇帝，是始祖，廟號太祖，獨為一類「祖廟」；文帝、武帝比較有功德，廟號分別為太宗、世宗，為第二類「宗廟」；其他的按照血緣關係，只保留四世，為第三類「親廟」[7]，超過四世說明親緣已盡，原先立的廟就要「毀廟」，「毀」不是破壞摧毀，而是不再單獨祭祀、不再維護的意思。

祭祀的時候，還要遵照「禘祫」之禮，遵循「昭穆」之序。「禘」就是祭祀時以始祖劉邦配天；「祫」就是合祭[8]，簡單地說就是把漢朝列祖列宗的神主，不管有沒有毀廟，都和劉邦的神主合在一起大祭；「昭穆」是說祖宗的神主不能亂擺，要按照父為昭、子為穆，一昭一穆的順序有條不紊地排列。例如劉邦為昭，其子惠帝、文帝為穆，景帝為昭，武帝為穆，昭帝為昭，史皇孫為穆[9]，宣帝為昭，秩序井然，莊重非凡。

漢元帝搞的宗廟改革，到了成、哀時期又有所反覆，特別是哀帝時還曾為要不要毀武帝廟而爭論，但總的來說基本原則沒變。而最終的定型者就是王莽。僅此一點，王莽在當時的功德可見一斑。

11 獨尊儒術的實現

再說說郊祀。

話說秦末漢初，普通百姓所崇拜的多是些地方神祇。劉邦剛起兵的時候，在豐縣祭祀土地神，叫作「枌榆社」，當了沛公之後又祭祀蚩尤。後來當了漢王，入了咸陽，劉邦發現秦國在舊都雍城設立祭壇祭祀上帝，叫作「雍畤」，就問，這個祠所祭祀的上帝是誰啊？

周圍的人說：有四帝，分別是白、青、黃、赤帝。劉邦又問：「我聽說天有五帝，怎麼只有四帝呢？」

周圍的人大都是跟著劉邦一同進入咸陽的楚人，不知道秦國有五帝黑帝，更不知道黑帝最高貴。於是紛紛搖頭表示不清楚。

劉邦自己琢磨了一下說：「我知道了，原來是等著我來湊成五帝。」意思就是他是黑帝，於是劉邦立了黑帝祠[10]。在雍城形成了祭祀五帝的「雍五畤」，至於祭祀禮儀，他當然一概不懂，就召來秦國的祭祀官按照秦的禮儀祭祀。

從豐縣的土地神，到咸陽的黑帝祠，可見劉邦的信仰是非常雜亂和率性的，只要是神就祭。後來，加上黃老方士們的推波助瀾，漢廷把梁、楚、晉、秦等地的「巫」聚在一起，每個「巫」負責祭祀本地的神，為黃河、南山和天上的星宿也建立祭壇，經年累月，漢廷的各色國家祭祠裡就羅列著蚩尤、后稷、東君、雲中君、司命、河神、五帝、黃帝、八神、玉女、房中、堂上[11]等各種不搭界的神祇，甚至還有秦二世、李延年等人！這很像當年古羅馬帝國在皈依基督教之前征服各地，並不會把當地的神祇消滅掉，而是都納入羅馬的「萬神」之中。

漢朝皇室也搞了類似的萬神廟，只不過沒有萬神。漢文帝在保留「雍五畤」的同時，在渭陽搞了「五帝廟」，把五帝合在一起祭祀。漢武帝又在甘泉建立了「泰畤」，「泰」就是「太」，「泰畤」是在五帝之上搞了一個「太一神」，相當於天神，在「泰畤」祭天；祭了天就得祀地呀，漢武帝又在出土寶鼎的汾陰建立了「后土祠」。

總之，到了這個時候，皇室終於從無神不祭逐漸養成了以「雍五畤」「渭陽五帝」和「甘泉泰畤太一」「汾陰后土」四類為主的皇家祭祀習慣，顯然，這一習慣延續了秦朝舊儀。此外，劉邦以來各地所建立的稀奇古怪的祭祀，大概仍在運轉，漢成帝時全國這類祭祠有六百八十三所。

在儒家眼裡，這些祭祀混亂、淫濫，夾雜著暴秦的禮儀和黃老的荒誕，既不尊重天，也不尊重地，還不尊重漢家。因此最好徹底清除，另立郊祀之儀。

漢成帝時，皇家宗廟的改制已經差不多了，郊祀的變革就被提上日程。

主持這件事的是有名的匡衡。據說他小時候家裡窮，從隔壁「鑿壁借光」讀儒經[12]。現在，他已經成為漢成帝劉驁的丞相、樂安侯、當朝儒宗、《詩經》「學術權威」。在匡衡看來，漢家以往的郊祀全都是錯的，按照儒經特別是他所傳的后蒼禮學的觀點，天子郊祀要在長安的南郊祭天，北郊祭地。

甘泉泰畤距長安百里以上，汾陰后土祠距長安約四百里，雍則是秦國舊都，都不屬長安的南北郊，而且三地路途艱險，天子每去一次，跋山涉水不安全，還耗費人力物力。

匡衡的上奏在漢廷引發了兩種不同意見，反對的意見來自皇后的父親、大司馬許嘉，他們認為原來的郊祀是漢家舊制，體現的是祖宗之法，「漢家制度」不可輕易變革；支持的意見來自其他儒臣。這倒是體現了漢宣帝當時以外戚為內臣，拱衛漢家傳統，對抗外朝儒臣的意圖。

不過，劉驁和父親漢元帝一樣，篤信儒學，支持匡衡。詔令一下，從劉邦延續至此長達兩百年的郊祀體系一朝瓦解，悉數廢除，新的「南北郊」祭祀建立起來。

與宗廟改制不同，匡衡對郊祀與其說是改制，不如說是推倒重來。在許多皇室成員看來，把劉邦親手確立的祭祀毫不留情地廢除，是王道徹底壓倒霸道的做法。先不說匡衡的做法是否有道理，如此不尊重先王舊典，意味著皇室統治的合法性將不再來自先王的征服和功德，而是由儒家說了算。

說來諷刺，沒過多久，匡衡因為貪占封國領土和租稅被告發，免為庶人。講了一輩子儒經大義的丞相居然因為蠅頭小利而丟了官爵，此事想必在漢廷引起了不小震動。與此同時，突如其來的一場大風吹壞了甘泉泰畤附近的竹宮。災異的出現和匡衡的倒臺，令郊祀變革失去了支持。

而且，劉驁當初同意變革，還有個難言之隱，就是沒有子嗣，他想通過郊祀變革來感動天地，生個兒子。但變革之後他還是沒有子嗣。此時，又一位儒家經師劉向對劉驁進言：雍五畤、甘泉、汾陰等祭壇剛建立時「皆有神祇感應」，所以祥瑞非常多，「高祖時五來，文帝二十六來，武帝七十五來，宣帝二十五來，初元元年以來亦二十來」，這足以說明舊的祭祀是很有效的。

而且劉向也贊同當年和匡衡爭辯時許嘉的意見：漢朝的郊祀宗廟等禮儀，都是當初祖宗和賢臣一同定下來的，隨便議論都是大罪，更別說取消了。

都是儒臣，何以劉向要反對匡衡呢？

因為劉向是皇室成員，是漢初楚元王劉交的後代；而且劉向世傳魯學師法，是當年幫助剛即位的漢武帝進行改制的魯申培的徒孫，與匡衡所傳的齊學並不一樣。在劉向看來，漢朝「久曠大儀」[13]，制禮作樂要兼容漢道和儒道。

由此可見，學術派別和身分都有可能影響人的立場，在歷史上很難找到壁壘分明立場不變的所謂「儒家集團」「外戚集團」等，每個人都有自己的想法和利益，每個歷史事件都具有相當程度的偶然性。

不久，王政君下詔，恢復雍、甘泉、汾陰三處祭祀，廢止「南北郊」。

儘管如此，王道壓倒霸道的趨勢已經難以逆轉，此事未完，尚有後續。

此外還有儒家「通三統」的首次嘗試。

所謂「通三統」，就是在漢家天下裡同時保存前面兩個朝代的祭祀不滅。漢朝要像對待客人一樣對待他們，封以很高的爵位，有封地。就像周朝會把夏的後嗣封在杞國，商的後嗣封在宋國。對漢朝來說，秦朝是「閏」，不承認其合法性，所以「三統」即商、周、漢。早在漢武帝時，漢家已經把周的後裔封為君；成帝則首次封孔子的後裔孔吉——孔子是商朝貴族的後代，又是儒家眼中的「素王」——為殷紹嘉侯，又很快進為宋公，加上周的後裔承休公，後來改為鄭公，東漢又改為衛公，兩人封地各百里。

這是以前從來沒有過的事情，從劉邦時的「非功臣不侯」，到後來「舅氏封侯，猶皇子封王」，從來沒有按照儒家的訴求給商周的後代封爵，而且是高於列侯的公爵。當然，此次對孔氏的褒揚，主要是將他作為商朝後裔而非孔子後裔，離後世超規格大規模的祭孔尊孔還很遠，但此事開啟了國家尊孔的道路。

與此同時，何武對「三公」也提出了建議。漢家最初的三公是丞相、御史大夫、太尉，其中丞相位最尊，御史大夫雖然與丞相並稱兩府，實際低於丞相；太尉時置時廢，漢武帝用內朝官大司馬大將軍實際履行太尉的武職；漢宣帝取消了大司馬的印綬和官署。何武的意見是，應該建立符合儒經的三公，於是漢廷把御史大夫改為大司空，大司馬給予了印綬並改為外朝官，地位與丞相等同，新的三公制建立了起來。

「通三統」和「建三公」這兩件事主要是形式上的變革[14]，但傳遞的信號卻很強烈：漢家逐漸拋棄「王霸之道」，專以王道為宗旨了。

面對這些變革，也沒有許嘉那樣的外戚站出來反對了。因為外戚已是王氏家族，漢廷發出如此強烈的尊儒信號，想必也經過了王氏家族的默許吧。

不久，成帝突然死去，他始終沒有子嗣，這說明郊祀變革不必為此背鍋。大概是在王氏家族的建議下，王政君又把郊祀制度改為了南北郊。

至此，在劉姓天命已衰的背景下，宗廟、祭祀、建三公、通三統，都實現了儒家的意圖。這才是真正意義上的「獨尊儒術」。

12 漢哀帝的改制危機

十九歲的漢哀帝劉欣一即位，漢廷風氣為之一新。

劉欣原本沒有機會繼承帝位。漢元帝有三個兒子，王政君所生的嫡子是漢成帝；另外兩個兒子，一個被封為定陶王，一個被封為中山王，皆非王政君所生。劉欣是定陶王的兒子。漢成帝即位後，始終沒有活到成年的子嗣，就把當時剛繼承了定陶王位的劉欣召入長安，立為皇太子。

哀帝雖然只是漢成帝的侄子，而且被立為太子有他祖母傅昭儀和趙飛燕皇后出力，但他畢竟是漢成帝親自考察、選定的接班人。與東漢那些由外戚、大臣或是宦官通過發動政變擁立的皇帝完全不同。這就決定了哀帝的權力不是二手的，也不是一個傀儡皇帝。

在漢朝，像他這麼幸運的非嫡系接班人可不多見。比如，漢文帝是在漢初功臣誅戮呂氏之後，由周勃、陳平定議即位的，所以漢文帝與周勃的關係一直比較微妙；再比如，漢宣帝是霍光從民間找來即位的，而漢宣帝在霍光死後誅滅了霍氏家族。

哀帝即位後，耳聞祖父漢元帝的柔順，目睹伯父漢成帝的糜爛，他所追慕的帝王典範是漢武帝和漢宣帝。效仿武宣，把漢廷的璿璣旋轉回「霸王道雜之」的漢道上去，成了劉欣著意要做的事情。

即位第二個月，他就下詔罷樂府，減省皇室開支，作為天下節儉的表率。元、成二帝沉溺於音樂，養了一大批樂人。皇室耽於享樂天下皆知，也成了皇室天命已衰的一大證據。所以罷樂府為他贏得了很好的聲譽。

他決定親理政事，先是把王政君為代表的王氏家族排擠出權力中心，放逐了大司馬王莽，用自己的外戚擔任大司馬，但並不把權力一概委任大司馬處理；同時恩威並重，「屢誅大臣」[15]，不斷處置前朝遺下的中央重臣。皇權漸漸回到皇帝本人手中。這說明哀帝雖然年紀不大，但在政治手腕和謀略決上，並不是昏庸無能之輩。

他刻意恢復漢道，打壓儒道。他撤銷大司空，恢復御史大夫的名號和丞相、御史大夫的兩府舊例；他以身體久病的名義尋訪方士，把長安及各地那些稀奇古怪的祭祀統統恢復，七百多所祭祠「重打鼓另開張」，每年祭祀的次數達到三萬七千次。

另一方面，哀帝有意識地做了一些符合儒家口味的事情。他清楚儒家興盛、災異四起的原因之一，是漢朝確實存在嚴重的土地兼併，導致農民失地，農民只能去當奴婢或是淪為流民，國家的財政會減少，社會的貧富分化會加大，不安定因素也會增加。所以，他剛即位就頒布「限田令」，限制土地兼併；頒布「奴婢令」，限制不同等級的人所擁有的奴婢數量；把三十歲以下的宮女放出來嫁人，五十歲以上的官營奴婢釋放為庶人；增加基層官員的俸祿，斥退殘虐的官員，司法部門對大赦之前的犯事不得追究；允許博士弟子施行三年喪禮；等等。

這些措施有些未必能夠徹底施行，但顯示了新皇帝的勃勃野心，他要從儒家那裡爭奪「仁政」的政治主導權；而最驚世駭俗的事情，是他主動向暗流湧動的「劉姓天命已衰」的讖言發起挑戰，要從儒家那裡爭奪「天人感應」的「神學」話語權，從而避免天命轉移！

經歷了元帝、成帝的王道轉向，哀帝時期的朝野上下已經彌漫著濃重的「改姓易代」氛圍，漢室的合法性危機到了「黑雲壓城城欲摧」的程度，人們都說漢家作為堯後，其德已衰，按照五德終始，接下來要由舜的後人來受命。一般來說，皇室面對這種讖言是非常尷尬的，如果打壓禁止，對篤信鬼神的漢朝人不僅沒用，反而會反彈；如果置之不理，讖言也不會消失，災異還將愈演愈烈。

例如，漢哀帝即位前，儒生谷永曾給漢成帝上書，引《呂氏春秋》，說了一句話：

> 天下乃天下之天下，非一人之天下也。[16]

大臣給皇帝上書，先把皇帝教育一番，說天下不是你們劉家的。這在後世不可想像，在昭、宣時代也必招來殺身之禍。但漢成帝卻不以為忤，還很受感悟。這就說明，連皇室包括皇帝本人，也視改姓易代為必然之理。

齊人甘忠可趁機向漢成帝兜售解決漢家德衰的辦法，主張「更受命於天」，也就是「二次受命」。不過，當時劉向對此很不以為然，就上奏說甘忠可妖言惑眾，甘忠可被下獄，死在獄中。

哀帝即位後，決心主動回應漢德中衰的讖言，刻意尋訪精通此道的人，希望以其之矛攻其之盾，順其意而用之。在司隸校尉謝光、騎都尉李尋的引薦下，甘忠可的學生夏賀良進入哀帝的視野。李尋曾是元帝丞相蕭望之的屬官，精通天文災異之學，常說漢家將會遭遇大洪水。在王氏家族推薦下，李尋被任命為騎都尉，專門管理治水，一時風頭正盛。

夏賀良也主張老師的「再受命」之說，很對李尋的口味，李尋就舉薦了他。

由此可見，此時的漢廷已經完全不避諱談論皇室天命中衰，哀帝所面臨的政治危機到了何種程度可想而知。

夏賀良先待詔黃門，在內廷門口隨時等待召見。哀帝多次和他深談，覺得他從甘忠可那裡學來的一套東西聽上去確實很有道理：漢家歷數中衰，必須要再受命，改元易號，才能避免權力的失落。

這很符合哀帝的意圖，操作起來也不複雜，他就在即位的第二年建平二年（西元前五年），根據夏賀良的設計，下詔開啟了漢家再受命的改制。

此次改制在禮儀上具體做了什麼，有哪些圖讖祥瑞，有何種受命之符，如今已不得而知。但改制的思路很清楚：既然是「再受命」，就把建平二年改為太初元將元年[17]；既然要讓堯的後人禪讓給舜的後人，那就不妨給自己加上舜的稱號，自稱「陳聖劉太平皇帝」，並大赦天下。

這個稱號實在太詭異了，舜的後裔是陳氏，王莽在追溯祖先的時候，也是追到陳氏和舜帝。把「陳」加諸帝號之上，帝號裡同時保留劉姓，就意味著哀帝既是堯後又是舜後。這種做法，頗有些異想天開，也的確是空前絕後，但平心而論，哀帝敢於回應如此重大事件，還能創造性地嘗試解決問題，確實有武、宣之風範。

然而，只過了一個多月，事情悄然發生了變化。

李尋、謝光看到夏賀良的建議被皇帝採納，很是振奮，想一蹴而就，借著再受命改制的機會掌握外朝大權。這顯然冒犯了哀帝。他重用夏賀良，是要把儒家的這套「德衰」「受命」理論的闡釋權抓在自己手裡，不是要委政於他們。李尋的做法等於是政變。哀帝馬上下詔廢除改制，處死夏賀良，李尋和謝光被流放到敦煌。

一場奇異的「再受命」改制，轟轟烈烈地開始，匆匆忙忙地結束。以至於後人常說這是一場鬧劇，將其作為哀帝不承皇冠之重的證據之一。其實，放在漢朝人濃厚的鬼神觀念和深信不疑的儒家信仰背景下看，這並不像一場鬧劇。

哀帝很清楚這次改制的邊界，自始至終把控著節奏，他親自發動，親自終結，很明顯只是想以漢武帝「緣飾儒學」的方法，用形式上的「再受命」來彌縫物議、引導輿論。一旦覺察改制要掙脫皇權的掌控，向著實質上的政變演進，他就果斷停止，以絕後患。

所以這並不是鬧劇[18]，甚至頗有一些帝王術的色彩。

與之相似，哀帝對董賢的意圖也是耐人尋味的。以他追慕武、宣的宏偉抱負和身處漢室末世的陰鬱心態，以及聰慧的才能，他眼中的董賢不太可能只是一個身體欲望下的佞幸，而是他對漢室走向的重要安排，試想，假如哀帝長壽，董賢未必不會隨之成長為成熟的政治家，到那時哀帝再把江山禪讓給愛人，難保不會被認為是堯禪讓給舜的壯舉。但病痛的身體、早逝的時運、陰鷙的心理，使他心有餘而力不足。

哀帝以區區二十幾歲的年齡，承受著有漢以來所有的代價：

漢武帝完成的「建政」，使皇權集中在中央，皇帝高度專制，諸侯王已無力無心拱衛，所以哀帝在世時還可以比較牢固地把控政權，一旦突然身死，權力瞬間旁落；在劉姓「改姓易代」的背景下，他留下的權力真空導致了漢朝統治的權力危機。

漢宣帝完成的「建國」，形成了王霸平衡的「漢道」。但儒家經過元、成兩代帝王的推崇，到哀帝的時代已演進為朝野深入人心的信仰，且與災異、符命密切結合，霸王之道的平衡被打破。漢宣帝設計的中朝外戚、外朝儒臣相互制衡的權力格局，也因為外戚王氏家族的儒家化而消解。

今人陳侃理說，「漢家天下的文化危機先於社會危機來臨，神學權威先於政治權威衰落。政治文化的危機反過來又加劇了政治和社會的現實危機。」[19]再加上頻出的災異，連續兩代皇帝絕嗣，皇室的命運已經註定。

哀帝這個年輕的病弱皇帝怎麼承受得了呢？

待到哀帝身死，王莽倉促掌權，並在朝野的贊許之下，一勞永逸確定了宗廟的禮儀制度，把哀帝改回去的郊祀制度又改了回來。從漢元帝初次啟動宗廟改制至此，三十年間，皇室對這宗廟和郊祀的改制反反覆覆不能定奪，又沒有能力置之不理，意味著皇室已然失去了主導政教的權威。而這兩件事最終成就於王莽，又恰好證明了王莽既能夠穩定政局，又有資格定奪改制。

至此，漢室的權力已經徹底被王莽掌握。人們也更加相信，選擇王莽就等於選擇了理想、選擇了正義。只有王莽，才能將儒家改制從這些宗廟祭祀的禮儀制度向實質性的經濟、財政、文化、內政、外交等全方位的變革大踏步邁進。

13 沉默的宗室

皇室如此，地方上的宗室呢？保守估計，漢末的劉姓宗室有十萬人，應是一股龐大的勢力。不過，他們絕大多數已經淪為普通臣民。例如離王莽封地新都國不遠的舂陵國，雖然同屬侯國，其實又小又窮。當時大的侯國可稱「萬戶侯」，舂陵侯國在漢元帝時期的一則記錄顯示只有四百七十六戶[20]。其卑弱可知。

舂陵侯的近支劉子張是當時舂陵侯劉敞的堂弟，卻不怎麼操心天下大事。其實，他這一輩子只為一件家庭恩仇殫精竭慮，而這件事的始作俑者就是他自己。

那還是劉子張年輕的時候，他任俠好鬥，算是當地豪傑，出入舂陵國及周邊，結交各色人等，說起來，這些人地位高的也不過是些亭長、游徼之類的基層鄉官。那一天本來一切都很好，他溜達到同郡的蔡陽國，和相識的釜亭亭長約了喝酒。劉子張是當時舂陵侯的侄子[21]，和亭長喝酒，彼此都不覺得辱沒身分，當時一般宗室的地位可見一斑。

兩人喝著酒，慢慢都醉了，不知怎麼就吵了起來，那亭長估計自以為是地方官，比宗室「牛」，就辱罵劉子張。子張也大怒，趁著酒勁，拔劍就把亭長刺死了。

當時的社會風氣遵循儒家今文經學的「大復仇」，「大」的意思是「尊崇」，就是尊崇那些對殺死自己父兄的人「一報還一報」的復仇行為。

劉子張殺人之後，竟然逃過了官府的追究，所以極有可能是舂陵侯幫忙脫罪。但是，在「大復仇」觀念的驅使下，亭長的兒子卻沒打算放過他。亭長被殺時，兒子還年幼，一晃十幾年過去，亭長的兒子已經成年，就在「某年某月的某一天」前來復仇，殺死了劉子張的弟弟劉騫。

亭長的兒子為什麼殺劉子張的弟弟而不是劉子張本人，這一點史書未載。但殺了劉騫，復仇的「接力棒」就到了劉騫兒子那裡。劉騫有兩個兒子，一個叫劉顯，一個叫劉賜，兄弟二人下定決心再復仇，就結交賓客，準備對亭長一家大幹一場。結果，事情暴露，劉顯被抓。

被抓倒不是大事，但蹊蹺的是，劉顯突然在獄中死了。

劉顯兄弟好歹也是宗室，就這樣不明不白死去，很可能是亭長那邊使了什麼手段，而且，十幾年前劉子張殺人可以脫罪，十幾年後宗室在監獄裡卻死了，看來是宗室的地位在持續下墜。劉賜悲憤不已，就和劉顯的兒子劉信一同變賣田宅，散盡家財，招納亡命徒，進入新一輪復仇。

與此同時，劉子張的兒子劉玄，也因為堂弟劉顯之死而憤怒，況且，這個仇恨是自己的父親當年釀下的，不能袖手旁觀。他性格和父親相似，也喜歡結交賓客。於是，一場由劉子張的兒子劉玄、侄子劉賜、侄孫劉信為主導的針對「鄉幹部」的復仇行動開始醞釀。

為了籠絡人心，劉玄以好酒厚待賓客。有一天正在家中聚會喝酒，鄉里負責治安的游徼登門，劉玄連忙請他一同喝酒。這些賓客其實都是流氓亡命徒，素日都是和官吏對抗的，看見游徼遲來，有一個喝醉的賓客就唱起歌來：

朝亨[22]兩都尉
游徼後來
用調羹味！

都尉的官職比游徼大，這首歌的意思是說：「早上煮了兩個（官大的）都尉，（官小的）游徼來得晚，拿來給湯調味！」

游徼一聽，勃然大怒，把這賓客綁了起來暴打數百下，還揚言要追究劉玄的責任，特別是為什麼要養賓客，有什麼圖謀？

劉玄覺得不妙，就趕緊跑到平林縣外祖家躲了起來。游徼等官吏不依不饒，把劉子張抓到了監獄裡。眼看事情要鬧大，為免夜長夢多，劉賜和劉信乾脆自己行動，同賓客一起找到亭長的家，先殺人後點火，把亭長的妻子和三個兒子全家都殺了。殺人之後，劉賜、劉信叔侄二人隨即亡命。劉玄為了救父親，只得詐死，發喪回舂陵，官府這才把劉子張放了出來。

一場十幾年前由劉子張喝醉釀下的殺人事件，結成世仇，至此延續了三代，最終以亭長全家被殺、劉家或死或逃為結局。

一群高皇帝的後裔，世系清楚的漢景帝支脈，竟然淪落到與最基層的鄉官打架鬥毆，手段與「黑社會」差不多，且損失慘重，可知當時絕大多數宗室已經與平民無異，充其量也就是底層豪傑。他們的「復仇大業」只是為了自己的至親，不會上升到漢廷社稷安危這樣的高度。他們已經完全地方化了，既沒有動力和實力發動政治和軍事叛亂，也沒有資格向王莽獻媚。而且，在王莽當時政策的默許下，地方官吏們甚至連面子也不給他們。

當然，這些宗室也並非個個都像「黑社會」，劉子張爺爺的弟弟一支，就在按部就班地走普通士大夫的道路。這一支比劉子張離舂陵侯的嫡系更遠，其中和劉子張平輩的是在汝南郡當南頓縣令的劉欽，可惜劉欽死得早，留下三個女兒以及長子劉縯、次子劉仲[23]和三子劉秀。劉縯成年後頗有大志，劉秀由叔叔劉良撫養。劉秀名字的來源，據說是他出生時有嘉禾九穗，故而得名，但多半是因為「秀」在當時只是普通而常見的名字罷了。

就在劉子張一家「大復仇」的時候，劉秀漸漸長大，此時王莽已經稱帝，但不妨礙劉良把劉秀送到長安入太學，跟隨中大夫徐子威學習《尚書》，看起來他們不僅對漢朝滅亡沒有排斥，還要努力進入新朝的體制中。當然，進入新朝的劉姓宗室，特別是劉秀這樣的邊緣支庶，經濟已經日漸拮据，他只能和一個姓韓的同學湊錢買頭驢，把驢租出去，用租金交學費。

宗室們要麼與基層小吏「打成一片」，要麼逐漸成為新朝的普通臣民，在他們身上，看不出多少「人心思漢」的跡象。若不是後來王莽重大決策接連失誤，若不是持續不斷的政治運動令天下疲憊，若不是突然爆發的自然災害導致了關東流民，若不是連南陽郡這樣富庶的地方也出現饑荒，連劉秀這樣上過太學的人也不得不販賣糧食，這些宗室將會在歷史中慢慢消逝。

漢哀帝死後，繼任的漢平帝、劉嬰雖然貴為皇帝、皇太子，但其實已經和劉玄、劉秀等站在了同一個起跑線上。

等到災民揭竿而起，叛亂四處點燃，沉默的宗室們陡然發現，自己身上的「劉」字，是非常不錯的招牌。劉玄、劉縯們這才打出消失了十幾年的漢朝旗號，營造出「人心思漢」的悲情氣氛；逃亡多年的劉賜、劉信們才紛紛露面並返回故鄉；前途無望的劉秀們才會加入兄長的隊伍。

但眼下這個時候，這些號稱帝系的宗室們，只不過是些在鄉村裡和亭長鬥毆的底層豪傑，或是循例讀書力爭到「體制內」謀個職位的儒生。從漢廷中央向下看，這類宗室的聲音是沉默的。要不是後來劉玄成了推翻王莽的更始皇帝，要不是劉秀中興了漢室，這些基層治安案件和買驢販糧之類的雜事壓根兒不會被史書記載下來。

史書只會盯著王者。

第二章

元始元年春正月：安漢公

王者德澤
旁流四表
則白雉見

——《春秋感精符》

一、倉促之夜[1]

1 政治的決斷時刻

再受命的努力失敗後，不久劉欣就死了。

回到劉欣之死的那天晚上……

守著皇帝的遺體，拿著傳國玉璽和綬帶，董賢握有了至高權力的象徵，成了此時此刻未央宮裡最具權勢的人。他對自己下一步的使命或許有所領悟。這是他封鎖消息，不情願讓太皇太后出來主持局面的原因。

更何況，他身上那一串頭銜，各個都掌握著重要權力：

高安侯是爵位，說明董賢是漢朝的上層貴族，有食邑，能世襲。漢朝的皇帝要想登基，首先得成為太子，或是被封侯封王。當年漢宣帝以一介平民的身分入承大統，就是先被封為陽武侯，當天即以陽武侯的身分登基。

大司馬，原是西漢初期和丞相、御史大夫並稱的太尉，後來改名為大司馬；最初是內朝加官，漢成帝時期改為正式的外朝官、「三公」之一，漢廷名義上掌管軍事的最高文官。在劉欣的前任成帝、元帝時期，大司馬「全權」代表漢帝處理實際政務，權力極大。

衛將軍，是掌握部分軍權特別是禁軍的將領，這意味著董賢擁有調動長安城軍隊的權力。

領尚書事，並非官職，而是指董賢擁有管理「尚書」的職權。漢朝的尚書，不是後來三省六部制下「尚書侍郎」的政府部級長官，而是類似於「中辦祕書」的內廷吏員，職位雖低，卻是皇帝身邊人，能夠親身參與政事並代表皇帝傳達命令，「出納王命、王之喉舌」。所以，外朝的高官如果不能「領尚書事」，權力就會大打折扣。因此，董賢的這個差事意味著他可以自由出入皇宮，決策中樞事務，代表皇帝發號施令。

還有，此時圍繞在龍床周圍哭泣的，基本都是董賢的人：昭儀董氏，是董賢的妹妹；父親董恭是衛尉，掌管著未央宮內和宮門的保衛；內弟是執金吾，掌管著未央宮外的保衛，這些都是中樞要職。此外，董氏家族成員還占據了許多郎、曹之類的朝廷中級官員的位置。可以說，劉欣生前差不多就像是在董家過日子。

由此看來，劉欣對董賢確實有肉慾的歡喜，是「真愛」。既然劉姓天命轉移的「客觀規律」不可逆轉，把天下禪讓給最愛的人，不好嗎？

總之，在劉欣晏駕後的這個夏夜，董賢憑藉玉璽、職位和家族實力，成了未央宮暫時的主人。他還封鎖著劉欣的死訊，把握著先機。

既然消息被封鎖，王氏姑侄是如何知道的呢？

任何政治事件起初都是混沌的，只有具備政治品質的人，才能準確決斷出誰是自己的敵人，誰是盟友。判別敵友是認清局面、把控形勢的前提，而下一步，只有同時具備政治能力的人，才能付諸行動，跟隨或反對誰。而不論是決斷還是行動，都應當迅速，避免哈姆雷特式的延宕。

皇帝之死顯然是最重要的政治事件。劉欣活著的時候，像一個陀螺的中心，維持著他身邊各種利益集團、私人恩怨、新舊勢力之間的平衡。一旦身死，這個平衡不復存在，變成一團混沌。

董賢如果確有政治品質，就應該意識到身為先帝寵臣，自己早就是各方面的眼中釘肉中刺，絕無超脫的可能。因此，在宮車晏駕的消息傳到太皇太后那兒之前，他應該果斷決策，迅速行動。以領尚書事的便利封鎖消息、發號施令，以左將軍之命密調軍隊，以大司馬的身分召集並穩定外朝大臣，捕殺王莽，軟禁王政君，即使不成功，歷史也會呈現出另一番景象。

但他似乎並不具備政治品質，也沒有政治能力，既不縝密，也很延宕。他都沒有留意到，此時圍在劉欣遺體身邊的，有一個姓王的人。

王閎是王莽的叔伯兄弟，也是劉欣的舊知。因此，王氏家族雖然失勢，他依然被提拔為中常侍，成為劉欣的侍從。王閎是漢室忠臣，曾經專門向劉欣上書諫諍不要寵信董賢[2]。劉欣在宴會上說要禪讓給董賢時，群臣震驚而不敢言，唯獨王閎站出來，說了一番「天下是高皇帝的天下，不是陛下一個人的天下，天子無戲言」的道理，使劉欣非常難堪，董賢更覺惶恐。

王閎不是大人物，但擁有董賢不具備的政治品質，他覺察到劉欣有把天下交付給董賢的意圖，果斷做了一件事：

悄悄去長樂宮稟報姑媽太皇太后。

按漢代的「兩宮」制度，皇帝與皇太后分居未央宮和長樂宮，俗稱西宮東宮。皇太后一般不去西宮，皇帝應定期去東宮朝見。一旦皇太后或太皇太后臨朝，就意味著有重大事件。

得知皇帝晏駕，王政君一面用最快的速度趕往未央宮，一面馬上派人去王莽的宅第，讓王莽迅速準備進宮。

於是，就在劉欣晏駕的當夜，太皇太后迅速駕到未央宮，在宣德殿棨下分庭抗禮的陣勢，令董賢措手不及。局勢逐漸變得明朗了。

有太皇太后為後盾，王閎持劍走到董賢面前，不無威脅地呵斥道：

宮車晏駕，國嗣未立，公受恩深重，當俯伏號泣，何事久持璽綬以待禍至邪！[3]

王閎太咄咄逼人了，竟然說出「待禍至」這樣透露殺機的話。

從王閎的呵斥中，可以知道在這寶貴的決斷時刻裡，董賢什麼都沒有做：沒有掛印稱帝，沒有以大司馬的名義召集群臣廷議新皇帝的選拔，也沒有號啕大哭以表達忠臣和愛人的癡情。他只是拿著玉璽和綬帶，毫無作為，拖延遲鈍，直至王政君到來。

事實上，即使如此，董賢仍然可以借助傳國玉璽和皇帝遺言怒斥王閎膽敢帶劍入宮，令士兵將其拿下。未央宮裡都是自己的族人，囚禁王政君也並非不可能。

但缺乏政治能力的董賢竟然乖乖地「跪授璽綬」，放棄了一切行動，將傳國玉璽和印綬交給王閎，再轉呈太皇太后。

董賢大概覺得自己既沒露篡逆之心，也沒有奪權之實，何罪之有呢，將玉璽交出去能夠保一家老小平安。他哪裡知道，王閎把這團政治的混沌劈開之後，黑與白、是與非、敵與友也就分清楚了。董賢如果想保自家平安，又不去剷除敵人，那全家的安危就只能視敵人是否寬容了。

《左傳》有云：「匹夫無罪，懷璧其罪」。況且董賢所懷的不是什麼別的璧，而是傳國玉璽。

董賢雖然失去了傳國玉璽，但爵位官職都還在，未央宮裡遍布董氏族人，太皇太后絕不會感到安全，於是召見了董賢。

在未央宮前殿東廂，老練的王政君滿懷關心地詢問董賢，如今皇帝晏駕，你作為大司馬，是主心骨，下一步怎麼辦？特別是喪事打算怎麼辦理？

董賢「內憂，不能對」[4]，心亂如麻，說不出所以然來，加之太皇太后是國母，他按照禮節摘下冠冕，向王政君表達了不知道怎麼辦的歉意。

這正中王政君下懷，她語含尊重地說，王莽以前也是大司馬，曾經辦理過漢成帝的喪事，有經驗，「吾令莽佐君」[5]。一個「佐」字，令缺乏經驗的董賢或許覺得如釋重負，也無法拒絕，馬上「頓首幸甚」[6]，一邊行禮一邊說「那太好了」。

於是，王政君立刻將早已準備多時的王莽請入未央宮。

王莽一入未央宮，猶如池龍入海。

2 乏味的政變

夜未央。

比董賢更加熟悉未央宮權力機制的王莽，入宮後的第一件事就是徹底廢掉董賢所有的合法權力，哪怕董賢並不打算使用這些權力。合法的權力需要合法的方式去廢除，王莽按照程序，找了一個尚書彈劾董賢。

彈劾的理由是現成的：皇帝病危期間，董賢身為大司馬，沒有親自照料皇帝的病情。換言之，皇帝因病晏駕，董賢負有領導責任。

有了彈劾，就得有回應。王政君下令禁止董賢出入未央宮司馬門，司馬門是未央宮四面的門，這意味著董賢被剝奪了出入未央宮的權限，他那「領尚書事」的差事也就失效了。與此同時，王政君還為王莽做了更充分的準備：

> 諸發兵符節，百官奏事，中黃門、期門兵皆屬莽。[7]

她讓王莽接管了董賢大司馬衛將軍的職權，把持了兵權、代表未央宮接受百官奏事之權、未央宮內的安保權。那些在內外朝擔任大小職務的董氏族人，也一併被罷免驅逐。

至此，董賢掌握的政治資源只剩下一個於事無補的高安侯和空有頭銜的大司馬。他本來只是一隻貓，不是老虎，現在貓指甲也被拔了個精光。

董賢不知所措，「詣闕，免冠，徒跣謝」[8]，脫去冠冕和鞋子，在王政君面前光腳求饒。

僅僅幾個時辰，一場可能劍拔弩張實則平淡無奇的政變就這樣以王氏家族的勝利告終。對待毫無反抗能力的敵人，王氏家族沒有顯示出憐憫，而是馬不停蹄地徹底消滅。這不僅是政治行為的慣性，也因為王氏家族對劉欣實在恨之入骨，劉欣的寵臣又怎麼會被放過呢。

董賢求饒後，王莽立刻以太皇太后的名義下詔，罷免他大司馬一職，冊書寫道：

> 間者以來，陰陽不調，災害並臻，元元蒙辜。夫三公，鼎足之輔也，高安侯賢未更事理，為大司馬不合眾心，非所以折衝綏遠也。其收大司馬印綬，罷歸第。[9]

罷免三公總需要合適的理由，董賢這個二十三歲的大司馬在滿朝元老們看來，不過是劉欣的一隻寵物。所以除了前面幾句「陰陽不調、災害並臻」的泛泛而談外，根本不需要什麼實際的理由，政變到了這種程度，已經令人乏味。「高安侯賢未更事理，為大司馬不合眾心」，就是說董賢還是一個孩子啊！

董賢接受了冊書，把大司馬印綬交給了漢廷使者，乖乖地回到位於北闕的居所。

北闕可不是長安的普通地段。中國古代的首都與現代不同，簡單地說，那是皇宮以及為皇宮服務的建築的組合。北闕是最靠近未央宮、由高官貴戚居住的一片聚居區，被稱作「北闕甲第」。而董賢的房子，算是豪宅中的豪宅了。

劉欣生前曾經命令專門給皇帝造宮殿的將作大匠給董賢修宅子，有趣的是，這位將作大匠是剛剛提拔的董賢的岳父。據說，這幢房子「重殿洞門，木土之功窮極技巧，柱檻衣以綈錦」[10]，「柱壁皆畫雲氣華花，山靈水怪。樓閣臺榭，轉相連注，山池玩好，窮盡雕麗」[11]，擁有宛如皇宮一般的層層華殿，牆壁柱子上畫著煙雲繚繞，有的柱子和門檻用絲綢錦緞包裹，面積也大得很。

就是在這幢豪宅裡，就在劉欣晏駕的當天，董賢和妻子自殺了。

大概是因為極度恐懼，想盡快息事寧人，避免災禍。董賢父親董恭連夜將董賢夫婦下葬。董賢確實具有連夜下葬的硬體條件，因為劉欣早就在自己的帝陵旁邊給董賢挖好了陪葬墓。當然，這墳墓也與北闕的豪宅一樣奢華，「剛柏題湊，外為徼道，周垣數里，門闕罘罳甚盛」[12]，竟然使用諸侯王以上才會使用的黃腸題湊，而且盤桓數里，地上建築也很龐大。

但王莽連死人都不放過。

王莽顯示出他性格中細緻又多疑的一面：懷疑董賢詐死。還沒有正式職務，只是作為皇帝後事主持人的王莽，立刻派人挖開董賢的墳墓，看埋進去的是不是本人。確認無誤後，王莽這才向名義上的政府首腦大司徒孔光報告發掘結果，倒是讓後人一窺董賢墳墓的奢華：

以沙畫棺四時之色，左蒼龍，右白虎，上著金銀日月，玉衣珠璧以棺，至尊無以加。[13]

「至尊無以加」，再次顯示出劉欣對董賢成為繼承人的寄託。可惜，這種寄託連地下也無法實現了。董賢的屍體被剝光衣服，草草埋在監獄裡。父親董恭、弟弟董寬信等人全部流放到合浦，當時的合浦靠海，在西漢是遙遠的邊境。

董賢的家人被流放那幾天，長安的平民們紛紛聚集到董賢的豪宅，一邊假裝哭泣，一邊趁亂盜取財物。為什麼？只看一個數據就知——董賢的家產被朝廷變賣了四十三億錢。

董氏家族自此從長安的舞臺上消失了。

此後不久，董賢從前照顧過的一個大司馬府的小吏，名叫朱詡，從大司馬府主動辭職，自費購買棺木衣服，到監獄裡挖出董賢的屍體，穿衣入棺埋葬。這在當時並不是罕見之舉。一般情況下，朝廷不僅不會怪罪，偶爾還會對這類人進行表彰，以顯示掌權者的大度和對一種私人忠義的弘揚。

但王莽聽說後勃然大怒，找了個罪名殺了朱詡。

這一舉動頗顯不近人情。董賢究竟何罪之有？或者說王莽對董賢的刻骨之恨從何而來？

3 太陽似乎照常升起

劉欣晏駕第二天，六月己未（西元前一年八月十六日），太陽照常升起。

長安和往常一樣，城外灞橋上人流往來如織，城內也是熙熙攘攘。站在安門大街和雍門大道的交叉口，能感受到東方大都的繁華，從交叉口往東北方向走的，多是長安城的居民，他們住在明光宮北邊的閭里；往西北方向走的，多是商賈和遊客，因為那裡有著名的市場。

這天，未央宮也沒有什麼不同。這座宮殿是長安城最高的建築，之所以高，是因為它矗立在長安地勢的最高點龍首原上。在缺乏高層建築的古代中國，天下人來到長安，無不被未央宮的恢宏氣勢所震懾。

一場宮廷危機無聲無息渡過，只有在宮內才能感受到，再平淡無奇的政變也是倉促而緊張的。王政君、王莽姑侄一夜未眠；新的一天早上，群臣畢至，內外咸集，才知道天下沒了皇帝，太皇太后臨朝，前任大司馬王莽再度出現在未央宮前殿。

群臣裡的漢室忠臣可能會認為，在皇帝突然死去、劉姓天下險些被董賢篡奪的危急時刻，是王氏家族挽救了國祚，保衛皇室安全，渡過了空前的統治危機。這場政變的意義不同於一般的權力鬥爭，還關係著漢家天下能否存續。

面對群臣，王莽需要以最快的速度同時做好三件事：第一，重新擔任大司馬，合法掌握朝政；第二，盡快為漢朝選定徵召新皇帝；第三，處理劉欣的喪事，以新皇帝的名義給劉欣議諡號，盡快將其下葬。

「名不正則言不順」，這其中，最重要的是擔任大司馬。王莽雖然已經掌握了實權，但只能看作先帝大行期間的權變措施。太皇太后於是下詔：

公卿舉可大司馬者。14

這裡的公、卿，應不是泛指，而是祿位達到「卿」以上的官員。這個詔書一定程度上證明了王莽在當時確屬眾望所歸。沒有人懷疑大司馬會花落別家，王政君也就敢公開選拔。

> 此詔書一下，「大司徒孔光、大司空彭宣舉莽」[15]。有孔光帶頭，「舉朝皆舉莽」[16]，這是王氏家族樂見的局面。

孔光，據說是孔子的十四世孫，漢元帝的時候就已入仕，現在六十多歲了。大司徒就是原來的丞相，是漢朝政府的首腦。孔光在元帝、成帝期間，仗義敢言，仕途幾經起伏，名聲一直很好，是漢成帝死前的顧命大臣。

不過，晚年的孔光已經變得明哲保身、虛與委蛇。

例如哀帝時期，董賢的父親董恭是孔光的下屬，董賢是孔光晚輩的晚輩。劉欣拜董賢為大司馬之後，雖然董賢和孔光都位列三公，是名義上的同僚，但董賢畢竟才二十幾歲。為了抬舉董賢，劉欣故意安排董賢以私人名義去拜訪孔光，試探朝野反應。孔光則揣摩上意，隆重地穿好衣冠禮服，提前出門到路上等待，看見董賢的車來了，馬上返回家中恭恭敬敬地迎接，董賢臨走時也恭恭敬敬地送走，不像是和同僚交往，倒像是對待上級一樣。

劉欣聽說後非常高興，馬上安排孔光的兩個侄子為官。

此事成為孔光的汙點，但孔光當年能夠曲意奉承董賢，今天也能帶頭支持王莽，這並不意外。

意外的是——這次舉薦居然出現了反對派：前將軍何武和左將軍公孫祿互相舉薦對方為大司馬。何武曾經當過御史大夫、大司空，位列三公，與公孫祿又是朋友。互相舉薦，是因為兩人商量過：

> 往時孝惠、孝昭少主之世，外戚呂、霍、上官持權，幾危社稷；今孝成、孝哀比世無嗣，方當

> 選立近親輔幼主，不宜令異姓大臣持權。親疏相錯，為國計便。[17]

稱得上振聾發聵了。

他倆宣稱：以往呂后、霍光、上官桀父子等外戚秉政時，國家都一度陷入危亡。現在成帝、哀帝連續兩代君主都沒有子嗣，說明外戚勢力太過強大。當前又在選立皇帝，就不該再讓外戚來當大司馬，而應「親疏相錯」，讓我們這樣不屬外戚的大臣來擔任，才是為國之道。

單看這段史料，會覺得這二位要麼是癡迷權位，要麼是昧於時勢。其實都不然，從與王莽的交往看，他倆確實屬公忠體國的大臣。

比如何武，早在十四五歲時就覲見過漢宣帝，資歷很深，幾經宦海沉浮，漢哀帝時由董賢舉薦為御史大夫，後轉任前將軍。王莽曾輾轉請何武舉薦他為太常，何武沒答應。多年以後，何武被王莽逼迫自殺。公孫祿，雖然在新朝建立後仍與王莽合作，但在廷議時當眾批評王莽，被逐出朝堂。

何武和公孫祿的舉動，引起朝野不小的震動。《漢書》記錄下這件事情，是將他們二人作為抵抗王莽篡政的先知。但反而說明當時朝廷大多數官員支持王莽，反對者不是沒有，卻是少數。

尤為難堪的當數王政君。

六月庚申（西元前一年八月十七日），她索性直接任命王莽為大司馬、領尚書事，不顧忌她舉行的公開推薦會不會被看作虛偽的把戲。而何武、公孫祿的仕途也就到此為止了。

有了大司馬的職位，王莽可以名正言順地徵召新皇帝了。

劉欣晏駕一個月後的七月，王莽選擇了時年九歲的中山王劉箕子，也就是後人所稱的漢平帝。

箕子幼小，頗有人認為這是王政君、王莽姑侄倆特意遴選的傀儡皇帝。但有大機率並非如此，選擇箕子是按照皇位繼承順序來的。前番曾說，漢成帝、劉欣都沒有子嗣。那麼皇位繼承人只能從漢元帝的後代裡尋找。漢元帝有三個兒子，嫡子是漢成帝，傅昭儀所生的是定陶恭王，定陶恭王的兒子就是劉欣；另一個妃子馮昭儀所生的是中山孝王，中山孝王的兒子就是箕子。

劉欣和劉箕子按照輩分是兄弟，照理說不應「兄終弟及」，但漢元帝的後代裡已經沒有再下一代的男性繼承人了。後來，王莽進一步向朝野說明，箕子所繼承的是漢成帝，而不是劉欣，在祭祀上更加視劉欣不存在。

箕子從中山王升格為皇帝，按照慣例他的母族應該入朝，他的舅舅應該擔任大司馬等重要職位，就像劉欣即位時那樣。但恰恰考慮到劉欣即位後封賞本家外戚，把王氏家族一腳踢開，王氏家族做了充分準備。

王莽的做法是：中山王升格為皇帝，王位空缺，就另選了一位宗室劉成都當中山王，代替箕子奉祀中山孝王。這樣的話，朝廷就有理由繼續封箕子的母親為中山王太后，令她留在中山國，不得來到長安當皇太后。

九月，距離劉欣晏駕整整六十四天，箕子正式即皇帝位。當日大赦天下。箕子孤身入朝為帝，母親舅舅都不在身邊，形成了王政君臨朝、王莽執政的局面。這將是漢朝殘存歲月的基本政治格局。自此，王莽可以從容清理朝廷上的異己。他對何武、公孫祿以及劉欣時期上位的外戚、新貴等羅織定罪，但並不出面彈劾，而是力捧主持外朝的孔光，拜孔光的女婿甄邯為侍中奉車都尉，讓孔光按程序奏請王政君處置。

王莽在幕後，孔光在臺前，王政君「秉公辦事」，朝廷氣氛為之一變，王氏家族牢牢把控了漢廷大權。

至此，前朝遺留下的政治問題只剩下給劉欣議謚號了。劉欣的遺體已經停放了兩個多月，確實需要抓緊下葬，而葬儀中不可或缺的一環，就是把謚號書寫在謚冊上放入帝陵隨葬。

按照漢制，帝王崩殂後，要由新皇帝和大臣一起議謚。鑒於一是劉欣在位期間王氏家族吃盡了苦頭；二是劉欣寵信董賢，屢殺重臣，大臣們對他頗有非議；三是新皇帝並非劉欣的子嗣，又是個孩子，劉欣的謚號可想而知。

和後世謚號的虛飾相比，西漢皇帝的謚號和廟號大都會比較認真地議定，也相對符合皇帝生前的行為。廟號只有足夠資格的皇帝才配擁有，此時只有開國皇帝劉邦、以旁支身分承繼大統的漢文帝劉恆、開疆拓土的漢武帝劉徹擁有廟號，連平息了「七國之亂」的漢景帝和號稱中興的漢宣帝都沒有廟號，所以劉欣不可能有廟號簡直是一定的。多年以後，王莽給漢宣帝、漢元帝、漢成帝、漢平帝均立了宗廟並追認廟號，唯獨越過了劉欣，切齒之恨昭然若揭。

至於謚號，高皇帝以來幾個皇帝的謚號都不錯，按照順序依次是高、惠、文、景、武、昭、宣、元、成，唯獨到了劉欣，謚號被定為「哀」。

這個「哀」字著實扎眼。嚴格來說，「哀」倒不算惡謚，而是中謚。謚法裡說：「恭仁短折曰哀」，主要表達一種追思哀悼之情，也符合劉欣短命的實際。但劉欣的「欣」字恰恰是「喜」的意思，以「哀」誌「喜」，總歸有一些幸災樂禍的味道。

漢哀帝下葬後，至少表面看來，漢朝空前的政治危機已被王莽化解。很多臣民發自內心認為，若非王莽在決斷時刻處置了董賢，並擇立新帝，還有誰能穩定這個政局呢？

二、安漢公是什麼稱號

4 千年周公今又來

箕子即位後，改年號為「元始」。元始元年大致相當於西元一年。

西漢自從漢武帝開始使用年號，年號怎麼取、幾年改元等一直比較有規律。新皇帝即位的年號，一般都會體現「開始」的意思，箕子的「元始」也不例外，但這其中也包含了王莽的雄心壯志。

就在元始元年春天的正月，發生了一件千年未有的祥瑞。

有一支據說來自極為遙遠之地的蠻夷，自稱「越裳氏」，在益州牧的引領下來到長安朝貢，並獻上一隻白雉，兩隻黑雉。

雉，大概就是野山雞之類的大鳥。不過在當時人的眼中，雉和鳳凰似乎區別不大。當這三隻美麗的大鳥在朝廷上出現，所有人都被震驚了。因為，雉的出現本身就是祥瑞，《春秋緯．感精符》裡說：「王者德澤，旁流四表，則白雉見。」意思是說，白雉出現，意味著天下出現了道德流布四夷的王者。

王者是誰？

這就要看貢獻雉的是什麼人了。

越裳氏，據後人考證，大概是在東南亞的老撾（寮國）、越南一帶。但實際上並不需要坐實地點。知道他們來自極遠之地，遙遠到需要經過「重譯」也就是若干次翻譯才能與漢朝人語言溝通，這就夠了。

在漢朝人的文化記憶裡，越裳氏上一次到中土貢獻雉，是在一千年前的周成王時期，並且不是為了見周成王，而是見輔佐成王的周公。

周公就是當時的王者。

《韓詩外傳》記載了這個故事：

越裳氏重九譯而至，獻白雉於周公，曰：「道路悠遠，山川幽深。恐使人之未達也，故重譯而來。」周公曰：「吾何以見賜也？」譯曰：「吾受命國之黃髮曰：『久矣天之不迅風疾雨也，海之不波溢也，三年於茲矣。意者中國殆有聖人，盍往朝之。』於是來也。」周公乃敬求其所以來。[1]

這個故事極富詩意，又充滿了喜慶色彩。

越裳氏經歷了輾轉翻譯，給周公獻上一隻白雉。周公問，我有什麼資格受你們的貢獻呢？越裳氏通過翻譯答道：「在我的國家裡，連續三年風調雨順，大海沒有驚濤駭浪，老人說這是因為中原出了聖人，何不去朝貢一番呢。所以我們就來了。」

看，周公是輔佐幼主，今天的大司馬王莽也是輔佐幼主；周公處理了「管蔡之亂」，穩定了周的政局，王莽也處理了董賢，穩定了漢的政局；周公的德行令越裳氏萬里迢迢來獻雉，王莽也是如此。而且周公那麼大的功德，只得到了一隻白雉，獻給王莽的還多出兩只黑雉，這豈不是超邁了周公的德澤？

《漢書》指出，越裳氏的位置不在益州的方向，所以這次獻雉是王莽自導自演的鬧劇。這極有可能，假如周公時期真的有一個越裳氏，過了一千年，還在同一個地方，還叫同一個名字，其機率微乎其微。

「一千年」很久，今人說起一千年前的宋朝，會覺得遙遠得不得了。但對漢朝人來說，「一千年」只是越過秦返回周。孟子曾說「五百年必有王者興」，周公之後五百年有孔子，孔子之後五百年有王莽，從周公至今正好是一千年[2]。

王莽把雉鳥獻給了皇家宗廟，表示祥瑞要向漢朝的列祖列宗報告，而不是歸功於自己。但群臣不難嗅出王莽與周公媲美的味道，當然，眼前這位外戚、權臣，似乎在儒學造詣上比漢朝以往的同類人物如田蚡、霍光等要高得多，人品也更高尚。這個祥瑞可能會令一些漢廷的官員感到詫異和震驚，但大多數官員會覺得這是錦上添花的好事。

5 漢家天下王氏安

王莽從一位失勢的前任大司馬，變成了堪比周公之德的帝國掌權者。這不能不說是上天的恩德。雉鳥，便是上天恩德的明證。

面對這一祥瑞，群臣紛紛向王政君上奏王莽的功德，首次提出「安漢公」這個稱號：

> 委任大司馬莽定策定宗廟。故大司馬霍光有安宗廟之功，益封三萬戶，疇其爵邑，比蕭相國。

> 莽宜如光故事。……莽功德致周成白雉之瑞，**千載同符**。聖王之法，臣有大功則生有美號，故周公及身在而**託號於周**。莽有定國安漢家之大功，宜賜號曰安漢公，益戶，疇爵邑，上應古制，下准行事，以順天心。[3]

「群臣」是史書原話。能稱得上「群臣」，表明這是絕大多數官吏的意志。其中，有的官吏應出於對權臣的奉承，有的屬王莽勢力，有的則對祥瑞深信不疑，有的是真心擁護。但不管怎樣，「群臣」基本達成了共識，證明王莽的功德在時人看來符合事實：

第一，漢朝曾經有過大司馬穩定政局、「安宗廟」的歷史案例。當年霍光廢昌邑王，立漢宣帝，開創漢朝中興局面。王莽逐董賢、立箕子，功勞與霍光頡頏。既然霍光曾經比著漢代第一宰相蕭何來封賞，那麼王莽也應該如此。

第二，從儒家的「聖史」看，今天出現周公時期的祥瑞，說明王莽與周公同功同德。既然周公「託號於周」，那麼王莽也可以託號於漢。

這兩點理由，分別照應了「行事」——漢朝慣例，和「古制」——儒家制度，說明給王莽這一特殊的封賞——也就是「安漢公」的稱號並非逾制。

「安漢公」，是一個非常奇特的稱號，令人想起英國革命時克倫威爾被群下所上的尊號「Lord Protector」。這個詞被譯為「護國公」，非常巧妙，與「安漢公」真是相得益彰。

多年之後，王莽在給朝廷的奏章裡有一句自況：

> 臣莽伏自惟，爵為新都侯，號為安漢公，官為宰衡、太傅、大司馬，爵貴、號尊、官重。[4]

王莽是把爵、號和官三者區分來看的。他成為安漢公的時候，爵位仍然是新都侯，這就說明安漢公不是爵位。他的官職當時還只是大司馬，說明安漢公也不是官位。

安漢公是一個尊號，其特殊之處在於以國號為號。

周朝的「周」，是因為傳說周太王古公亶父率領族人遷徙到「周原」，開創基業，因此國號為周。[5]而周公的「周」，也是因為他「以太王所居周地為其采邑」[6]，所以包含了國號的意思。

周公的「公」，是因為他乃王室執政大臣，所以尊稱為「公」，也可能是周地的公爵[7]。周公封在魯，但他始終沒去[8]，而魯國是侯國，所以「公」與魯國沒有直接關係。

「安漢公」正是要模仿「周公」的稱號。此時的漢朝，還沒有施行「公侯伯子男」的五等爵制，所以安漢公的「公」是尊稱，「安漢」則包含了漢的國號，簡單地說就是與「周公」相侔的「漢公」，鑒於王莽的功德，加上一個「安」字，所以是「安漢公」。

漢朝的皇帝為「漢皇」「漢天子」，劉邦在稱帝之前是「漢王」，那麼「漢公」的稱號有多麼尊貴，可想而知。

尊號的規格如此之高，王莽前後推辭了六次，先是婉拒，宣稱安漢的功績是大家的，可以封孔光，不必封我。群臣堅持未果，就抬出王政君下詔，王莽索性稱病不上班。為表示公平，王政君下詔封了孔光等四個大臣，已封侯的「升職」，未封侯的封侯，但王莽仍然不上班。無奈，王政君只好直接下詔封王莽為安漢公，並聽取群臣的呼籲，把蕭何的舊居賜給了王莽。

賜蕭何的舊居，也是尊崇的一大手段。蕭何在劉氏皇族的敘述裡，不僅是高皇帝的宰相，而且是劉氏的恩人。漢景帝稱他「高皇帝大功臣，所與為天下也」，就是說蕭何與高皇帝共造基業，堪稱合夥人；漢武帝離漢初那麼多年了，還說「朕報蕭相國德」[9]。所以，蕭何是漢初功臣裡罕見的直到王莽時期仍然葆有爵位的人，中間世系幾次斷絕，都被皇帝尋找後裔續封，地位長達兩百年不衰，具有特殊的象徵意義。

在這種情況下，王莽終於接受了安漢公的稱號。但他只接受這個稱號本身，對於漢廷賜予的物質封賞一概不受，並說了一句很豪邁的承諾：

> 願須百姓家給，然後加賞。[10]

就是說，等待天下百姓家給人足的時候，再給我封賞。

王莽在兩千年前說出這樣的豪言壯語，今人尚且頗覺感動，何況古人？

對此，王政君下詔答覆：那就暫不封賞，但對王莽的日常俸祿賞賜加倍，等待天下家給人足時再賞。

由此亦可知，當時人們談起「百姓家給」，似乎不是「英特納雄納爾，就一定要實現」（編按：「英特納雄納爾」意指共產國際歌中的理想世界）之類的終極理想，而是不久之後就能看到的場景。王莽不僅安定了政局，還給天下人帶來即將實現萬世太平的期望。再加上「謙讓」，他贏得了空前的擁戴。

後人習慣於把王莽當安漢公視作「篡逆」的標誌性事件之一，這怕是一種後見之明。在當時，仿效周公說明王莽向善、有理想有道德，引起的是讚美。須知，霍光宣稱受漢武帝的遺命秉政，一個重要證據，就是拿出了一幅「周公負成王」的畫。霍光說這是漢武帝所賜，以證明自己是受命照顧年幼的漢昭帝，承擔周公之責。儘管上官桀等人當時就稱這幅畫是霍光偽造，後世史學家也頗多懷疑，但沒有證據。而且，霍光並沒有篡奪漢朝的皇位，背負成王的周公也就不可能和篡權沾上邊兒。

同理，在王莽被群臣上安漢公的尊號時，群臣所能想到的，近是霍光輔佐昭帝和宣帝的往事，遠是周公輔佐成王的傳說，朝野基本不會認為王莽有篡奪帝位的野心。即使在當時「天命轉移」的背景下，王莽有取而代之的嫌疑，也只能說是大勢所趨、時代使命，難說是王莽的主觀意圖。

有一個小小的波瀾，被不起眼地記錄在史書裡：漢哀帝下葬後，陵墓稱義陵，按照當時「前殿後寢」的制度，陵墓旁邊有祭祀的前殿，也有供亡靈休憩的寢殿。王莽成為安漢公後一個月，義陵的陵寢令，也就是管理漢哀帝陵墓的官員，急忙報告了一個驚悚的消息：

前一天晚上，漢哀帝的衣冠還在寢殿的盒子裡放著，第二天早上，那衣冠自己跑到床上來了！

王莽對此十分驚訝，馬上安排祭祀以最高規格的太牢，試圖平息亡靈的憤怒。

漢室的亡靈怎能不憤怒？劉氏篳路藍縷，劬勞功業，賢君輩出，怎麼就走到需要外戚來「安」的地步？

第三章

王氏

五侯初起，曲陽最怒
壞決高都，連境外杜
土山漸臺，象西白虎
——漢成帝時歌謠

一、王氏之興自鳳始

1.「種馬」王禁的一生

魏郡元城縣[1]的王禁在歷史上籍籍無名，但他因為好色，與眾妻妾生養了十二個成年子女。於是，這個剛從外地搬遷到元城縣的基層官吏家庭，在一代人之內膨脹成足以頡頏皇族的大家族。

王禁出生在漢武帝年間，年輕時曾到長安學習法律並踏入仕途，在廷尉府擔任廷尉史。當年李斯「焚書」之後，嚴禁私學，想要入仕的人只能「以吏為師」，除了法律條文之外什麼也不許學[2]。通過學習律法條文入仕，這條規矩一直延續到漢朝。

在廷尉府這個兼有司法和審判職能的中央機關裡，廷尉史是一個普通但很有前途的低級官員。王禁如果想上進，可以效仿他的前輩杜周，只要不怕得罪皇親權貴，亦不怕殺人，窮治幾個大案要案，那麼從廷尉史一路升到廷尉乃至御史大夫都是有可能的。

不過，王禁不同，他對此並不看重，很快就告別仕途返回家鄉。元城縣在當時是黃河渡口，屬交通要道，商業發達，經濟理應不錯。《漢書》說：

> 禁有大志，不修廉隅，好酒色，多取傍妻。[3]

就是說，他有更大的志向，因此對仕途並不看重，也就不需要在外人面前當道德君子，好酒好色，多娶側室。這裡的「大志」指什麼，史書沒有交代，但對當時的普通人而言，比做官更有吸引力的宏大志向，大概是延年益壽、長樂未央、服食升仙之類。

西漢時的莊園已經很舒適了，在這富庶的地方，築起連片的房屋，裝飾紅色的漆器，架起漆屏風，懸掛絲綢帷帳，用精美的博山爐熏香，吃的喝的都由莊園生產，女婢日夜服侍，這樣的日子難道不舒服嗎？

於是王禁生了又生，有四女八男成年，考慮到當時的人均壽命和醫療水平，堪稱奇蹟。

魏郡的李親是王禁的前妻。這十二個子女裡僅有次女王政君、長子王鳳、三子王崇由她所生。據說，李親對丈夫娶了如此多的妾感到不滿，就像其他漢朝女人一樣，與王禁離婚，改嫁河內郡的苟賓。《漢書》稱她「妒」，實在是對女性尤其是西漢的女性缺乏體諒。況且，當時婦女改嫁十分平常，尤為典型的是漢景帝的皇后王娡，已經在民間嫁人且生育一女後，又改嫁時為皇太子的漢景帝，最終生育了漢武帝劉徹。

改嫁之風如此，妒與不妒，有什麼可譏議的呢。

不過，在這樁漢代基層縣域的尋常婚姻裡，發生了一件了不起的祥瑞：李親在懷王政君時，夢見有月亮進入自己懷裡。

這件事情不知道是怎麼傳出來的，合理的解釋是王政君貴為天下母之後，李親自己說的。考慮到漢朝百姓普遍存在的鬼神觀念，夢見月亮這件事應該不是杜撰。

月是太陰，也就是太陽的配偶。史書把這件祥瑞記錄下來，夢見月亮就成了后妃的祥瑞。

在此之前，西漢的皇后們在微賤時多少都會有一些接近祥瑞的事，有的僅僅是相面或望氣，比如漢文帝的母親薄皇后，相士見了她說「能生天子」；比如漢昭帝的母親鉤弋夫人，漢武帝巡幸河間時，有術士「望氣」說當地有奇女，漢武帝才將她找來。有的只是巧合，比如漢文帝的妻子竇皇后，原本是皇宮宮女，被呂后選中賜給諸侯王，竇氏想分配到趙國，因為離家近，就特意和管事的宦官打了招呼，結果宦官忘了，把她分到了代國，竇氏被迫去了代國，卻陰差陽錯成了代王的妻子，而代王就是後來的漢文帝。

所以，李親夢見月亮而生王政君這件奇事就具有了特殊的意義。

與之相似，傳說王政君小時候在家紡織，有隻白色的燕子銜著一枚指頭大的白石從她頭頂飛過，巧了，那石頭正好掉進她的紡織筐裡。王政君拿起石頭，石頭「啪」的一聲裂為兩半，上面寫著「母天地」三個字。

王政君覺得這塊石頭很寶貝，就好生收著，把它叫作「天璽」。

好像是上天給她的命運蓋了一個印戳[4]。

另一件事情則有些詭譎。

王禁不是魏郡的土著，他的父親王賀原本是濟南郡東平陵[5]人，距離魏郡有二百五十公里左右。漢武帝時，王賀算是個有些名氣的人物，因為曾擔當漢武帝的繡衣直指御史。繡衣御史，顧名思義，就是穿著「繡衣」以表示身分特殊的按察執法人員，類似於明朝的錦衣衛。在西漢，繡衣御史是漢武帝的一大發明，他們不是常設官員，但擁有皇帝親授機宜的榮耀和對所巡察地區大小官吏生殺予奪的特權，是皇帝用來恐嚇臣下、可以不走法律程序而殺戮的特務人員，屬那類極不受歡迎的專制工具。

王賀的同僚暴勝之在擔任繡衣御史期間，執法極其嚴格，對郡守級別的地方最高長官「二千石」及以下官吏毫不心軟，稍有過錯即斬殺，「連坐」的士民也不放過，「大部至斬萬餘人」[6]。漢武帝時期據說全國戶口減半，除了戰爭、饑荒和逃亡，動輒斬殺萬餘人的案件當存一份「功勞」。

王賀的風格卻完全相反，對當地的官吏能放一馬就放一馬，以至於放縱得太多，被認為不稱職而免官。王賀對此並不以為然，說了一句：

吾聞活千人有封子孫，吾所活者萬餘人，後世其興乎！[7]

挽救千人生命的功德，就能讓後世子孫封侯。佛教興盛之前，這種禍福神鬼的思想已經很普遍，也是漢朝人篤信祥瑞或災異的觀念基礎。而王賀認為自己至少救了萬餘條命，封侯豈足道哉？

王賀免官；暴勝之升官，後來官至御史大夫，在「巫蠱之亂」時因一樁小事被漢武帝逼迫自殺。需要留意的是，王賀所按察的地區恰恰就是魏郡。他的這種執法方式，當然會在當地贏得口碑。所以，王賀在故鄉東平陵與人結怨後，就會想到舉家搬遷至魏郡以躲避災禍。

於是，王賀搬遷到魏郡元城縣的委粟里，還擔任了「三老」。委粟里，顧名思義，是「堆放糧食的閭里」，可能就是糧倉所在的社區。既然所居是縣城社區，王賀又曾經是中央官員，推測他所擔任的三老也應該是地位更高的縣三老而非鄉三老[8]，成為元城縣有頭有臉的人物。西漢的三老往往由德高望重且熟悉本地情況的人擔任，王賀作為一個外來戶，居然擔任三老，頗能說明他在魏郡確實比較得民心，已經是魏郡人民的「老朋友」。

王賀的搬遷屬脫籍遷徙，在當時，一般百姓根本無法自由遷徙，王賀多半利用了他在中央和魏郡的人脈[9]。

詭譎之事就發生在元城縣。

元城縣有個人叫「建公」，這名字聽起來應是本地有聲望的「父老」，他對王賀說：春秋時，元城屬晉國。有天，附近的沙麓山忽然崩了，晉國的史官就認為，沙麓山的崩壞是因為「陰勝於陽」，預示著從山崩往後數六百四十五年，這裡將有聖女興起。

這番話至少有一點是真實的，《春秋．僖公十四年》的確記載了「秋，八月，辛卯，沙鹿崩」的事情。

魯僖公十四年是西元前六四六年，往後數六百四十五年，真巧，正好是漢哀帝晏駕這一年。從後世角度看，把沙麓山崩與王政君成為聖女勾連起來，時間跨度過於精準，顯然是事後的偽造。而且西漢之時，大家對《春秋》最為尊崇的是《公羊傳》，但《公羊傳》對沙麓山崩的解釋，認為是齊桓公將死，宋襄公將敗，由諸侯主持天下大業的「霸道」將出現危機，絲毫沒有提到什麼陰陽、聖女之類，甚至連晉國的史官也沒提到。《穀梁傳》也是如此。

這就是此事的詭譎之處。多年以後，王莽已經改朝換代，以「新室文母太皇太后」為尊號的王政君去世。王莽讓他的老朋友、大文豪揚雄做了一篇誄文，其中一句是：

太陰之精，沙麓之靈，作合於漢，配元生成[10]。

只提到兩個祥瑞，也就是王政君的母親夢到月亮和沙麓山崩這兩件事。由此可見，在當時人眼中，這兩件事是真真切切發生，且奠定了王政君成為聖女基礎的祥瑞。後人信與不信，又有何意義呢？

要進入王氏家族的歷史世界，就得先進入漢朝普通人的觀念世界。對漢朝人來說，祥瑞就是上天顯現的神蹟，既然王政君能夠從一名民女成為皇后、皇太后、太皇太后，直至新室文母太皇太后，那麼她崛起的這個事實就一定會有祥瑞，如果沒有，那只能說明沒有找到或是缺乏對神蹟的敏感。

2 幸運的王政君

李親為王禁生完三個子女後，就改嫁了。

沒有母親的言傳身教，王政君的性格也與母親不同，她「婉順得婦人道」[11]，性格柔軟、溫和，是那類對丈夫言聽計從、比較缺乏個性的女人。長大之後，王禁開始考慮女兒的婚嫁問題，但詭異的是，他把王政君先後許嫁給兩個男人，其中一位還是諸侯王[12]，但這兩個男人都在迎娶之前突然去世。

無獨有偶，漢宣帝晚年的皇后王氏，也就是王政君的婆婆，年輕時也遇到類似的情況。「每當適人，所當適輒死，故久不行」[13]，每次許嫁，許給誰誰死，直到後來漢宣帝將她召入後宮。這裡需要多說一句，此王皇后與王政君不是一個「王」，兩人郡望不同，也沒有血緣關係。

漢朝的人均壽命不高，死人很常見，所以一個女人許嫁的男人接連死去，似乎也不是非常奇怪。但考慮到有的女人日後嫁給了皇帝，那麼接連死去的男人就成了這個女人被上天別有眷顧的證明。

王禁感到很奇怪，恰好他有個熟人會看相，叫「南宮大有」，就邀他給王政君相面。南宮大有仔細相了一下，神祕地說：

貴為天下母[14]。

在班固筆下，南宮大有只說「當大貴，不可言」[15]；到了王充筆下，則明說「貴為天下母」。知道女兒未來尊貴的命運，王禁才關注到性格柔順的王政君，開始教她讀書、寫字、鼓琴。

等到她十八歲時，經由魏郡都尉，正式送入掖庭，但「為家人子」[16]，僅僅是一名宮女。在漢朝，普通人家把女兒送進宮以謀求全家富貴的事情很多，但女孩子們絕大多數要麼老死宮中，要麼人老色衰出宮嫁人，能夠飛黃騰達的鳳毛麟角。

誰都知道，沒有王政君，王莽就不可能走到歷史前臺。王莽再有能耐，再勤奮刻苦，儒學素養再高，也比不上姑媽恰好嫁給了皇帝這件事。與那些可怕的後宮爭鬥相比，王政君卻僅憑幸運，順利成為天下母。其幸運之大、之多、之重，令人不得不相信上天的確會降下祥瑞。

入宮之初，王政君只是個後宮的宮女，既沒有絕色美貌，也沒有出眾才能，與太子更無任何理由建立關係。

說到太子劉奭，他現在正寵愛著司馬良娣。

劉奭性格柔弱。父親漢宣帝是一位經歷傳奇的雄主，對這個兒子並不滿意。但劉奭的生母許皇后是漢宣帝在民間時的結髮妻子，兩人同舟共濟，感情極好。許皇后後來被霍光家族毒死，漢宣帝十分悲傷，對他倆唯一的兒子劉奭也就多了一份容忍。

司馬良娣之不幸，恰如王政君之幸運。

司馬良娣寵信未衰，忽然得病將死，死之前，她告訴太子，自己的死並非天命，而是太子其他的妾嫉妒她，詛咒她死。司馬良娣一去世，太子極度惱火，悶悶不樂，喜怒無常，乃至發起病來。他相信司馬良娣的話，把怒氣播遷到其他妾身上，一個人也不見，更別說「造人」了。

漢宣帝卻需要太子「造人」，就令王皇后從後宮挑一些宮女送給太子，以表示安慰。

王皇后大概以自己作為挑選標準，不必太美貌太精明。「婉順得婦人道」的王政君幸運地進入皇后的視線。皇后一共挑了五名宮女。不久，太子來朝見皇后，皇后就讓這五個人上來，坐在太子面前，又悄悄叮囑自己的侍從女官長「長御」觀察太子喜歡哪個。

太子哪個都不喜歡，他仍然喜歡死去的司馬良娣，而且尤其不喜歡別人為他挑選的女人。但那畢竟是皇后，太子只得勉強說：「這裡面的一個就行吧。」這裡面離太子最近的人，那天恰恰穿了一件紅色緄邊的衣服，

顯得與眾不同。長御就以為太子選中了她。

她就是王政君。

於是，王政君一不留神就從一名普通宮女，變成了皇太子的娣妾。

更幸運的是，皇太子的後宮有娣妾不下十人，時間久的已經被太子「幸」了七八年，卻一個生兒子的也沒有。王政君被送入皇太子宮後，皇太子只幸了她一次，馬上有孕，生下來就是兒子。漢宣帝盼孫子盼了很久，因此格外喜歡這個皇孫，親自給他取名為劉驁，親暱地稱他是「太孫」[17]，常常帶在身邊，儼然有隔代指定接班人的意思了。

漢朝有一個根深柢固的觀念，就是「母以子貴，子以母貴」。皇帝的兒子成了太子，母親不論何種出身，必然為皇后。王政君有了兒子，必然成為太子妃。她的父親王禁再次被召至長安，任丞相少

史。這雖是個低級官吏，但王禁在這個職位上等待的不是丞相府的升遷，而是女兒的蛻變。

王政君生子後第三年，漢宣帝因為前幾年新豐縣出現了黃龍，是一個令人振奮的祥瑞，就改元為黃龍元年。也是在這一年，未央宮裡下處的一隻母雞長出了公雞的羽毛，雖然不能像公雞那樣打鳴，但有公雞的模樣。

就在黃龍元年，漢宣帝崩，皇太子劉奭即位，即漢元帝。他即位後，改元為初元元年，無獨有偶，丞相府史家一隻母雞的毛色也漸漸變成了公雞，與一年前的那隻雞不同，這隻雞已經能夠打鳴了。

王禁恰恰就是丞相少史。

許多年之後人們才意識到，母雞變成公雞，正是王氏崛起和劉氏衰落的徵象。王政君還是太子妃時，那隻雞只有雄雞之形卻不能打鳴。等到漢元帝即位，二十二歲的王政君先被封為婕妤，三天後又被立為皇后，這時候出現的雞就不僅有其形，而且能打鳴，與公雞無異了。

短短幾年時間，王政君就從一個縣域富戶家庭的平民女子，幾乎沒有費什麼力氣，一躍成了皇后。

牝雞為雄，此漢家之災異，卻是王氏之祥瑞。王氏家族作為外戚正式登臺。

身為皇后父親，王禁是王氏家族名義上的首要人物，按照對待外戚的慣例，他被封為陽平侯。陽平離元成縣不遠，可以看作對他的優待。繼而「加特進」，這是漢代一個比較特殊的加官，又叫「特進侯」，屬爵位系統，沒有實權，但等級「位次三公」，這裡的「次」不是「次於」而是視同、等同的意思，就是說級別等同於「三公」，是稀少的尊位。

此外，他從魏郡來到長安並不是一個人，而是拖家帶口，一大幫王氏家族成員趕來享受外戚理應得到的榮華富貴。

例如，他的弟弟王弘被提拔為長樂衛尉，擔任長樂宮的保安負責人。

長樂宮一向由皇太后居住，此時的皇太后是曾經的王皇后，當年正是她將王政君送入太子宮，如今已經成為王政君的婆婆。為了區分這兩位同為王氏且前後相繼的「王皇后」，後人把王政君的婆婆稱為邛成太后。

前面說過，漢朝非常講究「母以子貴，子以母貴」。邛成太后並不得漢宣帝的寵愛，但她性格溫和，家族勢力很弱，又沒有兒子。漢宣帝立她為后，是相信她能照顧好他的兒子們。事實的確如此，邛成太后看到漢元帝順利登基，就很知趣地不問外事。她一直活到漢成帝時期，位極尊，也有幾名家族成員封侯，但在諸外戚中並不起眼。此時的王政君才二十二歲，家族勢力同樣弱小，以王政君的性格，考慮到當年的恩情，她與這位婆婆應相處甚篤。王政君讓自己的親叔叔王弘擔任長樂衛尉，負責邛成太后的安全，也應是出自恩情而非監視。邛成太后去世後，王政君很悲傷地說：

> 孝宣王皇后，朕之姑，深念奉質共修之義，恩結於心。[18]

「奉質共修，恩結於心」，婆媳之間這八個字鑾令人感動。也正因為這位婆婆的超脫，才給了王政君極大的活動空間。

但此時的王政君柔順、善良、年輕，從未顯示出過硬的政治素養，又不得漢元帝寵愛。她真的是王氏家族的靈魂人物嗎？真的是後世王莽崛起的決定性因素嗎？

3 遇見貴人

漢元帝時期的政壇，幾乎沒有王氏家族什麼事兒。朝堂之上，外戚以大司馬、車騎將軍、領尚書事史高領銜，大臣以太傅蕭望之、少傅周堪為倚重，內廷有宦官中書令弘恭、僕射石顯把持。這三撥兒才是漢元帝時期的主要勢力。

就外戚來說，史家、許家、王翁須家[19]根基都很深厚，且與劉氏皇族有著特殊的親情。簡單回溯一下，漢武帝晚年爆發「巫蠱之亂」，太子劉據及妻子史良娣、劉據的兒子史皇孫及妻子王翁須全部死難，只有劉據的孫子劉病已也就是後來的漢宣帝尚在繈褓，倖免於難，蒙祖母史家傾力照管方才長大。漢宣帝在民間時娶妻許氏，同甘共苦，感情深摯。漢宣帝登基後，妻子許氏不幸死於霍光妻子之手；母親王翁須因為出身微賤，家人已不知所蹤，直到登基四五年之後，漢宣帝才尋找到外祖母和兩個舅舅。種種患難與共，使漢宣帝即位後刻意提高了史家、許家、王翁須家的地位，幾家外戚迅速壯大，就勢力的強弱來說，史家最強，許家次之，王翁須家又次之。

漢元帝時期，史家的代表人物史高、王翁須家的王接、許家的代表人物許嘉，先後出任大司馬、車騎將軍。漢元帝還請許嘉把女兒嫁給太子劉驁，嫁過去後聽說小兩口十分恩愛，漢元帝倍感欣慰，覺得十分告慰早逝的母親許氏，立刻吩咐左右上酒為他慶賀。

此時，作為漢元帝妻族的王氏家族還十分弱小。王政君本人雖然貴為皇后，但漢元帝幾乎不再臨幸她；她的父親王禁雖然位列特進，名譽很高，但並無實權；叔叔王弘僅是一名小小的長樂衛尉；只有在王禁去世後，王政君的哥哥王鳳繼承了王禁陽平侯的爵位，並擔任衛尉、侍中，得以常在皇帝身邊，王氏家族才稍微有一些起色。而王莽，在漢元帝時期才出生。

此時，王氏家族不僅弱小，還要戰戰兢兢，以免失去這來之不易的地位。考慮到太子家弱，漢元帝指示了一位親近大臣來照顧，此人不是別人，正是史高的兒子史丹。史丹在漢元帝為太子時就擔任侍從，十餘年來朝夕相伴，至今還常常陪著皇帝出行。漢元帝的意圖是：

上以丹舊臣，皇考外屬，親信之，詔丹護太子家。

真是天下掉下來的幸運，王氏家族竟然毫不費力就得到了最具權勢的外戚史家的支持。要知道，王政君唯一的王牌就是太子劉驁，只要順利熬到劉驁即位，那麼按照慣例，舊的外戚會退出政壇，王氏家族就可以施展拳腳了。史丹的出現，無疑鞏固了太子的地位。

但世事難料，偏偏此時漢元帝有了廢太子之心。

一旦劉驁被廢，王氏家族不僅現在的地位岌岌可危，恐怕還要被逐出長安，甚至性命難保。

事情怎麼會這樣呢？

主要的原因還在劉驁。劉驁早年因為「寬博謹慎」[20]還頗得父親歡心，長大後，卻「幸酒，樂燕樂」[21]，漢元帝逐漸認為他能力不足，難以擔當帝王大任。到元帝晚年，劉驁更是做出一件令父親極為惱怒的事情。

漢元帝的小弟弟中山哀王劉竟和劉驁年齡差不多，這叔侄二人自小一起長大，按理說感情不錯。中山哀王去世後[22]，漢元帝十分哀痛，劉驁來弔唁，卻面無哀戚。這一下子就惹怒了漢元帝，他說了句為後世歷代帝王所警醒的話：

安有人不慈仁而可奉宗廟，為民父母者乎！[23]

一個人如果沒有仁人之心，是沒有資格為帝王的，這不僅是漢元帝所信奉的儒道，也的確是真正的偉大帝王所具有的基本品質。漢元帝說這句話，很明顯有了廢太子之意。

太子變成一個耽於酒樂又冷漠無親情的人，王政君有不可推卸的責任。從王政君「柔順」的性格推測，她對太子應是極為溺愛的。

幸好史丹在場，他馬上免冠上諫，替太子打圓場：這事兒不怪太子，是我看見陛下您過於哀痛，所以太子剛才覲見之前，我私下裡讓他千萬不要在陛下您面前哭泣，以免讓陛下更傷心。臣該死。這番話效果非常好，不僅替太子開脫，還把太子包裝得很仁孝。史丹果真是王氏的貴人。

但劉驁的太子地位依然岌岌可危，因為競爭者已經出現。

漢元帝有三個兒子，除了太子劉驁，還有傅昭儀的兒子定陶王劉康，馮昭儀的兒子中山王劉興。兒子多了，做父親的心中總會有一些偏愛，這是人之常情。漢元帝從來沒有對王政君有過很深的感情，登基後又格外寵愛傅昭儀，母親的無寵多少會影響到兒子的地位。

傅昭儀雖然比皇后等級低，但她在漢元帝為太子時就嫁了過去，人又比王政君精明，善於籠絡人，連後宮的宮女僕人都很喜歡她，常常為她斟酒，祝她長壽。這與傅昭儀自幼就在皇宮裡生活有關，她很小的時候就服侍在上官太后身邊，而上官太后是漢武帝的兒媳婦，霍光的外孫女，六歲就成了漢昭帝的皇后，歷經昭帝、昌邑王、宣帝，一直活到漢元帝時期。

有這樣的資歷，傅昭儀怎麼會看得起王政君呢？

與傅昭儀同樣受寵的還有馮昭儀。有一次，漢元帝帶著傅昭儀、馮昭儀等人去看鬥獸表演，這種遊玩之事當然不會帶王政君了。突然，有隻熊跑出了圈，攀著圍欄要出來，雖然一時沒有危險，但傅昭儀等人嚇得四散而逃，唯獨馮昭儀站在熊的面前，擋住漢元帝。侍衛一擁而上將熊格殺。漢元帝非常感動，更加寵愛馮昭儀。因為這件事，傅昭儀還十分嫉恨馮昭儀。

傅、馮二人受寵如此，又都生了兒子，劉驁的位置越發不穩固了。

此外，漢元帝熱愛音樂，擅長書法，鼓琴吹簫，作曲唱歌，無不精通。傅昭儀的兒子定陶王也是多才多藝，擅長音樂。漢元帝對定陶王越看越喜歡，「坐則側席，行則同輦」[24]，形影不離，親密無間。王政君、王鳳和劉驁對此看在眼裡，卻無計可施。

竟寧元年（約西元前三三年），漢元帝病入膏肓。但陪在他身邊的並不是皇后和太子，而是傅昭儀和定陶王母子。漢元帝更是多次向身邊的侍從詢問，當年漢景帝廢太子立膠東王劉徹具體是怎麼操作的？這就使內廷和外臣都看出了漢元帝的廢立之心。

王政君對這樣的局面有何應對嗎？束手無策。

要不是她哥哥王鳳擔任衛尉、侍中，目睹或聽說這些事情，王政君都未必知道。

王鳳、皇后和太子都急得沒有辦法。這時候，貴人史丹再次出現。

作為漢元帝的寵臣，史丹比皇后更有資格侍奉皇帝的疾病。終於等到皇帝獨處，史丹直接覲見、頓首、伏跪、哭泣，說了一番語重心長的話，大意是：皇太子已經立了十餘年，老百姓人盡皆知，天下歸心。我見到最近定陶王受寵得太過分，外邊到處都是謠言，說陛下要廢太子。如果真是這樣，我們一定拚死力爭，我第一個先死，給公卿大臣做表率！

這話很有威脅性嗎？並沒有，更像是恃寵撒嬌。作為十分瞭解漢元帝的寵臣，史丹抓住了漢元帝性格柔弱、缺乏主見、為人仁厚的特點，故意說了這番話。被臣下點破心事，漢元帝大感失措，既不好意思，也頗覺沒面子，只好矢口否認，說：我這幾天情緒不佳，太子和兩個王都還小，我很念著他們，所以會常常與定陶王相見。但你說的廢太子這事兒，絕對沒有！皇后為人謹慎，先帝生前又特別疼愛太子，我豈能違背先帝的意願呢。你這番話，很讓人摸不著頭腦啊。你是從哪兒聽來的這些話？

漢元帝不僅沒有認真考慮廢立太子的事情，被寵臣這麼一激，反而被牽著鼻子走了。史丹看到目的已經達到，表演得更加熱烈，他繼續說：原來沒有這回事啊！我真是太愚蠢啦，都是誤聽了那些小人的謠言，我罪當死！

漢元帝見史丹如此給自己臺階下，也就順勢告訴史丹：我的病怕是好不了了，你要好好輔佐太子，不要令我失望！

於是，在史丹的一番操作下，原本要廢掉太子的漢元帝，竟然鞏固了太子的地位。

與此同時，王翁須家族的重臣、漢宣帝的表兄弟、時任右將軍的王商也支持太子。於是，漢元帝時期三家最重要的外戚裡，史、王兩家明確支持太子即位，許家又是太子的岳父。太子的地位終於穩固了。

第二年，漢元帝就晏駕了，太子劉驁即位，王政君被尊為皇太后。

在這次有驚無險的太子廢立風波中，王政君沒有表現出任何強有力的政治能力，她甚至險些為溺愛太子付出慘重的代價。將她送上皇太后尊位的，是史丹及其代表的舊外戚勢力。而史家之所以支持王氏家族，當是看準了王政君的柔順，與之結盟能夠在太子即位後繼續保持原有地位，畢竟史家與現任皇帝的血緣越來越遠。

史丹也是個「種馬」，有二十名成年子女，其中九個兒子均任職朝廷，後代「凡四人侯，至卿、大夫、二千石者十餘人」，這筆投資真可謂划算之極。

4 善良的王政君

漢元帝當了十六年皇帝，晏駕之前，交代太子劉驁和王政君，日後要善待弟弟們，特別是他喜愛的定陶王。漢元帝在西漢諸帝裡品德相對最為寬厚，也是西漢第一位主動遵循儒家思想治國的皇帝。在他治下，西漢的政治氣質發生了根本變化。

簡言之，就是儒風越來越醇，改制的呼聲越來越高，對災異和祥瑞越來越關注，易代改姓的觀念基礎逐漸形成。

太子劉驁即位，即日後的漢成帝。原來的皇太后邛成太后被尊為太皇太后，她仍像從前一樣知趣地不問政事；三十八歲的王政君被尊為皇太后，果然成了「天下母」。

舊的外戚如史家、許家、王翁須家，勢力仍然不可小覷，許氏家族的代表人物車騎將軍許嘉，從漢元帝時期就擔任大司馬，成帝即位後仍然占據這個職位。按照慣例，王氏家族的「族長」陽平侯王鳳，以大將軍的身分也擔任大司馬、領尚書事，而且借著新皇帝即位，封邑增加了五千戶。

朝廷裡同時出現了兩個大司馬。

王政君的同母弟、光祿大夫王崇被封為安成侯，食邑有萬戶之多。其他同父異母的弟弟王譚、王商、王立、王根、王逢時則同日被賜爵為關內侯。除了王莽的父親王曼因為已經去世沒能封侯外，王禁剩餘七子全部為侯。王莽此時才十三歲，封侯沒他什麼事兒。

關內侯，是西漢二十等爵制裡僅次於列侯的爵位，一般沒有食邑。對大多數西漢上層人士來說，一輩子能達到的最高爵位也就是關內侯了；但對於擁有勛烈軍功或是身為皇親國戚的人，關內侯只是步入列侯行列、成為貨真價實的貴族的第一步。

王氏家族一朝之間成為顯貴，但這在西漢是慣例。因為對現任皇帝母族的尊崇是漢朝「孝治天下」的表現。從姿色平平的宮女到擔驚受怕的皇后，再到地位至尊的皇太后，王政君本人並沒有發揮怎樣的作用。幸運，唯有幸運不斷眷顧著她：

幸運生活在一個外戚可以合法取得特殊地位的朝代，幸運嫁給一個寬仁的丈夫，幸運遇上一個實力弱小的婆婆，幸運得到史丹和王商等重臣的幫助，幸運擁有一個男丁興旺、潛力巨大的娘家，幸運地有一個精明強幹的哥哥，幸運地生了個沉湎於享樂卻又極為孝順的兒子。

權力掌握在一個沒有政治頭腦和能力的人手中，對這個人及漢朝來說都是致命的隱患。但在此時，王政君和滿朝公卿誰都沒有意識到這一點，大家看到的是一個恪守婦人之道、善良仁愛的皇太后。

這不是沒有理由的揣測。王政君與她被稱為「妒」的母親很不一樣，她忠實執行了丈夫的臨終叮囑，對定陶王極為優待，並不為當年太子險些由定陶王取而代之的事情而挾嫌報復，相反，「賞賜十倍於他王」[25]；漢成帝在母親影響下，對這位當年有意無意的帝位競爭者也沒有猜忌之心，更是在多年之後將皇帝大位傳給了定陶王的兒子劉欣。比起後世為了皇位大開殺戒或是累世報復的情形，僅從這一點看，王政君確實善良仁愛。

她自己也十分孝順。母親李親改嫁給苟賓後，生了一個兒子叫苟參，不久苟賓死，李親成了寡婦。當時王政君剛剛當皇后，就要求父親王禁必須把前妻接回家；成帝即位後，王政君又要求漢成帝比照漢武帝給自己同母異父的舅舅田蚡的待遇，給苟參封侯，儘管這個請求被漢成帝以不合禮法的理由拒絕了，但苟參還是擔任了侍中、水衡都尉，成為可以出入禁省的官員。

她對家人充滿親情，而且血緣越近的家人越親。漢成帝登基五年後的河平元年（西元前二八年），已經官至諸吏散騎的安成侯王崇去世，留下遺腹子王奉世繼承侯爵。對這位親弟弟的死，王政君十分難過，想必在兒子面前也時常流露。於是到了河平二年，漢成帝為了安慰母親，把剩下的幾個舅舅同日封為列侯，王譚為平阿侯，王商為成都侯，王立為紅陽侯，王根為曲陽侯，王逢時為高平侯。五人因為同天受封，被世人稱為「五侯」。這個大手筆在漢廷引起了很大的不滿，但十分符合王政君對家人的態度。事實上，後來王莽得以封侯，也與王政君親近家人的習慣有關。

至於她在後世最被人詬病的縱容王氏家族擅權這件事，站在王政君的立場來看，她是在關心娘家人，對娘家人一定要照顧好，哪怕引起輿論非議也在所不惜。而照顧好娘家人，其實就是在兇險的政治漩渦中保護自己的兒子，保護劉氏的祭祀不滅。王政君只不過是盡可能利用西漢的外戚體制而已，假如沒有王莽，王氏家族的擅權比不上呂后、霍光。

所以，王政君確實是恪守婦道、為人善良，同時也缺乏政治頭腦和能力的一個女人。一方面，她並沒有為王氏家族的崛起做太多具體的事情。面對根基牢固的外戚勛舊、虎視眈眈的文臣武將、遍布全國的皇室成員，入場博弈的並不是王政君而是王鳳。另一方面，恰恰是她這種發自內心卻昧於政治是非的善良，為王莽提供了客觀的條件，成為天下改姓的共謀。

多年以後，班彪為王政君寫下贊語，其中最後一句是「婦人之仁」[26]，這句話放在後世屬政治不正確，但在當時卻頗為準確。

5 王鳳的基業

漢成帝即位十個月後，長安突然刮起一場沙塵暴。

長安一帶，氣候溫暖，雨水豐沛，茂林修竹，扶荔宮裡種著荔枝、橄欖、香蕉、柑橘、龍眼等許多奇珍異草，大雨常常一下就是十幾天，刮起如此乾燥的沙塵暴實在非常奇怪[27]。

那是一個普通的夏日，大風從西北刮來，卷起濃密細膩的黃色塵霧。整整一天，長安內外都籠罩在昏暗的黃塵裡。黃塵阻擋了百姓的視線，更遮蔽了往日照臨下土的陽光。黃沙蔽日，這個災異的喻意太明顯了：是什麼人，遮擋了皇帝的光芒？

次日，沙塵暴停了。迎著晨光起床的長安居民發現，城裡到處覆滿了黃土，就像被上天均勻地撒過一樣。大家馬上用水清洗，又使得路上變得泥濘不潔，往日宏偉整潔的長安城變得髒兮兮。

作為新皇帝，漢成帝的執政熱情正在興頭上，對這場災異感到惶恐，他參考先帝的做法，向群臣諮詢上天要通過這場沙塵暴來說什麼。諫大夫楊興、博士駟勝等人毫不含糊，把矛頭指向地位未穩的王氏家族：

> 陰盛侵陽之氣也。高祖之約也，非功臣不侯，今太后諸弟皆以無功為侯，非高祖之約，外戚未曾有也，故天為見異。[28]

意思很直接：高皇帝說過，非劉氏不得封王，非功臣不得封侯。現在皇太后的兄弟僅因為外戚的身分就封侯，有違高皇帝定下的規矩，所以上天降下災異。

其實，對「非功臣不侯」的原則，西漢的帝王們並沒有特別嚴格地遵守，但帝王想要給人封侯，多少還是要做一些立功的表面文章，比如漢武帝為了給李廣利封侯，不惜成本讓他攻伐匈奴以獲得軍功；漢哀帝為了給董賢封侯，正好趕上東平王獲罪，就令董賢參與到案件的審判中，以破獲大案要案的功勞來給董賢封侯。

此時，王氏兄弟已經有兩個列侯、五個關內侯，數量太多，表面文章也沒有做，當然會引起朝廷的非議。楊興和駟勝的意見，得到了很多響應。

上天的災異和朝廷的不滿，給王鳳帶來巨大壓力，這是他擔任大司馬大將軍以來第一次面臨如此嚴峻的局面。不過，皇帝剛剛即位，正需要母舅的幫助和扶持，大臣們的攻訐很難得到皇帝的支持。王鳳看到這一點，在幕僚的幫助下，以退為進，主動把這次「天地赤黃之異」攬在自己身上，上書漢成帝請求辭職，並特意叮囑皇帝「宜躬親萬機，以承天心」[29]，要皇帝順應上天的意思，親自處理朝廷政務。

果然，漢成帝一想到今後要事必躬親，就覺得不太舒服。而且，此次災異即使是因為王氏家族封侯，那與王鳳本人輔政還是兩回事。王鳳任職大司馬大將軍才幾個月，尚無功無過，怎麼能因為這場災異令王鳳去職呢？何況此時還有一位大司馬許嘉呢，怎麼能只盯著王鳳？王鳳如果走了，又有誰可以信任並輔佐自己呢？他可是親舅舅啊。

漢成帝拒絕了王鳳的辭職申請，把災異攬在了自己身上，讓王鳳專心輔政。皇帝如此大度，臣下們也就不好多說什麼了，一場風波偃旗息鼓。倒是王鳳，從他後來做的事情看，他可能自此意識到了身處權力中心的危機感。許多人擅權，並不是出於貪婪和欲望，也不是把權力當春藥，而是沒有安全感。他們為了自保，不得不奪取一些權力，但為了保護這些權力，就需要攫取更大的權力。權力越攬越多，不到死根本停不下來。

為了避免此類事情再出現，幾年後，漢成帝以黃金二百斤、賞賜「特進侯」的待遇，策免了另一位大司馬、車騎將軍許嘉。從此，王鳳成了唯一的大司馬，也就具備了擅權的基礎。權力的「高處不勝寒」，使王鳳不得不動起來。他主要做了三件事情，正是這三件事情，決定了王氏家族的崛起。

第一，確保皇帝不會脫離他的掌控。

漢成帝自從當太子時就喜歡飲酒宴樂，如今更加沉溺於此。既然委任王鳳來專權，成帝就很少過問政事了，有時候即使與王鳳意見相左，也會謙讓。建始年間[30]，漢成帝的左右向他推薦一個叫劉歆的年輕人，是高皇帝異母弟楚元王劉交的後人，大儒劉向的小兒子，精通儒學，做事靠譜，是難得的人才。漢成帝把他召來，一聊，果然很欣賞，就打算把他留在身邊，而且想任命他為中常侍。

這一時期的中常侍不是正式官員，而是加在侍郎身上的加官。西漢的宮禁裡，有許多類似皇帝祕書的職務，地位有高有低，中常侍是其中地位比較高的，不僅出入禁中，還給皇帝當顧問，參與政事，只有才能優異的士人可以擔當，甚至還要美姿容，形象好，因此是一個頗有前途的清要之職。

已經準備正式任命了，漢成帝的左右卻說，「還沒請示大將軍呢」，漢成帝以為這區區小事，不必告知。此時，令他驚訝的一幕出現了：

> 左右叩頭爭之。

這個史書裡不起眼的描述，足以刻畫出王鳳已經把皇帝身邊的人都搞成了自己人，唯大將軍之命是從。

漢成帝告訴王鳳，王鳳居然不同意，而漢成帝也就算了，只好轉而任命劉歆為比中常侍地位低的黃門郎，總算把他留在了身邊。王鳳不會允許一個陌生的劉歆插進來，這很容易理解，但漢成帝居然束手無策，王鳳之專權可見一斑。至於王鳳的理由，推測可能是因為劉歆尚不是侍郎，不能破例加官中常侍。[31]

王鳳的這個決策造成一個意外的後果，幾年後的陽朔年間[32]，「莽少與歆俱為黃門郎」[33]，劉歆和王莽成了同事，劉歆頗得王莽的欣賞，兩人就此相熟、結交，為日後的親密合作埋下了伏筆。

第二，掃除異己。

權力的爭奪是普遍存在的，但權力爭奪的性質卻各不相同。在一種情況下，權力爭奪源於路線不同，是對「國家往何處去」有相異的看法。例如漢景帝時期對藩國是綏靖還是削弱，漢昭帝時期對鹽鐵釀酒是官營還是民營，漢宣帝時期是專任儒教還是「王霸之道雜之」，等等，這樣的權力鬥爭，不論結局如何，所解決的都是重要的政治問題，屬真正的政治鬥爭，無論勝敗，都是政治家之間的博弈。

但在多數情況下，權力爭奪僅僅是由於掌權者拓展權力邊界時遭遇了挑戰，沒有明顯的政治意圖，也不解決關乎國計民生的問題。這類權力鬥爭只是純粹的爭權奪利，不屬政治鬥爭，落敗者未必值得同情，勝出者也不過是權臣而已。

王鳳屬後者，他不是政治世家出身，沒有政治抱負，也非自郡縣升遷，史書稱「鳳不能自立法度，循故事而已」[34]，說明他不具備政治眼光和政治家素質，但他並不缺乏爭權奪利的能力。

王鳳在大事決策上倚仗杜欽。杜欽出身政治世家，祖父杜周和父親杜延年都曾任御史大夫。杜欽卻不喜做官，曾在王鳳的大將軍府短暫擔任閒職，隨即因故辭職。此後，杜欽一直以私人身分為王鳳出謀劃策。杜欽在政治上的深謀遠慮，與王鳳在權術上的精明強幹形成了極好的搭配。王鳳擔任大司馬十一年，幾次大的危機都有杜欽的協助。

漢成帝建始三年（約西元前三〇年）秋天，關中一帶連著下了四十多天大雨，不斷有郡國大雨的消息被報告到未央宮。山谷積水，水出山谷，釀成水災，淹死的士民已達四千多人。長安城地勢較高，一時沒有受到影響。但就在此時，發生了一件令宮中君臣倍感毛骨悚然的事情。

隸屬少府、負責禁苑的「鉤盾署」裡發現了一個陌生的小女孩！

這簡直太可怕了，因為在宮禁裡突然出現童女，是極為不祥的徵兆。據說，周幽王時有紅衣童女突然出現，唱著「檿[35]弧箕服，實亡周國」的歌謠，意思是「那賣桑木做的弓，背箕草織的箭袋的人，將滅亡周國喲」，西周果然很快就滅亡了。

漢宮裡發現的小女孩，經查問只有九歲，是渭河邊的民女，但她偏偏名字叫「陳持弓」，也有一個「弓」！一個童女竟然能從城外穿梭至未央宮卻沒有人看見，這種神祕的預示令人感到恐懼。正在此時，城內又紛紛傳言洪水馬上就要淹到長安了，老百姓驚慌失措，四散奔走，造成嚴重的踩踏事故，城中一片混亂。

漢成帝接到報告，馬上趕到未央宮前殿，也就是漢朝皇宮最重要的宮殿，召集群臣商議對策。

此時洪水未至，出於謹慎，王鳳建議皇太后、皇帝及後宮先坐到船上避難，普通官民則到城牆上躲水。群臣紛紛贊同。此時，一位老臣徐徐說道：「自古就算是無道之國，也沒聽說過大水能大到漫過城牆的。現在天下太平，怎麼可能一天之內突然就發洪水了呢？一定是謠言。還是別讓官民上城牆了，反而會製造混亂。」

這位老臣就是左將軍、樂昌侯王商。

樂昌侯王商[36]與王政君不是一個「王」。他是漢宣帝母親王翁須弟弟的兒子，漢宣帝的表弟，漢元帝的表叔，論輩分，漢成帝該稱呼他為「表叔祖父」，對他一向尊重。漢元帝晚年，王商曾經和史丹共同力保太子即位，對漢成帝是有恩的。

既是老臣，又對皇帝有恩，漢成帝就沒聽王鳳的意見，王鳳也不好力爭。過了一段時間，洪水始終不見到來，城中漸漸安定，再查問，果然是謠言。漢成帝非常高興，狠狠誇了樂昌侯不愧是持重老臣。

王鳳與王商本無私人矛盾，亦沒有政治上的分歧，但這件事讓王鳳的威望頗為受損，他「大慚，自恨失言」[37]，後悔決策不周。事實上，王鳳的決策只是缺乏經驗，算不上不合理。但王商的諫議被採納，使王鳳探知到自己權力的邊界。

這年冬天，外朝首領、樂安侯、丞相匡衡利用地圖的不精確私自擴大封邑，被免為庶人。以「鑿壁借光」留名青史的匡衡因為這個緣故被免，實屬諷刺。建始四年（約西元前二九年）三月，樂昌侯王商憑藉德高望重的地位，拜為丞相。

王商以外戚任三公，權傾朝野，丞相一當就是五年。

王鳳不願得罪丞相，但丞相沒有把他放在眼裡。這期間，琅邪郡連續發生自然災害，丞相按照慣例派部屬糾察琅邪太守的責任。可巧，琅邪太守楊彤是王鳳的親家。王鳳覺得自己好歹也是大司馬大將軍，就去找丞相關說，「災異這種事，非人力所能避免，楊肜為官向來謹慎，能不能放過他。」王商根本不聽，上奏申請罷免楊肜。

但這個申請被漢成帝壓下了，漢成帝當然知道楊肜是誰。

這件事情就算過去了，但王鳳終於明白，權力是此消彼長的，要保護自己，就得擴大權力，拓展權力的邊界。他開始行動，私下裡查訪王商的過失，果然發現王商私生活比較混亂，一是和父親的女婢通姦，二是他的妹妹淫亂，情夫突然被殺，後臺很可能是王商。王鳳就拿這件事大做文章，捅到了漢成帝那裡。

漢成帝覺得，私生活是私生活，不足以拿到檯面上作為大臣不稱職的依據，不希望處置王商。王鳳力爭，漢成帝再次服軟，允許司隸去查丞相。

恰好，此時發生了一次日食。形勢驟然緊張。

王商發現王鳳在攻擊自己，覺察到了危險。在此之前，王政君曾問過他，想把他的女兒納入後宮給漢成帝為妃。王商對此沒有興趣，而且女兒又在生病，就婉拒了。現在，他為此後悔不迭，假如有女兒在宮中為後援，哪有現在這樣勢單力薄？他打聽到漢成帝正寵倖李婕妤，就找到李婕妤家，想把女兒再次送進宮。

此時，有個叫張匡的太中大夫，覺察到高層權力鬥爭的跡象，想從中漁利。太中大夫在中央品級不高，是九卿之一光祿勳的屬官，只有千石俸祿，與另一個名字相似但卻是九卿之一、俸祿二千石的「中大夫」不是一回事。

張匡看到丞相被查，又有日食，馬上上書控告王商。漢成帝派史丹去聽張匡的意見。張匡抓住機會，極言王商是大惡人。說日食的原因是丞相作威作福，作惡多端，不僅私生活混亂，而且先拒絕皇太后，又託李婕妤送女兒進宮，心機險惡。

心機險惡的明明是張匡，他把這些宮廷之內、外戚之間的私事上綱上線，把王商說成盤踞朝廷任人唯親的大奸臣：

> 丞相商作威作福……無尺寸之功，而有三世之寵，身位三公，宗族為列侯、吏二千石、侍中諸曹，給事禁門內，連昏諸侯王，權寵至盛……宗族權勢，合貲巨萬計，私奴以千數……視事五年，官職陵夷而大惡著於百姓，甚虧損盛德，有鼎折足之凶。[38]

張匡說，王商宗族勢力太強大了，封為列侯的、擔任郡守級別高官的、出入禁省在皇帝身邊的家族成員比比皆是，而且與諸侯王結親，財力雄厚，違規蓄養奴婢過千。他當這五年丞相對百姓是大災難。張匡還頗為貼心地為漢成帝出主意：陛下還很年輕，即位以來還沒有殺過大臣立威，而且一直沒生出子嗣，這都是朝中有國賊。

所以，只要殺了王商一人，「則海內震動，百奸之路塞矣」[39]，天下就會好起來。

張匡的做法，淋漓盡致地體現了一個小人的嘴臉。王商家族的確權勢很大，但從未威脅過皇權。

漢成帝瞭解王商，也能鑒識張匡，因此下制書說：

> 弗治。[40]

張匡不敢再說，王鳳就出手了。他反覆要求漢成帝對這件事有個交代。最終，漢成帝免了王商的丞相職務，但心裡很不痛快，也沒有給王商治罪。

這一年是河平四年（西元前二五年），王商免相三日之後吐血去世，朝廷給了一個「戾」的惡謚，他的親族裡凡是有侍中、中常侍等加官能夠出入禁省、宿衛皇帝的人，全部被攆到外朝當吏員。王商的兒子雖然襲爵樂昌侯，但這支源於漢宣帝母族、一度勢力強大的外戚就此沒落。王商的兒子在王莽執政時期被殺。

接任王商為丞相的是張禹。

張禹是一代大儒，漢成帝的老師，但他為人軟弱膽怯，漢成帝即位後，任命他為給事中、領尚書事，讓他出入禁省並參與重大決策。張禹竟然畏懼與他同領尚書事的王鳳，幾次上書辭職。漢成帝沒有同意，還在王商罷相後封他為安昌侯，拜為丞相。

一個都不敢和王鳳同領尚書事的人擔任丞相，王鳳也會滿意吧。很有可能這個決策就是王鳳做的。

王商死後，舊的三大外戚勢力基本不再對王氏家族構成威脅了。史家一直是王氏家族的盟友，滿足於在王氏家族秉政之下長保富貴；許家已經大不如從前，前大司馬、平恩侯許嘉已經去世，其後代沒有什麼建樹，唯一可說的是許嘉的女兒許皇后。漢成帝與許皇后早年一度感情甚好，但許皇后始終沒有子嗣，加上連年日食，一些人如谷永、杜欽為避免把日食指向王鳳，故意說日食是因為許皇后。許皇后漸漸恩弛寵衰。

外戚的威脅漸漸排除，諸侯王的隱憂漸漸浮現。

陽朔年間，定陶王劉康來朝見皇帝，王政君和漢成帝非常高興。按照禮法，朝見完畢後，諸侯王必須盡快歸國，不得滯留長安。但因為有漢元帝臨終的託付，以及漢成帝與兄弟感情甚好，就下令讓劉康留在長安陪伴他。

一時間，劉康住在長安的定陶國邸，也就是「定陶駐京辦」，但每天進宮與皇帝朝夕相伴。對這位曾經差點當了太子的異母兄弟，漢成帝並不介意，證明漢成帝很講親情，而劉康也一定頗為善解人意，博得漢元帝、漢成帝和王政君的喜歡。

兄弟相悌，多麼符合漢朝「以孝治國」的理念啊。但王鳳卻不這樣認為，他擔心的是，如果漢成帝突然病重，又沒有子嗣，很可能把皇位直接傳給身邊的劉康，這會令自己十分被動，無法從容安排朝廷的權力格局。

災異適時到來，又一場日食發生了。

王鳳抓住這個機會上諫，稱這次日食正是定陶王滯留長安不歸導致的。

在當時濃厚的儒學風氣裡，日食是「陰盛之象」，但應在哪件事什麼人身上，不同的儒學派別會有不同答案。谷永把日食說成許皇后的問題，王鳳把日食推在定陶王身上，都不能說不對，但如果有人站出來說這是外戚擅權，也講得通。

然而沒有人站出來，漢成帝也只得相信日食確實由定陶王引起，不得不令劉康歸國，兄弟兩人泣涕作別。

王商罷相身死和定陶王被迫歸國這兩件事，展示了王鳳在弄權方面的才能，也自然會激起朝廷裡一些士大夫的不滿。

京兆尹王章剛直敢言，成語「牛衣對泣」說的就是他。王章早年窮困潦倒，生病了連被子都沒有，只能披著給牛蓋的蓑衣，他的妻子激勵他說，「長安城裡比你尊貴的人，沒有一個比你強的，你應該奮發圖強，哭什麼呢！」王章受此激勵，終於入仕。漢元帝時期，他敢於攻擊弄權的宦官石顯，終被免官。漢成帝時期復起，又被王鳳推薦擔任京兆尹。

但是，當了京兆尹的王章並不買王鳳的帳，在給漢成帝的上書中，指出這些災異都是因為王鳳，並為王商和定陶王鳴冤。他還以其人之道還治其人之身，你王鳳不是說王商私生活有問題嗎，你王鳳也好不到哪裡去。因為漢成帝無子嗣，王鳳把自己一個妾的妹妹張美人送入宮。王章揭祕，這個張美人當時已經許嫁了，把這麼個來歷不明的女人送給天子，到底什麼意思？

上書寫成，王章的妻子看到後堅決不同意，說，「人要知足，你忘了當年你我『牛衣對泣』的境遇了嗎？」

王章說，「你們女人知道什麼。」

漢成帝本來就對王商之死和定陶王回國倍感愧疚，聽了王章的話，大為感動，決定罷免王鳳大司馬之職，讓王章推薦繼任人選。王章推薦了漢元帝馮昭儀的弟弟，時為琅邪太守的馮野王。馮野王雖為外戚，但名滿天下，既是精通《詩經》的儒士，又是十八歲出任縣令的治才，其政績、聲譽和政治素養遠非王鳳可比。王章的推薦確實出自公心。漢成帝也很高興，打算用馮野王來代替王鳳。

萬萬沒想到，隔牆有耳，漢成帝與王章的這番打算被洩露了。王政君的叔叔長樂衛尉王弘的兒子王音，也就是王鳳和王政君的堂弟，此時正在禁省當侍中，聽到了這些話。王音正愁沒機會向王鳳表功呢，趕緊把這件事告訴了王鳳。

王鳳恐懼萬分，不知所措。

幸好有杜欽。杜欽根據漢成帝優柔寡斷的性格，和對母親王政君言聽計從的慣例，判斷此事不必太擔心。於是，王鳳故伎重演，先稱病不上朝，回家休假，造成朝廷政事停擺的局面，然後上疏漢成帝請求辭職。在杜欽的指導下，王鳳的辭呈聲淚俱下，摧心斷腸，堪稱典範。他陳述了必須辭職的三點理由：

天下陰陽不調，常發生災害，這是因為我擔任大司馬不稱職，「此臣一當退也」；日食這樁大災異，必須應在我身上，「此臣二當退也」；我久病連年，尸位素餐，力不從心，「此臣三當退也」。

然後就是一番哭訴，說身體已病入膏肓，非辭職不可云云。

這個辭呈一上，漢成帝果然被感動得不輕，王政君看了之後哭得吃不下飯去。漢成帝馬上把與王章的約定拋到腦後，堅決不允許王鳳辭職。事實上，王鳳這次是真的恐懼，一度真想就此辭職保命，但杜欽卻勸他萬萬不可，這個權力一旦交出去，可就自身難保了。

王鳳恍然大悟，馬上接受了漢成帝的挽留。王章事實上被漢成帝「出賣」，他很快遭到彈劾，理由是推薦馮野王屬「阿附諸侯」，揭張美人的事情「非所宜言」，不合體統。王章被下獄，罪名定為「大逆」，死於獄中，妻子和女兒等家人被流放到廣西合浦[41]。

馮野王聽說後，被這無妄之災嚇得病倒了。但王鳳連他也不放過，羅織罪名要免馮野王的官。杜欽很仰慕馮野王，向王鳳求情，然而王鳳對這件事卻不再聽從，最終馮野王被免官，幾年後去世。

以前沒有特別被王鳳重視的堂弟王音，因為這個事件於第二年也就是陽朔二年（西元前二三年）被拜為御史大夫，位列上卿，成了王鳳屬意的接班人。

至此，勛舊外戚、諸侯王、敢於挑戰他的外朝大臣，均被王鳳以權術一一擊敗。王氏家族終於全面掌權，後生子弟也開始占據朝廷內外的許多職位。公卿士大夫見識到王氏家族的實力，或是自保，或是投靠。王鳳雖然機心弄巧，心狠手辣，但他對皇室忠心耿耿，對底下的官員不乏識人用人的眼光和雅量，除了杜欽，成帝一朝的不少名臣如陳咸、朱博、陳湯等，都是被王鳳所擢拔重用，包括向王鳳發難的王章。

在這個過程裡，王政君除了以母親的身分對漢成帝施加影響，沒有真正參與到權力爭奪中，在對待定陶王的事情上可能還跟王鳳的想法相左。總之，王氏家族雖然以王政君為核心，但真正為其創立基業的是王鳳。

6 建構世系

王鳳沒有對皇帝撒謊，他的確已經病入膏肓。

所以，權力雖然穩固了，但身後怎麼辦？王鳳要確保至少漢成帝在位期間，權力能夠始終掌握在王氏子弟手中。可嘆自家兄弟裡，同父同母的兄弟成安侯王崇死了，異母弟裡年齡最大的王曼也死了，目前還活著的都是異母弟弟，按年齡排序，分別是平阿侯王譚、成都侯王商、紅陽侯王立、曲陽侯王根、高平侯王逢時。此外，還有叔叔家的堂弟王音，但尚未封侯。

按照齒序，應該由王譚來接大司馬的班。但是，王譚與王鳳感情一般，而且王譚為人很有性格，不奉承王鳳。所以，王譚雖有能力，但王鳳不會讓王譚接班。

至於王商、王立、王根、王逢時等人，在王鳳眼裡既缺乏歷練，能力平庸，又奢侈腐敗，不足以成事。王鳳留意的是在與王章對抗中精明強幹的堂弟王音，他寧可捨棄同父的弟弟們，選擇對自己恭順如父的堂弟王音。

王音之後呢？更長遠地說，自己這一代人都去世後，下一代呢？王氏家族的下一代們大多數年紀還小，而且一味競逐奢侈，鬥雞走馬，築豪宅，養姬妾，成了紈綺子弟。年齡大些的，王譚的幾個兒子王仁、王閎還不錯，嚴謹認真，可惜性格都隨他們的父親，對王鳳並不奉承，桀驁難馴。

倒是有兩個人，年齡已二十幾歲，也都很懂事。一個是外甥淳于長，人很聰明，現在是黃門郎，與皇帝關係甚好；再一個是侄子王莽，人很嚴謹，還沒有出仕。這兩個人在王鳳患病期間，都是時時服侍，親嘗藥湯，日夜不休。特別是王莽，恨不能一刻不離，連月沒時間換衣服，蓬頭垢面，堪稱純孝。

在病榻之前，王莽和淳于長進入了王鳳的視野，成為王氏家族下一代的種子選手。

陽朔三年（西元前二二年）秋，王鳳病篤，漢成帝和王政君分別到王鳳府邸看望。在給漢成帝的遺言裡，王鳳一是極言王譚不可用，二是死保王音足以接班，三是下一代裡有幾個不錯的，如王莽、淳于長等，請皇帝和皇太后留意照顧。這三件事，漢成帝和王政君一一照辦了。王鳳輔政十一年去世，御史大夫、車騎將軍王音越過幾位堂兄接替了大司馬職位，兩年後他被封為安陽侯，至此，王氏家族除了早死的王曼，已經有列侯八人，而且有兩個已經傳到第二代。[42]

又八年之後的永始二年（約西元前一四年），平庸但謹飭的王音去世；王氏家族「彈藥」充足，繼續由家族男性出任大司馬，接替王音的是成都侯、衛將軍王商；王商輔政四年後去世；接替的是曲陽侯、驃騎將軍王根。在這期間，王莽也漸漸成長起來，他的父親王曼被追封為新都哀侯，這個爵位實際上就是給王莽的。王根輔政五年退休，王鳳這一代至此已沒有年富力強的人，所以王根推薦了時為侍中、騎都尉、光祿大夫的王莽接任大司馬。

王氏家族的權勢貫穿了漢成帝全部在位時期，能實現這一點，前提是漢朝的外戚體制，根源是皇太后王政君。但從實際情況來看，真正為王氏家族鞏固基礎、掃平障礙、鋪好道路的是王鳳。如果沒有王鳳，以王政君的仁慈性格，恐怕求為邛成太后而不可得。王鳳給王政君鋪好了路，她只要不斷地從王氏家族裡選拔優秀人才充任大司馬，就能牢牢把握政權。

《漢書》有云：

王氏之興自鳳始。

經過王鳳諸兄弟叔侄的努力，王氏家族逐漸成為比肩劉氏皇族的超級家族。但這還不夠，多年以後，王莽還要構建更為久遠和龐大的家族譜系，把王氏家族追溯到堯舜禹時期，乃至傳說。

在王莽的構建中，王氏家族是黃帝的後代、舜帝的後人。舜又不「姓王」，王莽憑什麼這麼說？上古的姓、氏情況非常複雜，較為切近的說法，姓基於血緣關系，氏基於地域或政治共同體的關係[43]，同一姓下根據分封的地點、居住的環境、擔任的官職等，可以有不同的氏，改氏也很常見[44]。所以同一姓下有很多氏，氏名相同的未必屬同姓。舜的後代在西周被封在陳國，這一支就以陳為氏了。春秋時期，陳國的一名公子陳完因為陳國內亂逃到齊國，至戰國時期以田為氏[45]，並逐漸代替了姜姓齊國的公族，被周天子封為齊國國君，也就是著名的「田氏代齊」。田氏齊國亡於秦。秦末，田氏齊國的一些舊王族紛起稱王，至項羽時期，其中一位叫田安的被項羽封為濟北王。可惜田安只當了一年的王，就被同族田榮所殺。

從舜到田安的這段世系，根據現有史料可以勾連。而王莽所構建的世系，就是從田安開始：

安失國，齊人謂之「王家」，因以為氏。[46]

也就是說，田安死於戰亂，但因為他是王族，所以他的家人被齊人叫作「王家」，就以王為氏了。等到田安的孫子王遂出世，已經是漢朝的文景年間了。王遂的兒子就是從高平陵遷至元城縣的王賀。

這段世系來自《漢書》。但《漢書》還說「莽自謂黃帝之後，其自本曰」[47]云云，就是提醒大家，這是王莽自己說的。

細思之，從舜帝到田安之間的世系即使再可靠，也不能保證後面的世系是可靠的。從情理上說，田安被殺，戰亂兇險，田安的家人為了避禍而隱姓埋名改為王氏，倒也講得通，但很難想像逃難避禍的家族還能大搖大擺地被人稱為「王家」；高祖九年劉邦曾根據大臣婁敬的建議，把包括齊國諸田氏在內的原六國貴族後代，大舉遷徙到關中。王氏家族如果真的是田安的後人，又廣為當地人知曉，怎麼能逃過呢？[48]所以這個世系很有問題。

退一步說，即使真的有「田氏改王」這回事，那麼從漢初到漢末兩百年間，改姓、冒認之類的事情也無從對證。王氏家族從高平陵跋涉二百五十公里，遷徙到魏郡，正是改姓或冒認的絕好時機。換言之，王氏家族無可爭議的譜系其實就到王賀這個魏郡的始遷祖。

幾乎可以肯定，王莽與舜之間的譜系是後來構建的。這是因為，西漢晚期，劉姓已經被認定為堯的後代，而只有將王氏的譜系追溯到舜，才能按照「堯禪讓給舜」的方式，由王氏來代替劉氏。王鳳對實權的掌控與王莽對世系的構建，一前一後，共同締造了一個履歷完整、大權在握的黃金家族。王政君就是這之間的紐帶。

二、大司馬王莽

7 輕煙散入五侯家

漢成帝初登基的建始元年（西元前三二年）正月，祭祀他曾祖父史皇孫的「皇曾祖悼考廟」起火了。

《春秋》經的第一句話就是「元年春王正月」，皇帝即位後的第一個「元年正月」最重要。漢成帝布政伊始就發生這樣嚴重的災異，十分令人不悅。

但用不了幾年，漢成帝就「習慣」這一切了，火災算什麼？漢成帝在位約二十六年，光日食就發生了十次[1]，為西漢帝王之冠；再加上地震、水災、火災、旱災、流星、隕石、沙塵暴以及奇異的青蠅聚集、童女進殿之類的事情，災異的總量只比漢武帝時期略少。可漢武帝在位五十四年，是漢成帝的兩倍。

在臣民看來，這麼密集的災異說明漢成帝本人失德。那麼問題來了，是在哪個方面失德？這些災異是應在什麼人什麼事上？

災異也好，祥瑞也罷，當然是信仰，是不以人力為轉移的天象或異象，是上天的沉默不語或雷霆教誨；但同時也是一種知識，解釋權掌握在人的手中[2]。

譬如有的人認為，這些災異源自後宮。後來，漢成帝廢許皇后立趙飛燕，以及再以後的趙合德自殺，都是因為這個說法。有的人認為，這些災異來自權臣，權臣是誰？對王氏家族來說，權臣就是丞相王商；對京兆尹王章來說，權臣就是王鳳。災異，成了權臣之間鬥爭的工具。

但不管災異的根源在哪裡，太密集則意味著漢家天命的動搖。為了消解天命轉移的隱祕預言，漢成帝廢掉許皇后，罷免了丞相，但災異並沒有減少。考慮到終漢成帝一世，大司馬一職自始至終皆為王氏家族把控，時人即使不把全部也會把大部分的災異歸於王氏家族。

看，自從王鳳接連擊敗丞相王商、京兆尹王章等人，王氏家族氣勢日熾。朝廷內，王氏家族的成員占據了大量要職，堪稱「一人得道，雞犬升天」。朝廷外，王氏子弟競逐奢侈，積聚了大量財富，各家美女姬妾有數十人，奴婢僕人不下千數，日日狂歡縱欲，鬥雞走狗；大建豪宅，堆土山，起亭臺，高層建築之間建造相通的廊道，幢幢相連，一眼望不到邊。

成都侯王商要養病，竟然敢求漢成帝把皇宮之一的明光宮借給他避暑。他還鑿通長安城牆，把城外河水引進宅院形成人工湖，湖上行船悠悠，船上張設帷帳、羽蓋，一邊行船，一邊令人演唱當時流行的吳越歌曲以助興，那都是些婉轉悠揚還帶點色情意味的民間小調。

漢成帝來王商家，看到王商鑿開長安城牆引水，十分惱火。古代的首都和今天概念不同，長安城的性質是「帝城」，是皇帝的神聖居所，宛如天宮。出入都不容易，還敢鑿城牆？但漢成帝看在母親分兒上，咽下了這口氣。

紅陽侯王立父子的「事蹟」，則主要是藏匿亡命之徒，豢養的賓客很多都是罪犯。有前任京兆尹王章之死在前，現任的司隸校尉、京兆尹都不敢管。唯有長安城中百姓作歌曰：

五侯初起，曲陽最怒，壞決高都，連境外杜，土山漸臺，象西白虎[3]。

說的是最過分的曲陽侯王根，為了讓居所更豪華，竟擅自拆掉「高都里」和「外杜里」之間的牆[4]。漢成帝帶著寵臣張放、姨家表弟淳于長等人微服私訪，經過王根這處大宅時，從外面就看到莊園裡堆成的高大土山，更過分的是，土山上漸臺的造型、裝飾頗似未央宮內皇家議事之處白虎殿，「赤墀青瑣」，臺階是紅色的，門窗上有塗成青色的十字連環花紋，這都是天子之制。

如此僭越，是可忍孰不可忍，漢成帝的憤怒終於被引爆。當時主持王氏家族事務、擔任大司馬的是車騎將軍王音，漢成帝就把王音叫來罵了一通。王音不是漢成帝的親舅舅，因此向來謹飭；對王商、王根等諸堂兄多有忌憚，也不敢管，於是趕緊把天子震怒的事情告訴了王商和王根，讓他們收斂收斂。

王商與王根則效仿王鳳的一貫伎倆，以退為進，兄弟二人跑去王政君那裡，說自己有罪，要在臉上刻字、割掉鼻子謝罪。王政君見到兄弟如此，哪能坐視不管，就差人去找兒子求情。

漢成帝聽說兩個舅舅不請示自己，直接找母親告狀，勃然大怒。他先召見司隸校尉和京兆尹，痛斥他們對五侯阿諛奉承，放縱不法，把兩個官員嚇得在宮外磕頭不止；又正式給大司馬王音下了道策書，痛斥王商和王根去太后面前告狀，把自己置於不孝的境地，還不無嘲諷地說，「咱舅舅家的宗族勢力多大呀，哪像我孤身一人，又有病」，憤懣之情見於策上。最後，漢成帝讓王音召集王氏家族所有列侯到王音宅邸，揚言要大加懲處。同日，漢成帝又讓在身邊負責祕書事務的尚書把漢文帝當年誅殺舅舅薄昭[5]的做法、依據都報上來，以備參考。

這幾乎是漢成帝即位以來最大的雷霆之怒，王音、王商、王根、王立及其他王氏子弟均嚇得不輕。他們都很清楚，王氏家族雖然炙手可熱，但權勢只來源於漢成帝，所以紛紛自帶死刑刑具去請罪。

事實上，漢成帝既無決心，又依賴王氏家族理政，更重要的是在當時儒家濃重的氛圍下，他不能傷害母親的感情以背負不孝的惡名，所以他已經無法像漢文帝對薄昭、漢武帝對死去的田蚡[6]那樣了。所以，他做不到大開殺戒，只是嚇唬這幾個舅舅，讓他們收斂收斂罷了。

在漢成帝這裡，彷彿這都是家事，但傳遞給大臣的信息，就是皇帝既然都不追究，那我們何不依附王氏家族呢[7]？

王氏家族既有這樣的權勢，又得皇帝的溺寵，被視為災異的來源就很自然了。

一邊是鮮花著錦、烈火烹油的權勢，一邊是朝野所指的災異，按照目前的外戚體制，一旦新的皇帝登基，王氏家族該怎麼辦？

8 青年才俊王莽

生於漢元帝初元四年（約西元前四五年）的王莽，就在這樣一種微妙的氛圍裡漸漸成長起來。漢成帝即位那年，昭君剛剛出塞，王莽是才十三歲的少年，他比漢成帝小約六歲，是漢成帝多如牛毛的姑舅表弟之一，並不為皇帝所矚目。

王莽的父親王曼，是王政君異母弟弟裡最年長的，死得最早，沒有趕上封侯，留下的王永、王莽兄弟倆也就沒有占到太多便宜。當然，王莽家也談不上貧困，但比起五侯之家，差距還是相當懸殊的。長子王永最先出仕，在禁省裡給尚書的某個曹官當屬吏，娶妻生子後，竟然也死了。

王莽初通人事，就要贍養寡居的母親、嫂子，還有侄子和自己的兒女。

王莽沒有資本去追逐聲色犬馬，面對親戚的赫赫聲勢，反觀自己的默默無聞，他的心態不可能不受觸動，志向的種子也可能在此時播下。同時，當王氏家族成為災異的眾矢之的，王莽也應會領悟到，儘管皇帝、外戚掌握著世俗的巨大權力，但人人畏懼天命，皇帝也害怕災異，那就說明世俗權力之上還有更高的權威。

而在當時，儒學就是這一權威的代言者。

若要領會到天命的微言大義，就必須修習儒學，探討人事與天命之間的深奧祕密。譬如，五德終始，如何去推算？災異祥瑞，如何去解釋？制禮作樂，如何開太平？三代之治，如何去實現？聖人立法，如何去落實？孟子說過，「五百年必有聖人出」，自孔子獲麟，已經差不多五百年了，誰能成為下一個聖人？

長安城內，宮闕簷下，王氏家族的紈絝子弟裡，王莽以一種另類的形象突然冒了出來：王氏子弟驕矜傲慢，不學無術，花天酒地，王莽卻待人恭敬，勤學刻苦，修身嚴格；王氏子弟競逐豪奢，聲色犬馬，王莽卻特意頭戴緇布所製的進賢冠，著襌衣，束革帶，一副儒生打扮。僅此一點，王莽就從默默無聞變得引人注目起來。

其實，王氏家族在災異的巨大壓力下，已經開始有意識地接近儒學。外戚是漢朝體制的產物，是附庸於皇室的特殊貴族，不用很麻煩就可以取得高官厚祿，進可以為權臣，退可以為親貴，氣質上與同樣依附漢家傳統而非儒家教化的「文法吏」[8]，也就是行政官僚更為接近。但與以往的外戚相比，王氏家族開始有一個巨大的不同，不僅「上諸舅皆修經書，任政事」[9]，連子弟們也——

皆通敏人事，好士養賢，傾財施予，以相高尚。[10]

或是

賓客滿門，五侯兄弟爭名，其客各有所厚，不得左右。[11]

王氏家族竟然開始讀經了，養賢了！而且還「爭名」，攀比著交結門客。甚至，一個門客進了五侯中這家的門，就不能進另一家的門。

這折射出西漢晚期的時代風貌已經與以往不同，即使是王氏家族這樣的外戚也會主動接近普通的士大夫和賢人[12]。在這個時代，能夠稱得上「賢」的不會是漢初那種雞鳴狗盜、行俠亡命之徒，只能是儒生，或者說以儒生為主。

王莽比這些同齡人更激進，他不只在儒衣儒冠上做標榜，而是誠心向學，把自己變成儒生。這在外戚中並不常見，因為修習儒學是入仕的渠道，外戚憑藉身分即可入仕，不需要專門修習儒學。進一步看，王莽沒有拜朝廷中炙手可熱的公羊學等今文經學博士為師[13]，而是拜沛郡的陳參[14]為師學習《禮經》。陳參可能是一位未入仕但很有名氣的民間學者。

王莽既學儒，又不去學儒家的「熱門專業」，格調一下子就上去了。漸漸地，他成了一個既具有外戚身分，又是儒生，還不沽名釣譽的人，就像啟蒙運動時期的孔多塞侯爵或是孟德斯鳩男爵，既是貴族，又是啟蒙哲學家，有種「違和感」，也就格外引人注意。

於是，憑藉外戚兼儒生的身段，王莽也主動和賢人名流交往，這是彌補自家窮困，無力養賢疏財，間接實現自己抱負的辦法。

從後來王莽在朝廷中受到的讚譽來推測，王莽所交往的人多為名士，比如：長樂少府戴崇，是經學家張禹的學生；侍中金涉，是漢成帝禁省中的近臣；特別值得一提的是陳湯。

陳湯，就是漢元帝時期未承王命攻殺匈奴郅支單于的西域副校尉。因為是私自的軍事行動，這件能封列侯的壯舉在漢廷並沒有得到鼓勵，人也僅僅受賜關內侯。但他那句「明犯強漢者，雖遠必誅」的豪言，在後世家喻戶曉。後來，幾經宦海沉浮的陳湯被王鳳看中，以「從事中郎」的身分出入禁省，並幫助王鳳打理幕府的軍事事務，是名聲在外且與王氏家族交好的名流。

此外，王莽的朋友裡還有漢成帝的妃子班婕妤的幾個兄弟——班伯、班斿、班稚，其中班伯最為王鳳欣賞，不過此時正在外出仕。王莽的年齡介於班斿和班稚之間，就把班斿當兄長，把班稚當弟，關係尤為密切。班氏家族是世家，文學與功業均十足稱道。班斿去世時，王莽已經今非昔比，但卻「修緦麻，賻賵甚厚」，就是按照五服的喪儀為班斿服喪三個月，並贈送了大量車馬布帛，超越了朋友的情分。班稚與王莽關係最好，多年以後，班稚的孫子班固將為王莽寫下歷史上的第一篇傳記。

這些或以中級官員的職位出仕，或能頻繁出入禁省，或出身顯赫世家，同時又因儒學或戰功享有清譽的一時名流，能夠接受二十歲出頭的王莽為友，固然有王莽屬王氏家族一員的原因，但更大程度上是引以為同道，將王莽視為年少有為、卓異俊茂之士。

這些，是其他王氏子弟以及王莽的姑舅表親淳于長之流所不具備的，也是王莽獨樹一幟的地方。當然，也不是所有名士都領王莽的情，比如王音的紅人毋將隆。

王莽在外以儒生身分與名士交遊，在家中則恪守儒道，謹奉寡母和寡嫂，傾力照顧侄子。對那些拜官封侯的叔叔輩，王莽深知他們對自己的重要性，百般尊敬，即使入不了叔父們的眼睛也不妨，這種孝道也為王莽贏得了很高的聲譽。因為王曼去世較早，王政君就把王曼的妻子，也就是自己的兄弟媳婦接到長樂宮，名義上是一處做伴解悶，實則是同情照顧。這就讓王莽格外多了一些與王政君接觸的機會，他至孝至悌、勤學守禮的事情，也一件件為王政君所知悉。

於是到了陽朔三年（約西元前二二年），王鳳病重，王莽和淳于長兩兄弟在病榻前極力照顧，讓王鳳對這一甥一侄都頗有好感。臨死前，王鳳把王莽和淳于長一併推薦給王政君和漢成帝。對淳于長，王政君和漢成帝都很熟悉，特別是漢成帝向來寵愛這位姨表兄弟；對王莽，王政君終於把眼前這個因為照顧病患而蓬頭垢面、傷痛欲絕的年輕人，和平時來東宮裡向母親和她自己問安服侍的侄子對應了起來。

在王政君心中，估計常常會有「可惜他父親死得太早」之類的觸動。

王鳳八月一死，車騎將軍王音九月繼任大司馬。王莽就在這期間被拜為黃門郎，可以出入禁省，成為漢成帝的一名低級侍從。而淳于長則從黃門郎拜為列校尉諸曹，隨即升遷為水衡都尉、加官侍中，成為漢成帝的高級侍從，很快又升至衛尉，統領未央宮衛士，負責皇帝安保，位列九卿，其受寵信和眷遇的程度遠超王莽。

王莽在黃門郎的職位上也沒有待很久，但他仍然在這短暫的時間裡結識了同為黃門郎的幾位才俊。揚雄比王莽大八歲，文賦很得皇帝的喜愛，他不拘禮法，不奉承權貴，亦不進取仕途，滿足於做皇帝的文學侍從；劉歆比王莽約大六歲，因為王鳳的阻撓在黃門郎的位置上已經待了許多年。不過，這倒是給了他與王莽交好的機遇。二人都認為，儒學的確是挽救天下危亡、建立理想國的法寶，所以必須要按照儒家的理想來改革；同時，也都對此時占據著朝廷主流地位的今文經學博士們不能實質性推動改革，只會在一些表面文章上下功夫而感到不滿。

在侍奉皇帝的間隙，他們就這類問題由淺入深，不知道談論了多少次。直到王莽升遷為射聲校尉，統領一支幾百人的皇家「弓箭手」部隊，從此步入「二千石」的序列，成為一名漢廷的中級官員，此時王莽才二十四五歲。

比起同為黃門郎的揚雄和劉歆，年紀更小的王莽、淳于長能迅速在仕途上精進，這顯然得益於外戚的身分，外戚有時候比劉歆的皇族後裔身分還管用。

沒有史料告訴後人，剛入仕時的王莽想些什麼，做了什麼。但從他後來的行動看，青年時期的王莽應已具有清晰的自我意識，在儒學的指引下，他的理想漸漸成型；置身災異的氛圍裡，他的目光也逐漸超拔於同輩的王氏家族第二代，甚至超過他的叔輩。王莽意識到，必須超越王氏家族的家族利益，追求更高遠、更宏大的目標。有朝一日，即使王氏家族還被認為是災異的來源，但他王莽本人不是。

9 新都侯王莽

一晃六年過去，到了漢成帝永始元年（西元前一六年），王莽也已步入而立之年。

這年剛開春，未央宮接到報告，說北海沿岸的漁民發現了四條大魚，「長六丈，高一丈」，西漢的一丈大約是二點三米，也就是說有四條長約十四米、高二點三米的大魚在北海遊弋。

知道這件事情的中外臣僚不由想起了已故今文經學大師京房的話：

海數見巨魚，邪人進，賢人疏。[15]

這個消息令皇帝很鬱悶。本來，皇帝在這一年是有一番打算的，即位十六年來，災異始終不斷，一直沒有子嗣，自許皇后被廢，皇后的位置已經空了兩年。他決定進行一次特殊的改元，立一個新的皇后，試圖消除災異的影響。

自漢武帝後期年號制度逐漸成熟以來，一般只在皇帝登基的年號中才會有「始」「初」這樣的字眼兒，例如漢昭帝的始元、漢宣帝的本始、漢元帝的初元，以及漢成帝的建始。所以，漢成帝決定在即位十六年時破例改元為「永始」，有一種天下更始、消除天命轉移壓力的迫切寄託。

結果，剛改元就出現了大魚，這個災異令人不免要問：誰是邪人？誰是賢人？

答案似乎不言而喻。因為此時宮廷內外，正在為皇帝要立趙飛燕為皇后一事議論紛紛。

王鳳還活著的時候，當時的許皇后與王鳳不睦。久而久之，許皇后恩衰失寵，隨著趙飛燕和趙合德姊妹入宮，許皇后終於在一次頗為可疑的宮廷詛咒事件裡被廢。雖然貌似事出有因，但時人大都同情許皇后，厭惡趙飛燕。

所以，聽說趙飛燕要被立為皇后，大家會覺得這大魚就是衝著趙飛燕來的，紛紛反對。最重要的反對意見來自皇太后；大臣們則分為兩派，贊同和反對的爭論非常激烈。漢朝雖然皇權專制，但和後世相比，皇帝並不能為所欲為。面對眾多反對意見，漢成帝寸步難行。

淳于長很聰明，他私下裡為立趙后這件事找王政君說項，一面打聽姨媽為什麼反對，一面試圖說服姨媽同意。問來問去，總算弄明白了，原來王政君嫌棄趙飛燕出身歌女，身分低微。

淳于長把這個內情告訴了皇帝。四月初夏，漢成帝把趙飛燕的父親趙臨封為陽城侯，算是解決了她出身低微的問題；接著處置了反對的大臣，外廷裡激烈的異見逐漸平息；在淳于長的斡旋下，王政君最終點了頭。

如果有人在這個時候想起春天時北海的那四條大魚，一定會認為新出現的外戚趙飛燕家族，就是災異的應驗。

或許是為了平衡炙手可熱的趙氏，王政君越發想起王莽。她不斷和幾個主要的兄弟王譚、王商等聊起死去的王曼，誇讚王莽如何年輕有為。王商等人心領神會，也在皇帝面前不遺餘力地讚揚王莽能力出眾、品性高尚。王商乾脆給皇帝上了一封書，要把自己的封邑分出一部分來封王莽為侯。

見到王商這一非比尋常的姿態，王莽所交接的那些朝中名士如戴崇、陳湯等人也紛紛行動。他們比王商更瞭解王莽的志向與為人，說給皇帝的理由也就更加充分和動聽。漢成帝知道自己立后的打算已經得到母親及一干舅舅的支持，也願意順水推舟，做這個人情，況且王莽的確是表兄弟裡難得的謙虛、謹飭的儒者，重用一下王莽不是不可以。

永始元年五月，漢成帝追封王莽的父親王曼為新都侯，謚號為「哀」。新都，並不是「嶄新」和「都城」的意思。新，指的是南陽郡的新野；都，指的是新野的都鄉。南陽郡靠近洛陽，是天下的中心，新都這個地方還算是塊寶地。但距離長安有四百多公里，亦不算近。三十歲的王莽隨即以繼承亡父爵位的方式，成為第二代新都侯，食邑一千五百戶。這個食邑算是中等水平，但王莽從此邁入貴族行列，不再是王氏家族的邊緣人。

多年以後，即將成為天子的王莽會認為，他所開創的嶄新的王朝「新朝」，不僅意味著「除舊布新」，而且早在自己襲爵新都侯時就有了徵兆，這不啻為一個大大的祥瑞。

他的官職也從射聲校尉升遷為騎都尉，成為皇帝禁軍羽林軍的統軍將領之一，同時兼任光祿大夫，這兩個職位俸祿不算太高，但王莽還有一個侍中的加官，成為皇帝近身的高級侍從。王莽雖然還沒有位列九卿，但侍中的加官、新都侯的爵位，已經讓他可以和淳于長平起平坐，甚至還高了一點，畢竟淳于長還沒有封侯。

安撫了王氏家族，漢成帝在永始元年六月正式立趙飛燕為皇后，進趙飛燕的妹妹趙合德為昭儀，大赦天下，輿論為之譁然。這個時候，會有很多人想起春天的那四條大魚，但沒人將大魚和王莽聯繫在一起。災異，漸漸從王氏家族轉到趙氏家族。

10 表兄弟淳于長

女主人有了皇后的身分，名正而言順，未央宮裡比從前更熱鬧了。

在兩宮之間長袖善舞的淳于長越發炙手可熱。王政君信任他，漢成帝寵愛他，趙飛燕感激他。終於，漢成帝找了個牽強的理由把淳于長封為關內侯。至此，王氏家族一度令人歎為觀止的「五侯」已經翻倍為令人瞠目結舌的「十侯」，也就是王政君全部八個兄弟都是列侯，加上堂弟安陽侯王音和外甥淳于長，王氏家族稱得上漢朝開國以來的超級家族。

許多人認為，屬於王氏家族一員且備受兩宮寵信的淳于長是未來大司馬的熱門人選，爭相交接賄賂。淳于長來者不拒，拿錢辦事決不含糊，依附他的人越來越多。淳于長內結權貴，外交諸侯，與一些惡霸豪強也打得火熱。皇帝對這些不知是蒙在鼓裡，還是不以為然，元延二年（西元前一一年）進一步封淳于長為定陵侯，使他進入列侯序列。似乎皇帝也已經將淳于長當作大司馬的後備人選。淳于長的輕薄為賢人所不齒，在正直之士的眼中，淳于長就是佞幸，怎麼堪當大司馬重任？

況且，王氏家族放著一個現成的王莽，至少道德上無可挑剔。世界上大多數人富貴之後就高高在上，志得意滿，比如淳于長。可王莽封侯之後，比從前更加禮賢下士，更加謙卑。和淳于長一樣，王莽也交接卿相大夫，但不一樣的是，他從不交接那些趨炎附勢之人，而是名士學者。對出身低微、家境貧寒的儒士賢者，不惜散盡錢財進行接濟，願意來他門下當賓客的，飲食衣冠車馬全包，很有當年蕭相國、公孫丞相[16]的風範。

而在家族內部，淳于長眼裡只有皇帝和皇太后這兩位貴戚，他翅膀硬了之後對舅舅們也不那麼放在眼裡了。昔日像侍奉父親一樣對待王鳳的淳于長，再也不會去侍奉同樣患病的現任大司馬王根。王莽不然，他封侯之後照樣去侍奉王根，還把母親從長樂宮接了回來，親自奉養；又傾力照管亡兄的兒子王光。儒家講究「孝悌」，兄長去世了，為兄長的兒子負責就是最大的悌。

王莽把王光送到太學學習，拜太學博士為師。為了讓博士們照顧好他，王莽常常去太學探望老師，每次去都要沐浴、備車馬，攜帶羊肉和酒，禮節隆重，一絲不苟。去了之後，還要喊上王光的同學，有時贈送禮物，有時慰勞飲食。別的不說，這種尊師重教的姿態在外戚裡就很難能可貴。

此時，王光和王莽的大兒子王宇都到了結婚的年齡。因為王光略小，按照儒家禮儀，家長應先為兄長聘妻，再為弟弟聘妻。但王莽別出心裁，他同時為王光和王宇聘妻，還特意把「納婦」的環節安排在同一天。這樣，從王莽和亡兄的關係來說，顯示了對亡兄的「悌」；從王宇和王光這對叔伯兄弟的關係來說，也沒有違背王光對王宇的「悌」，足見王莽的細心周到。叔叔為侄子做到這個分兒上，世人再挑剔也說不出什麼來。

兩個年輕人「納婦」這天，王莽的府邸張燈結綵，熱鬧非凡。前來道賀的賓客絡繹不絕，這裡面有王氏子弟，也有時賢名流。宴席開始，鐘鼓響了起來，雖說王莽向來節儉，又多散家財，但畢竟也是列侯之家，飲食潔淨，漆器精美，觥籌交錯，座上客滿，樽中不空，王莽是家長，坐在宴席最顯眼的位置。

於這歡騰極樂之時，一名僕人匆匆趕來，在王莽耳畔絮語。遠處的賓客看見僕人面色凝重，王莽頻頻點頭，不知道發生了什麼；靠近王莽的賓客則隱約聽見「太夫人該服藥了」的話。眾人疑惑之間，王莽已經起身，向眾人行禮致歉，說了一番「暫時告退，稍候再來，恕罪恕罪」的話。須臾之間，賓客們都知道王莽去服侍母親服藥了。不一會兒，王莽回來，宴飲如常，但整個婚禮期間，王莽幾次退下親侍母親服藥。

眾目睽睽之下，眾人無不嘆服。兒女結婚，不忘老娘，王莽果真孝順，都願意把這些事情傳言出去。

對母親孝，對亡兄悌，如果把這些行為都說成他沽名釣譽，那就太苛刻、太不公平了。

王莽的道德聲譽日隆，在位的人賞識他，在野的人佩服他，朝野都把他當作漢廷未來的頂梁柱。王莽又是外戚，的確很有可能成為政壇未來的明星。比起在任的王商、王根等庸碌之輩和聲名狼藉的淳于長，具備「儒家理想人格」的王莽怎麼看都是更好的大司馬人選。

王莽的好友也會向他表達這個意思：為天下著想，為了儒家的理想，王莽要敢於想像並爭取未來擔任大司馬，從而輔助皇帝開啟良政善制。王莽的野心，很可能就是在這一時期逐漸生發的。目睹叔輩的平庸和淳于長的佞幸，回顧自己在學術上的勤奮與道德上的實踐，當仁不讓才是哲人應有的選擇。

淳于長不可能不注意到王莽這個姑表兄弟，但未必認為他是一個威脅。一來，王莽是君子，君子是不會害人的；二來，自己和王莽本不是一路人，走的是不同路線，王莽在朝野的聲譽再高，也未必比得上自己八面玲瓏，結交權貴。都是外戚，但論私交，王莽比不上淳于長和皇室的情誼，而將來誰能當上大司馬，是皇太后和皇帝說了算。

王莽算什麼呢？有次淳于長路遇王莽的母親，也就是他的舅媽，按照禮儀，淳于長應該行禮致意。但淳于長當著舅媽的面上車走了，連聲招呼都不打。在漢朝，親戚之間的這種無禮近乎羞辱。

王莽不可能不知道這件事。

可王莽算什麼呢？他知道了又怎樣？

而且，淳于長近來又有了新的刺激，令他沉浸其中不能自拔。他偷娶了一位美貌的小妾名叫許孊，這個女人非同尋常，她是漢成帝廢皇后許后的姊姊，曾是龍頟侯韓寶的夫人。韓寶的祖父的兄長就是當年漢武帝極為寵愛的韓嫣。韓寶死後，許孊寡居，不甘寂寞，與淳于長私通，最後乾脆偷偷嫁給淳于長。之所以說是「偷」，是因為這樁「婚姻」私下裡進行，沒有經過正當的婚姻儀式，而且兩人是私通在前，娶親在後。

聽說了這層關係，廢居長定宮的許皇后動了心思。

自從被廢之後，當年煊赫一時的許氏家族已經沒落。男性成員承襲的平恩侯爵位雖然還在，但人被「遣就國」[17]，從長安的核心圈子被排斥出去。內外朝的勢利小人們都不願與許家有什麼瓜葛。不過，事情近來略有轉機，漢成帝可憐祖母許家，讓平恩侯返回了長安。許后很想利用這個機會，再努力一把，哪怕當個婕妤也好過現在的處境。她知道淳于長是皇帝面前的紅人，連立趙飛燕為皇后這樣「不可能的任務」都可以搞定，於是就拿出畢生積蓄，通過姊姊許孊託淳于長去求皇帝。

淳于長與漢成帝朝夕相伴，知道皇帝寵愛著趙氏姊妹，特別是趙合德，所以許后設想的事情絕無可能，但他還是滿口答應了。他一邊讓許孊捎信給許后，欺騙她說，皇帝不只是要封她為婕妤，還要立她為左皇后，與趙皇后分庭抗禮。一邊在信裡對許后進行露骨的調情。許后想到自己雖然被廢，但仍然是皇帝的女人，因此備感侮辱，但又有求於淳于長，而且「左皇后」的名分實在太誘人了，只能隱忍不發，依舊拿出錢財賄賂他。

淳于長好色，家中姬妾美女多得很，但與前任皇后調情，而且是才名冠絕後宮的許后，這種滋味是天下任何女人都無法給予的，這裡面有愛慕，但更多的是刺激。至於其中包含的對皇帝的悖慢和侮辱，以及這種行為的大逆之罪，淳于長不說，許后姊妹不說，皇帝也就無從知曉。

淳于長以好色名譽掃地，王莽就不得不在女色上壓抑自己。這段時間，王莽也偷偷買了一個美女，還沒怎麼著呢，馬上就引來輿論的不滿。作為君子、哲人，你王莽怎麼能好色呢？孔子說過，「吾未見好德如好色者也」。

王莽的性格裡有一種激烈氣質，聽到這種非議，他索性不要這個美女了，立刻把她送給朋友、後將軍朱博，並說：「後將軍還沒有後代，我聽說這個姑娘挺能生的[18]，所以特意買來送給後將軍傳宗接代。」言下之意，我王莽不好色。

班固後來說，這是「匿情求名」[19]，也就是隱藏真實意圖以求名譽，實在虛偽。

但與淳于長調戲皇后比起來，王莽這件事簡直小到不值一提。他就算是真的買個美女，又能說明什麼呢？王莽封侯已經六七年了，班固憑著還是王莽朋友的後人，在這六七年的漫長時間裡竟然找不出其他的案例來批評王莽，恰恰證明王莽在這一時期的謹慎和謙虛。

但這件事透露了王莽極度在乎輿論和民意，面對非議不能淡然處之，不惜以極端、激烈的舉動來自證清白。這絕非聖哲處世之道。當然，這種性格目前還影響不到他的仕途和理想，但隨著時間的推移，性格之於哲人的影響會越來越重要。

11 新任大司馬王莽

到了漢成帝綏和元年（西元前八年），曲陽侯、大司馬王根的病越發沉重，經常無法到大司馬府視事，只能在家中臥床休息。

他打算病退。

王根就是當年因為「赤墀青瑣」僭越皇室規格而被漢成帝怒斥的舅舅，無論是輔政能力還是道德人品，均無足稱道，憑的是王鳳奠定的政治基礎和尚且穩定的外朝政局而任職至今。眼下，與王鳳病重時候的情形已大不相同，王鳳有許多兄弟可以從容安排身後事，王根卻已近乎孤家寡人。王根最小的弟弟王逢時去年剛剛去世，王氏家族這一輩裡還活著的男性只有王根和紅陽侯王立，但王立是公認的荒淫無能、見錢眼開的廢物，所以下一任大司馬不能讓王立接任。

那麼，就只能從下一輩裡選。王根分析，目前來看，只有外甥、定陵侯淳于長和侄子、新都侯王莽可以勝任，兩人都是王氏家族成員，年齡相仿，淳于長聰明能幹，王莽品行高尚；淳于長乖巧伶俐，頗得皇太后和皇帝的喜愛，推薦淳于長，皇太后和皇帝都會稱心；王莽謹飭嚴肅，常來侍奉自己，如果推薦王莽，他應該能對自己保持忠誠。

王根拿不定主意。

淳于長覺得不需要王根拿主意，他已經羽翼豐滿，不再是從前那個沒有爵位的黃門郎，而是位列九卿的定陵侯，不必再像當年侍奉王鳳那樣，屈尊去侍奉王根。他判斷，自己有皇太后和皇帝的支持，王根卸任後，只要王立不來搗亂，應該會輪到自己出任大司馬，所以緊要的事情是琢磨一下當了大司馬後的人事安排，免得上任時手忙腳亂。

王莽覺得，自己有哲人之能，又精通禮樂，但如果顧忌禮讓，不去爭奪大司馬這個位置，而讓王立、淳于長這樣的蠢貨、佞幸來做，究竟是對還是錯呢？當年孔子不也是周遊列國，以求被用嗎？孟子遍干諸侯，不也是當仁不讓嗎？如果怕別人批評自己貪圖高位就不去爭，反而讓淳于長上位，這才是虛榮吧。

儒家是允許「權變」的。

在王根身邊侍奉時，聽王根的意思，似乎還沒有下決心安排後面的事情。要不要主動一下呢？

終於，王莽對天下的責任心和對地位的渴望，戰勝了個人的道德心。他在侍奉王根時，直截了當地向王根告知了淳于長的事情：「淳于長看到您一直生病，反而很高興，因為您之後就輪到他接任您的職位了，所以他不僅不來看望您，甚至開始公開大搞封官許願。」

王根不是深思熟慮之人，聽到這話勃然大怒，訓斥王莽說：「這種事，你怎麼不早說？」

「我不知道將軍您的意圖啊，我哪裡敢張嘴？」王莽嚇得不輕。「趕緊去告訴東宮的皇太后吧。」王根說。

見到王政君後，王莽把自己知道的所有淳于長的事情和盤托出，包括淳于長偷娶許孊、見到自己母親失禮以及封官許願等等。

王政君聽了大怒：這個娃娃怎麼這麼過分?!你去稟報皇帝吧。有了王政君的意旨，王莽把這些事又向漢成帝說了一番。

漢成帝知道淳于長一向比較放蕩，但沒想到這個平時和自己一處玩鬧的兄弟居然這麼不守規矩，就勒令淳于長「遣就國」，回定陵國反省。從這裡可以看出，漢成帝確實很寵信淳于長，沒有治罪的打算，讓他回定陵國更像是暫避風頭。

但這件事情仍然造成漢廷政治的動盪，因為淳于長已經炙手可熱許多年，他這麼一走，到底是徹底失勢，還是暫時躲避，外邊的人是不知曉的。紅陽侯王立聽說後覺得比較痛快，因為早年王根接任大司馬時，他就聽說是淳于長講過對自己不利的話，導致自己沒能接任大司馬。

王立決定狠狠地羞辱淳于長一番，他令兒子王融去拜訪即將「遣就國」的淳于長。王融當然不是斟酒揮別、送君千里，而是轉達父親的意思，淳于長既然要離開長安，可以把馬車留下，供王立享用。

漢成帝常常躲在淳于長的馬車裡，微服私訪，縱情享樂，想必這套馬車一定是珠光寶氣，非同一般。王融向淳于長索要馬車，既是落井下石，也是真心眼饞。

淳于長完全不在意馬車，他萬萬沒想到的是這個節骨眼上遭受到政治攻擊，而且是王莽告的狀，真沒想到王莽也想要當大司馬。他覺得咽不下這口氣，一定要翻盤，正愁沒辦法呢，王立送上門來了。

馬車？

他立刻把這套馬車送給了王立，還加碼多送了些珍寶。要求只有一個：請舅舅王立替自己在漢成帝面前關說，是王莽要當大司馬，所以故意陷害自己。

王立收了錢，立刻換了一副嘴臉，再也不嫉恨淳于長了。他找了個機會，向漢成帝說淳于長人還不錯，「遣就國」的懲罰太過了，王莽倒是問題很多。漢成帝對幾個舅舅再熟悉不過，王立是個蠢材人盡皆知，居然敢插手這麼複雜的宮廷鬥爭，誰借給他的膽量？而且，王立和淳于長以前關係很差，現在王立為淳于長美言，這其中定有自己不知的祕密。

我要知道是什麼祕密。漢成帝下令徹查王立。

王立害怕了，逼迫兒子王融自殺，以滅口。

弄巧成拙，漢成帝疑心或者說好奇心更大了，你們之間到底有什麼見不得人的事，能讓兒子自殺呢？原本覺得淳于長折騰不出什麼大事的漢成帝，想法徹底變了，他令廷尉把淳于長抓回來嚴加審訊，務必找出他與王立在背後謀劃了什麼陰謀詭計。在皇帝的默許下，廷尉下了狠手，淳于長受不住，主動交代了與許皇后的事。

是的，我許諾幫助立許皇后為左皇后。

是的，我曾調戲過許皇后。

曾經以為自己什麼都不會說的淳于長，反而率先受不住嚴刑拷打，招供了事，那麼許皇后也逃不過。漢成帝見到自己的表兄弟不僅飛揚跋扈，還和自己的「前妻」眉來眼去，實在無法容忍，只能殺掉淳于長。

許皇后也不能留。漢成帝安排孔光持詔書賜給許皇后毒藥，令其自殺。

王立不僅沒撈到好處，也被迫「遣就國」。

一場風雲變幻，王莽掃除了王立和淳于長兩個潛在的競爭者，成為碩果僅存的大司馬人選。王根很快辭職，並推薦王莽代替自己。

王莽從侍中、騎都尉、光祿大夫的職位，一躍而接任大司馬之職，時年三十八歲，在當時屬中年，正是年富力強的時候。從王氏家族整體利益來看，第二代順利接棒，走到了歷史前臺。

但在王莽看來，是自己的「權變」避免了帝國被佞幸掌權，挽救了漢朝。所以，一定要努力輔佐劉氏皇族，使得天下歸仁、禮樂復興。

如今災異頻現，天下危亡，若沒有自己，還能靠誰呢？

三、王莽的沉浮

12 王莽的宏大志業

漢成帝元延四年（約西元前九年），有個在長安消失很久的女人再次露面了。

這年春天，中山王劉興、定陶王劉欣叔侄二人按照禮儀入長安朝見天子。劉興，漢元帝馮昭儀的兒子，漢成帝的異母弟弟；劉欣，漢元帝傅昭儀的孫子，漢成帝的侄子。此時的漢成帝已經絕了生育的期望，就想從這兩位諸侯王裡選一個立為太子。

就在兩王朝見期間，陪同劉欣一起來長安的祖母——漢元帝昭儀傅氏，如今的定陶王太后——突然祕密拜訪了大司馬王根。她帶來豐厚的禮物，只說了一件事：聽說皇帝要立外藩為太子，希望王根以大司馬、帝舅之尊，擇機在皇帝面前推薦定陶王劉欣。

傅昭儀——王根還是習慣這麼稱呼她——雖然年歲已高，在長安的露面還是引起不少老臣和舊戚的注意。畢竟，傅昭儀與王政君不同，不是一個柔順的女人。

王根還記得，漢元帝在世時，一度想廢掉時為太子的漢成帝，改立傅昭儀的兒子劉康，也就是劉欣的父親。漢元帝彌留之際，陪伴身邊的也是傅昭儀和劉康母子。換言之，傅昭儀差點成了皇太后。傅昭儀此次來請託，看得出她仍然為當年的事情憤懣不平。

如果昔日傅昭儀當了皇太后，不必說王根，整個王氏家族都會從政治舞臺上淡出。但王根還是應允了傅昭儀的請求，因為他知道，一旦漢成帝晏駕，新的皇帝必定會帶來新外戚。為了長保王氏家族的祿位，立自己推薦的人為太子當然再好不過。傅昭儀能夠屈尊來示好，將來即使傅氏成了新貴，也會感激自己吧。但王根一定不知道，向來精明能幹的傅昭儀，並不只在他身上下注，她同樣祕密拜訪了趙飛燕皇后、趙合德昭儀，向這兩位皇帝的枕邊人提出了同樣的請託。王根也沒有深入琢磨，傅昭儀為什麼不去求皇太后王政君。

漢成帝本人已屬意劉欣，王根、趙氏姊妹也推薦劉欣，廷議也認為應該過繼侄子而非「立弟」才符合儒家祭祀的昭穆順序，總之，拐過年來二月，劉欣順利被立為太子。實際上就是把劉欣過繼給了漢成帝。根據儒家禮儀，今後劉欣就是漢成帝的兒子，所以皇帝下詔，命令傅昭儀和劉欣的母親丁姬都住在長安的定陶國官邸，不能隨意與太子見面。換言之，傅昭儀和丁姬都還是定陶王的親眷，而劉欣已經是皇族，禮儀上的身分超越了血緣上的關係。

令人感喟的是，王政君再次展現出她的仁厚善良，延續先帝的臨終囑託：對定陶王一系照顧有加。她向皇帝建議，讓傅昭儀和丁姬每十天入太子宮看望劉欣。漢成帝不同意，理由是這不合禮法。王政君認為：「劉欣從小是被祖母看大的，允許祖母看望太子，和允許奶媽和太子見面能有什麼區別？」漢成帝想了想，最終同意讓傅昭儀每十天見太子一次，丁姬因為沒有照顧過劉欣，所以不允許。

繼承人的確立，使漢成帝登基以來最大的隱患得以消除。王政君的仁愛舉動得到朝廷內外的讚譽，後來，口碑較壞的淳于長在王氏家族內部的清洗中倒臺，公認具有宰輔之德的王莽被推薦為大司馬，種種舉動，令王氏家族的形象煥然一新，基本不再被人指責為災異的來源。

在災異影響下持續不安的漢廷，也出現了可貴的穩定局面。皇帝身體健康，選立的太子劉欣舉止穩重，雅好文辭，皇室安寧；外廷丞相翟方進，是著名的儒學學者，一代名相。

新任大司馬王莽躊躇滿志，名義上是「輔政」，但皇帝沉湎享樂，實際上等同於「執政」，他有理由認真處理政事，努力實現自己的政治理想。

當然，王莽面臨的政事十分棘手：國家雖然承平日久，社會財富有了空前積累，但人口也隨之增長。隨著土地兼併的日益嚴重，每逢天災，必有流民；社會經濟上，貧富差距越來越大，朝廷的稅收並沒有因此增加很多，迫切需要經濟管理制度的改革；祭祀方面更是複雜，朝廷連漢家宗廟該建在哪裡，怎麼祭祀，祭祀誰，哪些先帝可以「毀廟」（停止祭祀的意思），都還一塌糊塗。其他各類大小問題更是多如牛毛。

要想解決這些問題，王莽當然會從自己已有的知識積累、思想資源裡尋找出路，他的初步思路是來一個根本性的大變革，通過真正實踐儒家的本意，一勞永逸地將其解決。

就他個人而言，眼下最重要的是繼續保持謙虛謹慎勤儉節約的形象。當了大司馬，王莽的宅邸從門可羅雀變得熙熙攘攘，外朝的官員，內廷的近侍，有事無事都來拜訪他。知道王莽的母親身體不好，有些人就委派妻子女眷前來向太夫人問訊，搞搞「夫人外交」。

這些盛裝的漢朝貴婦們一進王莽家門，就看見一位荊釵麻裙的老婦前來迎接，她下身的蔽膝是用布而非絲綢做的，都以為是王莽家的老婢，並未在意，直到被迎進屋內，才知道這位老婦是王莽的妻子，不禁十分驚悚。

節儉當然值得稱頌，但做到這個程度，難免會被認為虛偽。漢武帝時期的公孫弘以丞相之尊，蓋布縫製的被子，就被時人譏諷為沽名釣譽。王莽這麼做，也有類似的聲音。

但是，在更多人看來，比起王莽叔叔們的驕奢淫逸，節儉總歸不是壞事。而且王莽應該是真沒什麼錢，因為他上任後在大司馬府聘了許多名流。為了招攬人才，幾乎散盡了封邑的收入和皇室的賞賜，錢都花到為國攬才上了，哪裡有錢為妻子置辦綾羅綢緞呢。

漢成帝也感覺到王莽當政後朝廷的風氣為之一變，他的心情越發向好。看起來，漢朝似乎挺過了最艱難的時刻。

唯獨為漢成帝養馬的奴僕，覺察到一絲不同：

綏和二年二月，大廄馬生角，在左耳前，圍長各二寸。

此奴僕發現，皇家馬廄裡有一匹馬長角了，這個災異說明有人將要「害上」！當時王莽執政，氣象一新，什麼人會害上？後宮？宰相？潛在的叛亂？

巧合的是，就在這個月，丞相翟方進因為一次可疑的星象「熒惑守心」[1]而被迫自殺。比起這樣可怕的天象，皇家馬廄裡的災異也就不被人注意了。

又過了一個月，三月丙戌（西元前七年四月十七日），皇帝睡在未央宮白虎殿，準備次日一早召見前來辭行的楚王和梁王；又因為翟方進死後，丞相之位空缺，皇帝還打算第二天拜孔光為丞相，連夜閱看了拜相的贊詞。

這天夜裡，安靜平和，皇帝睡得很好。

拂曉，皇帝蘇醒。像往常一樣，在內臣的服侍下，他穿上褲與襪，又拿起外衣，忽然手拿不住外衣，然後竟然話也說不出來了，整個人立刻倒了下去，當天就晏駕了[2]。

13 四家外戚一時登場

皇帝晏駕那天晚上，到底發生了什麼？

六十五歲的王政君聽說兒子晏駕的消息，極度悲痛。這些年來，她努力為兒子分憂：國家政事由王氏家族主持；後宮事務由著皇帝的喜好，連立趙飛燕為皇后都點了頭，就是為了讓兒子安安穩穩地當太平皇帝。沒想到，他竟然死在了自己前面。

朝野也沸騰了，皇帝晏駕的消息剛公布，內外臣僚騷動起來。群臣對皇帝早已壓抑了頗多不滿，得知皇帝毫無徵兆的死亡後，不約而同地把矛頭指向了趙氏姊妹。

王政君憑藉皇太后的身分出面穩定政局。她命令孔光即刻按照大行皇帝遺願，在皇帝遺體前受博山侯印綬，接任丞相。這事實上是把孔光擺在了顧命大臣的位置上。孔光大為悲痛，彷彿皇帝早就知道自己要死，所以提前將外朝委託給自己一樣[3]。

她還命令王莽領銜，御史、丞相、廷尉等共同參與，嚴查大行皇帝晏駕當晚的起居和發病情況。

這條詔令一下，趙合德昭儀立刻自殺。

趙昭儀一死，追查大行皇帝晏駕的詳情也就既無必要，亦無可能了。群臣知道，皇帝晚年專寵趙昭儀，連對皇后趙飛燕的寵愛也不如從前。所以，大行皇帝晏駕當晚發生了什麼已無從查考，也留下了無限想像空間。而趙昭儀必須為皇帝長期以來的沉湎酒色負責，她的自殺是咎由自取。趙昭儀的死，使得趙皇后意外獲得了暫時的安全，沒人知道趙昭儀自殺前是否與趙皇后商量過。

既然皇帝已經晏駕，朝臣們現在最關心的是接下來權力結構的調整。外朝由於孔光接任丞相得以迅速穩定。所以，主要的不確定性在於太子登基後的變化。例如，盤踞朝廷二十五年的王氏家族是否還會繼續執掌朝政呢？王莽的大司馬是否按慣例讓出呢？那些對漢元帝時期宮廷尚存印象的老人們還記得，傅昭儀可不是好對付的。

按照禮儀[4]，劉欣應該以皇太子的身分在先帝靈柩前即位，然後才能把先帝下葬。綏和二年四月丙午（西元前七年五月七日），在王莽朗誦策文的威嚴聲音裡，劉欣於漢成帝靈柩前正式受皇帝印綬，繼皇帝位；隨後，劉欣又將玉具、隋侯珠、斬蛇寶劍等象徵皇位的禮器交給王莽，告令群臣，宣布大赦天下，解除宮門和城門戒嚴。

未央宮裡山呼萬歲，長安城沐浴在肅穆的氣氛中。

隨後，參加登基大典的內外朝官員們紛紛脫下皇帝即位時穿的吉服，換上先帝大喪期間的喪服，簇擁著劉欣去高皇帝廟拜謁。這道程序非常重要，當年昌邑王就是因為即皇帝位後沒有去拜謁高廟，被霍光當作藉口廢掉。

儘管「綏和」還是漢成帝的舊年號，但漢朝有了新的皇帝。如前所述，劉欣是西漢末期極有想法的一位皇帝，他是藩王出身，對地方情形相對熟悉。他在長安缺乏根基，因而對皇權也更敏感。西漢自宣、元以來，祥瑞與災異迭現，關於漢德已衰、漢帝讓賢的謠言時而出現，儒生們雖然倡言改制，但儒家的天人感應理論本身就是謠言的土壤，因此劉欣可能對儒學頗為警惕，對元帝、成帝篤信儒學不以為然。此外，當皇太子期間，他也初步聚集了一批身邊人，清楚了中央朝廷的權力運作，對漢成帝不問政事的荒淫做派看在眼裡。

劉欣的施政策略，是效仿武帝、宣帝，重視漢朝自身傳統，講究「王霸之道雜之」，對儒學加以利用但並不篤信，降低大司馬等由外戚例行占據的職位的重要性，逐漸消除外戚專權的土壤，從而努力將皇權收到自己手中。[5]

不過，劉欣此時才十九歲，頗為清楚昌邑王、漢昭帝等幼主在位時期的微妙，羽翼尚未豐滿之時，避免鋒芒畢露。他要做的是盡快鞏固自己的權力和地位。於是，從四月即位到次年正月改元這八個月間，劉欣一方面下了罷樂府、放宮人、限名田、限奴婢、厲行節約等一系列詔令，向天下顯示新氣象；另一方面，在內廷，他密集賞罰，借力打力，集中處理外戚問題。從這些舉動來看，劉欣當太子期間可能已經深入謀劃，因此能夠做到動作迅速且有條不紊。就劉欣面臨的局面來看，所有問題的核心就是外戚權力過大導致的皇權旁落。

西漢的外戚傳統[6]，一言以蔽之，就是「母以子貴，子以母貴」，早在漢初呂后執政時期就已經形成，是母子親情在家族事務安排上的制度化體現。外戚只要不染指皇權本身，擁有高官厚祿、以恩澤封侯、成為新貴在當時是被普遍接受的。

理論上皇帝同時擁有祖母、母親、妻子三家外戚，像滾雪球一樣會越來越大。但實際上，作為皇權派生出來的一股勢力，外戚一般會隨著皇權的更替而更替，新皇登基，舊外戚隱退，新外戚登場。皇太后升格為太皇太后，皇后升格為皇太后，古人壽命又短，太皇太后並不見得常有。所以，外戚也就可以更新換代，不至於尾大不掉，例如——

漢文帝以外藩入朝，皇太后呂后的家族已經在政變中覆滅，所以他的母親薄氏一家獨大，沒有競爭者；漢武帝時期，祖母竇太后、母親王太后、妻子衛皇后雖然皆一時擅場，但時間上前後交替，基本上沒有嚴重的相互干擾；漢宣帝自民間入朝，在親政並剷滅霍氏家族後，祖母史氏、母親王氏、妻子許氏三個家族雖然同時登場，但史氏、王氏本人已在漢武帝末年的「巫蠱之變」中被殺，許后也已被霍氏家族毒死，沒有「后」的支撐，這三個家族的權勢也就大打折扣；漢元帝時期延續了宣帝時期的外戚格局；漢成帝則是王氏家族獨大，沒有競爭者。

拒不隱退的外戚往往下場很慘，比如呂氏家族；隱退後牢騷滿腹的下場也不會好，比如漢武帝的祖母竇太后去世，失勢又不安分的魏其侯竇嬰就死得很慘；有些外戚尚未登場就被趕了下去，比如漢武帝死之前賜死的漢昭帝生母鉤弋夫人。

但任何傳統，無論優劣，在時間的流逝下都會積累起足夠多的弊端，外戚也不例外。劉欣登基後，外戚家族累積到極端的地步。

這是劉欣的宿命：

他是漢成帝的侄子，但他的父親與成帝非同母所生，所以他與成帝的母族並無血緣關係，與成帝的妻族更沒有；他自己又帶來了祖母和母親兩家。偏偏漢成帝的母親王政君和他的祖母傅太后都很長壽，關係又差。這就出現了四家外戚同時聚集的局面。

一是漢成帝的母族王氏家族，太皇太后王政君是核心，有賢哲王莽擔任大司馬，曾幫助劉欣被立為太子的前任大司馬王根也在長安病養，列侯眾多，子弟遍布朝廷內外；

二是漢成帝的妻族趙氏家族，皇太后趙飛燕是核心，雖然趙合德已經自殺，但趙飛燕安全「退休」，家族中也有一位列侯[7]；

三是劉欣的祖母傅氏家族，定陶傅太后是核心，劉欣的妻子也出自傅氏，家族男丁興旺；四是劉欣的母族丁氏，定陶丁太后是核心，丁氏家族也有頗多男丁。

傅氏和丁氏兩個家族可以看作一個整體，其中最重要的人物是飛揚跋扈的傅太后。劉欣正式即位之前的第五天，天色呈現出深黃的土色，傅太后打破常規，授意劉欣封丁后的兄弟、國舅丁明為陽安侯，封妻子傅氏的父親、傅太后的堂弟傅晏為孔鄉侯，引起朝野震驚。諫大夫楊宣上書批評，說了一句話：

> 五侯封日，天氣赤黃，丁傅復然。8

王氏家族在王莽這一代已經恢復名譽，但大臣們始終不忘當年一日封五侯的往事，時不時要提出來警示一下皇帝。但是應注意到，楊宣的這句話也意味著災異從王氏家族轉移到丁、傅外戚身上了。

劉欣並不在意這些與實際權力無關的封賞。假如權力只集中在一家外戚手中，如霍光、王鳳，他反而很難動手。恰恰是外戚雲集的極端局面，使得劉欣可以借力打力，利用外戚新舊交替的慣例，在儘量維持皇室內部和諧氛圍的前提下，重新梳理宮廷的權力格局。

14 王莽被免職

前朝權貴王氏家族成了劉欣施政的第一個障礙。

難以置信的是，劉欣只用三個月就輕鬆解除了王莽的大司馬職務。時間雖短，卻又顯得那麼漫長；結局早定，過程又令人覺得頗為和諧。

劉欣證明了自己具有出色的能力。

四月丙午，劉欣即位當天就按照慣例尊王政君為太皇太后，趙飛燕為皇太后，大赦天下。王政君的尊位更上一層，但她與皇帝無血緣關係，又是隔代的「祖母級」，權力已被架空，只留名譽上的至尊地位；對趙飛燕來說，「皇太后」意味著得到了皇帝的認可，渡過了宮廷政治裡權力更替的最難關，已無性命之憂。

劉欣的生母丁后和祖母傅太后也一定駕臨了即位典禮。但她們的身分仍然是定陶王的親眷，住在長安的定陶王邸。此時此刻，為孫子劉欣繼位付出大量心血的傅太后，心裡在想什麼呢？

熟悉外戚傳統，也與傅太后是舊相識的王政君，非常識趣也十分高姿態地做了兩件事。第一，她命令王莽辭職，把大司馬的位置讓給新的外戚。王政君這麼做顯得很大度，頗有「至尊」的胸懷，也顯出一種熟習舊例的漢宮舊主姿態。第二，她下了一道詔令，指示傅太后和丁姬都可以每十天到未央宮裡看望皇帝。這則詔令雖然沒有實質意義，但同樣展示出她仁慈的風采，也是對皇帝的示好。

辭職這樣的大事，王莽應該早就與王政君商量過，所以他立刻遵照王政君的詔令上書稱病請辭。劉欣治國理政的權力地圖裡確實沒有王氏家族的位置，但當年王根支持劉欣為太子，而且王政君地位和威望都很高，王莽又是名重內外的賢哲，還有很多內外臣僚也都與王氏家族關係密切，所以不能在即位的第一個月就更換掉他。劉欣的權力目前還需要王政君和王莽的聲譽來增飾。

於是他給王莽下詔，內有「誠嘉與君同心合意」的話，表示要與王莽同心同德治理國家。他還派遣丞相孔光、大司空何武這兩位「三公」、自己的老師左將軍師丹、負責未央宮保衛的新貴外戚衛尉傅喜，也就是劉欣當前重用的人，一同去見王政君，轉達了皇帝極為謙恭的意見：

皇帝聞太后詔，甚悲。大司馬即不起，皇帝即不敢聽政。[9]

就是說王莽不來上班，皇帝就不上朝。

這句話確實非常有誠意，王政君就吩咐王莽繼續擔任大司馬。劉欣做出的謙遜姿態很容易理解，不立刻將王莽解職本來就是他的既定策略。但是，也應看到劉欣是努力在儒家禮儀和親戚倫理的框架內進行決策，不想搞得腥風血雨，要和諧平穩地處理外戚問題。

與此同時，劉欣對王政君允許母親丁姬到未央宮看望自己的示好也有了反應，他下詔令丞相孔光、大司空何武廷議傅太后在長安城內怎麼住的問題。

孔光對傅太后比較瞭解，不願意傅太后和皇帝住得太近干擾政事，就建議住在較遠的築宮；何武可能懾於傅太后的強勢，或是有意討好皇帝，建議住北宮。北宮在未央宮的東北，且有「紫房複道」相通，也就是空中走廊。皇帝果然同意何武的建議。而傅太后也真如孔光所料，住北宮後，每天通過複道到未央宮，慫恿皇帝盡快解決她的名分問題，抓緊讓傅氏家族封侯掌權。

劉欣即位還沒出四月，宮廷局面已翻天覆地。一些嗅覺靈敏的大臣開始蠢蠢欲動。

高昌侯董宏第一個上書，以嬴政的父親秦莊襄王為例，認為同時尊兩個太后是有先例的。傅太后現在只是定陶王太后，但作為皇帝祖母，也應有尊號。當然為了與「太皇太后」有所區分，可上尊號為「帝太后」。

秦莊襄王的故事的確與劉欣的經歷十分契合：他的生母是夏姬，在呂不韋的運作下，他被秦國王子安國君沒有兒子的正夫人華陽夫人收為養子。安國君後來繼承秦國王位，秦莊襄王也得以成為一代秦王。即位後，他尊華陽夫人為華陽太后，尊夏姬為夏太后。這就是董宏上書的主要依據。

但是，在漢朝人眼中，秦朝極為特殊。漢朝本來就是「誅暴秦」「斬白帝之子」而建立的，不久前大家還在皇帝的登基典禮上見過這把「斬蛇劍」。在儒家的話語中，秦朝是漢朝的對立面，秦代表著殘暴，漢代表著文明。特別是在今文經學裡，秦朝的「德」猶如曆法裡的「閏」，不納入五德終始，漢朝人認為自己接續的是周朝。

此外，秦莊襄王這件事由呂不韋運作，在後世眼中也不正當，充滿著宮廷穢亂和陰謀詭計。堂而皇之比附漢廷皇帝，豈不是羞辱？

於是，王莽、師丹激烈反對董宏的主張，認為劉欣既然早就被立為漢成帝的太子，就已經不是諸侯王的身分，更不宜拿已經滅亡的暴秦來尋求依據，要求嚴懲董宏。

這番交鋒發生在王莽首次辭職被留任之後。劉欣剛剛挽留了王莽，多少要表現出納諫的態度。把問題拋出來的董宏，也早就做好了被犧牲的準備，他被收走高昌侯印綬，廢為庶人。

劉欣對董宏的處理如此嚴厲，既展示自己在輿論前的謙遜，也突出王氏家族的霸道，還故意激怒了傅太后。果然，傅太后勃然大怒，更加頻繁地通過複道來宮裡找劉欣索要「尊號」，劉欣把這個難題故意拋給王政君，請她以「至尊」身分來定奪。這就形成了一種博弈局面：

劉欣支持王莽，處理董宏，也沒有給傅太后上尊號，向王氏家族表示了謙遜；王政君和王莽不願意尊傅太后，但皇帝這麼謙遜，他們不得不後退一步，把皇帝的父親也就是傅太后的兒子定陶恭王追認為「恭皇」。

藩王承繼大統帶來的名分問題本身就是政治的一部分，後世亦屢見不鮮[10]。劉欣的處理顯示了他的老道。

此時，王莽已經明顯感覺到時代變了，作為內廷首領的大司馬說話也不那麼管用了，他硬著頭皮處理政事，這段時間多少值得記上一筆的是向皇帝舉薦了老朋友劉歆。

五月，劉欣按照慣例封妻子傅氏為皇后，同時尊傅太后為恭皇太后，母親丁姬為恭皇后，各置左右詹事。有趣的是，皇太后趙飛燕的弟弟、侍中趙欽也在此時被封為新成侯。

五月的內廷，王、趙、傅、丁四個家族一時齊備，四位太后各有一套服務自己的班底，紛紛擾擾，蔚為大觀。普通人家四世同堂尚且產生各種矛盾，何況皇家？最跋扈的傅太后「與成帝母語，至謂之嫗」[11]，敢當著王政君的面稱呼她為老太婆、老媽子，其情形可想而知。努力維持王政君身分地位的，內廷裡也只剩王莽了。

這些矛盾終於在六月分的一場宴會中爆發[12]。

劉欣在未央宮舉行登基以來最盛大的一次宴會，王政君、傅太后均出席。少府的內者令負責布置，把傅太后的帷幄設在王政君旁邊，也就是並尊的意思。王莽見到後，極為不悅，斥責內者令說：

> 定陶太后藩妾，何以得與至尊並！[13]

把已經被尊為恭皇太后的傅太后斥之為「藩妾」，也難怪傅太后會稱王政君為「老嫗」，兩事不知道哪個在先，但關係之劍拔弩張，略見一斑。

王莽是大司馬，內者令只是少府屬官，是內廷的低級官員，竟然不事先向王莽問清楚，說明王莽的權力已經式微。但大司馬已經開了口，內者令也只能把傅太后的帷幄另外設坐。此事大大激怒了傅太后，她拒絕參加此次宴會，並對王莽深惡痛絕。

傅太后不來赴宴，一場宴會不歡而散。皇帝如何表現，史書沒有記載，但一定很不高興。因為這件事情過後不久，七月，王莽第二次申請辭職。

王莽在權勢日消的情況下，為什麼還要得罪傅太后呢？直接的原因是他別無選擇，他和王政君同在一條船上，不論得罪傅太后與否，將來遲早要被罷免。但更重要的原因，是王莽非常在意這一行為對自己聲譽的影響，如果不這麼做，對王政君就是不孝，對傅太后就是諂媚，那麼他備受眾人褒揚的德行就會大為消減。

從四月首次請辭被留任，到七月第二次請辭，三個月時間說長不短，宴會之事王莽處置不妥亦有責任。皇帝因此欣然允准，為了撫慰王莽，特別是照顧王政君的臉面，劉欣給了王莽極高的退休地位和賞賜：

黃金五百斤——這是錢；安車駟馬——這是「專車」，是歷來給功勛老臣退休的待遇，安車即矮車，乘客可以坐在車裡，而當時的車很多是站立其中的；中黃門為莽家給使——從內省撥一個侍從駐在王莽家中服務；十日一賜餐——皇帝每十天請王莽吃一次「未央宮外賣」；益封莽三百五十戶——增加封邑，也就增加了王莽的年收入；位特進，給事中，朝朔望見禮如三公——退休後的「行政待遇」，王莽仍然有權出入禁省，與在任大臣同列時位次等同於三公，每個月的朔望兩天可以上朝，見皇帝時可以行三公之禮；車駕乘綠車從——綠車是皇孫之車，皇帝出行時允許王莽乘綠車隨從。

但最重要的一點，是此次王莽「罷就第」，人仍然在長安家中，說明不是以罪免，不必「遣就國」，沒有遠離政治中心。

在賞賜王莽的同時，王氏家族的曲陽侯王根、安陽侯王舜，以及丞相孔光、大司空何武都同時增加了封邑。整個朝廷裡彌漫著其樂融融的氣氛，王莽的主動辭職，皇帝的優容賞賜，也傳遞出儒家倫理所推崇的謙讓之道。劉欣成功地和平處理了王氏家族勢力。

而且，空出來的大司馬職位，劉欣也並沒有給外戚擔任，而是讓自己的老師師丹擔任。

王莽當了不到一年大司馬就被罷免，沒有人知道他此時在想什麼，是心有不甘，是坦然平靜地接受，還是準備東山再起？這些都有可能，但考慮到當時劉欣正富於春秋，且傅、丁兩家不乏男性；而王政君六十四歲，已是超長壽命，所以王莽最可能的心理是坦然接受這一命運，回到砥礪名節、激揚聲譽的道路上，並爭取在朝廷中擔任個其他職務就心滿意足了。

15 王莽被逐出長安

昔年漢宣帝厚葬霍光後，就逐漸剝奪霍氏家族的權力，最終將其族滅。這大概給了劉欣不少啟示。

僅僅在王莽等人增加封邑一個多月後，司隸解光突然上奏彈劾曲陽侯王根和成都侯王況！措辭非常嚴厲，把王氏家族前番的種種不法之事都翻了出來。細看這份奏摺，貪汙斂財是一方面，但最主要的是僭越。

宅邸的裝飾僭越，前面漢成帝微服私訪時曾被氣得不輕的「赤墀青瑣」再次被提及；排場的規格僭越，王根讓自己的家奴穿戰甲持弓弩，陳列如軍人；權力的範圍僭越，王氏家族把近親故吏送到禁省擔任尚書，欺上瞞下，壟斷皇帝視聽，還違禁交接諸侯，敗壞國家制度；私生活上也僭越，王根公然把皇宮的女樂官娶到自家唱歌跳舞，王況更大膽，聘娶掖庭的貴人也就是先帝的嬪妃為妻。

解光是誰？

解光是一個小人物。他得以史書留名，要從「司隸」這一官職說起。司隸校尉掌管監察巡察。漢朝時，漢武帝第一次設立，手下還有兵，因此稱「司隸校尉」算是實至名歸[14]。後來漸漸不再掌兵，成為專門的監察官員，至漢成帝時被撤銷。

有趣的是，劉欣即位後在官僚機構上做的第一個調整，就是恢復這個職務，將其定為大司空也就是原來的御史大夫手下的監察官，秩比二千石。因為不再掌兵，所以改名為「司隸」，當然有時候大家還是俗稱「司隸校尉」[15]。

劉欣設置這一新職位是有意圖的，解光因為「明經、通災異」為其所注意，被任命為首任司隸。所以，解光的劾奏基本可以認定是劉欣的授意。王莽名譽極好，已經榮休，王政君和王莽對這份不涉及自己的奏摺想必不敢有意見；而王氏家族的其他人就不得不被「拉清單」了。

解光彈劾的結果是，剛增加了封邑的王根，因為立劉欣為太子時說過好話，所以僅被「遣就國」；王況是前任大司馬王商之子，被免為庶人；凡是由王根、王況舉薦在內廷擔任近臣的人一概逐出。

王氏家族到此地步，基本上算是退出劉欣一朝的權力場了。王莽擔任特進、給事中，可以通過列席廷議瞭解朝廷事務，但沒有決策權；內廷的近臣裡，還剩下王去疾和王閎[16]，這兄弟二人是王譚之子，前面已經說過王譚與王鳳關係很差，一直是王氏家族的另類。

不管怎樣，劉欣的目標並不是要滅掉王氏家族，而是在合法框架下消除外戚過重的權勢。轉眼到了次年正月，劉欣正式改元建平（西元前六年），大赦天下。

司隸解光又站了出來，這一次，他彈劾的是趙氏家族，而且也是漢成帝時期的舊事。這樁舊事，可能在漢廷已經廣為人知，不然解光何以知之？此即趙氏姊妹暗害漢成帝其他妃嬪所生子嗣、致使漢成帝絕嗣之事。解光認為，謀害皇帝後裔這樣的事情罪大惡極，要遭天譴，結果兇手的家族不僅沒有被懲治，還當了皇太后，封了侯。建議重治趙家。

議郎耿育隨即上書，委婉地談了另一番道理：趙氏家族這件事的確非常惡劣，但是皇家的齷齪事情最好不要大張旗鼓地張揚出去，有汙皇室聲譽。而且，比起趙太后當年主張立您為太子這樣光輝燦爛彪炳日月的大事，別的事再惡劣也是次要的。

耿育其實是告訴劉欣，如果不是趙氏姊妹害的漢成帝絕嗣，哪裡輪到你來當皇帝呢？所以做事不要太絕。

劉欣本來也沒想把事做絕，他將趙飛燕的弟弟新成侯趙欽和趙飛燕的侄子咸陽侯趙訢免為庶人，趙氏家族只有這兩位列侯，奪爵之後，家族就敗落了。但是趙飛燕本人因為幫助過劉欣，得到了傅太后的厚待。

解光上奏的結果，就是趙氏外戚碩果僅存的皇太后趙飛燕被傅、丁外戚收編。王氏家族則被進一步孤立，成為傅、丁、趙三家的對立面。

在朝廷打擊王氏家族時，王政君下了一道詔令，要求王氏家族名下的田地，只要不是用作墓園的都無償分給貧民耕種，這明顯是一種身段柔軟的反抗。王政君以「至尊」身分來收買民心，表現仁慈，劉欣未必高興，但也說不出什麼來。

於是，在官吏和平民眼中，以往驕奢淫逸的王氏家族已經改弦更張，倒是傅氏家族變得咄咄逼人。

王政君以七十歲高齡和太皇太后的身分，出行時都讓親屬在前面領著，以避開丁氏和傅氏，以免被新貴侮辱，路人看到此情此景，有人同情地哭，這種對王氏的同情成為後來王莽復出的民意基礎。

打擊了王、趙兩家，劉欣並不是要為傅、丁兩家騰地方。他頻繁更換大司馬，師丹之後，傅氏家族的傅喜、傅晏和丁氏家族的丁明先後出任大司馬，每人在職的時間都不太長。可以說，在董賢崛起之前，大司馬的職位已經不如從前那樣具有權勢，更像是慰勞外戚的顧問之職而非輔政的權臣。

傅太后也沒有像當年王政君那樣，把大司馬當作外戚牢牢把控朝政的關鍵，而是將精力放在一些無足輕重的挾怨報復上。劉欣的即位給了傅太后一抒胸臆的機會，將她多年來壓抑的憤懣之情肆意釋放，造成劉欣執政前期非常不雅觀的內廷形象，反而襯托出王氏家族的正當性。

傅太后這麼做，也是人之常情。早在漢元帝時期，她與馮昭儀一時俱為皇帝寵妃，王政君是一個連失寵都談不上，屬「無寵」的皇后。而且，傅太后的兒子也很為漢元帝喜歡。但就算如此，最終大位仍然由王政君的兒子繼承。多年來，傅太后一直作為定陶王的親眷待在外藩，受定陶國相的轄制，也不得不經年累月地向漢成帝母子朝請、進獻。她寵愛的兒子定陶王很早就去世了，這勢必增加了她的壓抑和痛苦。如今，孫子榮登大寶，她沒有理由繼續壓抑自己了。

然而，傅太后似乎從未認識到，政治的本質在於決斷國家施政的路線，她不明白達成政治意圖的途徑是奪取重要的職位，更不明白只有路線清晰且職位穩固，才能進一步談論劃分敵友，爭取同盟，打擊異己。換言之，傅太后不具有政治頭腦。

但她復仇的心性卻很劇烈。斥退王莽，打擊王政君，拉攏趙飛燕之後，她把精力放在一樁與國事、與政治沒有多少關係的私事上——報復當年和她一同受寵的馮昭儀，如今的中山王馮太后。

馮太后馮媛家世顯赫，人人都熟悉「馮唐易老，李廣難封」的典故，馮太后就是馮唐重孫的女兒。多年前，漢元帝曾帶著馮、傅去「皇家動物園」看猛獸，一頭熊突然爬出籠子，攀上圍欄，傅昭儀嚇得落荒而逃。馮昭儀卻挺身而出擋在皇帝面前。這一壯舉令漢元帝感動萬千，也令傅昭儀終生嫉恨。

現在的馮太后並不太關心中央的皇位更迭，把精力放在照管孫子劉箕子身上。因為箕子身體不好，馮太后多次到廟裡祈福。劉欣聽說後，派遣近臣、一個名叫張由的謁者去中山國慰問，還帶了醫生。但張由據說有點神經病，私自逃回長安，於是被彈劾。張由害怕擔責，就誣告說馮太后在中山國詛咒劉欣和傅太后。

這件事情很可疑，因為張由是謁者，級別雖不高，卻是皇帝近侍，「主殿上時節威儀」，很難相信皇帝會選擇一個神經病擔任謁者。這件事最大的可能是傅太后收買了他，讓他找馮太后的茬兒。不管怎樣，張由既已告狀，朝廷就不得不查。先派御史丁玄去查，抓了馮家一家子，卻毫無所得；又增派一個叫史立的中謁者令去查。史立受傅太后指使，以大刑嚴審馮太后及其家人，死者數十人，終於有人受不住只得供認馮太后詛咒皇帝，陰謀弒君，目的是立中山王為帝。馮太后當然不承認，史立逼迫說：

熊之上殿何其勇，今何怯也。[17]

馮太后一下子明白了，對左右人說：這事只有漢元帝和傅太后知道，你史立如何曉得？可見，這次是專門衝著我來的，是從一開始就設計好的陷阱。於是，她不再申冤，飲藥自殺。她的弟弟宜鄉侯也不得不自殺。最終，案子由經辦人史立、丁玄署名，由冀州牧毋將隆領銜署名上報漢廷。

朝中有人對這個案子頗為不滿。曾當過三年京兆尹、現任司隸的重臣孫寶就站出來要求重審，惹得傅太后暴怒，大罵劉欣「帝置司隸，主使察我」，胳膊肘向外拐，劉欣只好將孫寶下獄；尚書僕射唐林站出來為孫寶爭辯，劉欣反而更加惱火，認為兩人「朋黨比周」，將唐林貶謫到敦煌。所幸大司馬傅喜以傅氏家族成員的身分站出來力爭，孫寶才被放出來。而那個據說是神經病的張由竟然因此事被封為關內侯，史立升遷為中太僕。強行將此案壓了下去。

馮太后一案對劉欣的前期執政造成了惡劣影響，朝廷內外都很同情馮太后，越來越多的人厭惡傅氏家族。這段時期發生的災異，多數會被大家解讀為傅氏家族的擅權和強勢。王氏家族基本上不再被看作災異來源了。

馮太后作為諸侯王太后，並未參與中央宮廷政治，也不構成傅、丁兩家的威脅。傅太后卻將她作為眼中釘拔之後快，其原因史書沒有明言。這並不難理解，歷史上並非所有的宮廷鬥爭都源於政治，很多就是私人恩怨。我們無法得知馮太后與傅太后這兩個女人一輩子究竟有怎樣的糾葛和仇恨，但傅太后任憑自己發洩私欲，將無辜的馮太后逼死，卻放過政敵王政君，本末倒置，這絕不是政治家的素養。

馮太后一案期間，掌管宮廷侍衛的郎中令泠褒、內廷侍從黃門郎段猶站了出來，這兩位都是劉欣的近臣，他們上書提出傅太后和丁太后的尊號「恭皇太后」「恭皇后」，都是來自「定陶恭皇」，而定陶只是一個王國，與其帝國外戚的身分不符，建議制定和皇族相稱的禮儀，並給定陶恭皇在長安建立宗廟。

此時的「三公」丞相孔光、大司馬傅喜、大司空師丹全都反對，師丹在上一次董宏提議時就反對，傅喜作為傅氏家族成員也反對，可想而知傅太后何其不得臣僚士大夫的歡心。

劉欣可能迫於傅太后的壓力，但更可能是出於消除外戚專權、防止大臣挾制的長遠目標，在京兆尹朱博的配合下，先罷免了大司空師丹。師丹高樂侯的爵位被褫奪，改為關內侯，朱博頂替他為大司空。朱博緊接著向傅喜和孔光發難，傅喜被免大司馬，「遣就國」，離開了長安；孔光最慘，罷免丞相，收走博山侯印綬，免為庶人。

到了建平二年（西元前五年），根據朱博的提議[18]，劉欣正式尊傅太后為「帝太太后」，幾年後又更名為「皇太太后」，稱永信宮，和王政君並列為至尊；丁太后為「帝太后」，稱中安宮。傅、丁兩家終於得償所願。

朱博則趁機上位為丞相。

朱博，就是多年前王莽送女人給他的那位將軍。當時，他默默接受了這個女人，替王莽消弭了譏議。而今，朱博卻上躥下跳，死心塌地與傅太后結黨。不久，他和御史大夫[19]趙玄共同上奏彈劾已不擔任官職的師丹和王莽。理由是，當年師丹、王莽拒絕董宏尊傅太后的行為是錯誤的，應當將師丹、王莽都免為庶人。

朱博這麼做，直接原因當是傅太后的指使，王莽把女人扔給他那件事可能也令他不快。不過，深層原因是，朱博出身「武吏」，當過亭長。他從基層一級級幹上來，風格近於酷吏，特別討厭儒生。他在地方上當刺史、太守期間，到哪兒都不任用儒生，他有一句話很有名：

如太守漢吏，奉三尺律令以從事耳，亡奈生所言聖人道何也！且持此道歸，堯舜君出，為陳說之。[20]

儒風盛行時，朱博卻堅定捍衛漢帝國傳統，強調承載漢道的是「三尺律令」，儒生的聖人之道毫無意義，讓儒生們滾蛋，「等你們的堯舜聖君出現，再擺你們的道理吧」。朱博的風格和劉欣追跡武帝、宣帝的執政精神高度一致，因此才得到重用。一旦得勢，師丹、王莽等儒臣自然會遭受他無情的打擊。

朱博的上奏得到劉欣的支持，師丹徹底失勢，被免為庶人；王莽因為王政君的面子，沒有被奪爵，但是取消一切待遇，「遣就國」；兩年前被王莽彈劾而被剝奪高昌侯爵位的董宏，則恢復了舊爵。與王莽一併被逐出長安的王氏家族成員還有平阿侯王仁，理由是王仁藏匿趙昭儀的親屬。王仁是王莽叔父王譚的長子，他們父子兄弟為人都比較耿介。在上一輩裡，王譚與王鳳關係就很差，到了王莽這一輩，王莽與王仁也來往不多。所以，王仁的「遣就國」與王莽無關，估計是行俠仗義慣了，接納了別人避之唯恐不及的趙氏親屬而取禍。

這是對王氏家族的最沉重打擊，距離王莽罷免大司馬僅兩年。王莽不得不待在新都國接受郡守和國相的看管，在中央的影響力幾乎蕩然無存。

此事引起朝中部分大臣的不滿，為了平息輿論，劉欣把兩年前被廢的成都侯王況的弟弟王邑抬了出來，繼承成都侯的爵位，並招至內省擔任侍中。王邑是王莽的堂弟，才能不如王莽。如果說，將王莽逐出長安給了王政君一記重重的耳光，那麼用一下王邑是耳光之後的差強撫慰。

馬車載著王莽緩緩離開長安，他撫摸著新都侯的印綬，步入入仕以來最灰暗的日子。

16 王莽與孔休

其實劉欣的日子也很灰暗。

在外人看來，傅太后的強勢重蹈了外戚干政的覆轍。但劉欣很清楚，漢朝除了呂后，女性外戚無論地位多麼尊崇，也不具備處理日常政事的合法性，家族總要推出一名男性擔任要職來取得事權。

傅太后雖然氣勢洶洶，頂多只是干預個別人事安排，沒有處理朝政大事的強烈願望，還常常被他拿來當「槍」使，對付王氏以及外朝不順從的大臣。傅氏家族的傅喜、傅晏，丁氏家族的丁明，雖然都當過大司馬，但劉欣沒有給他們大權，最不順從的傅喜還被攆出長安，權力遠不如成帝時的王氏家族。

而且，劉欣對前朝勛舊、帝師、三公之類等潛在的「權臣」毫不手軟，如果這些大臣在某件事上不順從，劉欣總會找理由將其斥退甚至處死。曾把王莽逼走的朱博，因為被發現和傅晏結黨，更聽傅太后而非劉欣本人的話，在王莽「遣就國」後不久就被劉欣逼迫自殺。此外，劉欣還逼死了族叔東平王劉雲。

總之，外戚也好，大臣也好，諸侯王也好，都不要想著當權臣。很快，劉欣又發現了董賢，將他快速提升為大司馬，董賢的不孚眾望恰恰意味著大司馬的權勢已經衰微，猶如皇帝的玩物，皇權占據了上風。

劉欣一朝，只有寵臣而無權臣。

但是，有一樣東西他無法通過皇權來消弭。自從他即位以來，天下仍然災異頻現，地震、水災不斷，朝野要求按照儒家改制以消除災異的呼聲越來越高。更極端的是，預言漢曆中衰、天命轉移的流言也時常傳到劉欣耳中。

在當時天人合一、天命轉移的氛圍裡，劉欣也不是局外人，同樣深信不疑。但災異、謠言畢竟只是一種現象，其內涵到底指向天子還是大臣，是指向外戚還是蠻夷？其解讀卻是開放的，也是存在爭議的。當一種災異有多種解釋的現象越來越多，那麼最終的解釋權一定會轉移到擁有實權的人物手裡，比如皇帝劉欣。

總之，劉欣儘管對漢朝的未來憂心忡忡，但仍然葆有努力振奮、通過改制來力挽狂瀾的希冀。

中央的朝局日漸明朗，被遣回新都國的王莽也在重新思考漢家天下。儘管史料匱乏，但以王莽的敏感性格以及他後來所做的事情推斷，他應當注意到局勢尚有餘地：

第一，太皇太后王政君仍然健在，位極尊，無人撼動，中央官員和地方太守裡還有一些是當年王氏舉薦的人。

第二，傅、丁兩家雖然氣焰囂張，但只知奢侈享樂並無大權在握。王莽就國期間，丁太后去世，歸葬定陶國。劉欣令舅舅陽安侯大司馬驃騎將軍丁明送葬，從長安到定陶[21]約一千三百里，一路儀仗煊赫，耗費公帑無數。在定陶恭皇的陵園，劉欣竟然徵集了五萬人挖開陵墓覆土，以便讓丁太后與恭皇夫妻合葬。這件事過於張揚，使得傅、丁兩家外戚備受譏議，成為災異的指涉對象。王氏家族反倒成了公忠體國的「前朝故舊」，被拿來抒發對時政的種種不滿。

第三，皇帝為消弭災異，搞了一次「改元再受命」的操作，雖未成功，但透露了皇帝對天命的畏懼，證明他的心性仍可被儒家影響。這就意味著，天下仍然需要君子，需要賢哲，需要聖人。自遣就國那天起，朝中就有人為王莽鳴不平，有人甚至頌揚他是不世出的偉大人物。

有多偉大？聖人可乎？

在西漢，皇帝很少自稱「聖」，主要是不敢[22]。而聖人如孔子，有聖人之德，無王者之位，晚年「獲麟受命」，卻大勢已去，不得不絕筆《春秋》，將王者的功業寄託在經書中。孔子終究只是聖人而非王者，為後世所遺憾。

王莽就國的路上，經過許多郡縣，常常會有當地名流官員想要拜會他，他卻什麼人都不見，陪伴他的主要是三名女婢增佚、懷能、開明。他咀嚼著聖人孔子的時運不濟，彷彿也在周遊列國，不免聯想到自己同樣空有聖人之德、賢人之能，卻沒有位置來舒展抱負，為天下開太平。與孔子的命運何其相似乃爾！

古往今來，凡是能被萬眾高呼推為教主的，無不是自己先有聖人的自詡。倘若自己都不信，如何能夠通過行動和言語來感召世人呢？

新都國位於南陽郡，十七年以後，有個叫劉秀的人將從南陽起兵。當下的南陽繁華富庶，新都也是膏腴之地，但這未必能給王莽何種安慰，因為「遣就國」意味著被邊緣化。

南陽太守對王莽的歸國不敢怠慢，遴選了一名心腹屬吏去新都國擔任國相。這包含了複雜的考慮：這一時期侯國的國相相當於縣令，掌握著侯國實權，列侯名義上是侯國的封君，實際只有食邑的好處，並無治國的權力。列侯一旦被「遣就國」，國相即負有監視和限制之責。因此，南陽太守既要考慮到不違逆皇帝的意旨，把王莽「看管」好；又要考慮到王莽的名譽和身分，不與他為敵，盡可能尊重他。這就需要選一個自己既信任又瞭解，且具備與王莽交往的資格和水平的人。

他選了孔休。

孔休是南陽本地人，從姓氏可知，他應該是聖人後裔。孔休是儒學中人，仰慕王莽多年，由於自身地位卑微，沒有機會與王莽交接。接到去新都國擔任國相的調令，孔休既驚且喜。

他一上任即主動拜見王莽，行臣僚之禮，而王莽也極盡禮數，兩人一時相見恨晚，言談甚歡。

國相名義上是王侯的臣僚，其實是漢官，並不會真的把王侯當主公。有些王侯與國相甚至會交惡，互相陷害。王侯謀反，先殺國相；國相不滿，誣陷侯王，均屢見不鮮。王莽遇到孔休這樣知禮謹慎的君子，兩人還能敘一番君臣之情，實屬難得。

王莽清楚地知道自己的處境，在新都國閉門不出，以避輿論。孔休則盡心竭力治理境內事務。有一次王莽生了重病，孔休日夜守候，極盡臣下之禮，令王莽感動萬分。為了報答這份恩義，王莽像以往那樣，將一把裝飾有玉石的寶劍贈給孔休。

王莽與孔休已經交往頗深，理應知道孔休並非貪財好利之人，本就不該以貴重物品相贈，形同收買，待之以常人，反而降低對方人格。

孔休見此，果然大吃一驚，託言這是王莽私人愛物，且劍飾玉石，十分珍貴，堅辭不受。

王莽似乎沒有感知到孔休的真實想法，認為孔休只是礙於情面不收，就說：「我沒別的意思，也不是要送您寶劍，是看您臉上有塊瘢痕，據說美玉可以祛瘢，我是特意送你劍上的玉石。」王莽邊說邊把寶劍上的玉石解了下來。

這番託詞並不高明，所以孔休堅決不收。王莽突然產生一種被拒絕之後的「激情」，有些「惱羞成怒」——你越是不接受，我偏要送給你。這個勁頭一上來，誰也攔不住。和因為別人譏誚他納妾，憤而將女人送給朱博的行為完全一樣，他的性格裡有一種「極端」的因素：

莽曰：「君嫌其賈邪？」遂椎碎之，自裹以進休，休乃受。[23]

王莽就像「小宇宙」爆發一樣，瞬間變得猙獰可怖，他說難聽的話：「您是覺得這很貴重是吧？」他做難看的事，把那雕花的玉石砸碎，找了塊布帛包了起來，必須要送給孔休。

孔休只得收下。

收下玉石的孔休，不僅對王莽爆發的這種「帝王之怒」倍感恐懼，也對他這極端的性格十分反感，更對這位舉世稱頌的君子、踐行禮儀的儒宗產生了幻滅。

王莽是當時的「公眾人物」，很多儒生士大夫的偶像。歷史上有不計其數的英雄偶像，一旦親近就會褪去光環。王莽也是如此，他這種「神經症人格」[24]非親近之人所不能知。而且，王莽不只是一個偶像，還自認是聖人，甚至是聖王，這種性格將日益顯示出可怕的效應。

自此，孔休便有意與王莽保持距離，不再推心置腹，他的馬車也越來越少出現在侯門的闕下。但越是如此，王莽就越要親近孔休，好像完全看不出孔休在躲避他一樣。多年以後，王莽確實成了帝王。他更加不能忘記卑微的孔休，以高官厚祿去聘任他當國師，孔休則稱病不見。他的名字再次出現在正史裡，是南陽老鄉劉秀為了褒揚他對王莽的態度，賞賜了他的子孫。

17 一摘使瓜好

從新都侯宅邸的闕下走過，很少有本地人見到大門是敞開的。但大家會忍不住猜測、議論，更多的是自豪，有這樣一位赫赫有名的人物居住在這裡。他謙遜知禮，深沉低調，很少拋頭露面。直到有一天……

「新都侯的公子自殺了！」

傳言很快得到證實。人們注視著從侯門徐徐而出的棺車，好事者還會跟隨出殯的人群到郊外下葬，遠近迴蕩著那首送殯的輓歌《蒿里》：

蒿里誰家地？聚斂魂魄無賢愚。鬼伯一何相催促？人命不得少踟躕。[25]

新都侯面色凝重，悲痛萬分，這可是喪子之痛，人之常情呀。

慢慢地，先是從孔休的治所傳出不幸消息的來龍去脈，隨後整個新都國的百姓都聽說了這起悲劇的細節，再以後，這件事情傳到了長安，內廷與外朝都知道王莽次子王獲自殺了。

這件事令許多人震驚，也令許多人感喟。

說起來，事情非常簡單，起因於王獲為瑣事殺掉了一名奴婢。奴婢？不就是主人可以買賣和贈送的家庭財產嗎？沒錯，但也不是任人宰割的牲口。從張家山出土漢簡的情況看，奴婢是以「人」的身分被納入主人戶籍的，其民事責任與主人的子女相似。西漢自立國之初就有釋放奴婢的先例，到了王莽的時代，主人擅殺奴婢甚至奴婢死因不明，都會被法律追究，即使貴為丞相高官也在所不免。

事實上，因為失去土地或是逃避徭役，有些農民甚至主動逃到達官貴人的羽翼之下充當奴婢。所以，奴婢在身分上當然低人一等，缺乏人身自由，被主人頤指氣使、打罵呵斥可謂家常便飯，但主人並不敢隨意殺死。特殊情況下，個別主人還會把身後財產留給奴婢，像衛青這樣由皇室成員蓄養的奴婢，甚至機緣巧合成為大將軍。

總之，列侯或是高官殺死奴婢必屬犯罪，會受到處罰，更會受到輿論譴責，但還不至於償命。在這種氛圍裡，王獲殺死奴婢被王莽嚴厲切責是很自然的，但王獲為此自殺又顯得小題大做。雖是自殺，誰都看得出，這是王莽逼的。

王莽有四個兒子，可從人情考慮，哪一個兒子不是心頭肉呢？王獲之死產生了截然相反的兩種議論。

大多數人對此極為讚賞。不僅因為王莽大義滅親，更在於奴婢問題是當時的社會熱點，是儒家關注的重要倫理議題。儒家對此態度鮮明，「仁者，愛人」，如何對待奴婢，是苛刻還是寬容，顯示著一位士大夫的德性高低。王莽為了一個奴婢不惜逼死兒子，體現了他對生命的尊重。

但也有一部分人大為驚駭。因為按照儒家的另一個原則，父子關係至為親密，態度也很明確，不是什麼倫理上的疑難雜症。孔子有個故事人盡皆知：

> 葉公語孔子曰：「吾黨有直躬者，其父攘羊而子證之。」
> 孔子曰：「吾黨之直者異於是。父為子隱，子為父隱，直在其中矣。」[26]

故事很簡單：葉公告訴孔子，自己的故鄉楚國有位父親偷了羊，兒子去告發他，這是合乎道德的。孔子卻說，我們家鄉的風俗不同，如果有類似的事情，父親幫兒子隱瞞，兒子幫父親隱瞞，這才是道德。

這就叫作「父子相隱」[27]。在西漢的司法實踐中，這種親人之間的相互容隱而不是相互舉報被提升到國家政策的高度，兒子告發父親犯罪，不僅不會被看作「大義滅親」，還會被認為是違背道德底線的惡行而被處死。

漢宣帝在位時期曾下詔，把這個原則說得明明白白：

父子之親，夫婦之道，天性也。雖有患禍，猶蒙死而存之。誠愛結於心，仁厚之至也，豈能違之哉！自今子首匿父母，妻匿夫，孫匿大父母，皆勿坐。其父母匿子，夫匿妻，大父母匿孫，罪殊死，皆上請廷尉以聞。[28]

意思很感人：父子、夫婦之情都是天性，要彼此誠愛，雖死不渝。因此，如果兒子包庇父母、妻子包庇丈夫、孫子包庇祖父母，都不要追究包庇者的責任；倒過來，長輩包庇晚輩也是如此，除非罪犯是「殊死」的大罪比如謀反之類，但這也需要請示中央司法部門定奪。

從孔子所主張的「父子相隱」觀念過渡到「親親相隱」的司法實踐，在西漢已經是朝野共識，違背這個原則會被看作不道德的。

無獨有偶，與孔子差不多同時代的古希臘發生過類似的事情，有個叫作遊敘弗倫（Euthyphro）的人，他的父親無意間殺死了一個傭人，他就去城邦的法庭控告父親。路遇蘇格拉底，被截住聊了很久，聊的話題也很相似：你控告你父親這件事虔敬嗎？[29]

古希臘的事情這裡就不深究了，總之「親親相隱」是古代東西方都非常重視且態度相似的倫理難題。王莽作為儒學中人，逼死兒子，豈不是違反了容隱的大原則？

這件事，亦當是孔休對王莽徹底幻滅的重要事件。當然，王獲是自殺的，並不是王莽將其送至司法部門。換言之，是王莽嚴厲的人格促使了王獲之死，這似乎並不違反「容隱」原則。進一步說，在當時很多人看來，這也不是王莽「大義滅親」，而是父親以「仁者愛人」的儒家倫理迫使兒子羞愧自殺，是對親人的道德救贖。這就不是對儒學的違背，而是忠實的實踐[30]。

在這種視野裡，除了瞭解王莽的人，多數人不認為王莽是在沽名釣譽，而更加認為朝廷把王莽斥逐出長安是一樁冤案，以至於「在國三歲，吏上書冤訟莽者以百數」。[31]

王莽在新都國的三年，劉欣也已經完成獨掌朝政的目標。

此時，董賢已經成為劉欣的寵臣，大司馬雖由丁氏家族的丁明擔任，受寵遠不及董賢，外戚權勢不出後宮。劉欣已基本恢復了武、宣二帝的權力，外戚無論姓傅還是姓丁，姓趙還是姓王，都對自己沒有威脅。

引起劉欣警惕的是建平四年（西元前三年）的一次災異。與那些常見的天地異象不同，這次災異是帝國民眾的大規模流動。這年正月，從關東地區開始，平民們開始相互傳遞一種叫作「行詔籌」的東西，這玩意兒用木片、竹竿之類製作，傳遞的人你給我，我給你，多的時候僅僅在路上就能聚起千人，集體迷狂裡，有的披頭散髮，有的赤腳暴走，有的駕車狂奔，居然遍及二十六個郡國。這種傳遞詔籌的行為，有點像二十世紀九〇年代頗流行的「連鎖信」，一封信抄錄若干份分發出去，每一封都要求收到信的人再抄錄分發若干份，照著做的會發生好事，否則就會遭災[32]。

傳到長安後，這些流民在里巷阡陌裡聚集，唱歌跳舞，行巫術，念咒語，集體祭祀一個叫作「西王母」的神靈，據說可以長生不老，這一「群體性事件」持續了好幾個月，直到秋天才漸漸平息。

此事完全脫離了帝國的掌控，很多官員也投入其中，劉欣得知後感到非常恐懼。因為這場災異散發著末世氣息，滲透著漢朝氣數已盡、天下即將大亂的隱祕含義。

至於原因，有的大臣認為是大旱導致了流民，有的如杜鄴則認為是傅、丁兩家權勢過盛。

又過幾個月，元壽元年（西元前二年）出現了一次日食。

日食是重要的災異，劉欣不敢怠慢，循例下詔稱此次日食「厥咎不遠，在余一人」，有罪己之意，並大赦天下，要求「舉賢良方正能直言者」[33]，為他解說此次日食蘊含的天意。「舉賢良方正」是西漢常見的薦舉措施，自漢文帝時期施行。天下有事的時候，皇帝親自聽取賢良方正們的直言諫議。說到皇帝心坎上的，會被直接授予官職，晁錯、公孫弘、董仲舒等名臣都是通過賢良方正進入皇帝視野的。

這次所舉的賢良周護、宋崇給劉欣上書，借日食為王莽鳴不平，要求把王莽請回來。就在這個當口，王莽最大的仇敵、不可一世的傅太后去世了。劉欣一邊審視著這封奏疏，一邊翻閱從新都國乃至全國送上的關於給王莽恢復名譽的「請願書」，覺得王莽可能沒太大威脅。一個失勢的外戚、書呆子，召回長安，既能消除災異的影響，又能為自己贏得聲譽，還給了王政君面子，何樂而不為？

劉欣很快就下詔徵王莽回到長安，一併被召回的還有平阿侯王仁，理由都是照顧日益衰老的王政君，也就沒給王莽安排職務和待遇，但已經令許多人滿意了。千里之外[34]的新都國，王莽從面色肅然的孔休手中接過詔令，感慨涕零，匆忙收拾一番，連夜踏上了北上的道路。

此情此景，正如七百年之後的李太白所說：

總為浮雲能蔽日，長安不見使人愁。

四、撥亂反正

18 王莽四處碰壁

王莽與長安暌違三年，進城後，形容枯槁但儀禮齊備地拜見了姑媽王政君。其情其景史書無載，但在交通不便的古代，人倫隔絕一向是大悲大痛之事，家庭成員的某一次遠離很大機率就是死別，所以不難想像姑侄二人重見之時的悲欣交集。

王政君可能會安慰王莽：你人能回來就好，過幾天平阿侯王仁也會回來[1]。如今王氏家族雖然百事凋零，但人丁還算興旺，不管怎樣天下是劉氏的，王氏只要努力維繫住富貴的局面，能善終就行，不必再折騰了。

王莽知道，現在王氏家族裡還能出入禁省的，只有擔任侍中的堂弟成都侯王邑，以及王譚的兒子王閎、王去疾，後面這兩位和王莽關係一般。

與在新都國時一樣，回到長安的王莽仍然閉門不出。他已四十五歲，在漢朝已屬老人；劉欣才二十幾歲，年富力強。以當時情形推測，王莽會死在劉欣前面，重返政壇的希望渺茫。因此，很難想像此時王莽有當天子的念想。

侍中、成都侯王邑則頻頻造訪堂兄王莽的宅邸，他是漢成帝時期大司馬王商的兒子，為人果斷，富於冒險精神，也有些軍事才幹。此外，王邑還有個顯著特點，就是極為服膺王莽，甚至是崇拜。多年以後，王邑將成為新朝的頂梁柱，數次挽救王莽於危亡之中；也將在昆陽大戰中敗給劉秀，最終與王莽一同死於非命。

王邑分析，王莽出仕的障礙主要是沒有重量級人物的舉薦，雖然有一批儒學人士和朝野名流極力呼籲王莽復出，但這類輿論只會增加皇帝對王莽的疑竇。因此唯一能借助的力量就是王政君，這個面子劉欣總是會給。但王政君已經表示過王氏家族的目標是善終，王莽很扎眼，不必再出仕。所以，她不太可能為王莽求情。

身為侍中，王邑發現劉欣與王政君之間幾乎沒什麼直接往來。除了重大禮儀的需要甚至很少見面。他自告奮勇，對劉欣謊稱是轉達太皇太后的意圖，希望王莽能恢復特進、給事中的職位待遇，從而可以列席中央的一些重要會議，並有資格出入禁中。

班固後來記錄說：

> 哀帝復請之，事發覺。太后為謝，上以太后故不忍誅之，左遷邑為西河屬國都尉，削千戶。[2]

王邑敢假冒王政君的名義向皇帝為王莽求官，有兩個條件：一是確信王政君不會幫忙，因為王政君如果能幫忙，王邑斷不會走這步險棋；二是確信劉欣不會懷疑和追問，但事實相反，劉欣聽說後，專程去見了王政君表示同意，王政君卻說對此毫不知情。

所以，劉欣應是識破了王邑的意圖，故意告訴王政君，讓她自己處理。親侄子假冒自己的旨意，令王政君陷入兩難，不處理是徇私枉法，處理又於心不忍，只得屈尊向劉欣道歉，請求寬恕王邑。王邑矯旨欺君是可以視作謀反的，如果劉欣就此殺了他，能顯示帝國法制的威嚴，但赦免他卻更能顯示皇帝的至高無上。劉欣要的本不是王邑和王莽的性命，而是借此讓王政君難堪，彰顯自己的權力，所以他赦免了王邑，沒有剝奪其爵位，只是將他逐出禁省，貶謫到西部邊境做了屬國都尉，這是一個職能與郡太守相似的官職，主要負責管理邊境的少數民族事務，是個苦差事。

王邑被逐，說明劉欣不想起用王莽，但王莽依然幻想著重返政壇。他或許認為，這件事情主要壞在王邑「矯旨」上，而且索要的是恢復特進和給事中的待遇。如果能光明正大地擔任普通的公卿職位，皇帝未必不會答應。

等了很久，王莽終於等到一個機會。他擔任大司馬時期的大司空、氾鄉侯何武，在劉欣即位後一度被免，但在董賢的舉薦下，近來重新擔任了御史大夫。此時，恰好太常一職空了出來。太常掌管宗廟祭祀、典禮，管理博士，猶如現代的教育部和文化部，是尊貴的清要之職，被視為九卿之首。王莽覺得這個職位太適合自己不過了，論資歷，自己是列侯、前任大司馬；論素質，自己少年時治過禮經，是儒學學者。他私下裡去找何武，請何武舉薦自己擔任太常。

何武自漢宣帝時入仕，以謹慎守法著稱，他曾被劉欣下詔策免，剛剛通過董賢的關係重返政壇，對這位少年天子翻雲覆雨的手腕有所領教，戰戰兢兢，如履薄冰。皇帝對王氏家族的極端不信任，人盡皆知，何武決不會舉薦王莽以賈禍，於是果斷拒絕。

王莽不能理解何武的顧忌，對這位舊日同僚十分失望，甚至心存嫉恨，可見王莽對重返仕途極度飢渴，甚至到了看不清局勢的地步。但這恰恰說明，在當時，王莽應該還沒有當周公當皇帝的深謀遠慮，反而有些政治不成熟；說明他已經接受了劉欣，願意被劉欣所用。

他只想要一個契合自己身分、志向的位置，而不是取而代之。幾個月後，劉欣晏駕了。

19 王莽重掌權力

劉欣之死造成漢廷中樞的權力真空，王政君成為禮儀上的至尊，這幾年裡，朝野尊重她，懷念她，盼望她，所以才會支持她對王莽的支持。王莽重返漢廷，迅速處置已成死棋的董賢，穩定了未央宮，一舉成為漢朝事實上的掌權者。

王莽的回京和劉欣的暴死太過戲劇性，總有人猜測王莽是不是私下裡暗害了劉欣[3]。但史料並沒有明確線索，而且從王莽請託何武來看，並不可能，這只是一次巧合。

王莽可能就是從這一刻對自己產生了新的期許，萌發了取而代之的念頭：上天不惜讓皇帝死去，是要告訴我什麼答案？

直接的答案，就是皇帝做錯了。

因此，王莽決定撥亂反正，一舉扭轉劉欣在位期間的「倒行逆施」。從劉欣晏駕到九月箕子即位，短短三個月的時間，王莽有條不紊但迅速完成了撥亂反正的事業，贏得了嶄新的政治資本。

第一，逼迫董賢自殺，將董賢家人流放。董賢的德不配位使得王莽贏得了朝廷內外的贊許，被視為撥亂反正的首要事務。

第二，蕩平趙氏、傅氏、丁氏等外戚勢力。

劉欣死後，外戚們迎來新一輪動盪。劉欣生前沒有給予傅、丁兩家的男性外戚以足夠大的權力，只給了他們爵位的尊榮。王莽迅速接管朝廷後，宮廷內外的趙、傅、丁三家外戚權力化為烏有，陷入惶惶不可終日的境地。

皇太后趙飛燕首當其衝，她是王政君的兒媳婦。漢成帝期間，趙飛燕與王政君還談不上是政敵。但漢哀帝對趙氏家族又拉又打，將趙飛燕的兄弟從列侯廢為庶人並流放到遼西，同時尊趙飛燕為皇太后，使得趙飛燕不得不站在皇帝和傅、丁一邊，成了王氏家族的敵人。

因此，王莽重提趙氏姊妹殘害漢成帝子嗣的舊事，由王政君下詔說她「悖天犯祖，無為天下母之義」，褫去皇太后尊號，稱為孝成皇后，徙居北宮。這個懲罰乍看不太重，實則是廢除趙飛燕名義上漢哀帝母親的資格，好比剝奪她的一部分「政治權利」。

如果趙飛燕就此自殺，或許尚能以漢成帝皇后的名義下葬。但趙飛燕默默接受了這一切，也沒有自殺，於是一個月後，王莽再次推動王政君下詔，把趙飛燕和漢成帝的夫妻關係也否定了：「皇后……失婦道，無共養之禮，而有狼虎之毒，今廢皇后為庶人，就其園。」[4] 趙飛燕被廢為庶人。

趙飛燕接到詔令就自殺了，趙氏家族覆滅。

與此同時，傅、丁氏家族已預料到大禍臨頭。曾經不可一世的皇太太后傅氏、帝太后丁氏前番已經死去，死人備極哀榮，活人日子就難了。王莽先是推動司法部門舉奏傅、丁兩家的種種不法之事，借此把兩家男性成員的官爵一律免去，丁氏家族被逐回原籍；繼而褫奪傅太后和丁太后的尊號，分別貶為「定陶共王母」和「丁姬」，這意味著她們降回了諸侯外戚的身分，不再屬皇族。活著的人裡，一度頗有權勢且打擊過王莽的孔鄉侯傅晏一家被流放，其他宗族成員也被逐回原籍。傅晏的女兒、漢哀帝的皇后傅氏，作為傅氏家族剩餘具有皇族身分的女性，當然免不了禍端，她在王莽剛剛重掌政權後就被王政君下詔退居桂宮，實則等候發落，最終與趙飛燕同時被廢為庶人，也同時自殺。

此外，傅、丁兩太后雖被褫奪尊號，卻是懷抱著「皇太太后」「帝太后」印綬下葬的，傅太后還以「孝元傅皇后」的名義和漢元帝合葬在渭陵。在人人相信神鬼、相信生與死的世界沒太大區別的漢朝人看來，「撥亂反正」還沒能澤及地下世界。

五年後的一天，王莽提出必須掘開兩太后的墳墓，取出不合禮法及身分的印綬銷毀；傅太后須遷葬定陶，本來就葬在定陶的丁太后應重新下葬，回歸其定陶恭王母親和夫人的名分。

王政君一開始覺得這個建議有些駭然，畢竟人已經死了。王莽堅持認為極有必要，王政君勉強同意，就交代遷葬時在舊棺上新做一套槨，用太牢這樣隆重的祭品來祭祀，敬重鬼神，以免作祟。

得了應允，王莽馬上派人去渭陵和定陶挖墳，去掉高規格的梓宮，改為普通的木棺；去掉金縷玉衣，改為諸侯妻妾的衣服，二十天就把兩座山給平了。王莽還在原址圍上荊棘，以為後世警戒。打開傅太后棺槨的時候，據說臭味蔓延數里，史書特意記下來這個味道，彷彿表達對傅太后生前跋扈的不滿和嘲笑。

丁太后生前沒怎麼作惡，這次被傅太后連累，班固似乎略覺哀婉，在他筆下，丁太后的墓被平後，有「群燕數千，銜土投丁姬穿中」[5]。

數千隻燕子飛來，遮天蔽日，銜土填在丁太后被平的舊墳上，不知是一場災異還是祥瑞……

傅、丁兩家徹底敗落，碩果僅存的是前任大司馬、曾經回護過王莽且被傅太后和漢哀帝都不太信任的高武侯傅喜。王莽對待傅喜，猶如昔年漢哀帝對待趙飛燕，一面打擊其家族，一面寬恕其本人，王莽對傅喜的評價是：「歲寒，然後知松柏之後凋也。」

當時傅喜還在封國。王莽將他召回長安，賜以特進、奉朝請，也就是給予列席中央廷議的待遇。董賢的舊居被賞賜給傅喜居住，更具有撥亂反正的味道。從王莽對傅喜的稱讚不難看出，他的褒揚固然有惺惺作態之處，也確實有真心賞識、願意拉攏的意圖。只是傅喜眼見自己家族淪落為王氏家族的附庸，與其戰戰兢兢地在王莽羽翼下苟活，不如早些退出漩渦避禍。經過多次請求，傅喜最終平安返回封地，寂寞而終。

至於當時阿附傅、丁兩家的大臣，比如最早主張給傅太后上尊號的高昌侯董宏，雖然人死了，但他襲爵的兒子董武被奪爵廢為庶人；後來主張給傅太后上尊號的郎中令泠褒、黃門郎段猶，統統被流放到合浦海邊；還有太師、大司徒、扶德侯馬宮，曾以光祿勳的身分支持傅太后議諡，雖是王莽好友，照樣被免去太師、大司徒官職，「遣就第」，閉門思過。

徹底的撥亂反正為王莽贏得了榮譽，但是篤信鬼神的人們從王莽「挖寡婦墳」的行為裡隱隱覺得，他是不是太過分了？他是不是性格過於激烈和絕對？他這麼做，距離聖人更近了嗎，還是反而缺少了一絲人情味？

第三件事，為馮太后平反。

為死人平反，是政治成本低但收效佳的行為。馮太后被傅太后汙蔑致死，但她的孫子箕子已經成了新皇帝，平反昭雪是板上釘釘的事情。不過，馮氏家族在上次的災難中死了十七個人，沒剩什麼人了，平反對馮家意義不大。

但是可以懲治那些逢迎傅太后助紂為虐的官員。汙蔑馮太后的張由，現在是關內侯；逼死馮太后的史立，現在是中太僕；參與此事的丁玄，現在是泰山太守，這三個人是小人。而著名的賢能之臣毋將隆，因為當時擔任冀州牧對轄內的中山國有監察之權，所以依例在上報案件時署了名，也在被懲治之列。他們全部被免官、流放合浦。班固曾交代過毋將隆和王莽的一段隱情：

> 王莽少時，慕與隆交，隆不甚附。[6]

意思是說王莽因為早年毋將隆對他不甚熱絡，所以現在公報私仇。這種細膩綿密確乎是王莽的性格。但與王莽關係深厚的馬宮也被王莽劾奏，說明毋將隆之事未必如班固的誅心。在馮太后一案上，毋將隆身為州牧號稱賢臣，卻從未如孫寶、唐林那般仗義執言，說起來難辭其咎。

事實上，對自己的親人、熟人，處置起來一樣毫不手軟，才是王莽贏得榮譽的常見手法，何況他人？

值得一提的是，箕子的母親衛后雖然被王莽和王政君責令不得至長安，但在為馮太后平反的過程中，衛氏與王氏家族逐漸熟悉。王莽的兒子王宇與衛后的兄弟也就是箕子的舅舅衛寶交好，兩人書信不斷，宛如蜜月期。而這卻為日後的另一樁大案埋下了隱患。

第四，清除王氏家族裡名譽較差或桀驁難馴的內部成員。

紅陽侯王立是當年聲名赫赫的「五侯」之一，不過他在王政君的幾個兄弟裡資質最差，行為毫不檢點，搶占民田，奢侈糜爛，貪財苛酷，不一而足。在《漢書》許多人的傳記裡，時不時就能看到王立的不法行為。特別是王莽與淳于長爭奪大司馬，王立見錢眼開，反覆無常，毫無政治頭腦，更令王莽對這位叔父印象深刻。

眼下，王立也已經從封地返回長安，王氏再度掌權，他故態復萌，蠢蠢欲動，常常去長樂宮找姊姊閒聊。王政君與他本不算親，但現在他是僅剩的弟弟了，感情慢慢加深。

王莽對此有些警惕，因為他既瞭解王政君心慈耳順，又知道王立喜歡胡說八道，所以怕王立發揮壞影響。另一個重要因素，是王氏家族好不容易擺脫了災異的籠罩，成為撥亂反正的功臣，可不能讓王立把這大好局面給破壞掉。朝臣看到王立，會不會又想起漢成帝的舊事？萬一此時再來一次日食、地震，會不會又引起經師博士們上書言說王氏家族勢力過大？

王莽決議把王立攆回封國。他安排孔光向皇帝上奏，指出王立有兩大罪狀：

> 前知定陵侯淳于長犯大逆罪，多受其賂，為言誤朝；後白以官婢楊寄私子為皇子，眾言曰呂氏、少帝復出，紛紛為天下所疑，難以示來世，成繈褓之功。請遣立就國。7

這封奏疏耐人尋味。第一個罪狀還好，是王立與淳于長勾結的舊事；關鍵是第二樁罪狀透露了一個隱情：漢哀帝死後，王立曾經主張，未央宮裡有個宮女叫楊寄，為漢哀帝生了個私生子，應該把這個孩子立為太子繼位。

漢廷後宮，祕帷重重，皇帝是唯一生理意義上的男性，宮女懷孕生子，理論上肯定是皇帝的。這個楊寄不知道何時被臨幸過，所以生了個兒子。但是漢廷並沒有私生子合法繼位的先例。當年漢惠帝劉盈生前所立的太子即位後被呂后廢掉，呂后找出宮女所生的一個私生子扶上帝位，後人稱之為「少帝」。司馬遷所謂呂后「本紀」，其實是這兩位小皇帝在君臨天下。後來呂氏敗落，大臣們說少帝並非劉盈的親兒子，將其殺害，再由大臣遴選諸侯王即位。王立的建議和少帝的情況相似。有此不成功、不合法的先例，王立的建議看來是被當場否決了。

但王莽對此很惱火，他極為痛恨劉欣，如果讓劉欣的兒子即位，將來皇帝長大了，豈不是又要來一輪新的「撥亂反正」，也讓王莽失去了擁立之功。這兩點對王莽、對王氏家族都沒有什麼好處。王立的建議，實在是成事不足敗事有餘。

孔光的奏疏一上，王政君不同意，不想讓碩果僅存的弟弟離開長安。王莽勸告她說，現在天下是您代理幼主執政，形勢既微妙又危險，人言可畏，努力向天下表示公正，尚且擔心天下人不從，現在顧念姊弟私情，不聽大臣建議，萬一引起群臣議論怎麼辦？王立形象不好，何必讓他在長安招惹是非？而且不過是讓他回封國嘛，權宜之計，將來有機會再召回來就是了。這才說服了王政君。

從王立的行為和王莽的擔心來看，王莽這番話確實是老成人之言，未必像班固所評價的「莽以諸父內敬憚之，畏立從容言太后，令己不得肆意」[8]，就是說王莽害怕王立通過王政君阻撓自己隨心所欲。王立又不是什麼公忠體國的股肱大臣，除了擔心他闖禍，還能有什麼呢？

同樣被班固認為是「素剛直」、使王莽忌憚的堂兄弟平阿侯王仁，也被遣就國。史料中沒有記錄原因，但王仁一門的確都是剛直仗義之士，與王莽不甚同心，王莽當是顧忌王仁桀驁難馴，故而將他遣就國。

多年以後，王立、王仁都被王莽逼迫自殺，但至少在目前，王莽只需要將他們攆出長安。這是王氏家族自我清洗、重塑形象的努力。在朝野看來，王氏家族敢於剜自己身上的肉，實在是大公無私，哪個外戚能比呢？

從漢元帝初年王政君被立為皇后，到漢成帝時期王鳳當大司馬，再到王莽成為權勢遠超王鳳的「安漢公」、攝皇帝，歷時近五十年，除了漢哀帝的短暫崛起，王氏家族已徹底壓倒劉氏皇族，劉氏再無實力奪回政權。

但是，王氏家族的勝利首先是西漢外戚傳統的勝利，若沒有外戚輔佐皇帝執政的合法制度性安排和慣例，而是如後世宋、明、清那樣刻意防止外戚掌權，王政君活得再久，王氏家族的勝利也非常渺茫。

西漢的特殊還在於，它是中國歷史上第一個長時段的中央集權王朝，在第一個試圖以外戚身分取代皇族的人出現之前，沒有外戚敢想像這種可能，開國皇后呂雉不敢，長壽之星王政君也不敢，他們更願意依附在皇室身上。就權勢而言，王鳳、王莽並不比呂后、霍光強大，而且外戚們有來有去，能上能下，漢哀帝輕而易舉奪回皇權，足以證明這一點。

那麼，只有在外戚傳統的基礎上想像一種新的可能，譬如「居攝」，才能最終將王氏家族推向權力的極致。這並不是王莽一個人的腦力激盪，而是在西漢中後期一浪又一浪的災異推動下，在經學的精密論證下，朝野諸人對「漢朝往何處去」的共同想像。

第四章

居攝元年春正月：攝皇帝

井水溢
滅灶煙
灌玉堂
流金門

——漢元帝時童謠

一、呂寬大案

1 孤獨的漢平帝

九歲的中山王劉箕子身著禮服，孤身從中山國出發，準備繼承漢哀帝留下的皇位——成為漢平帝。車駕快要抵達長安時，他留意到祖先的陵墓，如山一般高大，但並不寂寞，因為這些帝陵的腳下已經形成縣邑聚落，人煙稠密。過灞橋時，他的隨從告訴他，緊挨著灞橋的帝陵是太宗文皇帝的陵墓灞陵。一百八十年前，漢文帝也是以諸侯王的身分，從封國來到長安即位為皇帝。

這些「家史」箕子並不陌生，但他畢竟只是孩童。他是否知道，當年漢文帝是抱著出生入死的決心奔赴長安的，因此才會帶著舅舅薄昭和多名親信，並在住進未央宮的當晚就讓親信們接管了皇宮的保衛，又在局勢穩定後的第二年把母親薄太后接進長安。

而箕子身邊只有幾名隨從。祖母馮太后一家在漢哀帝時期被誅滅，雖然王莽「撥亂反正」，已給馮太后平反，王氏家族和箕子一家暫時處在蜜月期，但王莽懲於漢哀帝的教訓，箕子的母親衛氏、舅舅、朝夕相處的姊妹以及王國的官員都被勒令留在中山國。他不得不依靠馬車外面的那兩個陌生人：車騎將軍王舜和大鴻臚左咸。此刻，箕子不知道他已經與母親永別，也不知道自己將在五年之後死去。《漢書》最後一篇「帝紀」末尾的贊語，前八個字概括了箕子的帝王生涯：

> 孝平之世，政自莽出。

> 箕子登基後，形同傀儡。

後宮裡的王政君，名義上地位至尊，但在王莽勸慰下，除了「封爵」這一事務外，不再過問其他政事。

朝廷在原來的三公之外，完善了新的制度安排——四輔，形成了「四輔三公制」。四輔即太傅王莽、太師孔光、太保王舜、少傅甄豐這四名高官，性質屬內朝官；三公還是原來的大司馬王莽、大司徒馬宮、大司空王崇，性質屬外朝官[1]。這樣，內外政事分別由「四輔三公」平決，表面上看這採取的還是「集體決策」。

但大權當然由王莽掌握。因為他一身兼有四輔的太傅和三公的大司馬之職，內外兩任，權力牢牢抓在手裡。而且四輔三公雖然各司其職，但用人這種大事必須由王莽親自處理。班固尤其注意到，以王莽為核心形成了一個很小的圈子，他們才是真正的權力中心。

> 王舜、王邑為腹心，甄豐、甄邯主擊斷，平晏領機事，劉歆典文章，孫建為爪牙。豐子尋、歆子棻、涿郡崔發、南陽陳崇皆以材能幸於莽[2]。

這些人在王莽時期最為炙手可熱，也將在後面的故事裡頻頻亮相：其中安陽侯王舜、成都侯王邑分別是前大司馬王音、王商的兒子，王莽的堂兄弟，故而被視為腹心，王莽很多決策先與他們商議；甄邯是孔光的女婿，甄豐是甄邯的兄長，甄氏兄弟主要負責「擊斷」，也就是「發難」「挑事兒」；平晏是前丞相平當之子，五經博士，負責王莽的機要；劉歆是王莽的舊交，負責文章，制禮作樂；孫建負責軍事保衛事務，是王莽最忠實的將領。其他人，甄豐的兒子甄尋、劉歆的兒子劉棻，以及崔發、陳崇等資歷尚淺，主要是對前面的「大佬」唯命是從，做具體事務。

其中，崔發是儒生，精通符命之學，早年在家鄉涿郡收徒講學，尤其對《詩經》很有研究，他大概是懷著對王莽的崇拜前來投靠，因為擅長解說符命而被王莽籠絡。陳崇大概曾是文法吏，胸懷謀略，性格深刻，下手也狠，被王莽引為爪牙。

這儼然一個王莽的「小朝廷」，把控著漢廷的實權。

倘若只考慮權力的因素，王莽不讓衛氏家族來長安，當然是為了獨擅大權。但在當時儒家改革呼聲高漲的情況下，王莽這麼做自有一番過硬的道理，那就是「為人後」之義。

所謂「為人後」，就是明確一個人在禮儀上是誰的後代，繼承的是誰，逢年過節要給誰祭祀。這在漢朝是了不得的大事，一個人死後倘若沒有後人祭祀，那就是孤魂野鬼，是非常可怕的事情。

所以，如果一個人絕嗣，他要麼在生前就收養或過繼個人來當自己的後人，要麼死後由家族幫忙給過繼一個。過繼的後代在身分上和親生兒子無異，財產之類盡歸己有，但禮儀上與親生父母就不再有關係了。所以，箕子來到長安，當了皇帝，也就和中山國沒有關係了，他的母親舅舅一家也就不必來。

王莽把「為人後」看作最為重要的倫理，並不純粹因為儒家確實有這份講究，而是他認為漢哀帝最核心的罪過就是不懂「為人後」之義。如果他懂，專心尊奉漢成帝的皇后、皇太后足矣，完全不需要把自己的生母甚至祖母都弄到長安，重設名分，擾亂綱紀。因此，王莽恨不能把漢哀帝從漢帝的世系裡抹去，箕子和漢哀帝是兄弟輩，但王莽指認箕子繼承的仍然是漢成帝的皇位而不是漢哀帝，所以，箕子是「漢成帝之後」，箕子的「外家」是漢成帝的母族和妻族——當然此時漢成帝已經沒有妻族存在了——剩下的母族就是王氏家族。

衛太后和兩位兄弟衛寶、衛玄在中山國眼巴巴等著進長安時，等來的卻是另一個人：劉成都。劉成都是漢宣帝的曾孫，和箕子已經很遠了。他千里迢迢來到中山國只為一件事，當國王。原來，基於「為人後」的考慮，箕子一走，又沒有兄弟，等於說中山國要「絕嗣」，箕子的父親中山孝王也就沒了香火，王莽「體貼」地考慮到這一點，讓劉成都過繼給中山孝王當兒子，繼承中山王位，奉箕子的生母衛氏為中山王太后。同時還給衛寶、衛玄賜爵關內侯，把箕子的三個妹妹分別封君，食邑兩千戶，這些豐厚的賞賜有一個條件：衛氏家族要安心留在中山國當「國戚」，不要幻想到長安去當「皇親」。

如此一番操作，從禮儀上看對衛氏家族竟然「兩全其美」，物質方面也比較豐厚，但唯獨把真正基於血緣的人倫之情、母子之情剔除了。

消息頒布後，大臣們都沒有什麼意見。偏偏冒出來一個年輕人叫申屠剛，他身分低微，僅是右扶風的功曹，相當於今天首都一個區政府的中層官員。按理說他沒有什麼資格給皇帝進諫，因為恰好趕上日食，王莽以皇帝的名義下詔允許上書，申屠剛這才有機會寫了一封對策，要求讓衛氏家族來長安，不僅人要來，還要有官做，特別是未央宮的保衛應該讓衛氏家族來承擔，要提防朝廷裡的「霍光」也就是王莽。其中有一句話尤其顯眼：

且漢家之制，雖任英賢，猶援姻戚。親疏相錯，杜塞間隙，誠所以安宗廟，重社稷也。3

申屠剛點出漢代宮廷制度的一個傳統：外戚和官僚要「親疏相錯」，彼此制衡。顯然，他是把衛氏家族看作「親」，而把王莽看作「疏」。

這封對策讓王莽大為惱火，要不是因為這是應詔對策，言者無罪，王莽估計會殺掉申屠剛。這次只是斥責他「違背大義」，免職打發回家了。王莽當然忌諱這篇對策，但說申屠剛「違背大義」也是講得通的，這個大義就是「為人後」之義，王氏家族是箕子「父親」漢成帝的母族，是貨真價實的「外家」，當然是「親」，怎麼能說是「疏」呢！

申屠剛的下一次出場，已經是劉秀的大臣。為了阻止劉秀出遊玩樂，他用頭去頂劉秀馬車的輪子，劉秀嚇得打道回府。

這位申屠剛倒是一以貫之。

2 再摘令瓜稀

沒人為衛氏說話，中山國的後宮一片哀號。

陌生人劉成都的到來，令衛太后母子團聚的願望落空，她整日以淚洗面，身邊的隨從、衛氏的親眷，無不感到難過。

特別是衛寶，他和王莽的長子王宇關係不錯，兩人常常有書信來往。他本來很感激王莽為馮太后平反，但委實想不通為什麼把衛氏家族防得如此嚴密。正在此時，王宇祕密派人送來一封書信。

身為安漢公長子，王宇身邊聚集了一批人。有些自然是趨炎附勢之徒，但也不乏一時才俊。其中，有兩人最得王宇信任：其一是師傅吳章，當時的儒學名家，太學博士，治《尚書》，弟子千餘人，對王宇影響非常大；另一個是妻子呂焉的哥哥呂寬，尤為王宇所信賴。

王宇很想幫助衛氏家族，他並不贊同父親，又不敢當面說，就把吳章和呂寬找來商量，已經懷有身孕的呂焉也坐在一旁。看著呂焉日漸隆起的腹部，王宇頗能理解衛太后思念兒子的深情。幾個人坐而論道，認為王莽的根本依據是「為人後」之義，所以比較保險的辦法，就是讓衛太后修書謝恩，主動向王莽剖白對「為人後」這一儒家倫理的深刻理解和無比認同，在思想上堅定地和王莽站在一起，以感化王莽。

王宇給衛寶的密信說的就是這個意思。衛太后欣然同意，立刻上書謝恩，信中既批評了丁、傅兩家的大逆不道，也引經據典地恭維了王莽。王莽看到上書之後確實十分高興，但他認為衛太后如此深明大義，那就更不必回到長安，讓箕子專心為漢成帝之「後」就夠了。為示表彰，王莽給衛太后增加了封邑七千戶，賜黃金百斤，中山國的官員也漲了俸祿。

這個結果令衛家和王宇都很意外。衛太后再上書謝恩，王莽就不理會了。衛太后在家難受地哭。王宇只好再找吳章和呂寬來商量。這一次，吳章想了一個新的辦法，他認為王莽有一個顯著的特點：

（吳）章以為莽不可諫，而好鬼神，可為變怪以驚異之。[4]

這句話非常重要。吳章是王宇的師傅，對王莽應當比較瞭解。他的這句話，應能代表近臣對王莽較為普遍的看法。「不可諫」，說明王莽極端固執，一意孤行，難以溝通，王宇之所以不敢直接勸誡父親，想必是「知父莫如子」，說了也沒用；「好鬼神」，說明王莽極其相信災異和祥瑞，而且是真信。

所以，吳章的法子就是，讓呂寬弄些動物的鮮血，趁夜潑灑到王莽家的大門上。第二天王莽發現，一定會十分驚懼，視為災異，循例向博士們問詢其中的含義。屆時，吳章會站出來，將其解釋為王莽不讓衛氏家族來長安，所以上天才會降下這種異象。

聽上去倒是天衣無縫。

沒想到，呂寬深更半夜「灑狗血」時被當場發現，他立刻逃之夭夭。王莽迅速查明真相，把王宇、吳章都抓了起來。

呂寬連夜狂逃，一直逃到廣漢郡[5]。廣漢郡太守樓護是入了《漢書・遊俠傳》的人物，豪俠仗義，和呂寬的父親有舊。呂寬去拜見了樓護，但沒敢提「灑狗血」這件事，幾天之後，朝廷捉拿呂寬的詔令到了廣漢，偏偏樓護早在漢成帝時期就是王氏家族的好朋友，權衡了兩邊的私情孰輕孰重，這位「遊俠」將呂寬拿下送至長安。

詛咒、厭鎮、巫蠱，是歷代宮廷政變裡常見的事。漢武帝的陳皇后、漢成帝的許皇后，都是因為巫蠱詛咒被廢；至為慘烈的當屬漢武帝晚年的「巫蠱之變」，殺掉和逼死了衛皇后、皇太子、皇孫以及他們的妻妾，只剩一個孤零零的重孫漢宣帝。所以，「詛咒」是宮廷中至為危險的祕密遊戲，一旦暴露，血流必定成河。

案子的結果十分悲慘。呂寬很快被殺，全家流放合浦；王宇應該會想起被父親逼迫自殺的弟弟王獲，知道自己一定性命難保，在被抓之前就飲藥自殺了。但他萬萬沒有想到，他懷孕的妻子呂焉，也被王莽下令在生下孩子之後殺死。

出謀劃策的吳章死得最慘，先被腰斬，又被分屍。如前所述，吳章是太學博士，《尚書》名家，學生很多，這些學生都被王莽歸為吳章一黨予以禁錮，一律不得入仕。那些還想當官的學生只好改名換姓。

衛氏家族當然無法免禍，包括衛寶、衛玄在內的整個家族幾乎被誅殺殆盡，只有衛太后憑皇帝生母的身分暫時保命；衛寶的女兒嫁給了中山王劉成都，也保住了性命，但被免為庶人，流放合浦。衛氏家族是與幾代皇室成員聯姻的老貴族，衛太后的父親衛子豪曾擔任衛尉，是皇帝近臣；衛子豪的妹妹是漢宣帝的婕妤，長女是漢元帝的婕妤，幼女嫁給了漢元帝的兒子中山孝王，就是箕子的母親衛太后。衛氏家族自此凋零，未來哪怕箕子真的成年親政了，也沒有了母族「外家」，王莽徹底終結了西漢外戚「輪流執政」的傳統。

我們不禁要問，王宇究竟為什麼鐵了心要幫助衛氏家族呢？僅僅是私人友情嗎？班固揣測說：

恐帝長大後見怨。6

就是說，王宇擔心以後箕子成年，王莽去世，自己會被清算。就像霍光去世時備極哀榮，但他的家族卻被漢宣帝誅殺，殷鑒不遠。此外，王宇都不敢直接向王莽進言，考慮到王莽的性格，王宇的行為還透露了父子之間的緊張關係，進而透露了王莽的家庭狀況。可以想像，王莽在朝堂上盡顯君子風範，但對待家人十分苛刻，尤其是常年用政治倫理、儒家教條來約束家人的行為，且毫無通融的餘地。所以，王宇應當備受折磨，精神十分疲憊，他願意推動王莽善待衛后，也可視為一種對父親的反叛。

王莽有四個兒子（不含私生子）和一個侄子，至此，長子和次子均死在了自己手裡。

七百多年後的一首詩，大概可以表達王宇臨死之前的心情：

種瓜黃臺下，瓜熟子離離。

一摘使瓜好，再摘令瓜稀。

…………

3 一堂思想政治課

呂寬案的餘波遠不止於此，或者說不是餘波，而是剛剛開始……

未央宮前殿裡，太皇太后、皇帝在傾聽王莽上奏。同列的朝臣們大多數還沒搞清楚狀況，畢竟這個案子一半是安漢公家事，一半是小皇帝家事，應該和別人沒什麼關係。

王莽上奏說，兒子王宇好比是在周武王死後叛亂的管公、蔡公，周公對這兩位兄弟「一放一誅」，而自己誅殺了違反「為人後」之義的兒子，兩件事性質相同，「臣不敢隱其誅」[7]。

在甄邯的安排下，王政君下詔對王莽處理呂寬案的做法予以肯定，說這是「不以親親害尊尊」[8]，能犧牲親情來維護大義，但詔書裡最後一句話才最為重要，令那些一開始還以為和自己沒關係的朝臣嗅到一絲血腥味：

> 至於刑錯，公其專意翼國，期於治平。[9]

只要能夠維護國本，開啟天下太平，就允許開殺戒。從當時漢廷運轉的機制看，這道詔書應該是王莽的意圖。接下來，他將把呂寬案從一個孤立的宮廷政變推向一場廣泛而殘酷的思想政治鬥爭。

話說漢朝的上層社會，包括皇族、王族、列侯、高級官僚，總人數其實並不多，很多人彼此認識、相互聯姻，哪怕兩個人並無交往，他們的圈子也有交集。涉及上層人士的案件，審理者如果想擴大懲治範圍，很容易羅織罪名。從衛氏家族的「朋友圈」入手，可以把許多人羅織進來，哪怕沒有參與呂寬案甚至不認識呂寬的人，都有可能被株連。

一番腥風血雨……

皇族裡，漢元帝最小的妹妹、年逾花甲的敬武公主被迫飲藥自殺。她是王政君的小姑子，但從前和丁、傅家族關係密切，對王莽當政也有些怨言。她牽連進來的理由，是亡夫的前妻的兒子薛況是呂寬的朋友。

王族裡，梁王劉立與衛氏家族關係密切，受到株連，被廢為庶人後自殺。

王氏家族裡，王莽的叔叔紅陽侯王立和堂兄弟平阿侯王仁，也在這次案件中被迫自殺。史書沒有說明他倆究竟與呂寬案有何關聯，他倆人也不在長安，但既然被牽連進來，猜測應該與王宇有些書信往來。對自己的親戚毫不手軟，是王莽仿效周公「誅管蔡」的拿手好戲。

大臣裡，王莽新帳舊帳一起算。泛鄉侯何武在漢哀帝時期不幫助王莽求官，樂昌侯王安的父親王商在漢成帝時期和王莽不睦，邊境名將辛慶忌的三個兒子不肯依附甄豐甄邯，名臣鮑宣與辛氏兄弟有過交往，都在此案中牽連而死。

案子持續一年多，死了一百多達官顯貴，天下震怖。

王莽為什麼要株連如此多的人？班固說王莽「連引郡國豪傑素非議己者」[10]，即通過呂寬案排斥異己，掃除鞏固權力的障礙，這當然講得通。像何武、辛慶忌的兒子、鮑宣等，要麼早就被「遣就國」，要麼在邊疆當將領，不可能與呂寬案有關，他們都是因為不被王莽所容而自殺或被殺。

但是，呂寬案更深的意義並不只是排斥異己。

王莽雖然身為安漢公，朝廷大權在握，實際上對他不滿的大有人在，敬武公主、梁王劉立都是皇族，敢於外露反莽情緒，那麼不敢外露的不知道有多少；從王氏家族內部看，王立、王仁、王宇、呂寬，也都對王莽不滿。從內到外，一個反莽的格局已經隱隱出現。

王莽如此敏感，焉能嗅不出？他能借著呂寬案把這些人一網打盡，憑的是儒家「為人後」的大義：皇帝箕子是漢成帝的「兒子」，王氏是漢成帝的母族，所以王莽秉政的正當性毋庸置疑。誰反對王莽，誰就是乖離大義，就是道德上的大罪，即使親生兒子也不可饒恕。

呂寬案進行到這個階段，中外臣僚才慢慢咂摸出味道。原來這根本就不是刑事案件，而是王莽針對漢朝上層社會的一次「整風」運動。朝臣見識到王莽捍衛的不僅是權力，更是以儒家倫理為基礎的權力的「合法性」，這就意味著，儒家倫理從一種被弘揚的道德理想，經由國家意志，被引入個人的日常政治行為中。

果不其然，案子過去沒多久，臣僚喘息未定，王莽忽然召集公卿、將軍、侍中等內外大臣在未央宮集會，由據說很懂禮儀的少府宗伯鳳給大家上一堂「政治課」，講解「為人後」之義。

在座的大臣們戰戰兢兢，其中有兩位遠房兄弟：一位是秺侯金當，漢武帝時期名臣金日磾次子之孫，當年金日磾把秺侯的爵位傳給了長子，死後絕嗣「國除」，爵位取消。王莽當安漢公之後，讓金當繼承了這個爵位。另一位是京兆尹、都成侯金欽，金日磾弟弟金倫的後代，和金當的情況類似，爵位是祖父金安上的，金安上把爵位傳給了長子，長子死後絕嗣「國除」，爵位取消，同樣是在王莽安排下，金安上四子的兒子金欽繼承了這個爵位。

簡而言之，金當繼承的是祖父的大哥的爵位，金欽繼承的是大伯父的爵位，都不是從自己父親那裡繼承來的。王莽讓他們繼承爵位，是希望他們履行「為人後」之義。

孰料，金欽身為京兆尹、皇帝伴讀，自認是重臣，在「課堂」上「談感想」時，說了另外一番

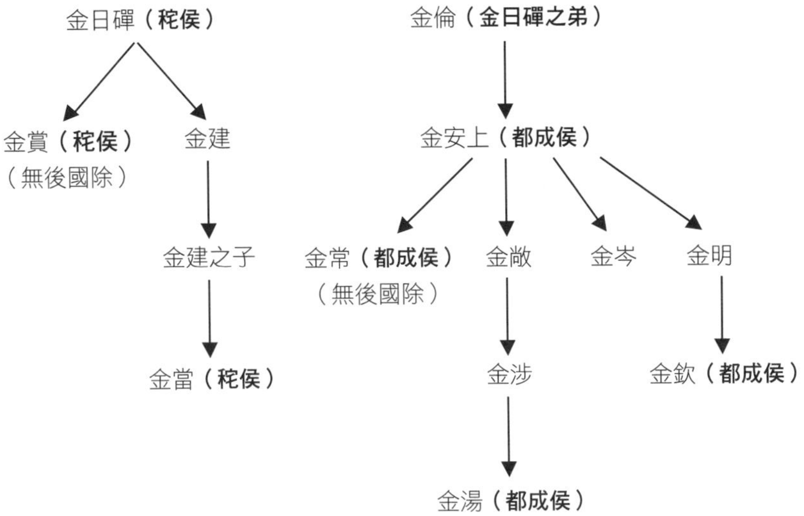

圖4.1　金日磾家族世系簡圖

話，大意是：金當的爵位雖然是從祖父的大哥那裡來的，但最初是曾祖父的爵位，所以這個不屬「為人後」，金當應該為親生父親和祖父立家廟祭祀，祖父的大哥屬「故國君」，找家臣來祭祀就行了。

這番話一出，正好被一旁的甄邯聽見，他當庭站出來，淋漓盡致發揮了他「主擊斷」的才能，大聲斥責金欽：今天大家來這裡「上課」是來領會「為人後」之義的，你卻在這裡教唆金當為親生父祖立廟，而不為禮儀上的祖先立廟，分明是你也只想給自己的父親立廟，公然對抗公序良俗。甄邯用了一長串形容詞，在倫理上宣判了金欽的死刑：

> 進退異言，頗惑眾心，亂國大綱，開禍亂原，誣祖不孝，罪莫大焉。尤非大臣所宜，大不敬。[11]

這一番指控，把「聽課」的大臣們驚得目瞪口呆，不就是幾句閒聊嗎？不就是立廟祭祀嗎？至於要把金欽往「亂國」「誣祖」「大不敬」的罪名上靠嗎？

沒錯，這就是王莽的意圖，他立刻將金欽交付廷議討論如何處置，大家誰敢不說有罪？很快金欽就被詔獄傳喚，按照漢朝「刑不上大夫」的慣例，被詔獄傳喚的大臣很多會自殺避辱，金欽隨即自殺。甄邯則因為「實名舉報」增加了千戶的封邑。

王莽為了顯示自己大度，「對事不對人」，又讓金欽二伯父的孫子金湯[12]繼承都成侯爵位。此時金欽剛死，金家彌漫著恐懼和不知所措。看到突如其來的印綬，金湯並沒有多少興奮，反而嚇得連家都不敢回，唯恐進了自家的門而被打成「不明為人後之義」的大罪。

此案的另一個關鍵人物金當安然無恙，主要是因為金當的母親是王莽的姨媽，兩人是姨表兄弟。有了金欽的先例，漢廷官員無不恐懼，因為儀禮的過失會被看成道德的罪愆。王莽接下來要做的就是把這份「成果」推廣到民間。

殺掉兒子，王莽內心還是很痛苦的，只是在他所維護的大義面前，需要隱忍。於是，他親手撰寫八篇《誡子書》，頒行天下，由學官教授，其「教學重點」等同《孝經》，天下誰能背誦這八篇書，名字就會被列入官簿，將來舉孝廉、選人才時優先錄用。這種做法在後世一些皇帝那裡比較常見，比如朱元璋、康熙、雍正，都做過類似的事情，但王莽是第一個，他以極大的虔誠和想像力，將君主的「德位統一」從孔子的理想變成了某種「現實」。

至此，呂寬案已演變成直達漢朝最基層的思想運動。

王莽將「為人後」這種儒家政治理想不僅付諸公共事務，也推進家庭和私人領域，使得天下對儒家倫理的尊崇更加蔚然成風。只是，原本從私人和家庭中自然萌發的這一儒家倫理，成為帝國的意識形態被反過來強制灌輸到家庭和私人領域時，味道還一樣嗎？

呂寬案期間，有個年輕人叫作逢萌，從北海郡[13]來到長安太學學習，恰好目睹了血流成河的場景。他發現，在儒家綱紀的名義下，王莽所做的反而是殺害皇族、殺害親人，殺害兒子等違反「三綱」的勾當，還得到了天下人的讚賞。這就說明天下道德已經淪喪，大亂將至。於是他把冠冕掛在長安城青門上，表示信仰破滅，回了北海老家，帶著家屬乘船經海路去了遼東避禍。走之前，他留下一句話給友人：

三綱絕矣！不去，禍將及人。[14]

二、事先張揚的婚禮

4 被歌頌的少女

身為一名漢朝的貴族少女，王氏——我們姑且這樣稱呼王莽身分貴重的長女——自幼應該受到了良好的教育。父親權傾朝野，又是儒士，持家甚嚴，帶給她的是一種較為典型的性格：

為人婉瘱有節操。[1]

婉瘱，說明她很文靜；有節操，說明她深受儒家影響，頗識大體。元始三年（西元三年），她十二歲，隱約就知道自己會嫁給皇帝，但隨後目睹了兄嫂以及未來的姑家[2]全都被自己父親殺死。最後，十三歲的她還要歡天喜地地嫁給這個孤兒皇帝，並母儀天下。

古往今來，沒有人問過她，這段時間裡究竟在想些什麼？她心裡又是何種滋味？在被立為皇后的前夜，她是否安然入眠？

早在呂寬案爆發之前，王莽已經在考慮箕子的婚姻問題了。皇帝的婚姻意味著新的外戚，所以漢朝在立后這件事情上，總是「親上加親」。出現權臣時，權臣會從本家族裡選擇女子，比如上官桀把孫女嫁給漢昭帝，霍光把女兒嫁給漢宣帝；沒有權臣的時候，皇帝則免不了被安排外戚家的女子，比如漢景帝做太子時就被祖母薄太后安排了薄皇后，漢哀帝也早被祖母傅太后安排了傅皇后。

至於箕子，母族衛氏家族已經覆滅，王氏家族既是外戚，又是權臣，選擇王氏當皇后沒有懸念。元始三年春，王莽覺得權力已經比較穩固，對應「周代」[3]的各項改革也在有條不紊地開展。箕子的婚姻也屬王莽改革的一大關節，必須用心謀劃。

未央宮裡，王莽對箕子婚姻的看法引起了廣泛的共鳴。他認為，漢朝自從漢成帝開始，連續兩代帝王沒有子嗣，歸根到底是沒有選好皇后。漢成帝的許皇后搞巫蠱，趙皇后出身歌女；漢哀帝的傅皇后是傅氏家族成員，都不具備當皇后的資格。應當按照儒家的規範，遵禮節來聘符合關雎之德的女子。在上奏中，王莽有一句話頗為有趣：

> 博采二王後及周公、孔子世列侯在長安者適子女。[4]

王莽為皇后的選擇劃了一個範圍。所謂「二王後」，是商周二王的後裔，這是今文經學「通三統」的說法，就是說一個新朝代要繼續維持前面兩個朝代的祭祀，以示「批判地繼承」。秦朝是閏，不被算在內，那麼就是商周兩朝；「周公、孔子」，則是儒家最重要的先王或先師；至於列侯，則是包括自己在內的漢朝的貴族階層，而且是留在長安的上層貴族。

這說明，在當時人的眼中，商周也好，周公孔子也好，並不是什麼「古人」，而是和漢朝密切相關、緊密接續的「近人」。打個比方，在二十一世紀，如果某個愛新覺羅氏（比如啟功先生）上了新聞，大家並不會感到好笑，反而覺得蠻親切；但如果有人自稱是宋朝趙家的後裔，別人聽到估計會哈哈一笑。漢朝的士民能夠欣然接受王莽效仿周公而居攝、而稱帝，與對商、周、孔聖這種並不陌生且很熟悉親切的感覺有關。

總之，王莽的上奏得到了准許，朝廷開始轟轟烈烈地海選少女。這期間，呂寬之案爆發，但並未影響選后。第一批少女的名字、履歷報上來，不少是王氏家族的成員。王莽的女兒也在其中。其實，王莽並不擔心自己的女兒落選，他琢磨的是怎麼做一番推脫謙讓，以使這個過程更加符合他的身分和做派。

於是，他上奏謙稱自己的女兒品貌材質都一般，就不參加選后了。

王政君見奏，並未多想，就以皇帝名義下詔說：「王氏家族的女兒是朕的外戚，就不選了。」如此看來，王莽的確沒有和王政君商議「演雙簧」，所以王政君才誤以為王莽真的要退出選后。

聽說王莽的女兒要退出，長安城裡下至平民百姓，中到太學諸生，上到普通官吏，天天上書呼籲，每天聚集在未央宮附近的有千餘人；朝中，公卿大夫們也紛紛進言，要求非安漢公之女當皇后不可。王莽派人去勸退這些請願的士民，反而越勸越多，王政君這才明白王莽的意圖，迅速下詔：既然是朝野的公意，那就直接選王莽的女兒吧！

天上人間，一個少女這樣被歌頌，只是因為有王莽才讓婚事如此鬧哄哄。

這些請願有王莽及其同黨授意的因素，但能調動起如此龐大的民意，並不純粹出於蠱惑。考察二十一世紀，無論多荒謬的事情在互聯網上都可能信者雲集，有理由相信很多漢朝士民確屬真心。畢竟在孔孟之後，漢朝的士民們找不到第二個像王莽這樣「最接近聖人」的人了。

5 漢平帝娶妻

西漢的世俗世界裡，連空氣都是鋪張揚厲、嫌貧愛富的。

宮廷裡，比如未央宮，出自《詩經．小雅．庭燎》「夜如何其？夜未央」，用來描述長夜的綿綿不盡。拿「未央」作皇帝的宮殿名稱，只會在磅礴宏大、享樂縱情的西漢出現，不免令人想起「通宵」，想起「夜店」。連瓦當上也常常有「長樂未央」「長生未央」「長生無極」「千秋萬歲」之類的詞。

在民間，不論是都邑還是鄉下，男子都熱衷出塞入仕當大官，女性也不掩追求華服美飾；商人頂著禁令炫耀自己的財富，而吏員如果太窮很有可能被上司勸退，因為昂貴的車馬需要自備[5]。鏡子上，人們刻下「富且昌」「家大富」「宜侯王」「位至三公」之類的字眼；瓦當上，人們燒出「富貴萬歲」「千萬歲富貴宜子孫」之類的字樣；漢印裡，留下了「孫貴」「王富」「周常富」之類的名字；最直白的是有個銅洗，上面有五個字：「日入百千萬」！[6]倘若人們看到大街上數十輛裝飾繁複的豪華馬車排成一列，緩緩行進，大都會放下手中的活兒，忙去圍觀。

圍觀什麼呢？結婚！

圍觀帷幔裡的新婦容貌如何，圍觀馬車兩邊騎馬和步行的奴僕多不多，圍觀樂聲喧天、熱鬧非凡的排場。富人圍觀，琢磨這個排場大概耗費多少金，暗暗下定決心將來要趕超過去；窮人圍觀，則自慚形穢，為弄不起這樣的排場而深以為恥。[7]

那些淡泊名利、勤儉節約的事蹟並不是沒有，但委實不符合漢朝一般臣民的觀念，所以只能記在史書裡當作楷模。

未央，是西漢的時代精神。

在這種風氣下，再加上儒家最為重視婚喪嫁娶，所以婚禮日漸變得複雜。納采、問名、納吉、納徵、請期、親迎這六禮一樣都不能少，一次婚禮鋪排下來的花費，即使中產之家也不堪重負。

平民尚且如此，皇帝娶親，安漢公嫁女，其豪奢可想而知。王莽嫁女的婚禮，是由王莽的好友劉歆制定的。

為王氏「納采」（提親）的，是長樂少府夏侯藩、宗正劉宏、少府宗伯鳳、尚書令平晏，其中劉宏是皇家宗室的管理者，宗伯鳳精熟禮儀，平晏是為王莽掌管機要的心腹。

提親時會「問名」，然後「納吉」，拿姑娘的名字占卜吉凶。占卜由大司徒、大司空策告劉氏宗廟後進行，結果不用問，當然是大吉。

接下來，就是最重要的「納徵」，也就是俗稱的「聘」了。古往今來，無論老百姓還是士大夫，下多少聘禮，怎麼看待聘禮，是眾多婚姻在締結之前最驚險的一環。

皇帝要以怎樣的聘禮，來聘安漢公的女兒呢？

此時，宗室、信鄉侯劉佟上書，講了春秋時期的一個故事：周天子要娶紀國的女兒為后，但紀國只是一個子爵，是五等爵制裡較低的爵位，因此周天子先將紀國國君升為侯爵，才正式下聘。劉佟的意思是，新都侯的侯國，與未來皇后父親的身分不符。

怎麼才能符合呢？漢廷討論之後認為，古代天子的岳父要有百里封國才符合，所以應該把新都國補足百里，增加封地。換言之，皇帝的聘禮之一就是增加封國的土地。

這個提議被王莽謙虛地拒絕了，一句「臣莽國邑足以共朝貢」[8]，頗顯深明大義。但是，未來安漢公成為皇帝的岳父，和他相關的禮儀怎麼弄仍然是繞不過去的問題。劉佟的上書埋下了一線伏筆。

除了封地還有金錢，按照漢朝的慣例，聘皇后要黃金二萬斤，折合錢兩個億。王莽仍然推辭，說錢太多了，只要四千萬，而且這四千萬也只接受七百萬為聘禮，剩餘的三千三百萬平均分給十一戶陪嫁的家庭，每戶分三百萬。

群臣見王莽如此謙遜，要求朝廷再給王莽增加兩千三百萬的聘禮，合成三千萬。王莽接受了，但又從中拿出一千萬分給了同族的貧寒之家，最終的聘禮只有兩千萬，是以往聘皇后的十分之一。一場充滿謙讓、慷慨、仁愛之情的「納徵」總算結束了。目前來看，王莽所期望的東西絕非金錢。在他的人生取捨裡，錢屬可以被「捨」的那部分。

婚禮剩下的步驟就很簡單了。「請期」就是確定婚禮日期，字面上的意思是男方需要徵求女方對成婚日期的建議，實際上男方把良辰吉日通告女方即可，但出於謙遜稱之為「請期」。漢家把日期定在次年春天，元始四年的二月丁未（西元四年三月十六日）。一晃，呂寬案人頭落地，皇帝大婚的日子也到了，漢廷派大司徒馬宮、大司空甄豐、左將軍孫建、右將軍甄邯、光祿大夫劉歆，陪同皇帝乘坐法駕，「親迎」皇后於安漢公的宅邸，並帶來皇后的印璽、綬帶、禮服。在充滿皇家威儀的嚴肅和婚禮的喜慶氣氛裡，皇帝帶著他從未謀面的妻子返回未央宮。此時，未央宮前殿裡群臣濟濟，衣冠赫赫，皇帝和皇后就位，眾臣依次行禮。

皇帝隨即宣布大赦天下，把王莽的封邑增加到方圓百里，對操辦此次婚事的各色人員進行賞賜。又過三個月，皇后祭祀劉氏宗廟，完成了這場西漢皇朝最後一次立后的典禮。

至於漢平帝在想什麼，是想念孤身一人不得入京的母親？是想念被誅戮殆盡餘者流放的衛氏親族？還是迫不及待地想看一眼，這個尚未謀面就與自己結下滔天仇恨的妻子是何面孔？誰都無從得知。

到了這年秋天，皇后王氏第一次有了「子孫瑞」。這不是懷孕，而是月經，古人認為這是「陰道通」。王莽為此非常高興，下令再次開通子午道，以成祥瑞。子午道是從巴蜀到長安的通道之一，地勢險峻，通而復阻，王莽鑿通子午道不僅意味著他篤信此類天人感應，而且看得出他十分希望王皇后能夠誕下子孫。

三、從宰衡到賜九錫

6 王莽會夢見周公嗎？

漢平帝元始二年（約西元一年）。

越嶲郡，一個位於益州西南邊緣的偏僻地區，向長安報來一次祥瑞，說是江中有黃龍出現。

這個消息讓安漢公頗為振奮。一年多來，他苦苦等不來祥瑞，反而經歷了兩次日食、一次隕石。其間雖然有「去京師三萬里」[1]的黃支國進獻了珍貴的犀牛，但這事兒與元始初年越裳氏獻雉性質差不多，缺乏新意。

黃龍就不一樣了。

不僅「龍」比「雉」要罕見，關鍵是「黃」色。

這就說明，「堯後火德」的說法此時已經非常流行。所謂「堯後火德」，簡單來說就是認為漢朝的劉姓是堯的後代，屬火德，尚紅；按照「五德終始」推算，接下來繼承堯的是舜，屬土德，尚黃。

黃龍現身，意思不言而喻了。

唯王莽馬首是瞻的太師孔光、大司徒馬宮聞此，說這又是王莽頡頏周公的明證，要告祀宗廟。很有要借這個祥瑞大做文章的意思。

沒想到，大司農孫寶站出來反對。孫寶是位老臣，漢哀帝時期觸怒傅太后被免為庶人[2]。王莽掌權後將他擢拔，大概把他當成自己人。孫寶既沒有說祥瑞是假的，也沒有評價王莽該不該告祀宗廟，而是別開一層意思：當年周公和召公都是聖賢，尚且有分歧，如今還沒有風調雨順、家給人足，安漢公每說一件事，大家都唯唯諾諾的，恐怕不好吧。

孫寶很快就被排除出王莽的權力圈。他當時正好派人迎接母親入京贍養，自己都七十歲了，母親估計得年逾九十。老人家路上病了，孫寶就把母親暫留弟弟家休息，先把妻子和兒女接了回去。這件事馬上被彈劾，罪名是不孝。孫寶一看，知道這是羅織罪名，不再爭辯，當場承認彈劾屬實，願意接受一切懲罰。

孫寶於是被免職回家，但他的話讓這次祥瑞沒了下文。

這說明，在元始二年初，「黃龍」所蘊含的改朝換代含義仍然令朝野警惕。安漢公已經是漢廷最尊貴的名號了，已經是對漢朝現有官僚體系、爵位制度的突破了，想更上一層樓，朝野同意不同意？會不會有改朝換代之嫌？況且安漢公上面已經沒有「樓」了，如何「更上」？

這就需要想像力了。

在西漢，上至太皇太后，下到普通臣民，頭腦裡還沒有「皇帝輪流坐」的觀念，畢竟在此之前統共沒有幾次改朝換代。高皇帝是第一個平民帝王，但他是堯的後代，斬白蛇誅暴秦，是「五德循環」的必然結果，繼承的是周代王化。所以，要設想漢朝的滅亡，誰都沒有「歷史經驗」，甚至都沒有足夠的想像力和膽子。

這就好比明末清初的思想家黃宗羲等人已經勘破君主制的衰敗，但始終無法想像一個沒有皇帝的制度；晚清的大臣出使西洋，親眼看到君主立憲和議會辯論，也只會將其理解為「垂拱而治」「明堂議政」。

所以，當「安漢公上面還能有什麼？」「漢朝可不可以改朝換代？」之類的念頭第一次出現在王莽的腦海時，他所能借助的歷史經驗和思想資源，只能從商周時期尋找。

元始二年夏，王政君下了一道詔令，班固認為這是王莽的意圖，不管怎樣，這道詔令裡第一次出現了這樣的話：

皇帝年在繈褓，未任親政……是以孔子見南子，周公居攝，蓋權時也……比皇帝加元服，委政而授焉。[3]

意思就是現在皇帝年幼，沒有親政，安漢公履行的是周公的職責，等皇帝成年也要效仿周公還政給皇帝，這是一種不得已的權宜之計。這就說明，此時朝野一定程度上已經把安漢公看作周公了。

孔子曾說：「甚矣吾衰也，久矣吾不復夢見周公。」說明孔子一度經常夢見周公。

安漢公是否也會夢見周公？哪怕是白日夢？

在安漢公的夢裡，周公究竟是一個怎樣的人？

周公，他有身分，是周文王的兒子，周武王的弟弟，魯國的封君；有德行，制禮作樂，建立「周制」，是孔子眼中的先師；有功業，在周武王死後平定叛亂，「誅管蔡」[4]，四夷賓服，海晏河清；有位子，他在周成王幼年時擔任攝政，而且據說曾實打實地南面稱王；有祥瑞，周公治理天下，祥瑞頻出，意味著他的德位合一被上天所認可。

王莽從周公這裡看見的，並不僅僅是尊號，還有身分、德行、功業、位子、祥瑞。目前「安漢公」無法涵蓋這些內容，要想繼續升格，只有繼續模仿周公。

身分，王莽可以自詡為舜帝後代，漢元帝妻族，漢成帝母族，但比起周公與周王室是同姓，異姓外戚是一道難過的坎兒。而功業、德行、祥瑞、天命，也都需要逐項證明自己。

此外，還需要非凡的想像力，比如：漢家自有制度，從來沒有過「居攝」，憑什麼才敢發明出這一機制？周公居攝到底是什麼樣子？傳說中的伊尹攝政又是什麼樣子？漢朝的居攝是什麼「官」什麼「爵」？是比照諸侯王還是比照大將軍，還是更高？

再比如，高皇帝早就有約在先，「非劉氏而王，天下共擊之」，這實際是一種對權力歸屬的「憲制」約定。當年呂后一死，大臣們就是靠這條約定剷除諸呂及其王國的。因為王僅次於皇帝，王莽無法稱王，該如何跨過這道「憲制」約定？

還有，居攝的條件是什麼？一個人要有怎樣的道德、賢能、合法性，才可以攝政？人們憑什麼支持他？他與皇帝的關係又是怎樣的？

這些都不是權力的問題——王莽已經牢牢掌權——而是漢朝基本制度或者說「憲制」的問題，如果不能合適地予以解決，王莽就只能繼續當安漢公，直到太皇太后和自己死去。

7 黃龍與土德

「黃龍」的祥瑞無聲無息結束了，當地人再沒有誰見到過黃龍。但王莽效仿周公的改革早在元始元年就一步步展開。這些帶有儒家理想色彩的改革所效仿的正是周公的「德行」。

所謂儒家理想，說起來很複雜，若是按照當時主流的今文經學的看法，那就是天人合一、君權神授的「君主論」，落實在行動中，就是君主要講道德，行仁政，敬鬼神；若是按照時興的古文經學的看法，那就是要把道德原則注入社會上上下下的禮樂制度裡，君主不能空談，得按照《周禮》的要求制禮作樂。

王莽把這兩種都考慮到了。

舉其大端，一個是「興滅繼絕」。

元始元年，王莽的權力剛剛穩固，就給皇族普施了一次福利：他封漢宣帝的三十六個遠房後裔為列侯；允許已經絕嗣的諸侯王、列侯、關內侯尋找旁支繼嗣，避免「國除」的厄運；他又讓曾因犯罪被剝奪身分的宗室成員恢復屬籍；到了元始二年，還對已經「國除」的功臣如周勃、樊噲、張敖、霍光等的後代恢復了爵位。

封地和爵位從天而降，令這些受益者們歡呼雀躍，歸心王莽。王莽應有籠絡人心的動機，但這也確實在實踐儒家的孝治。在儒家看來，後代最大的孝，就是保證祖先祭祀的香火不滅，所以，儒家講究「興滅國，繼絕世」，把消亡的國重新恢復，把斷絕的祭祀再續香火。王莽恢復了許多失爵的封國爵位，降低了繼承爵位的標準，目的就是讓這些人能夠繼續祭祀祖先以盡孝。

第二是意味深長的「《春秋》譏二名」。

元始二年，王莽把皇帝劉箕子的名字改為劉衎，理由是「箕子」是個日常器物的名字，而且不是單名。自先秦到西漢，人們取名是五花八門的，別說「箕子」這樣的「器物」，《左傳》裡晉成公名「黑臀」之類的都很多；至於字數，很多人都是雙名，比如酈食其、周亞夫、霍去病、張安世，但按照今文經學的說法，孔子是「譏二名」的，雖然「譏二名」指的是「名字不能取兩個字」還是「不能擁有兩個名字」，後代有不同看法，但王莽認為是前者，只有單名才合乎古制禮法。所以，皇帝劉箕子就改名為劉衎了。

大概也是這個緣故，王莽把兒子王宇所生的長孫王會宗，改名為王宗，倒也是以身作則。

這件事情看起來會覺得荒謬，但卻是頗多儒家士大夫呼喚已久的訴求。如果不是一種共識，那麼漢朝人取名用單字的習慣就不會延續那麼多年。東漢初年的英雄人物如劉秀等正是在這一時期陸續出生，幾乎都是單名；整個東漢直到三國期間，絕大多數人也都是單名，劉、關、張、孫、曹、諸葛皆如此。說明「譏二名」不是王莽的一時興起，也並不荒謬，甚至表明了王莽的舉措頗得人心。

三是廣施仁政。

王莽這一時期施行的很多新政，向來都被看作收買人心，這種動機不能說沒有，但在當時看來，也確實屬遵照儒家原則施行的仁政。

元始二年夏天，青州刺史部下面的幾個郡國發生大旱，熟悉農業的人知道，大水之後多瘟疫，大旱之後多蝗災，這次青州就在大旱後遭遇了蝗災。蝗災還是一種災異，王莽對此特別關注，他下令免去災區租稅，帶頭捐款百萬、田三十頃以賑災；兩百三十名公卿群起效仿，捐資濟民。在災區，官府收購百姓捕捉的蝗蟲，對餓死的家庭發放喪葬補貼，使得這次旱災和蝗災基本上沒有產生太嚴重的後果。

此外還有很多。對官員，允許「比二千石」（比，比照、參考，略低於郡守級別）的官員退休後可以領取原來俸祿三分之一的退休金；對平民，把安定郡的皇家馬場「呼池苑」改為安民縣，允許老百姓定居生活，還免費提供房屋土地家具，由官家借給耕牛糧種；對貧民，則在長安城裡劃出方圓五里的地塊蓋了兩百套房子，讓貧民居住；對罪犯，則下詔把其中的婦女、八十歲以上和七歲以下的男子，除特別的大罪之外放出監獄；等等。

平心而論，這些確屬仁政，而且覆蓋面很寬，考慮到現實性和財政情況，未必能夠完全兌現，可總有一部分是能實現的，不然王莽的人氣不會因此空前高漲。

當然作秀也是有的，比如王莽一遇到水旱災害就吃素，王政君聽說後特意下詔，命令王莽為了身體偶爾可以吃一點肉，姑侄二人「一唱一和」，頗覺諷刺。總之，王莽的做法兼有理想主義、籠絡人心、政治表演的成分。但他無疑很把「民意」當成大事，願意收買民心，讓民意為他彌補統治合法性，從而超越外戚身分對自身權力的限制。

有目的的儒家性質的改革，加上廣泛的仁政，使得王莽與周公在「德行」上的距離逐漸被拉近了。

8 宰衡是什麼官兒？

元始三年，安漢公正在操心女兒嫁給皇帝的婚事，一時顧不上其他。

但他的心腹們顧得上。廷議皇帝婚事時，信鄉侯劉佟曾提出給王莽增加封邑的建議，雖然被王莽婉拒，卻給了大司徒司直陳崇啟發。

陳崇是大司徒孔光的屬官，算不上重臣，但也是二千石的高官，和九卿差不多。他是王莽小圈子裡的活躍分子，比孔光更得信任，他擔任大司徒司直，可能是王莽特意安排以掌控外朝動向的。陳崇與宣元時期名臣張敞的孫子張竦關係很好，張竦繼承祖父的博學通雅，在陳崇的授意下，替他寫了一封奏疏，對王莽的生平功業從頭到尾進行了一番梳理。這封奏疏引經據典極為豐贍，讚美頌揚極為直白，情感極為充沛，把王莽塑造成與大禹、周公並列的聖人，是一篇漂亮、高明、肉麻的文章。如果阿諛奉承是一門學問，那這篇奏疏就是上乘的教材。

班固把這篇兩千五百多字的奏疏全文收錄在《漢書》中，後人不免猜測其目的，是警醒後世文人勿要曲學阿世，還是側面反映出王莽的確收穫了如此人望？

但歷史地看，王莽十分需要這麼一篇奏疏。因為在儒家的話語裡，周公是有功業的，那王莽的功業呢？這篇奏疏的功用，就是表述王莽的功業，並基於這些功業提出新的建議。其中最重要的一點，是直面漢朝的「憲制」並予以突破，撕開漢朝合法性的一道口子。所以，這篇奏疏實際上是王莽的合法性證明、行動綱領、路徑圖。

陳崇和張竦到底擺出了哪些功業？不妨盤點一下：

其一，討伐淳于長，這是堪比「周公誅管蔡」的功勞；其二，漢哀帝時期，敢於和傅、丁叫板，被趕回封邑，這是堪比伍子胥、屈原被流放的榮譽；其三，哀帝死後，一夜之間罷斥董賢，並迅速選立新皇帝，使動盪的朝局穩定下來，這是堪比姜子牙輔佐周武王的功績；其四，被賜號安漢公時，女兒被納入選后範圍時，謙虛不受賞賜，這是堪比舜帝、申包胥、晏嬰「功成不受賞」的品德；其五，賜號安漢公以來，勤儉節約，發展教育，興滅繼絕，賑濟貧窮，還親自掌管選人用人之大事，堪比古往今來的名臣賢相……

奏疏深情地感慨道，安漢公一個人就集堯舜禹三代的功績，簡直是奇蹟。如此宏偉的業績，不比周公遜色，卻沒有得到和周公一樣的賞賜，這不是國家之福，不是臣民之幸，也對不起千秋萬代啊！奏疏讀到這裡，陳崇的建議呼之欲出：王莽就是當代的周公，所以應該享受周公的待遇，那周公的待遇有哪些？

是故成王之與周公也，度百里之限，越九錫之檢，開七百里之宇，兼商、奄之民，賜以附庸殷民六族，大路大旂，封父之繁弱，夏后之璜，祝宗卜史，備物典策，官司彝器，白牡之牲，郊望之禮。……非特止此，六子皆封[5]。

這一段不太好理解，關鍵處很簡單，就是周朝對周公：第一，封邑突破了「公侯百里」的限制，達到七百里，而且魯國的國君被賦予一項非同尋常的特權，即「郊望」，郊祀上帝和祭祀山川，而郊祀上帝是天子之禮；第二，周公受過隆重的賞錫，超過九錫；第三，魯國是周朝貨真價實的「自治」侯國，不是漢朝有名無實的諸侯國。

周公如此，安漢公也應如此。但這會不會違反了劉邦「非劉氏不王」的祖訓呢？奏疏對這個敏感問題首次做了清晰的回應，嘗試突破這一「憲制」：

高祖之約「非劉氏不王」，然而番君得王長沙，下詔稱忠，定著於令，明有大信不拘於制也。[6]

就是說，劉邦自己就沒有遵守這一約定，漢初保留長沙王吳芮，傳了五代，到漢文帝時才絕嗣。這期間漢廷多次下詔褒揚長沙王忠誠，還通過法令維護長沙國建制。這就說明制度是可以變通的。

怎麼變通？

很簡單，就是把安漢公擴充為建制完備的公國，為安漢公設計禮儀、賜九錫，並仿效伯禽，冊立安漢公國的公子。

比起幾年之後的王莽稱帝，這篇奏疏的想像力還不夠大膽，但這是首次實質突破漢朝現有制度，鼓吹安漢公不僅是尊號，還需有實打實的建制。

奏疏一上，還沒討論實施，恰好呂寬案爆發了。待到呂寬案漸漸平息，已經是一年後的元始四年春，王莽的女兒也正式嫁作皇后。呂寬案裡，王莽殺叔叔王立、堂兄弟王仁、長子王宇，充實了「誅管蔡」的名目，還整頓了上層社會，引導了民間思想，他的功業更加完備了。女兒成為皇后，皇帝對「國丈」要「尊而不臣」的說法又冒了出來，這是把陳崇的奏疏變為現實的極好機會。

此時群臣再次審視陳崇的奏疏，不禁發現他的建議十分可行。王莽的心腹兄弟、太保王舜率先上奏，說王莽兼具「立德、立功、立言」，堪比伊尹、周公。在他的帶動下，據說有八千多人上書贊同陳崇的奏疏。在西漢，八千人是什麼概念呢？恰好《漢書．地理志》記載了元始二年的長安城人口和戶口數——戶八萬八百，口二十四萬六千二百。也就是說，整個長安城裡大概每三十個人就有一個人上書，考慮到識字率，排除掉婦孺幼兒，這個比例是非常驚人的。在組織動員較為低下的古代，即使出於王莽的授意，若沒有深厚的民意基礎，覆蓋面如此大的人力資源也很難調動。

於是，漢廷破天荒發明了一個新的官職：宰衡。

大概是上書裡伊尹和周公的名字出現得太多，伊尹官「阿衡」，周公官「太宰」。取阿衡之「衡」和太宰之「宰」合二為一，即為宰衡。據說，始皇帝在發明「皇帝」這個詞的時候，也是從三皇、五帝中各取一字。[7]宰衡的發明，可謂有樣學樣。

宰衡，究竟是個什麼官兒呢？

第一，宰衡是個外朝官職，屬「加官」的範疇，本質上仍是官僚制度的一員。王莽的外朝身分原是太傅，太傅「在三公上」，但當時還有太師孔光、太保王舜，三人名義上並列。只有宰衡真正超越了三公，是「政府首腦」，用王莽自己的話說就是「宰衡官以正百僚、平海內為職」[8]。三公向宰衡彙報工作，抬頭要寫「敢言之」，就是斗膽報告、冒昧進言的意思。對比給皇帝上書時抬頭寫的「冒死」「昧死」之類，這種待遇可以說很尊顯了。

第二，宰衡的位秩是「上公」。西漢的位、爵制度很複雜，爵指的是從王、列侯到民間的二十等爵；位就是《漢書》裡常見的「公卿大夫」[9]，有點類似後世的「行政級別」，其中最高的是「上公」。「上公」最多封侯，不會超越諸侯王。王莽此時的爵仍然是列侯，宰衡屬「上公」之「位」。

第三，宰衡享受特殊的禮儀待遇。出門時，前後各有大車十乘，值班的尚書郎、侍御史、謁者、中黃門、期門羽林都得隨從護衛；母親賜號功顯君，兩個兒子王安、王臨分別賜爵褒新侯、賞都侯。宣布王莽為宰衡當天，太皇太后親自來到未央宮前殿行拜官禮。王莽模仿周公跪在前，兩個兒子跪在後。這些待遇可謂殊厚。

第四，宰衡不可世襲。依王莽的性格和做派，他對宰衡的待遇再三推辭、謙虛禮讓。太師孔光勸服太皇太后不要理會王莽的推辭，直接賞賜就完事兒，其中一條理由就是「宰衡之官不可世及」[10]，言外之意就是說宰衡雖然權力大，但不是世襲官職，所以不必擔心擅權。孔光向王政君說這番話，怎麼看都像是與虎謀皮，但也不排除對漢朝忠心耿耿但又無力制衡王莽的孔光，是希望限制王莽的權力。

王莽最終辭讓了給自己增加的封邑、兒子的封爵和女兒補充的聘金，只把宰衡這個官職抓在手裡，不僅如此，他還特意把所兼的大司馬、太傅以及宰衡刻成一個官印「宰衡太傅大司馬印」，以更牢固地掌握權力。

總之，如果說「安漢公」的尊號模仿的是儒家理想裡的周公，那麼「宰衡」的官位可以看作模仿漢家傳統的「相國」，也就是漢初蕭何的地位，是「總理大臣」。

不久之後，太保王舜就報告了一則祥瑞：

蜀郡男子路建等輟訟慚怍而退，雖文王卻虞芮何以加！宜報告天下。[11]

相傳周文王還只是商朝諸侯之時，臨近的虞國、芮國之君爭田，誰也不服誰，聽說文王有德，就一同去找周文王評理。進入周的國境，發現「耕者讓畔，行者讓路」，大家都相互謙讓，就面面相覷道：「咱倆都是小人啊，沒有資格踏進君子之庭。」於是不再找文王評理，也不再爭田地了。

這個神聖的故事竟然在王莽的時代復現了！蜀郡的老百姓路建等人本來在打官司，看到宰衡的功績之後，就感到慚愧而終止了訴訟。是真的嗎？考慮到西漢臣民的道德觀念，這類「事例」未必是假的，但這個「事例」能夠被高居廟堂之上的太保王舜所知悉，那麼作偽的可能性就很大了。它的關鍵在於對聖人聖治的模仿，從而呼應臣民對儒家理想的讚美與想像。

9 賜九錫是什麼事兒？

元始五年（西元五年）正月，天氣尚寒。長安南郊新落成的明堂裡，卻熱氣騰騰，人頭攢動。聚集在這裡的都是漢朝的王侯貴族，包括二十八名諸侯王、一百二十名列侯，以及九百多宗室子孫。這些人全都身著祭服，有的恭恭敬敬地站著，不發一言；有的交頭接耳，談論著不久前那場把長安城東門的樓瓦幾乎全部掀乾淨的大風[12]；有的則擔任祭祀的執事，緊張而熱情地等待著祭祀的開始。

終於，在眾人的目光裡，宰衡、太傅、大司馬、安漢公王莽盛裝祭服，陪同皇帝駕臨。

這是王莽建立明堂後舉行的第一場祫祭。

前面曾說過[13]，祫祭是帝國用來確認皇朝統治源流的重大祭祀活動。在新落成的明堂裡舉行，意味著從漢武帝時期就開始醞釀的將宗廟祭祀納入儒家禮儀的設想，到此終於實現。即使後來王莽身死國滅，這套祭祀的禮儀仍然被後漢襲用。

王莽特意在正月舉行祫祭，並徵召如此多的貴族、宗室來助祭，且祭祀結束後有的增加封邑，有的賜爵，其意圖並不是賞賜。而是自元始元年以來，王莽持續不斷模仿周公，並依照儒家理想「制禮作樂」的舉動，終於接近大功告成。

他已經為漢朝建立了常滿倉制度；為儒家「六經」裡失傳的「樂經」立了博士；徵召了數千名通經之人到長安；特別是明堂、辟雍、靈臺，失傳千年，究竟是什麼樣子、有何功用，連儒家內部尚未達成一致，但也都在劉歆的幫助下按照古文經學的記載建造了。王莽制禮作樂，長安人才濟濟，朝廷制度畢備，漢家顯出太平盛世的景象，與幾年前成、哀之時惶恐不安的氣氛大不相同。

而祫祭，就是王莽制禮作樂的高潮。

在這高潮中，也有一股暗流。前來助祭的宗室成員裡有一位叫劉崇，他是漢景帝之子長沙定王的後代，曾是安眾侯，後來失爵，在這次助祭中重新封爵。但他似乎不領王莽這個情，對同屬長沙定王後代的春陵侯劉敞嘀咕道：「安漢公擅權，劉氏的社稷看來將要傾覆了。」劉敞沒有接話，但心裡未必不同意[14]。

當然，絕大多數漢朝臣民認為王莽近乎完成了周公的政績，「制作畢成，群公以聞」[15]。這種政績是區區宰衡所不能包的，群臣於是上奏提出，要在宰衡之上再增加賞賜：

宰衡位宜在諸侯王上，賜以束帛加璧，大國乘車、安車各一，驪馬二駟。[16]

這句話非常重要，因為，這是漢臣第一次提出宰衡的地位要在諸侯王之上，也就是繞過了「非劉氏不王」的「憲制」約定。

至於怎麼體現宰衡的地位呢？靠賞賜。

當然不會是普通的賞賜，而是九錫，意思就是「九賜」。但九錫具體是什麼？在此之前，只有《周禮》有周公「九儀之命」的記載，以及漢武帝時期有官員曾在上奏時提到過這個名詞。其實，就算周公本人，到底有沒有受過九錫也說不清楚。《周禮》所說的「九儀之命」，只是說從「一命」到「九命」有不同的等級職位，可沒說過九錫[17]，況且《周禮》還是古文經書，今文經學未必認的。

草創禮儀本就是王莽和他小圈子的強項，在王莽授意下，不久之後，眾多公卿大夫、博士、議郎、列侯共九百零二人上奏，正式奏請朝廷為王莽賜九錫。

這裡有必要提到一個人：張純。因為班固特意記下這次上奏是「富平侯張純等九百二人」[18]，這麼多人物，為何偏偏要記下張純呢？

張純的父親就是當年陪漢成帝微服出遊的寵臣張放，在漢成帝崩殂之後悲傷哭泣而死。與父親的放蕩癡情不同，張純為人謹慎、審時度勢。他參與「賜九錫」，主要因為他篤信儒學，對這類制禮作樂的盛事很著迷，只要能「做業務」，「領導」是誰不重要。因此，多年以後王莽覆滅，張純先是留在更始帝的宮廷裡，又在更始帝敗亡後迅速投到劉秀麾下。他忠於職守，為劉秀制定宗廟儀禮、祭祀制度，建立東漢明堂、辟雍，促使劉秀泰山封禪，因此得到重用，不僅做到東漢的大司空，還得以恢復西漢的爵位，改封武始侯。要知道，東漢初年執行的是「列侯非宗室不宜復國」[19]的政策，不承認西漢及新朝的封爵。張純是罕見的將爵位從西漢傳到東漢的列侯。

在張純等人的呼籲下，元始五年五月庚寅（西元五年六月二十二日），王政君親自到未央宮前殿，把王莽召到面前，下詔「加九命之錫」。王莽這番欣然接受[20]。

九錫，就是九種特殊的賞賜，但具體是哪些，先前並沒有明文記載，王莽所受的九錫可能是參照了儒經和《左傳》裡的一些記載拼湊所成。到漢末給曹操賜九錫時，九錫才算定型。但拼湊就是一種「原創」，王莽之所以如此重視九錫，是出於兩個原因——

首先，九錫意味著王莽自此可以合法使用天子的某些禮儀，行使天子的某些職責。像其中的「袞冕」是古代帝王的衣帽，「鸞路乘馬」和「戎路乘馬」分別是天子春秋巡時乘坐的車馬，「朱戶」也是天子之禮；「弓矢」則意味著有專征伐的特權；「宗、祝、卜、史官」是負責祭祀的人員，虎賁是侍衛親兵。[21]

太皇太后的策書裡有一句話：

> 今加九命之錫，其以助祭。

《左傳》有云：「國之大事，在祀與戎。」九錫的頒賜，已經把國家最重要的祭祀、征伐權力都賜給了王莽，換言之，九錫所賜予的不是器物，而是權力。

其次，通過賜九錫，原本初具框架的安漢公國得到了擴充。

署宗官、祝官、卜官、史官……皆置嗇夫，佐安漢公。……以楚王邸為安漢公第，大繕治，通周衛。祖禰廟及寢皆為朱戶納陛。22

安漢公國配置了宗、祝、卜、史官，還「皆置嗇夫」，也就是說，負責王莽的家廟祭祀、記錄王莽言行的不只是幾個人，而是成建制的服務機構。安漢公的宅邸曾是蕭何舊居，賜九錫之後改居楚王舊宅，宅邸被大規模改造，裝修均是「朱戶」的天子之制。可以推斷，楚王的王府一定比蕭何的相府更大，規格更高，隱含著安漢公所對標的不再是「相國」，而是「在諸侯王上」了。至於封邑的戶數，那就更多了，王莽在受禪之前，估計共獲封六萬戶左右，而蕭何只有萬戶，衛青、霍光大概是三萬戶。23

劉邦約定的「皇族憲制」，至此徹底作廢。

中國歷史上第一次實際執行且有據可考的賜九錫，就這樣轟轟烈烈地完成了。九錫第一次出現就與改朝換代密切結合在一起，隋唐之前凡是要搞禪位的都會先賜九錫。司馬昭之心為什麼路人皆知？一個重要的原因就是他受了六次九錫，真是不厭其煩；宋齊梁陳的開國四帝，均受九錫；到了唐末，朱溫在稱帝之前，聽說唐廷還要賜九錫，急不可耐地破口大罵，說明九錫「賜予權力」的象徵意義已經無所謂有、無所謂無了；到了宋朝及以後，賜九錫變得罕見，宋之秦檜，明之魏忠賢，都有過大臣奏請賜九錫的記載，但均沒有下文。賜九錫在皇權穩固時顯得敏感，在改朝換代時顯得多餘，也就慢慢退出了歷史舞臺。

四、居攝：與周公異世同符

10 四夷賓服

元始五年（西元五年），秋。

陳崇回來了？王莽聽到這個消息，喜出望外。自從去年春天，他派遣王惲、陳崇等八人擔任繡衣使者，分行天下觀覽風俗以來，一直沒有他們的消息。這期間，王莽任宰衡、受九錫，主要是王舜和劉歆等人具體操辦，按照陳崇的「路線圖」進行。王莽對陳崇很信任也很欣賞，之所以捨得讓陳崇離開長安長達一年多的時間，是因為「采風」這件事實在太重要了。

派出去的八個人，只有七個人陸續回到長安。繡衣使者之一、中散大夫譙玄走到半路上聽說王莽當了宰衡、受了九錫，乾脆改名換姓逃之夭夭了。

而回來的七個人裡，王莽曾經的小兄弟，班氏家族的班稚，沒有採集到任何祥瑞和歌頌的歌謠，令王莽十分不悅。

正式召見他們的時候，王莽看見跟在其他人後面的是幾個健壯的隨從抬著成捆的簡牘，他稍稍放心了。

除了班稚，其他人依次進言，說得都差不多：天下已經風俗齊同，沒有一處不沐浴著安漢公的教化。商業風氣清正，市場裡「市無二價」，商家童叟無欺；人人謙虛禮讓，「官無獄訟」，官府沒人打官司了，郡縣的監獄都空了；城市裡沒有小偷，農村裡沒有飢民，路不拾遺，男女異路，用一句話來概括就是：天下大治，祥瑞多得數不清，人人都在歌頌當代聖人。

至於證據，使者身後那兩千多片、近百捆的簡牘就是，他們踏遍天下郡國，深入鄉村閭里，搜集來的謠曲、歌詩、祥瑞，足足有三萬多字。雖然這三萬字史書無載，但西元一九八〇年考古人員在未央宮前殿遺址發現了一百多枚被火燒過的木簡，記錄了諸如「嘉禾、靈芝並見」「五枝合為一心」「葛根下有銅」「禮樂長常甘露下」等各種各樣的祥瑞，還有「瑞十二」「瑞五十九」之類的數字，大概是祥瑞的編號，這些很可能就是陳崇等人采風歸來所獻。[1]

采風獲得祥瑞，就意味著王莽執政，各地風俗淳美、天下太平。

就像《詩經》裡的「國風」，儒家會認為，通過「采風」能夠看出一個地方的風俗，也能知道這個地方的統治者是明主還是昏君，民風是淳樸還是澆薄。而「采風」這件事，並不是誰都有資格來做，孟子說「王者之跡熄而《詩》亡，《詩》亡然後《春秋》作」，隱含的意思就是，唯有王者興起，才會在普天下「采風」。

所以，王莽並不單單是讓陳崇搜尋讚美自己的祥瑞歌謠，以備不時之需，還因為這件事本身就是儒家所推崇的王者之行。陳崇等人證明了天下已經大治，其重要性不亞於幫助王莽當宰衡、受九錫。

繡衣使者們花了一年半的時間搜集來的謠曲，不能說全是假的，也不能說對王莽的歌頌都是虛偽的。漢朝人尚普遍信鬼神，篤信王莽之「聖」並不奇怪。當然，這些謠曲估計也經過加工甚至是偽造，就像後世的貴族詩人們寫「樂府」、填「曲子詞」，宮廷樂師從民間搜羅曲調加工成皇家樂舞，性質都差不多。陳崇等人只要能證明天下大治就行了。

王莽的預期基本達到，對班稚的所作所為也就不那麼惱怒。再加上王政君求情，班稚自己上書請罪，主動要去給漢成帝守陵，王莽也就應允了。

海內大治還不夠，還要看周邊的「四夷」，四夷未能賓服，說明王化之業尚未完成。

南邊，有元始元年的越裳氏獻雉、元始二年的黃支國獻犀牛；東邊，有東夷王獻寶，此事史書未有詳細記錄，猜測可能是朝鮮半島南部三韓之國或日本倭國[2]遣使貢獻；北邊，則是匈奴在元始二、三年的示好。

西漢的持續軍事打擊，使匈奴早已四分五裂。漢元帝時期，南匈奴呼韓邪單于娶了王昭君，成為漢朝藩屬，與漢廷關係一直不錯；漢成帝時期，「雖遠必誅」的陳湯擊殺了呼韓邪單于的哥哥、北匈奴郅支單于，北匈奴一蹶不振。到了安漢公時期，大家提起匈奴，默認的就是南匈奴。

在王莽安排下，元始二年秋，匈奴把王昭君的女兒須卜居次雲派回漢朝服侍太皇太后，令太皇太后十分高興。呼韓邪單于死後，王昭君按照匈奴風俗，嫁給了他的兒子，生下的女兒就是須卜居次雲。「須卜」[3]，是這位公主丈夫的名字，「居次」是公主的意思，「雲」是名字。王昭君是漢元帝的宮人，與太皇太后也算是故人，如今她的女兒從匈奴千里迢迢回來侍奉，說明地處「腥膻之地」的匈奴也沐浴在華夏文明的「孝道」之中，這無疑是王莽的澤化。

巧合的是，這一年，西域的車師後王和駐紮在當地的漢朝戊己校尉發生了衝突，另一個「去胡來國」的國王和西域都護也出現了矛盾，兩個國王都逃往南匈奴。按照昔年漢宣帝和匈奴的約定，漢人逃到匈奴，匈奴不能庇護，但這個約定不約束第三國的人。於是匈奴打算庇護兩王，並遣使向漢廷求情。

王莽發現這是一個立威的好機會，他非但不接受單于的求情，還廢除了漢宣帝的約定，令立新約——不僅是漢朝臣民，西域凡是接受了漢朝冊封的諸國臣民逃入匈奴，匈奴皆不能納。漢朝的老朋友單于對此頗為不滿，雖然順從地答應了，但與王莽的關係卻出現了裂痕。

重新確立與匈奴的約定，更加嚴苛地約束西域諸國，樹立威信，鞏固邊疆，在漢朝看來王莽確實做得不賴。同時，王莽還軟硬兼施，讓單于給漢朝上書，說把自己的名字「囊知牙斯」改為單名「知」，以符合漢朝推行的「譏二名」，從當時單于王族成員的名字「咸」「樂」「助」「輿」來看，他們也都改成了單名。這份上書令王莽更覺榮耀，成為他「懷柔遠人」的王化之舉。

到了元始四年，四夷之中只剩下西邊沒有動靜。王莽派中郎將平憲以重金賄賂西羌部落，慫恿他們求為漢朝附庸。平憲的遊說非常成功，回朝時帶來了好消息。據說這些住在青海湖附近的羌族部落，有一萬兩千多人向慕王化，願意把青海湖和附近的鹽池獻給漢朝，把水草豐茂的地方留給漢朝人，自己去偏遠險阻的地方充當漢朝藩籬。平憲奏報說，當問起為什麼要如此慷慨時，羌族部落的首領是這麼說的：

> 太皇太后聖明，安漢公至仁，天下太平，五穀成孰，或禾長丈餘，或一粟三米，或不種自生，或蠒不蠶自成，甘露從天下，醴泉自地出，鳳皇來儀，神爵降集。從四歲以來，羌人無所疾苦，故思樂內屬。[4]

陳崇等人采風回來的「三萬言」史書一字未提，是因為不說也知道是什麼；羌人的話卻被悉數記錄，是因為實在太假了，這哪裡是遊牧部落酋長的口吻，分明出自熟諳祥瑞的漢人手筆。有理由推測，「采風」的三萬言也無非是這些內容：五穀有祥瑞，有的苗長到一丈多長，有的一株竿上長三個穗，有的沒播種自己長出來了；天上降下甘露，地上噴出酒泉，鳳凰、神雀都來了。總之，漢朝有安漢公這四年裡，羌族沒病沒災，當然願意當漢朝的藩屬。

此事又令王莽大喜，不費一兵一卒，西羌內附，終於達到了東西南北四夷賓服的盛況，說明安漢公的德澤已經溢出華夏，遍布四夷。王莽高興地上奏說，現在漢家有東海郡、南海郡、北海郡，唯獨沒有西海郡，那就把羌人的獻地設為西海郡，讓漢民移民過去開發，對歸附的羌人設置官吏擔當統領。

匈奴改名與西羌內附都有些名實不符。一來，匈奴的人名、單于的王號，均有漢文譯名，把「囊知牙斯」改成「知」，只是漢名的自娛自樂，意義不大；二來，西羌此時主要還是遊牧民族，少有農業，逐水草而居，土地獻與不獻只是個形式，向漢朝稱臣，則既能得到漢朝官方的保護，又能拿到一筆財富，對自己的傳統習慣也沒有影響，很是划算。

「四夷」外交事務從來不是純粹的外事，那些與外國真正相關的實質事務，臣民一般是看不到的；能讓普通臣民看到的所謂外事，目的多半是應對國內的民意，匈奴、西羌與漢廷心照不宣、兩邊滿意。

不過，因為青海湖是鹹水湖，鹽池附近是鹽鹼地，從事農業開墾比較困難，沒人願意移民到西海郡。王莽新增加五十條律法，把觸犯律法的上萬名犯人強行遷徙過去。這件事，已經與陳崇所說的「官無獄訟」「犯者象刑」相違背了，《漢書》在這裡寫下四個字：

民始怨矣。5

這是王莽執政以來，史書中第一次明顯出現臣民對他不滿的聲音。那些不慎觸犯律條、不得不遷徙到蠻荒之地的臣民裡，可能就有王莽的擁躉。班固的一個「始」字，頗有微言大義。

總之，元始五年的秋天，一名普通的漢朝臣民特別是長安市民，看到的是海內大治、四夷賓服的盛世景象，安漢公制禮作樂，儒家「三代之治」的理想也已經基本實現——用後人的話說，就是「歷史的終結」。

但對漢朝人而言，歷史當然不會終結，而是循環。

此時，又有一個宗室、泉陵侯劉慶站了出來，不知是出於「大公無私」還是搶先獻媚的目的，向漢廷上奏。此奏一公布，滿朝文武齊聲贊同，歷史果然沒有終結，歷史循環的關口到了！

> 周成王幼少，稱孺子，周公居攝。今帝富於春秋，宜令**安漢公行天子事**，如周公。6

異世同符，安漢公要行天子事，周公居攝的「聖跡」再現了！

11 漢平帝之死

劉慶奏請王莽居攝的話音剛落，冬天的夜空就出現了一次很凶的天象：熒惑入月中。

熒惑就是火星，也是最凶的星，它無論出現在星宿的哪個方位，都會給人間特別是朝廷和皇室帶來災難。「熒惑入月中」，是火星劃過月亮表面，星占家們普遍認為是皇宮中將要有禍事，甚至可能危及皇帝。

果然，沒多久，皇帝病了。

漢平帝劉衎還在繈褓之中時就體弱多病；所以他的祖母馮太后才會為他祝禱祛病，也因此招致殺身滅族之禍。即位之後，劉衎儘管享受著天下最好的物質生活，但身體一直都不好。這一次，他的病來勢洶洶，不可小覷。

這反倒又給了王莽一個模仿周公的良機：周武王生病時，周公曾經在先祖面前祈禱，許願代替周武王去死，並把冊文藏在「金縢之匱」，也就是用金屬帶子封存的櫃子裡；周成王時，周公攝政、東征，正是「周公恐懼流言日」，所以周成王也對周公有些懷疑。當時發生了災異，雷電大風並起，君臣十分恐懼，周成王只好打開金縢之匱，發現了周公要代替武王去死的冊文，再一問知曉內情的史官，才知道周公還叮囑過此事千萬不要說出去。周成王大受震動，對周公的疑慮也盡數打消。

王莽如法炮製，也做了一個要代替劉衎去死的冊文，跑去南郊祭天的泰畤那裡許願，也藏在一個「金縢之匱」裡，放在未央宮前殿，並要求知曉的人一概不許說。

不幸的是，王莽的祈禱沒有用。到了十二月，劉衎就晏駕了。這是漢成帝以來連續第三個沒有子嗣就駕崩的皇帝了。一時間朝野震動，不過，所震動的與其說是皇帝之死，不如說是感慨漢朝的天命已盡，連上天都不再護佑了。

也有一些人心存疑問，特別是身在郡國的那些忠於漢室的官員，他們會追問：長安到底發生了什麼？皇帝究竟是怎麼死的？為什麼會死在即將「加元服」也就是親政的前夕？為什麼剛剛有人上書請安漢公居攝，皇帝就死了？……這些疑問的矛頭不約而同指向了王莽。

據史書記載，最早指控王莽鴆殺劉衎的是後來拉起反莽大旗的東郡太守翟義，但翟義人不在長安，他只能是聽說。唐朝的顏師古說，劉衎年紀越來越大，為著母親衛太后一家被殺而怨恨王莽，所以王莽在臘日呈上例行的椒酒，酒中放毒，鴆殺了劉衎。顏師古的證言裡，時間、動機、方式都完整清楚，說明他一定是看了一些傳世的史料。

但是，劉衎很大機率是病死的，不像是被王莽所謀殺。

一來，現有的證據均不足。首要的就是，《漢書》沒有說劉衎是被謀殺的，這是距離劉衎駕崩時間最近的史料，班氏家族與王氏家族和皇室均有密切關係，相比而言《漢書》的記錄最可靠。班固連漢成帝因為女寵而無嗣這樣的事都直言不諱，沒有理由諱言劉衎之死。而顏師古是六百多年以後的人，即使他能看到一些流傳的史料，但一件事情連班固都隻字不提，六百年後的人卻說得一清二楚宛如親見，反而不可靠。

二來，王莽沒有必要弒君。弒君這種事，自漢朝立國以來尚未有過，昌邑王也只是被霍光放逐監視。王莽身為安漢公，他的一大合法性來源，就是穩定了西漢晚期皇室青黃不接、搖搖欲墜的局面，弒君的話就會「被打臉」，動搖甚至毀掉他的根基。而且，在劉衎去世之前，王莽已經著手居攝的安排，劉衎活著不會影響居攝，死了反倒打亂計畫。此外，王莽在皇后有「子孫瑞」時十分高興，復通子午道，也可以證明王莽還想著為劉衎留下子嗣，沒有弒君的意圖。

三來，這個時代的漢朝人，觀念上更相信儒家所設想的「五德終始」，天命到頭自當轉移，弒君與否並不必要。當然，不可否認劉衎如果活著，王莽遲早面臨歸政的那一天。但即使如此，王莽也會讓劉衎像他的繼嗣劉嬰那樣，令其退位即可，實在不必冒著巨大風險弒君。

不過，劉衎在五年的傀儡生涯中，母族盡誅，妻子是王莽女兒，拖著病弱的軀體孤苦伶仃，想必是氣短畏縮，無法剛健有為的。從劉衎死後王莽以朝廷名義所下的詔書就能看出，劉衎「每疾一發，氣輒上逆，害於言語」[7]，就是一犯病就抽風說不出話來，所以他的病死，王莽應有不可推卸的責任。

為了彌補這種責任，王莽令朝廷裡六百石以上官員都得服喪三年，這是歷史上第一次臣子要像對父親一樣為皇帝之死服喪三年，後世王朝對這個安排很是滿意，一直效仿；王莽又迅速為劉衎追加了元服，將其按照成年天子下葬；還給劉衎立了廟，廟號為「元宗」，讓一個十四歲就夭折的兒皇帝承受如此宏大的廟號，顯示出漢代嚴格的立廟制度已漸漸頹壞。那個曾經為漢武帝是否有資格立廟而吵得不可開交的漢朝，確實顯得氣數將盡了。

12 假皇帝王莽

未央宮依舊巍峨，朝霞夕陽如血，長安人流如昨。

時隔五年，王政君、王莽姑侄二人再一次面臨為漢朝選定皇帝的局面。如今，漢元帝的世系已絕嗣，只能向上追到漢宣帝。按照輩分和父子相繼的原則，劉衎是漢宣帝的曾孫，王莽認為只能從漢宣帝的玄孫輩裡找，這批人年紀都不大。王莽選了廣戚侯劉顯的兒子劉嬰，理由第一就是輩分不亂，第二是占卜大吉。實際上是因為劉嬰年紀最小。

帝位懸置期間，王莽日夜不息地往來於未央宮、太皇太后居住的長樂宮以及自己的安漢公宅邸之間，同時操持著劉衎的葬禮、劉衎皇陵的施工、劉嬰的迎立等朝廷大事，忙得不可開交。似乎把劉慶那封關於居攝的奏疏拋到了腦後。

一個真正的祥瑞，不早不晚，在劉嬰即位之前出現了……

漢平帝期間，王莽把左馮翊、右扶風、京兆尹這「三輔」一分為二，取名為前煇光、後丞烈。前煇光謝囂上奏，說轄屬的武功縣縣長孟通在疏浚水井時，得到一塊上圓下方的白石，上面寫著一行紅字：

> 告安漢公莽為皇帝。[8]

這個祥瑞簡直令人興奮到窒息，因為這是第一次有符命聲稱王莽應當做皇帝。也真是巧，如今天下確實還沒有皇帝。劉嬰雖然被選為漢平帝的繼嗣，但尚未舉行典禮，也沒有告廟，離正式成為大漢皇帝還有關鍵好幾步呢。所以，這則符命直接要求王莽為皇帝，將置劉嬰於何地？

這不由得令人回憶起眭弘的悲劇命運[9]，但王莽見到丹書之後，卻率領群臣鄭重稟報王政君。

王政君已經七十六歲，不問政事多年，眼見的都是侄子制禮作樂，漢朝天下太平的景象。此前，她支持王莽主要是確保王氏家族掌權，雖然王莽的權力已經與帝王無二，安漢公、宰衡、賜九錫哪個拎出來都喧賓奪主，但這類事周公都做過，王莽當然也可以做。她的心理大概是：我知道很多事情是你操縱的、安排的，也隱約覺得你可能走得太遠，但畢竟是自家人，辦事又穩妥，那就由著你吧。

直到她看到這塊白石，如夢初醒，斷然否決：

> 此誣罔天下，不可施行！[10]

後人常說王政君姑侄二人一唱一和，欺世盜名，但至少這件事不像。因為她「下意識」說出了「誣罔天下」的真話，揭示出她知道這是騙術，而且非常意外。所以，她理解王莽有成聖人的大志，但她畢竟是漢朝的太皇太后，確實沒有想像過王莽要當皇帝。

王莽很可能就是想趁著漢家天下暫時沒有皇帝的機會，直接登上帝位的。但太皇太后不允許，他只好央王舜去跟太皇太后解釋，把這個符命「圓」成另一番意思：

莽非敢有它，但欲稱攝以重其權，填服天下耳。[11]

就是說，這則符命所說的「安漢公為皇帝」，不是當真的皇帝，而是假的皇帝，只是攝政的意思。這樣一說，太皇太后就同意了，在王莽的安排下，她下詔對這個符命進行了「官方權威」解讀：

云「為皇帝」者，乃攝行皇帝之事也……其令安漢公居攝踐祚，**如周公故事**……具禮儀奏。[12]

對太皇太后來說，她是把王莽限制在了攝政的範圍內，至於具體怎麼操作，由群臣商議；但對王莽來說，這仍然是一次進取。太皇太后的詔令賦予了攝政以合法性，特別是「如周公故事」，留下了寬敞的制度空間。

很快，群臣就把攝政的安排上奏太皇太后，這是一份極具衝擊力的奏文，包含了極其豐富的內容。簡單來說，就是通過儒經證明周公的攝政並不是「顧命大臣」的角色，而是穿天子冠冕、踐天子之位的「假王」！

……說曰：周公**服天子之冕，南面而朝群臣，發號施令，常稱王命**。《禮明堂記》曰：「周公朝諸侯於明堂，天子負斧依南面而立。」謂「周公踐天子位，六年朝諸侯，制禮作樂，而天下大服」也。……由是言之，**周公始攝則居天子之位**，非乃六年而踐阼也。《書》逸《嘉禾》篇曰：……「周公奉鬯立於阼階，延登，贊曰：『**假王蒞政，勤和天下**。』」此周公攝政，贊者所稱。……成王加元服，周公則致政。……**周公常稱王命，專行不報**，故言我復子明君也……[13]

看看這些記錄：「周公服天子之冕」「發號施令，常稱王命」「踐天子位」「假王蒞政」「居天子位」……就牽涉一段非同尋常的「暗歷史」：

周公到底當沒當過周的天子？

13 攝皇帝王莽

周公，怎麼可能當天子呢？

但是，從《尚書》中的一些記錄，到西晉出土的「竹書紀年」，再到二十一世紀的清華簡，都隱約透露出周公居攝可能另有真相。

事實上，關於周公居攝一直就有多種說法在流傳：有的說周公從武王死後就執政稱王，成王成年後歸政；有的說周公攝政，但名義上稱王；有的說周公只是攝政，名義上也沒有稱王；還有的說周公是在東征時稱王，返回時成王才即位……不一而足。

但流傳最廣的仍是周公顧命大臣的形象，而非稱王。這主要是王莽失敗之後，歷朝歷代的皇室對於周公攝政十分敏感警惕，著重塑造這種形象；宋代理學興起之後，即使是普通人也不敢想像周公會做出「篡權」之類的事了。這構成了廣為人知的「顯歷史」。

其實，考慮周代的政治觀念、運行機制、宗法制度，周公即使南面稱王，在當時也不是驚天動地的篡逆之舉，頂多引來召公、管叔、蔡叔等一時的流言。處於封建制度興盛期的周，並沒有後世「一人專制」、中央集權王朝對權力的超高壟斷性。此外，儒學最早萌發於魯國，而魯國是周公的封國，因此儒經裡的周公形象一定會受到影響。總之，從現有的文獻看，周公居攝稱王可能性相當高。[14]

周公攝政的真相已經晦暗難明，「文獻不足徵」，「顯歷史」與「暗歷史」並存，都是猜測。但關鍵的是，此時的西漢君臣怎麼理解周公居攝，群臣的奏議是公諸朝廷的重要文件，所以裡面提到的周公稱王不會是隨意偽造。換言之，不論這段「暗歷史」的真相究竟是什麼，只要西漢晚期的朝野上下都相信周公居攝可以「踐祚稱天子」，對王莽來說就足夠了。

既然太皇太后已經下詔「如周公故事」，王莽居攝的安排也就很容易操作了：

第一，朝政。王莽也要踐祚，穿天子冠冕，南面朝群臣，聽政事。

第二，出行。王莽的車出行時，要有警備，百姓要自稱「臣妾」。

第三，祭祀。要像天子一樣郊祀天地，宗祀明堂，共祀宗廟，享祭群神。祭文的贊辭，要稱王莽為「假皇帝」。

第四，日常禮儀。臣民要在正式場合稱王莽為「攝皇帝」[15]，王莽自稱「予」，處理政務要像皇帝的詔書一樣稱「制」；只有見到太皇太后、皇太后時才恢復臣下的禮節。

第五，封國。王莽在自己的封國內，想怎麼發號施令都行，一切比照諸侯王。

第六，改元。明年改元為居攝元年。

這是中國進入帝制社會以來，第一次沒有在位的皇帝，而有「攝政」。「居攝」不僅繞過了「諸侯王」，而且參照周公「假王」新造了「假皇帝」的稱謂，也就是代理皇帝。

在「家天下」的世代，除了自己的繼嗣，一般是不可能由他人來代理皇帝的。漢武帝連擅命的皇太子都會殺，而此時的群臣卻擁護異姓的外戚代理皇帝，這說明，一來天下的權勢已經轉移，人們普遍接受了漢室衰微、天命將盡的觀念；二來，王莽代理皇帝不是一蹴而就，而是亦步亦趨模仿周公。

人們信仰儒教，讚美周公，就會接受王莽。

至此，漢朝舊的「憲制」已經全部被摧毀。此時，假如有人回頭想想五年前漢哀帝還在位時，再對比一下眼前，一定會覺得不可思議。不知不覺間，一步跟著一步，漢朝竟然名存實亡了。但人們沒有感到亡國的苦痛或悲慨，因為「周公」已經應許了未來……

五、皇太子：劉嬰的身分

14 永遠無法即位的劉嬰

居攝元年春（西元六年二月），王莽以天子之禮，依次在南郊祭祀天帝，在東郊迎春，在明堂行大射禮。完成這一系列祭祀禮儀之後，王莽設置了「柱下五史」，效仿先秦時君主的御史，侍奉一旁記錄自己的言行。

又過了整整三個月，劉嬰正式被立為皇太子。

皇太子這個身分極其微妙，意味著劉嬰沒有登基，還只是漢平帝劉衎的皇太子。但此時劉衎已死，王莽只是「假皇帝」和「攝皇帝」，那麼「皇帝」是誰呢？

沒有。此時的天下沒有皇帝。

不是說「國不可一日無君」嗎？天下竟然沒有皇帝？

這在後世看來相當驚世駭俗，但在當時卻沒有引起朝野的震動。為什麼？

漢朝的皇帝即位之時，不僅要祭天，還要告廟祭祖。當年昌邑王被霍光所廢，其中一個重要緣由就是昌邑王還沒有祭拜高皇帝廟，因此被輿論認為尚不是合法皇帝。

劉嬰既沒有祭天，也沒有祭祖，只是被選為繼嗣時在宗廟中占卜過；王莽是王氏，沒有資格也不可能去祭祀劉姓的宗廟，但他卻在南郊祭天，這就透露了王莽攝政的真義所在：「祭祀天帝」，意味著王莽從上天那裡獲得了天子的受命，成為實質上的「真天子」；但此時統治天下土地兆民的還是劉氏皇族。換言之，「天子」和「皇帝」是兩個身分，受天命而做天子，祭祖廟而為皇帝。一代代劉氏皇族通過祭祀高皇帝廟來獲得統治權，成為皇帝，劉嬰雖然只是皇太子，但將來是要當皇帝的，所以王莽只能是攝政，是「攝皇帝」。

天子和皇帝，後人往往不加以區分，這也難怪，皇帝和天子絕大多數時候只是一人的兩個身分。但是，西漢畢竟是早期的帝制皇朝，這個時候天子和皇帝並不能完全等同。

西漢後期，皇帝和天子有不同的玉璽，其中皇帝有三璽：皇帝行璽，用來任命諸侯王和官員；皇帝之璽，用來為諸侯王賜書；皇帝信璽，用來調發郡國軍隊。而天子也有三璽：天子行璽，用來賜給外國君主官爵；天子之璽，用來祭祀天地；天子信璽，用來調動附屬國軍隊。用《孝經緯》的說法就是：

> 接上稱天子者，以爵事天也；接下稱帝王者，以號令臣下也。1

「天子」是一個來自周朝的舊稱，皇帝是秦之後才出現的稱號。天子意味著神權，源於天命；皇帝意味著治權，好比商周時期的王，源於祖先；天子是今文經學裡的一個「爵位」，皇帝則是世俗稱號。

所以，王莽在主持祭祀等面對「天」的活動時，稱「假皇帝」，是向天強調自己的「代理」身分；在處理政務、面對臣民時，稱「攝皇帝」，因為治民是皇帝的職權，強調的是「攝政」之義。換言之，「假」代理的是地位，而「攝」取的只是職權，兩者不僅有區分，而且「假皇帝」的身分高於

「攝皇帝」。打個比方，「假皇帝」好比副處長提拔為正處級，代理處長職位；而「攝皇帝」是副處長主持工作。

這正是王莽的措意所在：天下雖然沒有皇帝，但是有「真天子」擔任未來的皇帝——皇太子的攝政。所以天下並非群龍無首。

在王莽的描述裡，周公當年也是這麼做的。周公曾經向周的祖先祭禱，獲得王命攝政稱王。這也透露了時人對儒家的信仰相當穩固，普遍相信「周公踐祚稱王」是信史。

當然，其中的隱情在於，周公與周成王是同姓，周公的權力仍留在周王室之內，是家族內部權力的臨時分配，不涉及天命，周成王照樣是天子[2]。但王莽是異姓外戚，他沒有途徑從劉姓那裡獲得「王命」當皇帝，所以只能依靠天命的轉移來當天子。

那麼，昭示天命轉移的是什麼呢？災異與祥瑞。

漢室的災異，王氏的祥瑞。

一個甲子以來，在層出不窮的災異中，劉姓天命終結、新王繼起的傳言已經成為朝野的共識。元、成、哀諸帝並不是無動於衷，在祭祀、制度等許多方面嘗試改制以避免天命終結，不僅沒有收到好的效果，反而對傳言推波助瀾。這種情況下，王莽以安漢公的身分為漢室制禮作樂，效果顯著，祥瑞迭出，就是在挽救漢室的天命。

但事到如今，祥瑞越來越多，王莽已經祭天了，皇帝還是劉氏的，將來怎麼辦？

如果王氏歸政於劉氏，豈不是違逆了天命？如果王氏當皇帝，合法性從何而來？

假如劉嬰是一個成年人，在這個家族、世系、血統、天命的關口，他一定會有所作為，至少也會有所言說。可惜，他只有兩歲，他的聲音在歷史舞臺上是沉默的。

這種沉默中顯現的，是儒經對歷史的闡釋。

作為經學的儒學，不僅應許未來，而且能夠闡釋歷史。經與史，是不可分割的整體，而闡釋權尤為重要。王莽逐漸掌握了對周公、堯舜的闡釋權，也掌握了對劉嬰身分的闡釋權。

他是皇太子，但被賜號為——孺子。

皇太子本身就是稱號，為何還要另外賜號？

簡單來說，還是因為王莽對周公的模仿。《尚書》曾載，周公東征的時候，管蔡諸叔放出流言：

> 公將不利於孺子。

「孺子」就是周成王，王莽不會放過這個細節，稱劉嬰為「孺子」，既是對他年齡幼小的描述[3]，也是給劉嬰的「官方稱呼」，從而提醒世人，劉嬰「就是」周成王，周公如何對待周成王，王莽就會怎樣對待劉嬰。

此真可謂「孺子可教」也。

15 劉崇起義

三月立劉嬰為皇太子，四月消息已傳遍天下。

各地的劉姓宗室，算起來有十多萬人[4]，無論是有爵位的，還是已經淪為普通臣民的，無不驚訝於天下沒有皇帝這一制度安排，但絕大多數保持了沉默。他們的態度可能在暗暗分化，有人緊張觀望，有人不問世事，有人唯恐失去祿位，當然也有人憂心忡忡、悲觀不已。

宗室的眾多分支裡，漢景帝之子長沙定王世系流長，子孫眾多，在這同一個世系下，既有起兵反莽又有請求王莽稱帝的宗室成員，建立東漢的劉秀也屬這一世系，可謂集漢末宗室之大成。

安眾侯劉崇是長沙定王世系之一，封地位於南陽郡。有趣的是，劉崇的封地安眾侯國、王莽最初的封地新都侯國，以及同屬長沙定王世系的舂陵侯國，三地相去並不遙遠。安眾國與新都國幾乎挨著，在王莽賜九錫之後，新都國拓展了邊境，與安眾國可能接壤。這種現實壓力，或許是劉崇對王莽攝政反應極為激烈的原因之一。

劉崇本人沒有實權，就把安眾國實際的主政者、國相張紹喊來商議。

張紹的從弟恰恰就是為王莽制定「路線圖」的張竦，這兄弟倆看起來早就道不同不相為謀了，所以劉崇才敢把張紹招來密謀大事。劉崇的態度非常明確：王莽攝政，劉氏必危。

但是，天下包括宗室幾乎沒有反對王莽的聲音。劉崇對此不以為然，他分析認為，大多數宗室是在沉默中等待爆發，只是沒人敢帶頭，因此：

> 此宗室恥也。吾帥宗族為先，海內必和。[5]

在劉嬰成為傀儡儲君之後，劉氏皇族其實是知恥的，劉崇的心態在宗室中應該並不鮮見。昔年劉邦把劉氏子孫分封到各地，目的就是皇室受到威脅時，諸侯能夠起兵勤王。

劉崇和張紹的策略是首先攻下南陽郡的首府宛城，宛城是富庶的中原大都，屬當時的「一線城市」，如果能以宛城為據點，則大事可期。所以，他和張紹只帶了一百多人就起兵了，這個規模在當時恐怕與山賊差不多，他們原以為從安眾國到宛城的路上，各處劉姓諸侯一定應者雲集，隊伍會迅速壯大，但不幸的是，劉崇猜中了宗室「知恥」的心態，卻高估了宗室「後勇」的決心。

南陽郡沒有任何其他劉姓王侯響應，包括同屬長沙定王世系的春陵侯家族。這一年，春陵侯家族支屬裡有個十歲左右的名叫劉秀的孩童，還在認真讀書，準備有朝一日到長安太學學習。劉崇的壯烈之舉，似乎對這個家族沒有影響。

劉崇帶著一百多人攻打宛城，其結果可想而知。宛城位於盆地，三面環山，易守難攻，又是郡守治所，戒備森嚴，兵力充足。劉崇等人連宛城的大門都沒攻進去就遭誅滅，劉崇、張紹等人全部死難。

不僅如此，他們的家族也迅速遭遇滅頂之災，據說「百歲之母，孩提之子，同時斷斬，懸頭竿杪，珠珥在耳，首飾猶存」[6]，上到百歲老人，下到懵懂孩童，一律被斬首示眾，連頭上耳畔的首飾都沒來得及取下，其狀極慘。

近親遭際如此，遠親也惶惶不可終日。這畢竟是王莽掌權以來第一次真正意義上的諸侯叛亂，影響很大。春陵侯劉敞雖然沒直接牽連，但與安眾侯同屬長沙定王世系，而且前幾年參加王莽主持的祫祭時和劉崇很談得來，所以感到很恐懼。他思來想去，覺得已故前任丞相翟方進的長子、高陵侯翟宣通經明義，沉穩謹慎，是個君子[7]，將來不會惹麻煩，就想方設法為兒子娶了翟宣的女兒翟習為媳婦，心裡這才安定下來。

劉崇的族叔劉嘉、張紹的從弟張竦，也嚇得魂飛魄散。為了保命，劉嘉和張竦馬上求見王莽，以自首的名義請罪，王莽赦免了他們。都知道張竦是文章高手，那篇勸王莽當周公的文章尤其壯麗，劉嘉於是懇求張竦再來一篇，為自己捲入這場震怖天下的謀反案進行辯白。

這又是一篇極為成功的奏文，張竦一個人就有兩篇文章因王莽而「流傳千古」，簡直可以稱為王莽的知己了。班固將全文錄在史書中，目的當是羞辱和批判。但不得不說，這篇奏文的確言說了漢末廣大沉默的宗室的另一種心聲，不能一概斥之為阿諛奉承。

張竦奏文其實就寫了兩個事情。

第一件事，頌揚王莽「存亡續廢」。認為王莽恢復了大量絕嗣或被廢的劉氏王侯的爵位，因此是在扶植劉氏宗室，是對漢廷中央自文景以來不斷打壓宗室支脈的反撥。「凡以為天下，厚劉氏也。臣無愚智，民無男女，皆諭至意。」[8]天下是個人都知道王莽恢復了那麼多劉氏家族的財產地位，你竟然還謀反？

第二件事，批判劉崇不識好歹，是大禍害，罪不容誅。張竦在這裡用了一串最嚴重的詞匯來描繪劉崇：

> 臣子之仇，宗室之讎，國家之賊，天下之害也。

是我個人的仇人，劉氏宗親的仇人，國家的叛逆者，天下的大禍害。因此，不能只是批判就完事兒，張竦建議還要鏟平劉崇的宮殿房屋，將其挖成大坑，灌滿汙水，以起到詛咒鎮壓的作用。

這一頌一批，王莽極為高興。這篇奏疏是以劉嘉的名義呈遞的，所以王莽覺得劉嘉如此大公無私，不顧劉姓私親，與自己同仇敵愾，實屬「應合古制，忠孝著焉」，就封劉嘉為帥禮侯，劉嘉的七個兒子賜爵關內侯。張竦連著寫下兩篇「好文章」，到此終於被封為淑德侯。這兩個爵號都是「令稱」，不知道食邑在哪裡。此外，南陽郡派去毀壞劉崇宮室灌上汙水的官吏百姓，也受到封賞。以至於長安市民特意作了兩句歌謠來諷刺：

欲求封，過張伯松；力戰鬥，不如巧為奏。9

伯松是張竦的字。長安市民難以理解，「文字材料」寫得好，不僅自己能封侯，連被捉刀的人都能封侯。

王莽每擴大一步權力，都會留意劉氏宗室的反應，劉嘉無疑為觀望的宗室做了表率，而張竦提出的「毀房子、挖池子、灌髒水」的做法合乎王莽一貫的口味，王莽相信這種方式能夠恐嚇到蠢蠢欲動的宗室。所以，他下令今後凡是造反的一概這麼做。給劉嘉、張竦封侯的考量就在於此。

劉崇的叛亂雖然規模小得可憐，卻給了王莽極好的藉口，群臣向太皇太后提出，劉崇之所以敢起兵，是因為王莽權力還太輕。五月，王政君下詔允許王莽朝見自己時也可以稱「假皇帝」，而在以前王莽面對她要執臣下之禮。這意味著他的代理身分更加牢固。

16 翟義起義

居攝二年（西元七年），前任南郡太守、高陵侯翟宣在長安過著平靜的生活。每天，他把主要精力用在教授學生上，畢竟他是經學家、前任丞相翟方進的兒子，素有家學，主要治《春秋穀梁傳》和《左氏傳》。

前幾日，春陵侯劉敞遣人為子求婚，給他平靜的生活增添了不少事務。他已經答應了這樁婚事。不過，近來幾天頗不平靜，晚上他常常聽到奇怪的哭聲，若是凝神細聽，又辨別不出哭聲從哪裡傳來。這一天，翟宣又像往常一樣在家中堂屋授徒，忽然覺察到中庭院子裡養的雁——古人說的雁，其實就是鵝[10]——受驚而起，他和幾名學生趕忙去看，大驚失色，原來是不知從哪裡鑽來的野狗，已經把數十隻大鵝的頭都咬掉了，而狗早就跑出大門，不知所蹤。

聯想到近來奇怪的夜哭，又看到院子裡血肉模糊的斷頭鵝屍，翟宣心中升起一種不祥的預感。他告訴後母說，弟弟東郡太守翟義一向倜儻不羈，恐怕要闖禍，這幾天的災異就是徵兆，請太夫人回娘家，與翟家斷絕關係，躲避不可預測的災害。

太夫人不聽，這倒不是她不相信災異，而是她在翟家多年，又是丞相夫人，豈能自己避害而捨棄親人呢。

過了幾個月，翟宣與劉歆兩家的婚事熱熱鬧鬧辦完了，女兒翟習也歡天喜地地嫁入劉家，大家似乎忘記了家中的怪事。

但僅僅二十幾天後，一個震驚的消息同時傳到翟宣和劉歆的耳朵裡：東郡太守翟義在關東起兵反莽，並且立嚴鄉侯劉信為天子，拜東平王劉匡的師傅蘇隆為丞相，東平國中尉皋丹為御史大夫，儼然已經自立朝廷。大軍集結十萬，浩浩蕩蕩西進。

和消息幾乎同時到來的是士兵，留在長安的翟宣和後母及家族近親二十四人、劉歆剛過門的兒媳婦翟習，以及劉歆的兒子、劉信的兒子都迅速被捉拿繫獄。原本想尋找依託避禍的劉歆，竟捲入了比劉崇更嚴重的叛亂中。

翟義雖然不是宗室，但與宗室有著不可分割的關係。早在一年前王莽剛剛居攝時，他就認為王莽必然代漢，但「宗室衰弱，外無強蕃」，而自己是丞相之子，世受漢恩，所以有義務討伐王莽。

從翟義以往做事的風格和翟宣對他的評價看，他確實是一個手段淩厲、敢想敢做、有俠義之風的人。此次起兵，他醞釀已久。東郡[11]位於關東，治所在濮陽，轄內有嚴鄉侯國、武平侯國，隔壁是東平王國。這幾個國的王侯都屬東平王世系。前任東平王劉雲在漢哀帝時，被哀帝從宗室裡「抓典型」給殺了。現在的嚴鄉侯劉信、武平侯劉璜都是劉雲的兒子，現在的東平王劉匡是劉信的兒子，總之，這幾位王侯同樣激憤於王莽居攝，又與翟義同在一個地區，關係密切，所以此次起兵其實是東平王世系宗室的反莽，如果成功，東平王世系就有可能入主漢廷。

起兵之前，翟義和劉信等人做了充分的準備，密使頻繁往來於濮陽和東平國的無鹽[12]；東郡人王孫慶有勇有謀，通兵法，但此時人在長安。翟義以東郡太守的名義，說王孫慶犯了重罪，將其「捉」回東郡，委以重任。在王孫慶的參謀下，起兵之日定在了居攝二年九月「都試日」當天。都試日，就是上級給下級考核政績的日子。翟義召集了東郡轄內各縣長令、侯國相。等這些官員一到齊，翟義就宣布了起兵的消息。

史書並沒有記載當時的場景，但班固卻記下了「斬觀令」[13]的事，可知當天東郡的這些下級官吏們並不都願意跟隨翟義起兵，而觀縣的縣令很可能站出來反對，所以被翟義斬殺。其他官吏見此，無論內心怎麼想，也就不得不跟著起兵了。

翟義立劉信為天子，自號「大司馬柱天大將軍」，文臣武將多是東郡和東平國的官吏和中尉，軍官主要來自兩地的官兵車騎，士兵還包括臨時招募的勇毅之士。翟義撰寫了一篇檄文，送至天下郡國，歷數王莽篡位之罪，其中最令人震驚的消息就是：兩年前，漢平帝是被王莽毒死的。

這個消息未必可信，但在當時不啻為驚天大事，同情劉氏的、反對王莽的、存有異想的各色人等，紛紛加入翟義的大軍。從東平國南下到相鄰的山陽郡，已聚集了十萬人。

翟義和劉信能夠迅速糾集一隻龐大的軍隊，除了他有組織有謀劃，還與西漢的地理格局、與西漢前期的歷史有關。在兩漢，關東和關中之間的矛盾一直比較顯著，漢初是關東的異姓諸侯和關中劉氏漢廷的矛盾；清除異姓諸侯之後，又變成關東的劉姓宗室與關中皇室的矛盾，所以誅滅諸呂時，是關東的齊王劉襄率先發難，和他同屬齊悼王世系的劉章、劉興居起了關鍵作用。因此翟義也是循此先例，與關東諸侯西進叩關。

王莽聽說後，大為驚懼，這不同於劉崇的烏合之眾，而是由宗室和勛貴聯手，舉關東兵力試圖復現誅滅諸呂舊事的軍事叛亂。所以，他一面調兵遣將準備迎戰，一面模仿周公，抱著劉嬰主持廷議，顯出一副為劉氏操勞國事的姿態。

王莽的軍事調遣還是很有水平的，他兵分兩類。前一類由七位將軍統領，火速集結，主動攻擊翟義。這七位將軍的組成也頗有意思，其中有「四輔」之一、擔當「爪牙」的孫建，有王氏家族成員，還有劉氏宗室劉宏。七將軍的兵員組成也頗有意思：

> 凡七人，自擇除關西人為校尉軍吏，將關東甲卒，發奔命以擊義焉。14

令七將軍自己任命關西人為軍官，統率關東士卒，這說明劉信和翟義的起兵確有關東和關中矛盾的因素。

後一類則是防守兵力，王莽抓的幾個點也比較內行，分別是關中的咽喉函谷關、關中和東南部的鎖鑰武關，這兩處算是防守的前線；隨後在關中層層設防，包括長安附近的霸上和平樂觀，最後是長安城自身的設防。

此外，王莽還令王舜、甄豐晝夜在殿中巡邏，以保護自己的人身安全。

其實，函谷關在漢武帝時期向東移過，已經不是當年齊王劉襄叩關的舊關。這使得關中更具縱深優勢，關東更難取勝。完成了軍事布置，王莽懷抱劉嬰，感到周公「誅管蔡」的歷史復現了——周公攝政，管蔡挾持武庚叛亂，現在翟義同樣挾持劉信作亂，周公當年都十分擔心，何況我王莽呢？

即使兩千年後的現代社會，這種「歷史復現」的希冀也很常見。例如歐洲七年戰爭期間，法國、奧國、俄國組成的聯盟幾乎要把腓特烈大帝的普魯士滅亡了，結果俄國女皇伊麗莎白突然病逝，繼位者彼得三世親普魯士，而且是腓特烈大帝的「粉絲」，於是退出戰爭，導致聯盟解體，腓特烈大帝奇蹟逃生。到了第二次世界大戰後期，希特勒已經躲在地下室裡，得知羅斯福病逝的消息後，他就認為腓特烈大帝的奇蹟將會在自己身上重現。

今人如此，何況古人？周公「聖史」的逼真復現令王莽在憂懼中獲得了強大的自信。他模仿《周書》作了一篇《大誥》，承諾將來一定會「復子明辟」，就是還政給劉嬰的意思，也是「復辟」一詞的本義。《大誥》由大夫桓譚等人向天下頒行諭告，這等於是向天下重申不會取劉氏而代之的承諾，效果應該不錯，因為此後沒有宗室響應劉信。

七將軍的「閃電戰」也十分淩厲。翟義九月份起兵，隊伍達到十萬，但卻遷延遲鈍，始終沒有西進，而是停留在東郡南部的陳留郡一帶，不斷消耗著糧草輜重和將士們一鼓作氣的勁頭。結果，七將軍迅速出函谷關，直接找到翟義和劉信的主力進行決戰，在陳留郡的菑縣[15]，也就是當年成就齊桓公霸業的「葵丘之盟」的葵丘，一戰擊破翟義軍隊，武平侯劉璜被斬首，劉信的兩個兒子谷鄉侯劉章、德廣侯劉鮪被捕殺，翟義、劉信等人率領殘兵向西南方向退守淮陽國的圉縣[16]。

七將軍大捷的消息被火速報告給王莽，王莽心中石頭已然落地。他放下懷中的劉嬰，也放下了最

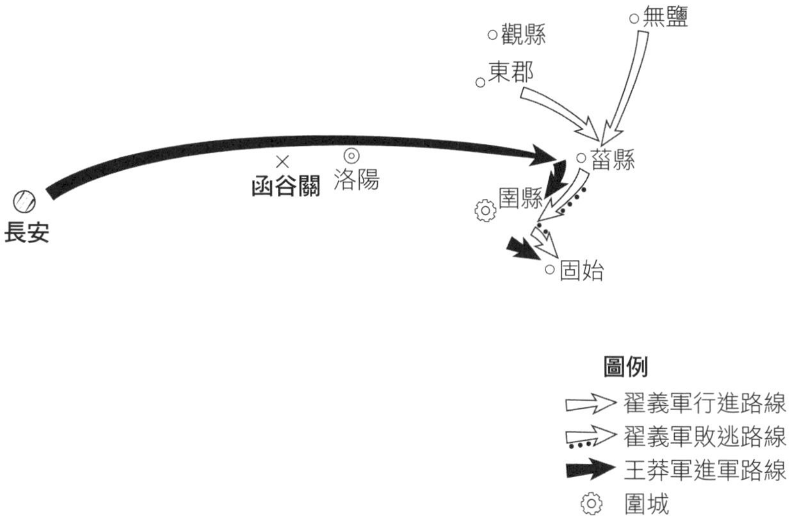

圖4.2　翟義軍與王莽軍交戰簡圖

開始的寬容——在翟義、劉信起兵之初，王莽抓了他們的親人，但只是關在監獄而沒有加害。現在，見大局已定，他下令將翟義的母親、翟宣和女兒翟習以及親屬二十四人在長安鬧市十字路口全部處以磔刑，即分屍，並將屍塊暴於街頭。

行刑那天，天氣和煦，層層疊疊圍觀的人群裡，不時傳來受難者的慘叫。臨死時，翟宣終於明白，幾個月前家中那恐怖的夜哭之聲就是自己親人的哭泣，而那被野狗咬掉的數十隻大鵝的腦袋，就是自己親人的首級。

王莽在實施酷刑中獲得了極大的愉悅，他在給七將軍的詔書裡饒有興趣地描述了行刑的經過，並掩飾不住喜悅地說：「天氣和清，可謂當矣」[17]。為了鼓舞士氣，他給將士封了五十五個列侯，並大赦天下。

受到激勵，七將軍的軍隊對翟義和劉信緊追不捨，在十二月將圉城團團包圍，很快攻破。翟義與劉信丟下殘兵，「化妝」逃亡。在圉城往南不遠的淮陽國固始縣，翟義被捕，並很快在淮陽國的治所陳縣被處以磔刑，分屍後暴屍。而劉信始終沒有被抓到，從此消失在歷史長河中，他可能死於亂軍，即使僥倖逃脫也應該沒有活到東漢。另一位叛亂高層王孫慶也沒有抓到。

一場看似轟轟烈烈的叛亂竟然只用了三個月、打了兩場較大的戰役就失敗了。史書沒有記載翟義和劉信為何在關外遷延日久，其原因已經隨著叛亂高層領導人的死難而成了祕密。若以事後之明看，要麼是在西進路線上發生分歧，要麼是缺少軍事經驗，未能制定並執行穩妥而迅猛的戰略。

但不管怎樣，王莽代漢之前最大的一場叛亂就此平息。

不久之後，王莽按照劉崇的先例，將翟義的宅邸毀壞、挖坑、灌上汙水；把翟義的父親翟方進及翟氏先祖在汝南郡的墳墓扒開，焚燒棺槨，夷滅三族，一般夷三族是不殺孩子的，但翟氏家族則被斬草除根，不留子孫。全部斬首後，屍體被推到一個大坑裡，放上斷腸草等毒物，以詛咒其靈魂也不得安寧[18]。

這次勝利刺激了王莽的自信，使得他和他的心腹們更加堅信天命已經轉移，天不再護佑劉氏，從而加快了由假皇帝向真皇帝的躍進。

宗室們則基本上斷絕了扭轉這一趨勢的殘念，有些宗室甚至比一般的諂媚者表現得更加忠誠，格外懂得抓住時機，在一些關鍵時刻站出來為王莽搖旗吶喊。

比如舂陵侯劉敞慶倖自己被王莽當成安撫劉氏宗室的典型，雖然牽扯進翟義的叛亂，但不僅全身而退，把兒子劉祉也從監獄裡救了回來。父子倆本就以忠厚謹慎著稱，自此更加戰戰兢兢。

比如清河綱王世系的新鄉侯劉佟，在王莽嫁女時站出來請求增加王莽的封邑。王莽大為感動，即位之後將劉佟賜姓為王。

泉陵侯[19]劉慶，封地位於荒蠻的零陵郡，劉崇和他同屬長沙定王世系，只是劉崇的祖輩遷到富庶的南陽，從此兩家就漸行漸遠了。劉慶在漢宣帝末年嗣爵，如今年齡不小，閱盡滄桑，在王莽賜九錫時第一個公開主張王莽居攝，可惜他死得早，王莽即位後斷絕了劉慶之子繼承的爵位。

此外，廣饒侯劉京、討伐劉信的七將軍之一的劉宏，也都抓住了好機會，在王莽即位前夕向王莽報祥瑞，請求王莽即位為真皇帝。還有被王莽安排給漢平帝父親為繼嗣的中山王劉成都、郚鄉侯劉閔、明德侯劉龔[20]，以及找張竦捉刀的劉嘉，先後上書頌揚王莽，都被賜姓為王。

宗室尚且如此，何況大臣？後世王朝覆滅後屢見不鮮的「遺民」「殉國」現象，在西漢末年幾乎沒有。由此可見王莽之感召，人心之更替，天命之轉移，殆非無權無勢無兵無財的宗室所能撼動。

至少在這一時期，後世所謂的「人心思漢」是不存在的。[21]

翟義、劉信失敗後一年……

這一年裡，凡是往來於濮陽、無鹽、圉等城市的人，都會在大路旁看到極其可怕的景象：用翟義和劉信叛軍屍體堆成的塔山，也就是當時所稱的「京觀」。京的意思是大，京觀就是「大觀」。這些屍體已經白骨化，成為恐怖的屍山。路人所見是骷髏的幽深眼窩和骨殖的慘白顏色，所嗅是血腥腐臭的氣味。王莽還令人對其封土，「方六丈，高六尺」，再覆蓋上荊棘，旁邊豎起一塊高一丈六尺的表木，上書「反虜逆賊鯨鯢」[22]。「鯨鯢」是古代作惡的大魚，在這裡和反虜、逆賊並列。

之所以在這三個城市，是因為翟義和劉信等人在無鹽密謀，從濮陽起兵，在圉城失敗。製作恐怖的京觀，就是要恐嚇這幾個城市的士民，也恐嚇其他的宗室。

築京觀，的確古已有之，《左傳》中就有記載。王莽主張復古，似乎有理由這麼做。但京觀更多的是上古祭祀與戰爭風俗的殘酷遺存，並不是主張仁義的儒家題中應有之義。王莽儒生出身，卻築起中土久未出現的京觀，在當時所產生的威懾效應，可想而知。

王莽的形象，在微妙、緩慢地發生著變化。他那激烈、極端乃至有些變態的性格，亦隨著他權力的擴張而愈演愈烈，從早年摔碎玉石劍柄，到挖掘丁、傅兩太后的墳墓，逼殺兩個親生兒子，再到以毒物汙物詛咒叛亂者，直到京觀，漸漸暴露出他在服膺儒學、敬天重禮的姿態下還有另一張面孔。

難道說，儒家還有這樣一副面孔嗎？

第五章
經師

劉氏去，王氏持
天下安寧樂可喜
井田平貧廣其志
——新莽時期鏡銘

一、馴服君主

1 新朝四友

孔子對自己的弟子們有過期許，叫作孔門四科：

德行、言語、政事、文學。

在後世的今文經學家眼中，這體現了素王孔子培養弟子以建立理想政治的心願。說得直白些，就是讓弟子們組織理想政府——德行，就是孔子的繼承者，下一任聖王，比如顏淵；言語，負責外交，比如子貢；政事，相當於丞相，比如冉有；文學，負責教化，比如子游、子夏。

新朝也有四位「朋友」，考慮到他們的行跡，差可比擬：德行，即王莽；言語，即桓譚；政事，即劉歆；文學，即揚雄。

始建國元年，王莽甫登帝位，國師劉歆已經著手設計新朝的改革。他倆共同的老朋友，六十二歲的揚雄，終於不再擔任黃門郎這個低級侍從職務，成為新朝的中散大夫。在漢朝，黃門郎是無數貴戚子弟、有為青年仕途的起點，王莽也曾在這個職位上「過渡」過幾個月，揚雄卻待了半輩子。現在，他雖然成了中散大夫，但「散」字說明他沒有固定職責，仍然像從前一樣，既不去「侍從」或「顧問」皇帝，也不在意仕途升遷，照例去天祿閣讀書校書。

昔日的朋友一個當了皇帝，一個成了國師，揚雄就很少和他們見面了，不過他收了劉歆的兒子劉棻當弟子，教他「文字學」[1]；另外，他們另一個共同好友桓譚，還常常寫信辯難或是登門拜訪，這足以寬慰本就對人事比較豁達的揚雄。

桓譚是王莽、劉歆和揚雄的「小兄弟」，到始建國元年也已四十五歲，從漢朝的諫大夫升任新朝九卿之一「典樂」[2]的屬官典樂大夫，繼承了他父親在漢朝擔任太樂令的衣缽。世事變遷，往往如此，故人老去，新人又來，漢成帝妃子班婕妤的弟弟班稚，也曾是王莽的好友，但他在擔任繡衣使者為王莽「采風」時拒絕收集祥瑞，已經退出王莽的圈子，不過，他七歲的兒子班彪時常來找揚雄和桓譚玩。

多年以後，班彪的兒子班固說，儒者選擇出仕或是不出，各能獲得「道」之一部分，《易》說「君子之道，或出或處，或默或語」，所以「山林之士往而不能反，朝廷之士入而不能出，二者各有所短」[3]。

班固說的就是儒者的品質，也即「兼濟天下」和「獨善其身」的選擇。儒者不能一味追求歸隱，浪費掉一身道術；也不能貪戀祿位，忘記儒者的本分。那麼問題來了，什麼時候選擇入仕，什麼時候選擇出世？這種判斷力體現著儒者的品質。

古人說君子如玉，儒者的品質就像玉的光澤，需要在特定的政治狀況下才能折射出來。如果說政治家最重要的品格是決斷力，那麼儒者最重要的品質就是判斷力。

當時，漢新交替並不純粹是權力的更迭，而是徹底拋棄秦政，純用周政的歷史抉擇，是關乎華夏文明走向、「天下向何處去」的政治時刻。自漢元帝始，朝廷上到高官，下到屬吏，儒者越來越多，這裡面有些是精通儒學、師法明確的經師，也有些不以儒者自居但具有儒學素養的官員，他們各自做出了不同選擇。

同樣是現任的儒家官員，有的如治嚴氏《春秋》的馬宮，以及死在新朝成立前夕的孔光，都當過宰相，因為位高權重而被尊為「儒宗」，是王莽的堅定支持者；有的如漢哀帝的大司空彭宣、光祿大夫龔勝、丞相司直郭欽、兗州刺史蔣詡等，見王莽執政，或是辭官，或是稱病，紛紛回歸鄉里。

同樣是儒家名士，有的如琅琊郡的紀逡、沛郡的唐林和唐尊，都出仕王莽，兩唐後來還在新朝封侯，居公卿位；有的如齊國的栗融、北海郡的禽慶、蘇章以及山陽郡的曹竟，則不仕新朝。

還有一部分人則像桓譚，先為王莽效力，後來主動疏遠，最終轉入劉秀旗下；而王莽信任的侍中杜林，最後官至東漢大司空。

王莽當然尊崇儒學，他仿照周文王和孔子的「四友」，為太子配置了「四師」「四友」「九祭酒」。「四師」是前任大司徒馬宮、原漢少府宗伯鳳、博士袁聖、京兆尹王嘉；「四友」是尚書令唐林、博士李充、諫大夫趙襄、中郎將廉丹。這八人主要是具有儒家背景的高官、當世名士或名師，他們既充任太子官署的官員，也是太子的「導師團」「交際圈」；

「九祭酒」則是九位「任課教師」，其中六經祭酒均是一時名儒、讖緯名家，主要是今文經學經師，包括「講《春秋》祭酒」左咸、「講《詩》祭酒」滿昌、「講《易》祭酒」國由、「講《書》祭酒」唐昌、「講《禮》祭酒」陳咸、「講樂祭酒」崔發[4]。此外還有「師友祭酒」，相當於「班主任」，王莽很重視人選，特意派謁者持印綬帶著專車去延請已經辭官的龔勝，龔勝婉拒不成，絕食而死。剩下的「侍中祭酒」「諫議祭酒」，應該是「輔導員」一類，史書未載人選，但也當是儒生。

由此可見，儘管王莽明確尊崇儒家，且獲得大部分儒者支持，但並不存在一個行動一致的「儒家集團」，儒者們各有立場、各有選擇。出仕的，有人真心相信王莽，願意跟隨他開萬世太平；有人未必相信，但願意投機，做一番事業或是博得祿位。不出仕的，有人是與新朝改革的設計師劉歆早有過節，如龔勝；有人是忠於漢室，要當伯夷叔齊，如薛廣；有人不相信王莽是聖王，不願意跟隨；還有人預判將來會天下大亂，不如遠走避禍。

誰的判斷力是正當的？

歷史終會證明，並檢驗他們作為儒者的品質的成色。

現在，新朝顯示了宏大的儒家開國氣象，連皇帝都是儒者。儒者的至高理想就是由聖人當王，這頗似蘇格拉底所說的「由懂得統治的人統治」，也就是柏拉圖所說的「哲人王」。就政治哲學的這一理想模式而言，的確是「東海西海，心同理同」。

面對滿朝儒冠博帶，從國師劉歆到太學裡某個默默無聞的博士員弟子，是否有人會想起當年高皇帝向儒者帽子裡撒尿的事？是否有人會想起叔孫通、賈誼、董仲舒、公孫弘、夏侯勝、貢禹、蕭望之等漢朝儒臣？是感到欣慰、喜悅，還是懊悔、惶恐，抑或虛無、荒誕？

2 儒宗叔孫通

漢二年（西元前二〇五年），漢王劉邦趁項羽遠在齊國作戰，糾集諸侯一舉攻破了項羽的都城彭城。

叔孫通此時正帶著一百多名儒生弟子留在城中，有點像後代的「教團」。他本是秦二世任命的秦博士，見二世無道，秦朝將亡，就逃回老家魯地薛縣，當時薛縣是陳勝的地盤；不久陳勝被殺，他就依附占領薛縣的項梁；項梁一死，他歸屬楚懷王熊心；楚懷王被項羽「暗殺」後，他又歸附項羽，留在彭城。

叔孫通換了這麼多君主，見劉邦入彭城，毫無意外投降了劉邦。不僅如此，他聽說劉邦討厭儒生，又迅速脫下儒袍，換上楚制短衣，以取悅劉邦，劉邦為此很高興。

師傅如此，那一百多名弟子也如此。弟子們總是提醒叔孫通，要盡快把他們推薦給劉邦做官。但當時楚漢相爭正熾，叔孫通告誡弟子們先忍著，別著急「變現」，相反，為了在劉邦面前顯示自己有用，叔孫通把這些年結識的各路壯士、流氓、遊俠之類推薦給劉邦賣命，這再一次博得劉邦的好感。於是劉邦也拜叔孫通為博士，封為「稷嗣君」，就是「繼承儒家稷下先生傳統」的意思。

終於熬到劉邦戰勝項羽，在定陶稱帝。叔孫通發現，劉邦的功臣們極其粗魯，不知禮儀為何物，飲酒爭功，拔劍擊柱，喝醉了就大呼小叫，有時候還會談起劉邦微末時的往事。劉邦對此很是不安，叔孫通於是自告奮勇說：

> 臣願徵魯諸生，與臣弟子共起朝儀。[5]

這句話透露了一個信息：儘管叔孫通來自儒學的聖地魯，也曾親見秦朝的宮廷禮儀，還能帶領一百多儒生弟子，是貨真價實、水平不俗的儒生；但是，他和這一百多弟子竟然沒有能力為漢朝設計禮儀，仍需要去魯徵召新的儒生！這就說明，直到漢初，儒家尚不擁有一套比較成熟或者普遍認可的禮樂制度，對周代的禮儀是什麼也沒有定論。

叔孫通顯示出他過人的魄力，他認為，儒家未必要因循舊制，非得求周代的做法，而應該參酌三代，參考秦朝，結合當下的人情習慣來制定，「臣願頗采古禮與秦儀雜就之」[6]。叔孫通使用儒學的這種理念，對漢世產生了很深的影響。

從定陶到魯沒有多少路，叔孫通很快就到了。

魯，實在是對中國關係太大的一個地方。孔子在魯發展了儒學，強調「述而不作」，以傳承整理為主，不另起爐灶來創造。用清代章學誠的話來說就是：

六經皆史也……皆先王之政典也。[7]

孔子創制儒學，不是自創，而是通過整理周代的「政典」來表達政治主張。這裡的「政典」，並非有些史學家所說的「史料」或是「檔案」，如果非要打比方，毋寧說是周代的「文件」：既有《尚書》這樣的「紅頭文件」「政府白皮書」，也有《儀禮》這樣的「規章制度」，還有《詩經》這樣的「內參」。即使是孔子親自編纂的《春秋》，也是依據魯國的「大事記」而褒貶成書。總之，儒學與魯有著根深柢固的關係，魯地儒生的知識譜系也最為醇粹。

但是，孔子創制儒學，是想通過儒學來解決春秋時期的政治問題。換言之，儒學是在春秋「邦國時代」被設計出來，以實現社會正義的政治哲學。孔子在春秋，孟子在戰國，都渴望能有一個邦國挺身而出，通過行王道來懷柔遠人，消弭紛爭戰火，重建禮樂文明，實現「歷史的終結」。

但孔孟應該都沒有預料到，「邦國時代」的終結並未恢復周代的禮樂宗法，而是演進為中央集權、官僚體制的「帝國時代」。帝國是什麼？皇帝是什麼？孔子和孟子都沒見過，也沒有猜想過。也就是說，儒學從來就不是為「帝國時代」而設計的，也沒想到邦國的國君們會被皇帝所取代。

即便是生活在戰國後期的荀子，目睹了主要邦國紛紛變法以及郡縣制、官僚體制已見端倪，主張效仿後王，融合禮法，甚至把希望寄託在秦國，培養出李斯和韓非，也仍然沒能想像秦始皇的出現。

從邦國到帝國的「周秦之變」，是一個千年未有之大變局。

秦統一六國後，儒學的後生子弟、徒子徒孫們，大都難以適應或是尚未覺察到儒學與帝國時代的格格不入，還沿著舊日軌跡生活。有些和秦朝合作的儒生，在「焚書坑儒」[8]中也受到重大打擊。秦末戰爭中，項羽被楚懷王封為魯公，項羽死後，關東地區聞風降漢，唯獨魯國不屈。劉邦圍困魯都曲阜，一度想要屠城，魯國的儒生們卻仍然講習禮樂，弦歌不輟。

是他們駑鈍愚蠢嗎？是他們從容不迫嗎？

似乎都不是。

根本的原因，是他們還沒有適應甚至理解新的帝國時代。即使有人先知先覺感悟到周秦之變是一種千年未有之大變局，那麼儒學要不要「入局」，是去適應帝國時代，還是固守先秦的格局？這又是一個問題。

叔孫通之所以特別，是因為他不僅通曉「千年大變局」，知道天下不再是共主與邦國、貴族與平民共存的場域，而是一人專制、編戶齊民的帝國，而且他認為，儒學必須轉型以適應這一時代。

先秦諸子都是「邦國時代」的產物，除了法家，都面臨同樣的「轉型」問題。轉型當然是方方面面的，但根本的問題只有一個：如何與皇帝共存。

法家，打個比方說其實是「管理學」，而非「政治哲學」，沒有好惡，只論效率，「法、術、勢」

三個字冰冷而抽象，令野心勃勃的人興奮，令生機勃勃的人恐懼，法家是帝國時代的締造者，是專制君主的教師[9]，所以沒有轉型的困境。

墨家，是平民的政治哲學，主張選舉賢人當天子。但邦國轉變為帝國的結果之一，就是把邦國時代具有一定政治權利和人身自由的國人、平民轉變為要服兵役、徭役、勞役和繳稅的編戶齊民，而編戶齊民幾乎只有義務沒有權利。一旦帝國格局形成，墨家的生存基礎便不復存在，也就談不上轉型這樣奢侈的問題了。

道家，乾脆否認和取消了政治哲學，認為政治的目的、價值等都沒啥意義。因此，道家一部分與法家合流，法家只相信嚴刑酷法，不相信人情，不追求正義，道家是無所謂人情，無所謂正義，兩者在這個層面上一拍即合；另一部分則遠離政治，或逃入山林，或歸於宗教，拒絕世俗生活。但無論哪一種，都與專制君主沒有直接衝突。

唯有儒家，最為痛苦。

若論本心，儒家與帝國和專制君主是格格不入的，儒家愛宗法人情，愛禮樂「大一統」，愛封建自治，愛懷柔遠人，愛垂拱而治，人是目的；而秦漢帝國卻是愛法條律令，愛武力一統，愛中央集權，愛征服榮耀，愛以吏為師，人是工具。

叔孫通可能也經歷過這種思想轉型的痛苦，但不論是他想通了，還是被皇帝嚇怕了，總之他出現在劉邦面前時，已經決然表現出要推動儒家適應帝國，積極向專制君主奉獻力量的態度。

這次回到魯地，叔孫通準備徵發能幫他設計禮儀的三十多名儒生，絕大多數應徵了，但有兩位堅決不肯走，理由有兩個：

公所事者且十主，皆面諛以得親貴。今天下初定，死者未葬，傷者未起，又欲起禮樂。禮樂所由起，積德百年而後可興也。吾不忍為公所為。公所為不合古，吾不行。[10]

第一，叔孫通人品太差，靠阿諛奉承爬到高位。這是不認同叔孫通有資格成為儒學轉型的領導者。第二，天下剛剛安定，還不到制禮作樂的時候，禮樂不是靠人為設計的，而是當社會達到某個道德水平之後自然而然形成的。叔孫通現在就想制禮作樂，是非常惡劣虛偽的行為。這個理由，實際上代表了反對轉型以適應專制君主的儒家的看法。

比起「異教」，宗教往往更痛恨內部的「異端」。儒家也相似，這兩名儒生對叔孫通破口大罵：「公往矣，無汙我！」就是說「你滾吧，別髒了我！」叔孫通沒有回罵，反而笑了，「若真鄙儒也，不知時變。」[11]就是說「你們這些沒見識的儒生，根本不懂得變通。」

有了徵召的儒生，再加上跟隨的弟子，叔孫通的人手夠了。禮儀設計出來，反覆操練，多次修改，到漢七年（約西元前二〇〇年），劉邦準備在十月歲首於長樂宮舉行盛大的朝歲儀式，以皇帝的身分接受諸侯百官公卿的朝見。

叔孫通設計的禮儀，正式派上了用場。

朝見當日，天濛濛亮，謁者就領著諸侯百官依次進入前殿大門，門內院子裡旗幟獵獵，車騎步兵警衛戰甲赫赫，威風凜凜；殿前的臺階上，幾百名侍從郎官整齊而恭敬地站著，進來的官員們一下子就被這盛大的陣勢所震懾。禮官們一個接一個傳達命令，當聽到一聲「趨」，諸侯百官們連忙按照排練的要求，低頭小步快走。功臣、列侯、將軍等貴族和內朝官員站在殿前西側，文官、丞相等外朝官員站在東側。站定之後，劉邦的御輦才緩緩出來。朝見正式開始，諸侯官員們按照尊卑依次奉賀，朝見完畢後奉酒。整個過程中，行禮不夠標準的會被御史直接請下去，那些曾經喝酒後拔劍擊柱的功臣們，別說還有機會喝醉了，聲都不敢吭。

劉邦滿意地說：「我今天才知道當皇帝的尊貴啊。」

為了表彰叔孫通，劉邦拜他為太常，賜金五百斤。叔孫通終於等到了這一刻，順勢請求皇帝一併給他的弟子們賜官。劉邦任命這些儒生為郎，雖然是低級官員，但畢竟都在漢廷做官了。

叔孫通出來之後，連劉邦賜的五百金也全部分給大家。這些儒生弟子們得了官還賺了錢，都喜不自禁，說叔孫通實在是當代聖人，「知當世之要務」[12]。

「知當世之要務」，這句話從叔孫通弟子口中說出，當然是贊美。後來，司馬遷評價叔孫通，稱他是「希世度務制禮，進退與時變化，卒為漢家儒宗」[13]，這「儒宗」二字是讚美還是諷刺呢？再後來，《漢書》在評價叔孫通時，就沒有用這個詞，而是很平淡地說「立一王之儀，遇其時也」[14]。

司馬遷絕不是一個「識時務」的人，對叔孫通應語含譏諷，但仍然承認他是儒家邁入漢朝帝國政治的第一人，「稷嗣君」就是漢廷對這一定位的確認。開啟漢帝國的劉邦是「流氓」，開啟漢家儒學之路的叔孫通也難免「猥瑣」，這是歷史常見的戲碼。對比來看，班固就頗引以為恥，認為叔孫通為漢帝國初定禮儀只是機緣巧合罷了。

事實上，「儒」最初就是禮官，就是搞祭祀和禮儀的。是孔子賦予了儒學以政治哲學的品質，孔子是大立法者。叔孫通完成了儒家在帝國時代轉型的第一步，就是先入局，但他無力實踐孔子的立法，在劉邦眼裡他只是一個「司儀」，而不是立法者。歷史的弔詭正在於此：叔孫通諂媚、識時務的秉性，竟然劇烈影響了此後漢代儒家的氣質。這決然出乎堅強剛毅、矢志不移的孔子和孟子立法的初衷。

3 董仲舒之惑（一）

叔孫通之後若干年，有董仲舒。

太常博士董仲舒已到知天命之年。這段時間，漢朝最大的事情就是皇帝崩殂，十五歲的太子劉徹登基並為先帝議謚為「孝景」。新皇帝是延續父祖的「文景之治」還是另起爐灶，目前有許多猜測，據說新皇帝十分依仗他的舅舅田蚡，而田蚡好儒是眾人皆知的事情。

漢興已經一個甲子，儒學漸漸適應了帝國的存在，慕名投到董仲舒這位《春秋》名儒門下的學生越來越多，他精力有限，只能為最器重的學生授課，然後再令這些學生轉相授受給其他人。有些學生他甚至只知其名，未見本人。這使董仲舒意識到，儒學可能真的在復興。

這因而引出了董仲舒最深刻的關注：帝國時代，儒學怎麼繼續曾經的政治理想？怎麼約束從秦朝繼承的苛酷法制？怎麼教化皇帝遵循儒家這一「普世價值」？

果然，如多數大臣所預料，劉徹即位僅兩個月，田蚡就以外戚的身分被封為武安侯，逐漸染指朝政。朝廷內外彌漫著新的空氣，又過幾個月是十月歲首，皇帝正式改元，除舊布新，與民更始。丞相、建陵侯衛綰上奏：

所舉賢良，或治申、商、韓非、蘇秦、張儀之言，亂國政，請皆罷。[15]

皇帝同意了。

舉賢良，是朝廷選拔官員的一條重要渠道。新皇帝的第一道改革政令，把舉賢良設定為儒生入仕的專屬渠道[16]。當然，這並不意味著學習申韓刑名縱橫之術的人就無法入仕，漢朝的入仕途徑還有很多，但釋放的信號是清晰的。董仲舒與衛綰同朝為官多年，清楚地知道衛綰與時任御史大夫、塞侯直不疑都是漢景帝舊臣，既不通儒學，又是出了名的謹慎長者，當無魄力做這種出頭露面的改革。想來，應是武安侯使的力。

不久，各郡國新舉的賢良陸續抵達長安，皇帝親自對策。董仲舒是太常博士，負責舉賢良事宜的就是他的上司太常卿、柏至侯許昌，因此，董仲舒很有可能在這一時期通過許昌認識了一名新來的博士，淄川人士，名叫公孫弘。

董仲舒是在任博士，公孫弘是新進博士，兩人同習《春秋》，董仲舒或許沒聽說過公孫弘，但公孫弘一定瞭解董仲舒，因為公孫弘的老師是著名的《春秋》學名儒、齊人胡毋生。胡毋生與董仲舒又都是景帝時的博士，彼此相處頗為融洽。胡毋生自漢朝返回齊國後，教授了頗多弟子，公孫弘就是其中之一。

公孫弘學律法出身，年輕時極為潦倒，淪落到在海邊為人放豬。匪夷所思的是，他竟然在四十多歲時突然轉向儒學，而今他已經六十歲了。

看來，即使是遙遠如齊國海邊的潦倒之人，也嗅到了儒學將興的味道。這位公孫弘先生，究竟是求道還是投機，現在難以辨明。但他在六十歲高齡遠赴長安，舉為博士，想必有雄心遠志。

不久，公孫弘被劉徹委派出使匈奴，兩位老博士暫時分開了。形勢的發展遠比預想的要快，在田蚡支持下，皇帝任用魯學大師申培公的弟子趙綰出任御史大夫，另一名弟子、劉徹的老師王臧擔任郎中令，還把身在魯國、已經耄耋之年的申培公本人以四匹馬拉的車接到長安。皇帝指示，要以蒲草包裹車輪，以免路遙顛簸，這叫「安車蒲輪」，是很高規格的待遇。見到新皇帝如此敬重申培公，他的弟子們都很受鼓舞。

把申培公接到長安，是請他主持一項最重要的儒家改革——建立明堂，並擔任皇帝儒家改革的顧問。

在儒家的理想裡，明堂是君主和大臣乃至平民共同議政的地方，因此建立明堂並不只是修建建築，還寓有政治理想。

在儒學這波強勁的進取勢頭裡，董仲舒並沒有躬逢其盛。這是因為，一來主導此事的竇嬰、田蚡均是外戚列侯，位於上流階層，與董仲舒這樣的小官來往不多；二來，申培公師生屬儒學中的魯學，而董仲舒、公孫弘屬齊學，彼此的師法傳承並不相同，齊學推陰陽，說災異，究天人感應，察五際六情，其學說比魯學要激進和誇張，而魯學以嚴謹敦厚著稱。

劉徹選擇魯學，主要是受王臧影響，覺得魯學最為正統純粹，其實並未深入瞭解儒學內部的派別和主張。

因此，申培公及其弟子們可能沒有留意到，皇帝在邀請申培公的同時還徵辟了梁孝王的門客枚乘，也賜予了安車蒲輪的待遇。這說明皇帝對申培公的期待和對枚乘的期待略同。枚乘是何許人也？他是大名鼎鼎的梁園文學侍從之一，天下最優秀的辭賦家。劉徹讀過枚乘的作品，瞭解那種豐腴瑰麗、誇飾鋪張的風格，他既然偏愛枚乘的辭采張揚，那麼嚴謹保守的申培公會是他要依仗的儒學領袖嗎？

果然，當申培公千里迢迢抵達未央宮，劉徹在前殿一見面，就迫不及待地問起「治亂之事」。「治亂」這樣的大事，當然不是一兩句話就能說清的，更沒有藥到病除的靈丹妙藥。可見皇帝的心思已經急迫到何種程度，又對儒學懷有何等不切實際的期望。

申培公久離長安，昧於時局，雖然做了一些奏對的準備，但委實沒有理解這位少年皇帝的意圖，出於謹慎，他答道：

為治者不在多言，顧力行何如耳。[17]

大意就是「少說話，多做事」。

正在興頭上的皇帝聽到這句正確的廢話，即刻沉默了。

又一個十月很快就到，歲首是極重要的日子，但就在這個月，朝廷突然發生事變。正在籌劃修建明堂、制定巡狩、封禪、服色制度的御史大夫趙綰、郎中令王臧被下大理議罪。據內廷傳出的消息，原因是太皇太后竇氏前日從東宮也就是長樂宮來到未央宮，向皇帝舉證趙綰、王臧有貪贓枉法之事，皇帝迫於無奈只得詔令查辦。同日，丞相魏其侯、太尉武安侯皆被免職，明堂停止修建，申培公罷免驅逐。這場改革只持續了四個月。

漢景帝母親竇太后向來喜歡黃老之術，不喜歡儒學，但這件事的直接原因是「趙綰請毋奏事東宮」[18]，就是趙綰奏請日常事務不必請示竇后，撇開竇太后的意圖太過明顯。趙綰、王臧隨即自殺，恐怕也是為了避免牽連皇帝本人。至於貪贓的罪名嘛，因政治路線或權力鬥爭獲罪者，以貪贓枉法被治罪，並不稀奇。

但是，劉徹對趙綰、王臧兩位昔日寵臣竟沒有營救的舉動。揣測劉徹內心，可能與申培公師生令他失望有關，這批魯學的儒生雖然自詡得到孔子真傳，但並不符合他的理想。而且外廷也沒有幾個儒家官員，沒有人為趙、王說話。

大概是這個時候，去年出使匈奴的公孫弘回來了，劉徹認為他有辱使命，褫去博士職位，逐回淄川。

4 董仲舒之惑（二）

趙綰等人的倒臺，使得明堂、巡狩、曆法等儒家制度設計一概停擺，朝廷裡沒人敢再提。但是，劉徹登基時頒行的舉賢良的政令並沒有廢止，而且幾年後（建元五年[19]）劉徹設置了「五經博士」，這說明皇帝並沒有忘記儒學。

博士品秩雖然不高，也沒什麼權力，卻是漢朝的最高學術顧問團，為朝廷設計禮樂制度，時常被皇帝召見詢問國家大事、解讀祥瑞災異。以前，漢朝雖然也有儒學博士，比如董仲舒自己，還有去世的申培公，走了的胡毋生，以及被召回來的轅固生，但他們都不是五經博士，換句話說，那時候儒學博士只是太常裡眾多博士之一。因此，設立五經博士，就意味著博士已經以儒生為主體，儒學融入帝國制度的程度加深了。

董仲舒當上五經博士的第二年春，漢朝有兩處重要的宗廟發生火災，這在當時是很要緊的事。先是二月，遼東郡高皇帝的宗廟起火，接著是四月，高皇帝長陵陵園的寢殿又起火。劉徹十分驚懼，換上素服，並詔令董仲舒奏對。

董仲舒如臨大敵，思來想去怎麼奏對。火災這種災異，他很熟悉，就是陽氣太盛引起的。而「陽」所指的不是別人，就是皇帝。

在奏對的草稿中，董仲舒寫下：「陽失節，火災出。」[20]

最後，他又取出一份新的竹簡，備好刀筆，謄寫清稿。他考慮再三，不敢寫皇帝失節，而是把筆墨花在解釋為什麼火災會發生在高皇帝廟這個地點上，以及怎麼消除災異。

奏對送到皇帝手中時，劉徹的素服已經穿了五天，他內心驚懼未消，不敢除服，徐徐展開董仲舒呈上的簡冊細讀，赫然一句話映入眼簾：

> 視親戚貴屬在諸侯遠正最甚者，忍而誅之；……視近臣在國中處旁仄及貴而不正者，忍而誅之。[21]

原來，董仲舒把火災歸咎於外有不法的諸侯王，內有不安分的近臣，必須將其誅殺。這是間接點出皇帝的責任，但皇帝並沒有注意到這層意思，反而覺得，儒學竟然還有如此肅殺的一面，果然博大精深，與當年申培公那句「少說話，多做事」簡直不可同日而語。

劉徹，後人常常用「多欲」來形容他，在歷代帝王的譜系裡他從來不是一位符合儒家口味的君主。他對儒家的喜好，是希望用儒學為他的一切行為蒙上合法、道德、神祕的面紗。董仲舒從一場火災出發，竟然能夠談及對王侯貴戚的冷酷制裁，這讓劉徹嗅到了儒學複雜的味道，儒學的齊學也就進入了他的視野。

三個月後，太皇太后竇氏崩殂。不到一個月，皇帝就以喪事辦理得不好為由，將丞相和御史大夫同時罷免。不出所料，原太尉、武安侯田蚡拜相，而曾以五百金賄賂田蚡的韓安國被拜為御史大夫。到了冬十月，已經即位六年的劉徹第一次改元，幾個月後，他又下詔舉行了漢朝有史以來最重要的一次賢良對策。

之所以這麼說，是因為這次賢良對策出了兩個頗受皇帝矚目的人，一個是董仲舒，一個是公孫弘[22]。

公孫弘回來了，齊學的勢力增強了，這對董仲舒應是一個好消息。

公孫弘被趕回齊地，本來已經絕了入仕之念，無他，年齡已過花甲矣，他大概有壽則多辱的感觸吧。但淄川郡堅持舉薦他參加賢良對策，他只好再次西行，跋涉至長安，又來到太常寺。他和董仲舒都知道，此次對策是皇帝真正掌權、大舉推行儒學的準備工作，皇帝到底如何看待儒學，如何尊崇儒術，都將在此次對策後見結果。

董仲舒所作的對策就是著名的「天人三策」。後世因為班固在《漢書》裡收錄了全文，使這三篇奏對極為有名，以至於後人誤認為「罷黜百家，獨尊儒術」自此已經實現。但司馬遷憑著還是董仲舒的學生，在《史記》裡對董仲舒的記錄卻篇幅很短，也沒有收錄「天人三策」[23]，可想而知，董仲舒的對策在當時並沒有引起轟動，而是被後世儒生不斷推崇，最終才聲譽顯赫的。

事實上，「天人三策」也的確沒有令皇帝非常滿意，皇帝冊問的那些問題直白、功利、咄咄逼人。在前兩次冊問中，皇帝問：「三皇五帝既然道路是對的，怎麼最後就走到了桀紂？儒家推崇的復古，到底有沒有用？儒家標榜的聖君，為什麼堯舜就很閒，垂拱而治；而周公就很忙，連飯都吃不安生？朕現在勸農，為何沒有效果？」

皇帝一如既往地急迫，他追問的還是那兩個字：治亂。而且不要務虛，不想聽大道理，要聽「政治改革」的「解決方案」，不然就來不及了！

可董仲舒偏偏講的就是大道理，他一方面並不畏懼皇帝，直言「天人感應」的道理，陳說君主必須畏懼天命，自省而行道；另一方面，也不得不回應皇帝的質問：不是堯舜的道不對，是桀紂無德，不是復古沒用，是沒有真正復古。所以，如今漢朝用的秦法要更化改制。堯舜很閒是因為他們靠禪讓得了天下，周公很忙是因為周文、武王靠革命得了天下，形勢不同。至於皇帝勸農效果不佳，是因為沒有養士，應該從儒生中選拔人才充任到中央和郡國的中層崗位上去。

皇帝聽了這些話，並不滿意，於是在第三次冊問中不禁冷嘲熱諷：你怎麼說得既不條理也沒有重點，是想故意迷惑朕嗎？你要把治亂的本質說清楚！

董仲舒這才講述了春秋大一統的意思，並說了一句話：

> 臣愚以為諸不在六藝之科、孔子之術者，皆絕其道，勿使並進。邪辟之說滅息，然後統紀可一而法度可明，民知所從矣。[24]

這就是所謂的「罷黜百家，獨尊儒術」。其實，「罷黜百家」是東漢班固總結的，「獨尊儒術」也是後人總結的，一定程度上只是想像。

但劉徹對董仲舒的建議不太感冒，他登基時舉賢良只舉儒生，設立「五經博士」以抬舉儒學，目的是「廣道術」，是拓寬人才的來源[25]。因為下一步他要幹的許多大事——封禪泰山、開疆拓土、討伐匈奴、抑制諸侯等等，需要廣泛且豐富的人才，要「五湖四海」，只用儒家怎麼行呢？至於天人感應、君主要行道的話，劉徹聽了只會不快。

劉徹也以類似問題冊問了公孫弘：如何能夠達到上古的大治？公孫弘的對策同樣收錄在《漢書》中，但名聲為「天人三策」所掩。公孫弘的對策比董仲舒要務實得多，他先講了一番儒家的大道理，隨即提出「治民八本」，拐到了刑名之術，落腳在「賞罰分明」上，也就是法家推崇的「法」；又提出「治本四要」，也就是「仁、義、禮、術」，落腳在法家推崇的「術」上，再加上皇帝天然具有的「勢」，用儒家的道理來論證「法、術、勢」這三種法家的核心觀點，可不就是劉徹最喜歡的緣飾儒術嗎？

奏對結束，公孫弘的對策被擢為第一。皇帝讓董仲舒遠赴江都[26]，給江都王當王國相。公孫弘則被留下，成為太常博士。從俸祿看，董仲舒成為郡守一級的官員，是提拔了；而公孫弘則有了一個很好的起點。

這兩個人劉徹都要用，但用法不同，劉徹可能對公孫弘更滿意，所以留在身邊；而董仲舒，劉徹可能特意讓他先去王國歷練，如果他確實能以自己主張的大道理治理好一個王國，再召回長安交付重任不遲。

此時的董仲舒和公孫弘有可能關係還不錯，不知道他們是否會相約：一人在外，一人在內；一人在皇宮，一人在王廷，聲氣相通，勉力合作，振奮儒學，各自將君主馴化為聖君，將來就能使天下重致太平。

5 董仲舒之惑（三）

劉徹在通過舉賢良對策提拔董仲舒和公孫弘的同時，又根據寵臣衛青的多次推薦，發現了主父偃等人才。通過推薦就可以做官，這比舉賢良對策要簡便多了，所以，劉徹的時代並沒有「罷黜百家，獨尊儒術」。

主父偃也是中年時轉向學《春秋》，但他打動劉徹的卻是早年所學的縱橫家術。他和公孫弘相似，年輕時也有顛沛流離、貧困潦倒的經歷。被劉徹任命為郎中時，年齡想必也不小了。

董仲舒、公孫弘、主父偃三個大齡政壇新手，開始以各自的方式影響著皇帝。董仲舒以天人感應推說陰陽災異，以儒學平決政事；主父偃則是縱橫家術；公孫弘位於他們兩人中間，以儒學修飾刑名之術。

董仲舒的影響力最微弱。江都是吳國故地，離皇帝太遠，江都王是劉徹的兄長裡最驕橫的一位，十五歲就在七國之亂平叛中當過將軍，漢景帝為此賜過他天子旌旗，此事成為他畢生榮耀。即使在劉徹即位之後，他仍然恃帝兄之威，時不時懷想旌旗十萬攻城略地。

劉徹派董仲舒來當相，用意很明顯了，倘若董仲舒能夠以禮義降伏這位驕王，那就證明董仲舒治國是有一套的，將來從王廷重返漢廷，扶搖直上，也不是不可能。慶幸的是，江都王對董仲舒還算敬重，據說董仲舒在江都推說陰陽，搞「天氣預報」很有一套，求雨止雨，無不靈驗。

公孫弘的影響力則持續增長，博士做了很短的時間就升遷為左內史，就是後來的左馮翊，是治理長安及周邊皇陵京畿的顯宦。雖然與董仲舒同為二千石，分量可是完全不同。他有時候也會向劉徹進諫，例如劉徹要打通與西南諸國的聯繫，公孫弘就認為此舉耗費民力而無所用，向劉徹力諫，劉徹根本不聽。但這些沒有影響皇帝對他的敬愛，因為公孫弘為人「談笑多聞」，也就是詼諧博學，很容易相處，他從來不與劉徹過分爭執，即使在廷議前與同僚商量好的事情，到了劉徹面前，他察言觀色，會順著劉徹的意思改口。以至於名臣汲黯曾當著公孫弘的面向劉徹告狀說公孫弘「不忠」。

「不忠」，從汲黯這個忠直剛正的人嘴裡說出來，就是佞臣的意思了。但是，公孫弘自認並非佞臣，他向劉徹表達心跡，說了一句讓後世更認為他是佞臣的話：

知臣者以臣為忠，不知臣者以臣為不忠。27

「瞭解我的人知道我是忠臣，不瞭解我的人以為我不忠」，這似乎是一句拙劣的狡辯，但史書卻記載，精明無比的劉徹對這句話非常欣賞，以至於越是有人詆毀公孫弘，劉徹越是欣賞他。因為，這句話確實不是狡辯，公孫弘勸諫皇帝珍惜民力，不要好大喜功，是符合儒家之道的；他不與皇帝當面爭執，也符合儒家的溫柔敦厚；他在廷議時「開陳其端，使人主自擇」，能針對問題拿出幾套方案讓皇帝定奪；而且「其行慎厚，辯論有餘」，能分析出道理，舉止卻很厚道，這說明公孫弘確有才能，不是一味奉承，雖小節有虧，絕非佞臣。劉徹天天看在眼裡，怎麼會覺得他不忠。

但無論是董仲舒還是公孫弘，眼下都比不上如日中天的主父偃。

主父偃提出「推恩令」，解除了三代帝王的心頭之患，被劉徹大加讚揚。主父偃也自恃受寵，大膽涉入內外朝諸多大事，他上書支持立衛子夫為皇后，令皇帝、衛青都倍感欣慰；他揭發燕王劉定國淫亂王廷，致燕王自殺，燕國絕嗣而廢除，一時朝野震動，諸侯王更是聽到主父偃的名字都會害怕。這些都是皇帝家事，一般的大臣避之尚恐不及，以免惹上禍端，主父偃卻毫不懼怕，還把伍子胥的名言掛在嘴上：「吾日暮途遠，故倒行逆施」。

董仲舒、公孫弘、主父偃三人都是劉徹親自提拔，既不屬前朝舊勛，也不是外戚貴胄，可以判斷劉徹對他們是有期望的。

不久，江都王劉非突然給劉徹上了一封奏書，請求賦予他兵權，他要北上幫助皇帝去攻打匈奴。此事令正在大力削藩的劉徹不太高興，他當然拒絕了劉非的請求，可能也認為董仲舒的相國不太稱職，就把他召回長安降為中大夫。

被召回的董仲舒，成了一個實際政治的失敗者。不僅廢相的名聲不好聽，品秩也從真二千石降到比二千石。當董仲舒以中大夫的身分進入郎中令官署時，中大夫主父偃、朱買臣等皆以複雜的目光注視著這位新同僚。

回到漢廷的董仲舒，漸漸看到一個與當年不一樣的、更真實的公孫弘。這是一個與叔孫通很相似，以儒學取媚帝王、缺乏剛毅之氣的公孫弘，是被九十多歲的齊學宿儒轅固生斥為「公孫子，務正學以言，無曲學以阿世！」[28]的公孫弘，也是一個被朝中公認的賢臣如汲黯所排斥的公孫弘，他身為皇帝寵臣，卻對皇帝那些有違君德的言行很少規勸，也沒有建議皇帝更化改制。

另一方面，主父偃也把董仲舒視為敵手。他沒有料到，一個失職的廢相，回到中央後竟然頻頻被皇帝召見，又是問前年夏天的下霜、五月的地震，又是問去年七月的大風，又是問今年夏天的大旱和蝗災。皇帝最近寵愛的一位棋友，叫吾丘壽王，還有太史令的兒子司馬遷，皇帝竟然令他們都跟隨董仲舒問學。

主父偃可能更擔心董仲舒與公孫弘都是儒家，一旦聯成聲氣，會給他的仕途帶來不可預測的影響。他去董仲舒家，趁主人還沒來的時機，刻意翻找書案，竊取了董仲舒的《災異說》，書中記錄的正是董仲舒當年任太常博士時向劉徹奏對遼東高廟和高祖便殿起火時的原稿，其中「陽失節，火災出」等文字歷歷在冊。

主父偃將此書奏明皇帝，劉徹御覽後，臉色不是很好看。因為「陽失節」就是說，那兩次起火的原因在於皇帝。劉徹相信災異，但對借災異批評皇帝是高度警惕的，他召集太常博士和弟子們都來討論。儒生們到了未央宮，主父偃把簡冊給博士和弟子傳閱。董仲舒的得意門生呂步舒是朝廷裡說災異的後起之秀，對此頗有發言權，他指出簡冊裡有「陽失節」的話，尤為大逆不道，認為說災異者當死。主父偃對呂步舒稱道了一番，又聽了其他人的意見，召見就結束了。

幾天後，廷尉的虎狼之士闖進董仲舒宅邸，將董仲舒逮入廷尉獄。一頭霧水的董仲舒在獄中頗受了些苦，直到呂步舒哭著來探監，董仲舒才知道發生了什麼，並覺得這次難逃一死。

一個人在死前會想什麼呢？董仲舒或許會認識到：自己離權力中心其實很遠，根本沒有機會推動朝廷的更化改制。他雖然在「天人三策」裡提出一整套方案，但都沒有被皇帝採納，也沒有其他的大臣支持，更不必說馴服君王了。在牢獄之災中，更能深味儒生在權力鬥爭中的無力。

廷尉尚未審理董仲舒的案子，一道詔令下來，董仲舒免死，不知道是劉徹的恩賜還是公孫弘的相助。董仲舒回家後，來不及給自己壓驚，第一件事是把書案上所有言說災異的簡帛拿到庭院裡一把火燒了。

陰陽災異，確屬天道，洩露天道，性命難保，今後還是只在心中說災異吧。

劫後餘生的董仲舒徹底沉寂了，公孫弘卻可能在主父偃對董仲舒的陷害裡，覺察到自身的危險。

公孫弘深知更化改制絕非一代人之功，眼下最要緊的是防範主父偃。換言之，先清除掉敵人，且得到皇帝的支持，才談得上下一步的事情。

這下一步，就是人，要有一大批且源源不斷的儒生進入朝廷做官。雖然朝廷舉賢良已經十幾年，但舉賢良並不是穩定和常態的入仕渠道，人數也不多。沒有人，無論是清除政敵還是勸諫皇帝，都難以成功。昔年趙綰王臧之敗，今日主父偃之逞，已經證明了這一點。

很快，公孫弘就聽到皇帝拜主父偃為齊王國相的消息。主父偃就是臨淄人，他這些年刻意收集了不少齊王淫穢失節的內幕，可能是有什麼前因要報復，把這些內幕一股腦捅到劉徹那裡，劉徹這才拜他為齊國相。如果他在齊國再次掀起大案，比照當年處理燕王的案子，回來後很可能升任御史大夫。到那時，公孫弘就將屈居主父偃之下，性命或將難保。所以，公孫弘要加快升遷的腳步。

主父偃離開長安之前，也頗做了些準備，他授意同僚中大夫朱買臣，兩人一內一外，勠力維持局面。到了齊國，主父偃先是羞辱親朋故舊，以報復當年他們對自己的蔑視、忽視、鄙視。不幾日，又讓手下人試探齊王。「先問問王和他姊姊通姦的事」，主父偃吩咐，他的想法是循序漸進，先讓手下人從一件事問起，讓齊王摸不清虛實多寡，自己再去和齊王理論，如此一進一退，不怕齊王不服。

大概與此同時，主父偃得到消息，公孫弘被拜為御史大夫。他感到了壓力，迫不及待要與齊王攤牌，希望把齊王的案子辦得漂漂亮亮，再加上手中還握著趙王的把柄，回到長安後可以與公孫弘一搏。

但主父偃萬萬沒有想到，他的手下詢問完齊王之後，齊王大概是擔心遭受燕王一樣身死國滅的命運，當晚就自殺了。

齊王之死打亂了主父偃的設想，自殺意味著齊王還沒有審判就死了，案子就黃了。再加上趙王因為有把柄在主父偃手中，更要借齊王自殺一事做文章。主父偃決定即刻動身返回長安向皇帝解釋。不過，流言比快馬更快，主父偃人還沒到，皇帝已經為齊王自殺之事震怒，以為是主父偃逼齊王自殺的，再加上趙王慫恿。主父偃剛入函谷關就被拿下。

齊王之死既是國事，又是皇帝家事，劉徹召丞相、平棘侯薛澤，御史大夫公孫弘，以及新任廷尉張湯來議事。張湯也擔任過太中大夫，與主父偃、朱買臣、趙禹同列。不過，張湯與趙禹都是入仕多年的大臣，彼此交好；而主父偃與朱買臣是劉徹提拔的新貴，彼此相合。張湯與主父偃關係未必密切。此番主父偃下廷尉，廉潔苛刻的張湯客觀地指出，主父偃確實未曾逼迫齊王自殺，不過，趙王等人舉證主父偃接受諸侯賄賂和賣官已經查實，所以主父偃應按照貪汙罪處死。

丞相、平棘侯薛澤一向忠厚，主張暫時留主父偃一條命，劉徹也覺得主父偃很有才幹，不太想殺他。而此時，公孫弘說了一句話：

> 齊王自殺無後，國除為郡，入漢，主父偃本首惡，陛下不誅主父偃，無以謝天下。29

這句話並不容易理解，但劉徹馬上明白了。公孫弘的意思是，齊王自殺無後，齊國就被廢除了，齊地改為郡縣，版圖納入漢境，這從利益上看不是壞事。但是從儒家倫理看，天下人就會覺得皇帝太狠毒了，已經占有四海，卻為了得到齊國的土地，不惜派主父偃逼迫親人自殺，奪取親人的土地。所以，天下人會在背後罵皇帝自私無情冷酷，不是仁義之君。所以，只有殺主父偃才能告訴天下人：看，皇帝並不想這樣，是主父偃辜負了皇帝。

劉徹對公孫弘的建議非常滿意，他甚至不滿足於殺掉主父偃。公孫弘、張湯分明只聽得劉徹的玉音放送：

「主父偃族誅。」

6 董仲舒之惑（四）

主父偃的確是抱著必死的決心入仕的，拚得殘生盡日歡，此身雖死又何妨？但他萬萬沒想到，搭上的不僅是自己，還有整個家族成員的性命。

主父偃一死，朝廷的氣氛似乎輕鬆了許多。但董仲舒仍然恐懼，他雖然厭惡主父偃，但族誅的酷刑令他畏懼。他的困惑與日俱增：面對一位喜怒無常、極端殘酷的君主，儒學如何去馴服，又怎能馴服得住呢？他日益感到自己的經術毫無意義。諷刺的是，皇帝派吾丘壽王、張湯來向自己問道，他們來修習儒道，真不知道修成什麼樣子呢！

董仲舒還困惑於公孫弘，自從張湯向他講了主父偃之死的緣由，他驚異於公孫弘確實是通儒術的，只是這儒術之用超乎自己的想像。昔年劉徹向董仲舒問災異的時候，董仲舒也建議皇帝誅殺諸侯和外戚，但那並沒有實際所指[30]，而且確乎是災異本身的預測。公孫弘卻能將儒術翻雲覆雨成精妙手段，還飾以仁義，這對儒術是福是禍？

又是十月，新的一年到來。

十一月，溫弱的平棘侯薛澤罷相，御史大夫公孫弘拜相。

這是有漢以來第一個沒有封侯的丞相，朝臣還沒來得及議論合不合舊例，拜相當日，皇帝就以平津六百五十戶封公孫弘為平津侯，此時公孫弘大約七十四歲。此後直到東漢，凡拜丞相必先封侯成為慣例。

尤為重要的是，公孫弘是作為一介儒者而非功臣或是外戚走到封侯拜相這一步的，這對天下的示範效應，要遠遠高於董仲舒在賢良對策時苦口婆心宣講的大道理。

當了丞相之後的公孫弘會幹什麼呢？董仲舒不敢去想，他應該並不樂見一個曲學阿世的儒生，成為新一代的漢家儒宗。

不久之後，公孫弘先是引董仲舒和另一個修魯學的瑕丘江公辯論，力推董仲舒的齊學更勝一籌，齊學在漢廷的地位更加鞏固；但接著，公孫弘又舉薦董仲舒擔任膠西王的王國相。

表面來看，這是一次重用，但董仲舒經歷過上次牢獄之災和擔任江都王相之後，已經能看清這是一個「殺局」。膠西王也是劉徹之兄，「七國之亂」後封王，「為人賊戾」，「強足以距諫，知足以飾非」[31]。人很聰明，你向他進諫一句，他有十句回你，而且說得更冠冕堂皇。膠西王最有名的事情，就是這些年凡是給他當相的，總會被他找出理由治死罪，實在找不出瑕疵的，就被毒死，總之有去無回。

王命難違，董仲舒只得東行。

見了膠西王，董仲舒沒想到大王非常恭敬謙卑，一切皆依禮，但董仲舒已經非常清楚地認識到一個事實：自己連一個諸侯王都無法馴服，想以儒學馴服皇帝從而變革天下，更是絕對不可能的。劉徹內多欲而外施仁義，貌似聖王，實為暴君，這樣的皇帝是三代以來的第一個，是帝國時代孕育出的典型君主，與堯舜文武、秦皇高祖有著本質不同。輔佐劉徹這樣的「雄才大略」，恐怕只有公孫弘才能勝任。

董仲舒終於想明白：公孫弘刻薄殘忍，但未必是針對自己，而是面對劉徹不得不如此，他殺主父偃，貶斥汲黯，把自己攆到膠西，種種行徑，目的是為了驅除異己，壟斷皇帝的信任，從而可以放手做一番事業。

如今這些目的都達到了，公孫弘年老體衰，時日無多，不出所料的話，勢必該有些作為了。

想到這裡，董仲舒趕忙掌燈備刀筆，給公孫弘寫了一封書。在這封短短的信裡，董仲舒一共說了五次「仲舒叩頭死罪」。當然，「死罪」在漢代是一個常用的謙辭，但反覆說了五次，董仲舒只想傳達一個意思：我服輸。

特別是這麼一句話：

> 仲舒愚陋，經術淺薄，所識褊陋，不能讚揚萬分，君侯所棄捐。32

一代儒宗都服輸了，公孫弘見到這封書一定很高興，他可能會想：老匹夫終於想明白了，也是真害怕了，不枉我把他發配到膠西王那裡去。

那麼，董仲舒在書信裡提到的建議當然可以考慮了，那就是希望公孫丞相能效仿蕭何，打開求賢之門，盡快讓儒家壟斷仕途，這與公孫弘的政見相同。公孫弘已經馴服了儒宗董仲舒，也贏得了皇帝的信任，他把丞相官邸的東牆鑿開，加蓋了一幢新的建築物，名曰「東閣」，在這裡他招納各類賢人名士，如果有特別出色的，就推薦給劉徹。

更重要的是，公孫弘徹底變革了漢代的文官制度。他推動劉徹下詔：

第一，以儒家原則建立中央太學。

第二，為博士配置弟子五十人，由太常選拔，以前的博士自己收弟子，此後博士弟子們由國家選拔配備，就像今天的「公費研究生」；同時，令各郡國層層選拔優秀子弟到太常博士處委培。「畢業」後經過考核，分送到中央擔任「文學、掌故」等官員，優秀的可直接擔任郎中。

第三，發掘現任地方官中的儒學人才，優秀的擔任左右內史等京畿地區官員的屬員，較一般的也擔任各郡太守的屬員。

這幾乎重建了漢朝的官員選拔體系，保證儒生被源源不斷補充到中央和地方的中低級官吏行列，隨著這些人的正常升遷，漢代朝野的儒家官員甚至高官將會越來越多。

這正是董仲舒曾經想做但始終沒有做到的事情[33]，也是公孫弘了不起的作為。

董仲舒七十歲那年，允許他返回長安的詔令到了，不知道是皇帝記起了他，還是公孫弘見到那封信後決定放過他。

辭別膠西王，董仲舒鬆了一口氣，或許膠西王也鬆了一口氣。返回長安的路上，正值冬季，一路上都在下大雪。雪勢之大，是皇帝即位以來的第一次。經過的郡縣，總有貧民被凍死。董仲舒知道，這災異預示著將會掀起可怕的大獄，但他再也不敢說出這個祕密了。

回到長安的董仲舒向皇帝上書，求皇帝准許他致仕。

皇帝答應了，又令張湯登門向董仲舒學習如何以儒術來審案。於是董仲舒作《春秋決獄》，寫下二百三十二個案例，詳細解釋如何用儒術來平決案件。從這一點上說，董仲舒所做的與公孫弘本質上是一樣的，都是要把儒術融入漢帝國實際的政治運作中。公孫弘也有《公孫弘》十篇，記錄他以儒術理政的經驗，據說內容極為精要，每個字值百金[34]。

他們兩人的差別，是作為經師擁有的政治德性不同。

故園仍在，木繁草長。董仲舒想起昔日「三年不窺園」的往事，想起漢景帝時，他還算年輕，有一日，天朗氣清，他在家中讀書，忽然門下報稱有客人來訪。來者脫履登堂，風姿綽約，令他精神一振。主客交拜行禮，分別在席上坐下。面對董仲舒這樣的海內名儒，此人並不苟且，儀態頗為大方，談吐十分不俗。他們談起儒經的精微奧妙，更是多有相契之處。董仲舒很想引為知己，又頗覺可疑，因為他感覺此人對自己非常熟悉，若非曾經同門共學、朝夕相處，絕不可能有如此默契，然而，他從未聞說此人大名。

日光依然燦爛，照得門外白花花一片。客人忽然說：「噢，要下雨了。」

董仲舒一怔，恍然大悟，笑著對客人說：「我曉得了！巢居知風，穴居知雨，卿非狐狸，即是鼷鼠！」

那人聽到這話，大驚失色，綽約的人形迅速朽壞下去，旁邊侍奉的僕人嚇得把手中的漆盤掉到了席上，眼看那來客化作老狐狸的模樣，倉皇跳出前廳，不知去向。[35]

而現在，他每晚都到園子裡，仰首觀天象變幻，個中玄機只有自己能領會。不久，他聽說淮南王、衡山王謀反，兩王皆自殺。而主持這次謀反大案審理的，正是當年險些害他被殺的高足呂步舒和時常求教的廷尉張湯。呂步舒和張湯以董仲舒的《春秋決獄》為藍本，審理兩王之案，最終有萬人死在這場大案中。印證了上年冬日大雪所示的寓意。

夜觀天象，他還發現北極星旁的三顆星突然有一顆變得極暗，這預示著三公中有一人即將死去。

而此時，御史大夫李蔡剛剛被免，太尉一直空缺，三公中唯有丞相公孫弘在任。果然第二年公孫弘薨於任上。

董仲舒是否可以理解公孫弘？

他或許能理解，儒家改制不是由一個人、通過幾件措施就可以實現的，也不能寄託於一位皇帝身上。公孫弘窮盡後半生，就是給儒生鋪就了一條通達的仕途，從而與外戚、勛舊在官場上分庭抗禮。而即便是這樣一項看似簡單的事情，也必須由公孫弘這個既懂儒學還能取得皇帝信任、對待政敵心狠手辣的人才能完成，而董仲舒一生所做的政治實務，只是為帝國的法律事務做做顧問。

好在他把畢生關於天人感應、災異論說的道理，都深深融入公羊學說裡，為漢朝後來的儒生們大談災異打下了基礎。[36]

但即便如此，董仲舒仍然無法讚賞公孫弘。理解，但決不讚賞，不是因為兩人命運殊途，而是董仲舒仍然深深陷落在政治的困惑裡。進入帝國時代的儒學，從理想上看必須馴服帝王，但是真的可以做到嗎？逐漸「經學化」的儒學，隨著地位的升高，將來還有動力去批判馴服帝王嗎？

多年以後，劉向、劉歆父子爭論董仲舒的地位，父親劉向認為董仲舒有王佐之才，兒子劉歆卻很不以為然，認為充其量只是「群儒首」。從董仲舒的畢生事業來看，劉歆所言不虛，他的確沒有什麼王佐之才；但倘若以理想主義來觀，董仲舒豈又只是儒生之首？假如董仲舒遇上王莽，該會怎樣？

二、今古之爭

7 蓋寬饒之死

董仲舒最後以壽終，家族滋繁茂盛，還得到遷徙茂陵的禮遇。如今長安附近的衛星城已經是繁華富貴的輻輳之地，聚集了許多達官貴人，遷徙帝陵不再是漢廷消除關東巨族勢力的舉措，倒像是對臣子的褒賞，當然這並不全是董仲舒的聲譽所致，而是他的子孫因為修習儒學都當了大官，這要拜公孫弘所賜。

魏郡的蓋寬饒也是如此，他受益於公孫弘為儒生劃定的軌道，先因為明習儒經在魏郡任「郡文學」，主要負責一郡的教育工作；又通過舉孝廉、舉方正，在漢宣帝時期升遷到漢朝中央，擔任郎中令的屬官諫大夫，負責宮門事宜。蓋寬饒為人刻板剛正，特別擅長用儒學的原則來處理行政問題，是那種敢把本本上的「規章制度」甩到頂頭上司面前、堅決不給上司幹私活的人。漢宣帝倒是欣賞他，人盡其才，把他提拔到司隸校尉的位置上，查舉彈劾官員和王侯外戚。

董仲舒指明了方向，公孫弘鋪好了路，要想當官，就要修習儒學，所以夏侯勝告訴他的學生，只要儒學水平高，當官就跟從地上拾草一樣容易。但是，要想當大官，還得平衡和皇帝的關係，不能太執著儒家的理想。因為在漢宣帝的時代，漢朝秉承的是「王霸之道雜之」的漢家制度。

蓋寬饒不太聽這一套，他覺得自己只要廉潔奉公，別人就無可指摘，因此他當司隸校尉期間，長安內外的大小官員貴戚都怕他，長安風氣為之一清。漢宣帝的岳父、平恩侯許廣漢並非弄權之臣，在漢宣帝微末時有恩於皇帝，因此備受尊崇信任。有一次，許廣漢搬新家，丞相魏相、御史大夫等一眾官員都來慶賀，但蓋寬饒就不去。

許廣漢屈尊請他，他才去。一到許家，許廣漢親自斟酒敬他，蓋寬饒說了一句很掃興的話：

無多酌我，我乃酒狂。

少給我倒酒，我喝了會耍酒瘋——丞相魏相聽見後笑著說：

次公醒而狂，何必酒也？[1]

次公是蓋寬饒的字。您不喝酒都像瘋子，何必靠酒？——魏相和蓋寬饒的人生軌跡相似，他是憑通曉《易》經，亦先在郡內做官，再通過舉賢良進入漢朝。魏相既通儒經，又擅長以律法治理地方，還特別重視漢朝的傳統，治政時有意收集整理了漢朝名臣如賈誼、晁錯、董仲舒等的言論，給漢宣帝作參考。他這種既有儒學素養又重視漢朝傳統的風格，很得漢宣帝欣賞。

魏相此話一出，在座的趨炎附勢之徒立刻把鄙夷的目光投向蓋寬饒，以示「劃清界限」。酒喝得差不多了，音樂歌舞起來了，主管長信宮事務的長信少府，名叫檀長卿，步入舞池，模仿猴子逗起狗來，大家都笑了。蓋寬饒十分不悅，仰頭看著新房嘆氣說：「真漂亮啊！可是富貴無常，一不小心就易手，這樣的房子再美，和人來人往的賓館有何不同呢？」說完離席而去，走了還不算，馬上彈劾長信少府學猴子跳舞，失禮不敬。

此事令漢宣帝很不高興，許廣漢親自賠罪，過了很久才算過去。

漢廷裡，類似蓋寬饒這種軌跡的官員不少，他們都是儒生出身，但並不擔任博士之類的「教職」，而是在朝廷的各個崗位上憑著儒家的原則做實際工作。漢宣帝時，「五經博士」已經增加到十數家，他們繼續擔當皇帝的顧問，負責漢朝的文化教育和高級人才的培養，博士之職也是通往九卿、御史大夫甚至丞相等頂級高官的道路之一。

一邊是儒生出身的行政司法官員，一邊是看似學術純粹但實際上官方化的經學博士，兩者在政治的維度上既有重疊，也逐漸有了齟齬。

言其重疊，是因為經學博士的「王官之學」和儒家官員的行政司法實踐，共同將學術思想的意圖貫徹到政事和律令中，多少制衡了君主的個人意志和利益階層的專權專制。

因此，漢宣帝及以後，朝廷的重大決策、大臣的諫言建議、皇帝的聖旨聖裁，都要找儒家作依據，就好比後代的文件一上來先要寫「為貫徹落實……批示」之類。但這些引經據典只是表面文章。真正的做法是從義理上、案例上發揮對政治的影響，叫作「引經決事」，顧名思義，就是照著儒經來平決事務。清末的皮錫瑞對此說了四句話[2]：

「以《禹貢》治河。」《禹貢》是《尚書》裡的一篇，記載了大禹治水、古代的山川河流等內容。漢廷討論治水，《禹貢》是最高綱領。平晏之父平當，在漢哀帝時期就討論過；王莽也主持過一次治水的「專題會議」，大臣們都是以《禹貢》為範例，韓牧呼籲道，要按照《禹貢》裡記錄的九條河流來疏通，哪怕疏通不了九條，能通四五條也不錯呀！[3]

「以《洪範》察變。」說的是夏侯勝根據《洪範五行》，通過天不下雨推測昌邑王要遭遇政變那類事。

「以《春秋》決獄。」說的是董仲舒和他的後來者們，根據《春秋》的原則來斷案，類似儒家對秦漢的律令進行「司法解釋」，既然無法取消承秦以來的律令制度，那就重新解釋。前面曾說，法家的觀念基礎是「刑名」，以律法維護名實相符。《春秋》決獄就是把儒家的道理插入名實之間[4]，這種做法一直持續到東漢末年的鄭玄，影響甚至達於二十一世紀。

比如說，董仲舒有一個非常知名的案例：乙、丙兩個人打架鬥毆，丙抽出佩劍去刺乙，乙的兒子甲一看父親要挨刀，情急之下舉起棍棒去打丙，結果不小心打到自己父親身上，把父親打傷了。按照漢朝的律令，即使是誤傷，也屬兒子毆打父親，要判梟首。

但董仲舒不同意，他舉了個儒經裡的「判例」：春秋時期許悼公（名買）生病，太子（名止）進藥，結果許悼公服藥後去世了，太子很傷心，把國君之位讓給弟弟，幾年後鬱鬱而終。《春秋》經文說「許世子弒其君買」，雖然用了一個「弒」字，但《公羊傳》在解釋這句經文時，認為太子的錯誤不在於進藥給父親，而在於進藥過於草率，動機是好的，所以不算有罪。董仲舒所學的是公羊學，所以他平決這個鬥毆的案子，就認為和許國這件事的道理一樣，兒子的本心是救父，只是措施不夠精準，因此判兒子無罪。

在這裡，董仲舒說了一條很有名的原則：君子原心。就是動機比結果更重要。儒家的這種對於法律的觀念，是非且先不論，直到今天仍然有迴響。

「以三百五篇當諫書。」說的是王式用《詩經》勸諫過昌邑王劉賀。霍光廢昌邑王，以沒有盡責為由屠殺昌邑王舊臣，卻認為王式已經盡責，將其赦免。

因此，至昭宣時代，儒家已經深刻介入漢朝的政治、法律、日常事務之中，雖然距離儒家「制禮作樂」「聖人為君」的理想還遠，但地位和功用已經遠遠超出叔孫通的時代。即使和後世比起來，也稱得上光輝燦爛，與宋明那種「尊德性」「道問學」的心性儒學、個人實踐儒學不同，與清朝那種「文字音韻訓詁、版本校讎目錄」的考據儒學也不一樣，與二十世紀以來「本體論認識論實踐論」的哲學化儒學更有本質不同。

促成這一切的，既有經學博士們掌握儒家經義解釋權的因素，也有儒家化的官僚們在治政治事上的實踐和努力。當然，還有皇帝的因素：

甘露三年（西元前五一年）三月，漢宣帝請太子太傅蕭望之組織，在未央宮前殿北邊的石渠閣召開了一次會議。石渠閣是皇家圖書館，因為藏書所以得防火，圖書館周圍就用石頭造了一道水渠，風景獨特。這地方距離前殿很近，藏書又多，是當時博士和儒臣們常常光臨的寶地。

開會，實在不是一件有趣的事，但這次會議卻可以視作漢朝以儒家立法的標誌性事件。

原來，這次會議邀請的全部五經博士，都是公羊學大儒。但漢宣帝因為祖父劉據愛好穀梁學，登基後格外重視穀梁學，於是又邀請了多家重要的穀梁學大儒。石渠閣內一時雲集了帝國最權威、最重要、最有名的大儒們。

召集這次會議，用今天的話說就是「體現了皇帝對儒學的高度重視和對學者的親切關心」，這是儒者們樂於看到的。不過，漢宣帝的真正意圖，是抬高他所推崇的穀梁學。當然，並不是說他要打壓公羊學，而是令兩者並駕齊驅，擴大博士的範圍和數量。比起談論災異五行、主張皇帝要根據天道行事的公羊學，穀梁學更注重禮制尊卑、倫理教化。

穀梁學被抬高，就會與公羊學出現學理上的分歧。兩者現在都是官方儒學，遇到矛盾分歧，誰正確？

皇帝正確。

這次會議上，漢宣帝以帝王之尊，對此類儒學內部的爭論進行裁決。這就意味著，皇帝依然淩駕於學術之上，而將公羊學、穀梁學都建為博士，還說明皇帝對經學的控制範圍擴大了。

因此，儒學就在這期間慢慢分化。

官方的儒學，不論是公羊還是穀梁，越來越傾向於維護帝國的統治，接受皇帝對儒學的裁決。經學博士們扮演的角色，也越來越像後世的意識形態部門，他們雖然脫胎於儒家，但已經不純粹是作為學術、作為理論、作為思想的儒學，而是成為「經學」。

經學有許多種定義，此處定義為官方儒學，因為唯有官方儒學，才能體現漢朝作為一個帝國所要追求的氣質與德性。

與此同時，那些雖然不是經學博士，也未必是什麼儒學大師的人，包括在野的學者、在朝的士大夫，他們沒有資格參加石渠閣會議，但有不少卻能保持自身的獨立，該批判時政就批判，該諫議皇帝就諫議，彷彿儒學另有一套價值觀似的。

換言之，經學是儒學，但儒學未必是經學。

打個比方，今天「西方國家」的「經學」是歐洲啟蒙思想家的理論，但這些理論不只是「經學」，還是大學裡的研究課題，是一些個人秉持的價值觀，等等。

漢朝雖然從漢武帝開始逐漸推崇儒學，但目的是建立帝國自身的王官學、經學，而不是純粹尊崇作為一門私家學問、個體思想、批判理論的儒學。

所以，至少在漢宣帝的時代，「獨尊儒術」是不可能的，只能勉強說「尊經」。

在蓋寬饒看來，漢宣帝的這種「尊經」很虛偽，他看到的是皇帝更重視刑法，更信任宦官，並有意把儒學壓制在他能控制的範圍內。於是，他給漢宣帝上書說：

方今聖道浸廢，儒術不行，以刑餘為周召，以法律為《詩》《書》。5

「儒術不行」，才是昭宣時期儒家地位的準確寫照。在蓋寬饒這類士大夫眼裡，儒學並沒有得到真正的重視。那麼，應該是什麼樣子呢？

五帝官天下，三王家天下，家以傳子，官以傳賢，若四時之運，功成者去，不得其人則不居其位。6

不管是有意無意，蓋寬饒透露了儒家對理想政治的心裡話：要實現選賢任能的「官天下」，而不是世襲制的「家天下」。一個人不具有統治才能，就沒有資格當統治者。

漢宣帝何許人也？來自民間、深曉「民氣」的他馬上意識到，這封奏疏不是普通的諷諫，而是會動搖漢朝劉氏家族統治根基的「激進思想」，已經嚴重越過「王霸之道雜之」的底線。他令中二千石以上官員討論這封奏疏，果然，有大臣直白地指出，蓋寬饒這是要讓漢帝禪讓，是大逆不道！

歷史就是這樣奇怪，在漢朝「禪讓」曾經不是多麼令人不安的詞語。當年漢文帝立太子，還專門下詔說，自己沒有禪讓給賢人而是傳給兒子，心裡覺得不安。漢文帝肯定是故作姿態，但至少「禪讓」兩個字不扎眼。

大逆不道的罪名落到了蓋寬饒頭上，雖然有其他大臣上書求情，但無濟於事，漢宣帝不能開這個口子。他篤信災異、祥瑞，內心也知道劉氏不可能永遠擁有天下。但至少在他這裡，要努力維繫皇室的權威不能有一絲一毫的動搖。

他下令逮捕蓋寬饒。

蓋寬饒並沒有被捕，得到消息的時候，他在未央宮北闕之下拔刀自殺。

8 蕭望之之死

漢宣帝死時，給兒子漢元帝留下一個足以平衡勢力，又能幫助兒子治理天下的班底。他臨終前提拔了三位大臣，讓他們同領尚書事，出入禁中，擔當輔政之職。

其中，樂陵侯史高被任命為大司馬、車騎將軍，他是外戚。曾協助漢宣帝主持石渠閣會議的太子太傅蕭望之，被任命為前將軍、光祿勳，他是當時的大儒，夏侯勝的學生；太子少傅周堪被任命為光祿大夫。他倆都是帝師。

此時，儒臣、名相于定國是丞相，統籌外朝事務。從當時的情況看，這個輔政班底主要承擔顧問、導師的職能，不同於霍光那種權臣。再加上漢宣帝留下的宦官——中書令弘恭和中書僕射石顯，形成了一個儒臣、外戚和宦官平衡的朝局。

王政君的家族也是在這一時期嶄露頭角，但勢力還很微弱，與輔政無緣。

弘恭和石顯雖然是宦官，但職務相當於皇帝的機要祕書。他倆長期從事機要工作，熟悉漢家律令法度，實際上代表的並非宦官勢力，而是與儒臣相對的文法吏。文法吏從漢初以來，一直擔當著各級機構的「經辦」，與後來身居高位、掌握話語權但不負責具體事務的儒臣在利益和政治理念上有衝突。

因此，這個輔政班底很快就分化了。

前面曾說，漢元帝是劉氏皇族第一個真正受過全面儒家教導且熱愛篤信儒學的皇帝，他寬宏大量、勤儉節約、溫文爾雅，至少在蕭望之、周堪的眼裡，這是一個已經造就，具有「聖王」資質的年輕帝王。

假如漢元帝真的成為儒家「聖王」，後面可能就沒有王莽的機會了。

蕭望之、周堪特意選拔了通經的宗室成員、散騎諫大夫劉向加官「給事中」，顧問皇帝左右。早在石渠閣會議期間，蕭望之就注意到當時僅為「待詔」的劉向，特意安排他參加會議。漢武帝寵臣金日磾的侄孫金敞當時擔任侍中，也加入蕭望之的陣營。四人同聲連氣，大膽勸諫皇帝按照儒家的理想治理天下，一時聲望煊赫，勢力大增。

這就觸犯了弘恭、石顯的利益，也令原本領銜輔佐的史高很是不滿。史高於是與弘恭、石顯結為同盟，互為表裡。蕭望之不是按照儒家原則來輔佐皇帝嗎？史高等人就拿漢朝的傳統做法來告誡皇帝，刻意與蕭望之對抗。

蕭望之對此心知肚明，決定要拔掉弘恭、石顯這兩枚釘子，把中書令換成儒家士大夫。

但漢元帝不僅沒有斥退弘恭、石顯，反而把劉向調離禁中，改任宗正。宗正是負責皇室內部事務的官員，劉向從諫大夫升為宗正，當然是提拔，但也失去了「給事中」的加官。蕭望之的努力換來的，是自己陣營的被打壓。

班固對這件事的解釋，是說漢元帝剛即位，不願意在用人機制上動作太大。但合理猜測，漢宣帝知道兒子好儒、柔弱，會給兒子傳授心法，教導過他中書令等職位要用信得過的宦官，不能讓儒臣把控。畢竟宦官位卑，純然是皇帝的附屬物，便於控制。若內外朝均由儒臣擔任，那「霸王道雜之」的格局就被打破了。

這件事情並沒有挫敗蕭望之的努力，他們繼續從年輕人中選拔人才。會稽郡的鄭朋此時冒了出來，這個小人物人品不佳，但很有眼光，趁機上疏批評史高等外戚之罪過，就此進入蕭望之和周堪的視野。一經接交，鄭朋極力吹捧蕭望之是當代的周公，天下人心嚮往之；又提醒說蕭望之已經年逾六十，再不有所作為就來不及了。

但處事嚴正的蕭望之不久後發現，鄭朋此人行為不端，搬弄是非，於是不再搭理。鄭朋果然是小人，立刻投靠到史高的陣營，反過來向史高說蕭望之、周堪的不是，至於前面批評史高的事情，鄭朋說：「那都是周堪、劉向教我說的，我一個關東人，哪裡知道這些（關內的）事情嘛。」

原本是暗流湧動、並未激化的矛盾，被區區一個鄭朋攪成你死我活的敵友政治。從馬基維利的角度看，鄭朋的政治水平不低。總之，事情到了這個地步，史高、弘恭、石顯也就不再敷衍，先行下手，讓鄭朋向漢元帝告發蕭望之等人，皇帝大概不知道弘恭在裡面的角色，按照程序讓弘恭去調查，蕭望之掉進了圈套。

問完之後，弘恭、石顯正式報告說，蕭望之、周堪、劉向結為朋黨、誣陷大臣、離間外戚、專制擅權，實屬有罪，建議「請謁者召致廷尉」[7]。

這裡有個細節，史書說，漢元帝剛即位，不懂得「謁者召致廷尉」就是下獄的意思，於是准奏。後來有事召周堪、劉向來見，才被告知他們都被關到監獄裡了，於是驚訝地問：「不是說只讓廷尉詢問嗎？趕緊把人放出來！」但是，漢元帝久為太子，父親又是一個極重教育的人，怎麼可能連「召致廷尉」就是下獄的意思都不知道？這個細節頗為奇怪。而且，蕭望之等人雖被放了出來，並沒有說罪名是錯的。對蕭望之，是赦免其罪，罷免前將軍、光祿勳；周堪、劉向則被免為庶人。那個小人鄭朋被任命為黃門郎，進入了漢朝仕途的車道。

更奇怪的是，過了幾個月，漢元帝賜爵蕭望之為關內侯，重新給了「給事中」的加官和其他待遇，史書說，這是「天子方倚欲以為丞相」[8]的準備工作，也就是說要讓蕭望之當丞相。聽起來不錯，但同時發生了一件事：

蕭望之的兒子給皇帝上書為父親鳴冤。

鳴冤這種事很正常，但漢元帝卻將此事下有司，由相關部門討論，假如他真的要任命蕭望之為丞相，對這封上書應該低調處理，他反而小題大做，這是很奇怪的。果然，討論的結果就是蕭望之身為大臣，不思悔改，還教唆兒子上書鳴冤，這是不敬，提請逮捕蕭望之。

漢元帝就問弘恭、石顯，「蕭太傅為人剛正，恐怕不肯折辱吧。」言下之意，就是如果真的逮捕，蕭望之可能會自殺。

弘恭等人安慰說：「人命最重，蕭太傅的罪都是言語上的小罪，他肯定不會做傻事。」

漢元帝於是批准了逮捕蕭望之的命令。

身為中書令，弘恭、石顯馬上起草敕令，並命令執金吾即刻發騎兵，火速趕赴京外杜陵，包圍蕭望之的宅邸，一副氣勢洶洶、要辦大案的樣子。果然，蕭望之見此情景，就覺得要完，起意自殺。他的夫人勸阻了一番，覺得皇帝不至於此；但他的學生朱雲恰在宅中，他是一個比蕭望之更剛直的人，反過來勸老師自裁。朱雲說了什麼史書未載，猜測朱雲可能認為，皇帝三番五次折辱老師，那麼自殺是最好的選擇，這不僅是表明帝師、儒者的尊嚴，也是向皇帝宣示對他的失望。

在騎兵的包圍裡，蕭望之服毒自殺。這距離漢元帝即位才兩年。

消息傳到漢元帝那裡，正是飯點，皇帝大驚失色，連忙揮手不吃飯，拍著手哭個不停：「我就說過蕭太傅不會進牢獄，你們果然殺了我的賢傅！」場面極為哀慟。

在班固的筆下，漢元帝是一個稀裡糊塗、優柔寡斷，不小心讓老師死於非命的角色。但千載之下，我們不妨猜測更可能的真相：漢元帝先是假裝不知道「召致廷尉」是下獄的意思，從而將蕭望之免職；又故意放風說任命他為丞相，接著就他兒子的上書大做文章，將其下獄，言外之意是他咎由自取；下獄之前，又假裝愛護詢問，對宦官調兵這樣的大事假裝不知道，直到人死之後，又假裝怪罪身邊人，怪罪之後卻不懲罰；塵埃落定，對蕭望之上書的兒子不僅沒有處理，反而令其承爵為關內侯，還每年派使者去蕭望之的墳墓拜祭，以籠絡人心。種種操作，是一套清除政敵的組合拳，精明無比，哪裡有一絲糊塗？班固所記，可能的確發生過，那就得承認漢元帝太會演戲了，不枉班彪評價他「多才藝，善史書」[9]。

漢元帝即位才兩年就殺了老師、輔臣、儒者蕭望之，此事影響極大。

由儒學教導並被儒家寄予厚望的漢元帝，一度承載著儒家對聖君的期望。這種期望，包括重用儒臣，打擊文法吏，消除社會問題，愛民愛人，制禮作樂，推動禮制改革，等等許多具體的內容。但是，漢元帝很快以陰柔之手段殺掉師傅，僅此一件事，就足以寒了廣大儒生的心。換句話說，漢元帝就此失去了聖君的資格，儒家只能另選哲人王。後來的漢成帝、漢哀帝比漢元帝更不如。人們選擇王莽，也包括了對漢帝的失望。

不過，漢元帝可能從一開始就沒有想成為儒家的聖君。他的確篤信儒學，但畢竟也是漢宣帝的兒子，承襲的是漢宣帝留下的政治格局。以往，史家會特別強調漢宣帝「亂我家法者，太子也」的故事，但漢宣帝既然還是將帝位傳給了他，那麼一定會從多方面對兒子進行教導、傳授、安排，盡可能消弭元帝的性格弱點。

既篤信儒學，寬容節儉，又遵循父教，信任文法宦官[10]，這種撕裂或許是漢元帝給後人留下「牽制文義，優游不斷」[11]印象的原因。而儒學，也就在皇帝的這種優柔寡斷中折向了新的方向。

9 翟方進之死

當然，從另一個角度看，蕭望之的死是皇權尚未衰微、「漢道」仍然在發揮作用的表現。到了漢元帝的兒子漢成帝，「霸王道雜之」的格局漸漸不復存在，儒家終於如願以償地實現了「獨尊儒術」，一系列禮樂制度改革在儒家推動下徐徐展開。

長安城無恙，未央宮無恙，但漢廷內外的氣氛悄然改變。

表面來看，儒學已經接近勝利，十四家經學博士法度森嚴，牢固把控著帝國的意識形態；中央地方的高級官員幾乎沒有不是儒家出身的，丞相基本都是大儒，連外戚王氏家族也好儒養士；整個社會向著禮樂制度的終極理想前進，就等著聖人出來實現天下太平。

但經學的繁榮之下，隱藏著不可忽視的危機。

首先，那些官方的經學博士們日益僵化，他們一代傳一代，老師傳弟子，父親傳兒子，每一代都在前人的基礎上對儒經做出更多、更新、更複雜的解釋。幾個字的「經」，會有「章句、傳、記、說」等不同體裁的詮釋，字數越來越多，有位叫作秦延君的經師，解釋《尚書．堯典》，光「堯典」這個題目，就解了十萬字；其中「曰若稽古」一句，解釋到三萬字。

多年以後，執政的王莽下令修訂刪減這些章句，博士弟子郭路在刪減時，因為工作量太大，不幸累死在燈下。

文本的煩瑣複雜，師法和家法的門戶之見，使得今文經學日益成為小圈子裡的文字遊戲。縱然皇帝信任他們，即使俸祿不會減少，但他們對思想與學術的貢獻已經不如從前，對後學者的吸引力也大打折扣。

但與此同時，今文經學作為博取名利、仕途升遷的通道卻始終通暢。修習經學依然是儒生們趨之若鶩的康莊大道，於是被選拔出的儒臣，有許多儒學素質很高，道德水準卻堪憂。

前文曾提到，漢成帝的丞相匡衡，父祖都是農夫，幼年「鑿壁借光」勤奮讀書，很是勵志。他專精《詩經》，入仕之後當過經學博士、太子少傅，直至封為樂安侯，成為丞相。

匡衡不愧為《詩經》大師，流傳後世的奏章處處以《詩經》為準則，告誡皇帝要遵守教化，維繫道德，為民父母，不可耽溺情欲。這些道理當然是對的，但匡衡自己在面對石顯等人的權勢時，反而閉口不言。更奇葩的是，他所封的樂安侯國一開始邊界不清，把臨近郡的土地也劃了進來。匡衡明知有錯，但隱瞞貪占了這部分土地及其租稅，直至被人告發，丟掉丞相大位，被免為庶人。

儘管如此，匡衡的許多子孫依然憑藉經學家法，繼續充任博士職位，逍遙於仕途。

匡衡之敗是不夠「謹慎」，安昌侯張禹就精明得多。張禹也是博士出身，專治《論語》，位至丞相。在張禹的時代，《論語》的地位雖然不如「五經」，但也漸漸重要起來，當時的《論語》有多個版本，張禹憑藉自己出色的經學素養，對《論語》進行比勘修訂，搞出一個定本，人稱「張侯論」，風靡後世[12]，也就是今天《論語》的通行版本，而其他版本漸漸亡佚，張禹的水平可見一斑。

政治上，張禹卻缺乏丞相的擔當，不敢與外戚王鳳爭鋒；私下裡做生意、買田產，憑丞相之尊搞了不少涇河與渭河岸邊的肥沃土地。他深居簡出，庭院深深，喜歡一個人在院子深處鼓弄絲竹，盡享音樂之美。如此這般，比起匡衡的「晚節不保」，同樣「腐朽墮落」的張禹反而得以善終。

匡衡、張禹都是當世大儒、學術領袖、一代經師，他們尚且如此，那些遍布朝廷和郡縣的儒生官員就可想而知，社會並沒有變得更好，今文經學的聲譽和品質也就受到了損害。

當然，並非所有人都如此。

高陵侯翟方進也擔任漢成帝的丞相，就頗能做到廉潔克己、賞罰分明。翟方進自幼失去父親，少年時在汝南郡當小吏，備受太守摧折，一氣之下來到長安學習儒學謀求上進，他的後母很疼愛他，跟著在長安「陪讀」，給別人織鞋子掙錢供他讀書。

多年以後，翟方進成了治《春秋》的大儒，當了博士，尤其精通《穀梁傳》，還愛好《左傳》，劉歆就在他門下學《左傳》。

翟方進為人和蓋寬饒相似，史書稱他「持法刻深，舉奏牧守九卿，峻文深詆，中傷者尤多」[13]。越是對高官，他越苛刻，深文周納打擊他們，奏免京兆尹、右扶風等二千石以上高官二十多位，政敵陳咸被他打擊到憂憤而死。顯然，這種做派得罪了不少官員，但贏得了輿論的讚賞和皇帝的信任，最終一路當上丞相。

這一當就是九年，也是漢成帝越發奢侈荒淫、寵愛飛燕合德的九年。綏和二年（約西元前七年）的春天，發生了一次震驚內外的災異。翟方進接到下屬報告，說是天上出現了可怕的「熒惑守心」。熒惑，就是火星，是災難之星；「心宿」則是天上的明堂，天子布政之所。熒惑守心，就是火星停留在「心宿」之內，意味著天子將有大災難。

在《漢書》的記錄裡，秦始皇和漢高帝崩殂之前，都出現過熒惑守心的天象。

翟方進精通天文星曆，知道「熒惑守心」的含義，不禁驚慌失措。消息傳來，有人上書認為，要想消弭皇帝的災禍，得選擇大臣來厭勝。大臣的位置越高，效力就越強。翟方進知道自己的死期到了。

皇帝果然召見了他，所談何事，後人不得而知。但他回來之後已經打算自殺，人還沒死，皇帝的策書火速送到，措辭極為嚴厲，斥責他為相九年、災異頻出、未能稱職。翟方進見策後自殺。

有漢以來，災異影響政治並不鮮見，但像這樣直接迫使丞相自殺還是第一次，足以說明此時的漢家天下，官民對災異的信仰何等之深。但此事亦有頗多蹊蹺之處：

一來，後世的天文學者推斷出，這個月並沒有發生「熒惑守心」！[14]實際發生的是「熒惑入太微」，這也是對天子不利的凶相。二來，翟方進精通星曆，「熒惑守心」並不是流星那類剎那間消失的天象，能延續一兩個月，他為什麼沒有辯白，而是很快自殺？三來，這一時期，王莽已經除掉淳于長，當上了大司馬，而翟方進與淳于長關係密切，又是丞相，和擔任大司馬的王莽分庭抗禮。此事和王莽有無干係？四來，翟方進死後，皇帝卻「祕之」，就是祕密、低調處理這件事，沒有公開，但給了翟方進超規格的葬禮，多次親自憑弔，這種待遇之高，以至於多年後翟方進的兒子翟義起兵反抗王莽時還念念不忘。

因此，這次所謂「熒惑守心」的災異，很可能出於一次未經記錄的宮廷政變。翟方進擔任丞相時間太久，樹敵又多，與王氏家族關係不佳，王莽新晉，兩人成為政壇上的對手[15]。因此，翟方進的反對派們利用這次災異，將其誇張或解讀為最兇險的「熒惑守心」，推動漢成帝有了令丞相自殺以代自己的想法。漢成帝召見翟方進，可能是要求甚至懇求翟方進自殺，那封措辭嚴厲的策書，只不過是程序，並非真的斥責。所以漢成帝才會賜予高規格的葬禮，以表示由衷的謝意甚至歉意。這也可以解釋，何以是翟方進的兒子翟義舉起了反對王莽的大旗，以及王莽為何對翟氏家族斬草除根，連兒童也不放過。

但這更說明了，經學最為重要的武器——言說災異，已經失去了馴服君主的初心和威力。漢朝人信鬼神、信天命，對災異祥瑞很敏感，董仲舒才會在這基礎上發明「天人感應」的說辭，試圖用災異祥瑞來規誡帝王。很長一段時間裡，這套說辭是有作用的。漢宣帝滿世界去找祥瑞，本身就是他敬畏天命的表現。

但經學的文本是敞開的，任何懂得經學的人，都可以依照自己的目的解說，「靈活」借助災異為自己的利益服務。翟方進之死，說明災異成了懲治大臣而非規誡帝王的利器。其實，早在翟方進之前已經不乏先例——儒者谷永依附王氏家族，當別人以災異批評王氏家族時，他卻說災異來自漢成帝無辜的許皇后，致使許皇后被廢。總之，到了元、成之際，災異已經成了政治鬥爭的工具，經學的公信力頗為降低。

儘管丞相以生命「厭勝」天象，但幾個月後，漢成帝還是晏駕了。

10 今古之爭

劉歆，恰恰是翟方進的學生，他自幼跟隨父親劉向修習今文經學，對諸子、術數、詩賦、方技都很有興趣，又是宗室，少年之時就有了些許名氣。漢成帝召見他，原本要任他為中常侍留在身旁，但被大司馬王鳳否了，只好讓他先去當黃門郎。

巧合的是，大概不到兩年，二十四歲的王莽也被拜為黃門郎。兩個人年齡相仿[16]，一個是劉氏宗室，一個是王氏外戚，他們長達一生的友誼雖然隙末凶終，但此時都還年輕，一起共事當有志同道合之感，他們會談論天下大事，諸如儒學怎麼發展，漢家怎麼改制，經學有何種弊端，怎麼以儒學來說災異[17]，國家有哪些問題，等等，和後世的「有志青年」應該沒有什麼兩樣。

他倆也會去找黃門待詔揚雄聊天，揚雄比他們大十多歲，從蜀郡來到長安，被時任大司馬王音召在門下，又推薦在黃門待詔，從此入仕；所謂待詔，就是等待皇帝下詔給個正式的官做，一般情況下，短則數月，長不過幾年，都能得到機會。可惜王音很快去世，揚雄又是一個毫無官癮、不求上進的人，所以他一直待詔，已近十載[18]。

好在揚雄志不在此，他口吃，內向，不愛說話，對今文章句之學也沒有興趣，喜好博覽群書，有機會就去天祿閣讀書。劉歆也曾跟隨父親在天祿閣校書，彼此就熟悉了。

小兄弟桓譚也加入了。他是太樂令之子，若以今天比照，是個喜歡「玩音樂」的「官二代」，尤其熱愛被儒家所詆毀的「淫樂」。他對當時主流的今文經學也不感冒，倒是願意學習古文學。

揚雄和桓譚可能不太會深度參與劉歆和王莽關於「天下往何處去」之類的論辯，但在對經學的態度上，他們應該意見一致：

那就是關於今文經學和古文學的看法。

所謂今文經學，簡單來說，因為儒經最初主要是口口相傳，再加上戰國的戰亂、秦朝的《挾書令》，很多經書的簡帛文本沒有流傳下來。直到漢朝，學者們才通過記憶默寫下這些經書，他們使用的文字就是當時通用的文字，也就是「今文」，猶如今天人們使用簡體字來抄寫古代的書。

但是，那些先秦的舊書並沒有也不可能徹底消失，有的被人保護著藏了起來，有的僥倖沒有被銷毀，例如漢景帝分封在曲阜的兒子魯恭王在擴建宮殿的時候，偶然從孔子故居的牆壁裡發現了一些儒經，都是用先秦的文字所寫，於是大家稱之為「古文」，猶如今天人們得到一本古書，上面印著繁體字。

因此，今文學、古文學最初只是文字或文獻上的區別。當然，在人們默寫、傳播、抄錄的過程中，儒經在文字、篇目、字數上會有不同，有些差別甚至還很關鍵，以至於後來「今文」和「古文」的內涵變成了截然不同的兩個「學派」[19]。當然，此類問題到了後世才變得重要，在漢朝，劉歆和王莽的時代，真正重要的事情只有一件：

是否被立為學官。

立在漢廷學官，由博士所掌的，無論是齊學、魯學，公羊學、穀梁學，《詩經》《尚書》《周易》，都是今文經學。也就是說，今文經學是官方儒學，有完備的教育體制，明確的家法師法傳承，而且伴隨著漢朝的統治，積累了大量關於政治的解釋，擁有一套政治哲學，與司法行政關係密切。

例如，今文經學認為孔子是「素王」，就是說有王者的德性卻沒有天子的位置；認為明堂是議政之所，包含著君臣同堂議政的意思；主張「天子一爵」，就是天子儘管地位很高，但也是爵位之一種，因此可以褫奪；主張「譏世卿」，就是反對官僚世襲；主張「大一統」，強調天下要有「一王大法」，要「尊王」，從而抑制封君，這裡需要點明的是，所謂「尊王」並不是「忠君」，而是要通過尊天下的王來抑制地方的君……這也就是為什麼晚清的大臣郭嵩燾出任駐外大使，看到君主立憲國的議會、選舉、總統輪換，會聯想到儒家的「三代之治」，雖說不是一回事，但的確有那麼點兒相似之處。

當然，今文經學的這些政治哲學並沒有多少被付諸實踐，大都是政治理想，但這至少是今文經學的顯著特點。

而古文學就不同了，沒有被立在學官，特別是古文學特有的《左傳》《周禮》，尤其不被今文經學承認，因此嚴格地說古文學還不是經學，與現實政治也距離較遠。

今文經學與政治的關係，是通過經師的闡釋來實現的，也就是前面說到的「引經決事」之類；但古文學因為沒有立在學官，又和利祿不掛鉤，所以傳習的人就少，也較少關乎時政，對災異、圖讖、緯書也較少涉足，多是對經文做字面上的解讀、訓詁，更像是學術研究而不是政治哲學。古文學特有的主張，比如強調孔子是先師，推崇《周禮》的制度設計，等等，也與今文經學不同。

總而言之，今文經學和古文學具有不同的品質，雖然同屬儒學，但像兩個性格差異很大的人。

這個時候，古文學顯示出生機。

一方面，恰恰因為古文學與做官無關，所以更純粹，更能吸引真心好學的人。一種思想如果在野，就總能保持一定的獨立性和批判性；如果在朝成為官方理論，就免不了功利化、「政治正確」

化。所以，今文經學的那些弊端，如秦延君說《堯典》到十萬字、匡衡和張禹身為儒宗卻迷戀功名利祿、翟方進死於災異等等，在古文學這裡尚不存在。所以，古文學的出現，為儒學帶來了新鮮的血液。另一方面，古文學還有一大優點。自漢元帝即位以來，儒家的士大夫已經不滿足於以災異、圖讖、緯書來介入帝國政治，他們逐漸興起了實現儒家復古理想，為天下制禮作樂，建立三代之治的念頭。前面曾說過的「貢禹毀宗廟，匡衡改郊兆，何武定三公」，就是從這個階段漸漸成為儒家的新主張。用錢穆的話說就是，漢武帝、漢宣帝用文飾修辭的方法搞儒學，漢元帝、漢成帝是「言禮制，追古昔」。[20]

於是問題來了，今文經學雖然有一套政治哲學，卻沒有發展出付諸實踐的具體辦法，沒有制禮作樂的「說明書」。這個問題早在漢武帝封禪泰山時就已存在。皇帝都急眼了，儒生們還在吵儀式到底怎麼搞，漢武帝一怒之下乾脆照著自己的辦法上山封禪了。

到了劉歆，這個問題更加急迫。

而古文經學比如《周官》，恰恰有關於儒家理想社會的制度設計，《左傳》中也有一些春秋時期的史實，這些制度和史實，比起今文經學的「政治哲學」顯得更實在，不那麼「務虛」。

也正因此，比起今文經學尊孔子為「素王」，古文學則更看重周公，因為周公制禮作樂。而孔子呢，是傳播周公的「先師」。一個把孔子看成是王，一個看成是師，差別不可謂不大。而一旦認定周公的地位更重要，那就給漢朝的制禮作樂提供了依據。

王莽之所以在後來要當漢朝的周公，也有這方面的因素。

因此，利用古文學來實現儒家理想，就成了一條可以探索的道路。尤其對「有想法」的年輕儒生，比如劉歆、桓譚，包括王莽，更有吸引力[21]。

劉歆陪父親在天祿閣校書時，偶然發現一套古文書寫的《左傳》，不禁欣喜若狂。《左傳》原本不算儒經，據說是和孔子同時的左丘明所撰，是一部單獨的史書，並非孔子《春秋》的「傳」，所以時人稱之為《左氏春秋》。

在此之前，劉歆主要跟父親學《穀梁傳》，已經爛熟於胸。發現古文《左氏春秋》後，他愛不釋手，聽說丞相翟方進通《左氏春秋》，就趕忙去拜師學習。

翟方進是通今文經學的，怎麼也通《左氏春秋》呢？這要從漢初說起。張蒼、賈誼等從前人那裡傳習了《左氏春秋》，又一代代直傳到一個叫作尹更始的人。尹更始傳給了兒子、翟方進和另一個叫作胡常的人。

胡常有個徒孫叫陳欽，王莽又跟著陳欽學《左氏春秋》。

當然，不能說劉歆是王莽的祖師叔，因為這種傳習是你跟著我學，我跟著你學，大家同一時期各自在學。真正重要的是，由賈誼傳下來的《左氏春秋》，幾經傳抄，應該是用漢代的「今文」書寫的，也就是說，所謂的今文經學、古文學雖然名稱源於文字書寫，但這兩個名稱確立後，關鍵的問題就不再是文字，而是看是否立於學官，是否屬官方儒學，以及不同的經學品質了。

這也就是劉歆見到古文的《左氏春秋》為什麼會如此興奮，這意味著他可以論證這部書的可靠和古老。他一邊仔細研讀，一邊把《左氏春秋》裡記錄的歷史，一條條插在《春秋》相關的經文下面。這樣，原本獨立的一部史書，就變成了對儒經《春秋》的「傳」了。《左氏春秋》也就變成了《左傳》，古文學要開始發力了。

當時，漢廷有十四博士，都是今文經學。

劉歆手上有了他精心闡釋過的《左傳》，就想切開漢廷舊的經學體系，鼓吹將古文學立在學官，從而為漢家開闢制禮作樂的新路。當然，打破舊體系，自己也就有機會後來居上，飛黃騰達。因此他雖然今古經學都通，但格外看重古文學。

其他的「小夥伴」呢？

揚雄給漢成帝寫下氣勢恢宏的《羽獵賦》，被拔擢為黃門郎，終於不必再「待詔」了。不過揚雄卻希望「停薪留職三年」，專心看書，研究方言。漢成帝很通達，不僅允許他讀書搞研究，而且俸祿照發。揚雄熱愛求知，對待學術今古兼收。

王莽早已高升，仕途通達，擔任大司馬，成為帝國的要人。王莽既希望借助古文學特別是尊周公來制禮作樂，實現儒家理想，又希望繼續保持今文經學對政治的關切，深信災異、祥瑞、讖緯，對兩派學術也都不排斥。至於桓譚，對父輩的今文經學沒有什麼興趣，尤其厭惡圖讖、緯書，他追求「真理」，因此更愛與官方儒學較遠的古文學。但他相信王莽將會建立不世之功，一心一意跟隨王莽。

他們的友誼不論多寡，在這歷史的轉折點上，若即若離地維繫著……

11 劉歆要「解放思想」

綏和二年，漢成帝猝死，哀帝劉欣即位，朝廷風氣為之一變。從漢成帝末年到漢哀帝初，王莽和劉歆雖然地位的差距越來越大，但兩人關係始終密切，關於古文學的意見也頗為相投。哀帝即位後，大司馬印綬還沒戴習慣的王莽，敏銳地覺察到新皇帝對自己的不信任，為了鞏固地位，他向漢哀帝大力引薦好友劉歆。

漢哀帝正打算重用宗室以抑制外戚，就拜劉歆為太中大夫並加官侍中。漢代大夫執掌的事務很廣泛，顧問諫議、拾遺補闕之類都有，員額也沒有定制，所以單看這個職務本身看不出什麼來。但劉歆得了侍中的加官，就可以出入禁省，這是皇帝的寵信。不久，劉歆再遷為騎都尉、奉車都尉，得以跟隨皇帝出行，寵信更甚；還官光祿大夫[22]，成為皇帝刻意蓄養的人才。

光祿大夫不是政府官員，而是宮內官，俸「比二千石」，雖然不是特別高，已是各類大夫裡最尊貴的職務，而且很閒適。漢廷往往用大夫來安排三種人：一是病人；二是出於政治原因不好安置的人，比如董賢當大司馬，他的父親在朝廷上總不能比兒子官小吧，而當光祿大夫，不屬外朝官員，就規避了這個問題；三是不適合案牘勞形的人[23]，比如名儒龔勝，漢哀帝還是定陶王的時候就聽說過他，當上皇帝後就把龔勝徵召而來，先拜諫大夫，後來見他是儒臣，不適合搞行政，就安排為光祿大夫、加官給事中，寵信甚至在劉歆之上。

劉歆也屬第三種，皇帝知道他儒學修養高，是宗室裡難得的學問家，才把他放在光祿大夫的位置上，讓他有時間再次牽頭整理漢廷藏書，繼續劉向沒有完成的志業。

和劉歆一起在天祿閣校書的，還有五官中郎將房鳳、光祿勳王龔，這兩位也頗受漢哀帝信任，也都有侍中的加官。論學術，劉歆更勝一籌，在劉歆的影響下，他倆也對劉歆整理後的《左傳》產生了興趣。

劉歆的備受信任和王莽的逐漸失寵形成了對照。三公裡丞相是孔光，大司空是何武，何武也通古文學。漢哀帝即位後勢必要調整三公，王莽首當其衝，不久被免大司馬之職，接替王莽的是皇帝當太子時的太子太傅師丹。

師丹也是儒臣，博士出身，匡衡的學生，專治今文經學的《詩經》學，年紀已經很大了。令王莽稍顯安慰的是，他與師丹關係不錯。師丹任大司馬輔政後，向皇帝提出一項重要的改革建議：三代之治的基礎是井田制，漢朝承平日久，土地兼併嚴重，應該仿照井田制予以限制。

這項建議得到了漢哀帝的支持，他令孔光、何武等人一起討論，最後下了「限田令」，要求達官貴人們所占的土地不能超過三十頃。

這是後來王莽實施王田制的先河，所以有兩種可能：一種是漢哀帝意欲有所作為，在老師師丹的幫助下，主動限制土地兼併；一種是王莽在去職之前已經有了計畫，被免之後，憑著與師丹關係不錯，繼續予以推進。不管是哪一種都說明了一點，就是限制土地兼併、防止貧富分化已經是朝野特別是儒家各派的共識。

說回劉歆。王莽被免職後，劉歆失去一個重要的支持者，但他並不氣餒。恰好此時，博士左咸等人上書，提出新皇帝即位，按照元、成時期確定的宗廟迭毀制度，漢武帝對漢哀帝來說已經超出了五代，親緣已盡，因此應廢毀漢武帝的世宗廟。

「毀廟」不是破壞，而是不再祭祀的意思。

這條建議確實合乎儒家禮儀，也符合元、成二帝確立的制度，但實際上隱藏著儒家的一個態度：要否定漢武帝。

自從漢宣帝時期夏侯勝力爭不要給漢武帝立廟以來，儒家內部對漢武帝基本上是否定的，因為他窮兵黷武，不愛惜民力，殺戮過甚。漢宣帝為了鞏固帝位，刻意抬高漢武帝，令儒家有所不滿。因此，廢毀世宗廟是儒家要抓住新皇帝即位的契機，否定漢武帝的一次行動。

但漢哀帝恰恰要以漢武帝、漢宣帝為榜樣來鞏固皇權，並不願意廢毀，可又不知道該怎麼反駁。這時，劉歆站了出來，他綜合使用今文經學和《左傳》裡的經義，憑藉深厚的儒學素養，反駁了左咸的觀點，強調漢武帝的功德空前絕後，因此有資格保留宗廟。

漢哀帝很高興，同意劉歆的建議保留世宗廟，對劉歆的信任也加深了。

但劉歆也就得罪了儒生們。從歷史的角度看，包括後世，儒家對漢武帝這樣的君主始終保持警惕。劉歆對漢武帝的維護，一定程度上確與儒學的基本主張不符，連漢武帝這樣的君主都歌頌，儒家還怎麼講仁政？西漢許多皇帝如漢景帝都沒有資格擁有廟號，而東漢的皇帝無論多差勁都能有廟號，在這個問題上的墮落，劉歆要承擔一部分責任。

但現在劉歆要做的就是維護皇帝，爭取皇帝的支持，因為他真正的目的是改革經學體制，把古文學抬到學官。

拐過年來是漢哀帝建平元年，這是漢哀帝的第一個年號。

劉歆很知趣地把名字改了，他要避哀帝名字劉欣的諱，改成什麼好呢？

改成了劉秀。

據說，劉歆在改名時已經見到緯書《赤伏符》裡的那句話：

> 劉秀發兵捕不道，四夷雲集龍鬥野，四七之際火為主。

這句話是說一個叫劉秀的人將會在亂世中成就偉業。所以，有人猜測劉歆正是根據這個讖言才改名為劉秀，也就是說他包藏了稱帝的野心。

不過這個猜測證據不足，劉歆是宗室旁支，論繼承權他毫無可能得到，此時他頗受漢哀帝的寵信，哀帝又春秋正富，因此劉歆不可能有這種妄想。劉秀這個名字很普通，比如另一個劉秀恰好就在這一年出生，為了避免混淆，我們仍然稱他為劉歆。

劉歆去見漢哀帝，懇請將《左傳》和毛詩、古文《尚書》都立於學官。皇帝倒是不反對，就問經學博士們支持不支持，建議公開辯論一下。對皇帝來說，新立學官可以「廣開道術」，不是壞事，當年漢武帝建五經博士，漢宣帝開石渠會議，目的都是擴大進學渠道以招攬人才，不純粹是支持儒家；但對博士們來說，劉歆的建議侵犯了他們的既得利益，於是眾博士們「皆不對」，不是默認，也不反對，而是不表態，冷處理。

自古以來凡是衝破舊制度，發動大論辯以「解放思想」是前提。博士們不搭理劉歆，也就不給劉歆據理力爭的舞臺，這比下場博弈要安全和有效得多。

見博士們一聲不吭，劉歆也不好催皇帝，只好去求丞相孔光。孔光是匡衡、張禹的繼承者，當世儒宗，他對經學的現狀比較滿意：學官的十四博士，每一家傳承都很清晰，主張也很明確，現任的博士們要麼是前任的學生，要麼是子侄，他們的地位是傳承下來的；古文學沒有清晰的傳承，憑什麼要立為學官？誰都知道，立了學官，就可以自成門派，創造出巨大的利益，憑什麼劉歆一躍就能與積累數代的博士們並駕齊驅。

何況劉歆還力爭保留漢武帝世宗廟，與眾儒實屬殊途。

孔光不同意。

劉歆慢慢發現，這件事難辦得很，他琢磨，既然博士們想低調處理，那就偏要主動出擊，偏把事情搞大。

房鳳、王龔見此，決定幫劉歆一把。

劉歆領銜執筆，房鳳、王龔同署，三人向朝野拋出一篇名震千古的雄文：《讓太常博士書》。這個題目是後人加的，意思就是：批判太常博士的公開信。在公開信裡，劉歆等人講了三點：

第一，別看你們現在「學科建設」蔚為大觀，但在漢初，經歷了秦火和楚漢戰爭，書缺簡脫，連一篇《秦誓》都需要眾多博士集體研讀才勉強弄懂。因此，從源頭看，今文經學的基礎並不牢靠，古文學不遜於今文經學。

第二，今文經學雖然師法家法明確，但最初都是口口相傳，現在古文學連文獻都找到了，文獻難道不比口傳更可靠？

第三，今文經學裡，穀梁學和公羊學差別不小，也有矛盾之處，尚且都可以並立學官。憑什麼說古文學就沒有道理立在學官？這封措辭嚴厲、毫不留情的批判書一出，朝野大驚。十四博士們震怒，桓譚等人為之雀躍，誰都沒料到劉歆敢將對官方經學的不滿予以公開化。說到底，劉歆這封信反對的並非今文經學，而是今文經學壟斷學官這件事，原本儒學內部的討論，現在變成了針鋒相對的政治事件。

丞相孔光就不必說了，此時已經遷任大司空的師丹為之大怒，斥責劉歆破壞漢家舊制，詆毀先帝；光祿大夫龔勝並非博士，也非朝官，但他憑著名儒的身分，也跳出來反對劉歆，龔勝刻意上書劾責自己對此負有責任，請求領罪退休。龔勝能有什麼罪責？他說這樣奇怪的話，無非是依仗「學術權威」的身分，擺出沒有教育好下一代的姿態，故意不給年輕人臉面罷了。

漢哀帝料到反響會很強烈，就為劉歆開脫，試圖平息輿論。皇帝發話，大家嘴上也就不說了。但是劉歆等三人徹底得罪了師丹、龔勝，以十四博士為首的儒生們當然與劉歆「割席」。原本在光祿大夫的位置上優哉游哉、每日進宮到天祿閣校書的劉歆，發現未央宮已經待不下去了。

他從這些人特別是權臣的眼神裡，甚至感覺到了殺機。

出於恐懼，劉歆等三人向皇帝懇請離開長安躲避禍端，就像當年賈誼那樣。皇帝同意了。

於是劉歆被外放為河內太守[24]，西漢的河內郡靠近京畿，地位重要且經濟發達，是一處不錯的地方。結果，大臣們繼續大做文章，說宗室不能在這樣的戰略要地擔任太守，因為有謀反的可能；劉歆只好被迫去更遠的地方，先任五原太守[25]，這是與匈奴交界的北方邊境；又任涿郡太守[26]，也近乎邊境。幾年之內，劉歆顛沛流離，備受折磨，不得不稱病免官回到長安。病癒之後的日子也不好過，被安排為安定屬國都尉，安定屬國是安置當時內遷或投降的外族的地方，也是邊境，劉歆眼看就要絕望了。

房鳳、王龔略好些。房鳳任九江太守，王龔為弘農太守。

王莽眼睜睜看著劉歆黯然離開長安。揚雄呢，學術與文學的名聲雖然越來越大，但依然只是黃門郎，置身時局之外；桓譚也因為支持劉歆而備受儒生排擠，只是他人微言輕，還夠不上被刻意打壓的資格，為了自保，桓譚與漢哀帝外戚傅氏、丁氏乃至後來的董賢主動結交，建立了良好的關係。

不久，王莽被遣就國，也離開了長安。

12 好朋友一輩子

王莽從新都國返回長安不到一年，漢哀帝劉欣崩殂，在六月的倉促之夜，王莽成為漢朝實際上的掌權者。

在一系列撥亂反正的忙碌中，王莽沒有忘記他的朋友。本來要出任安定屬國都尉的劉歆，在王莽的建議下，被王政君留了下來，任右曹太中大夫，很快遷為中壘校尉。長安的衛戍部隊主要是北軍，北軍裡設有中壘校尉、越騎校尉、步兵校尉等武官，而中壘校尉除了自己帶兵，還管著其他的校尉，可見王莽在初掌政權的過渡時期對劉歆的重視。

當然，劉歆的強項是學術。拐過年來，漢平帝即位，王莽的政敵也基本被剷除乾淨。王莽當上了安漢公，劉歆就被任命為羲和，這是王莽新設的官職，掌管天文曆法。此後劉歆繼續升遷，兼任多個官職，全面加入王莽的核心集團，成為王莽制禮作樂、典章制度的設計者。

揚雄也注意到老同事王莽的歸來，但他和從前一樣，不主動交接奉承。他繼續做著黃門郎的差事，而且，這幾年他的兩個孩子先後貧病而死，他不得不往來於長安和故鄉蜀郡之間，跋山涉水，嘆息哀痛，對朝廷的局勢也更加置身事外。但是，他始終留意著王莽，在《法言》裡留下了他對這一時期王莽的讚頌：「周公以來，未有漢公之懿也，勤勞則過於阿衡。」[27]

桓譚還擔任著郎官，內心仍然堅定追慕著王莽。但是，哀帝在位這幾年，他和王莽的死敵丁、傅兩家以及董賢的良好關係，王莽不可能不知道。所以，桓譚沒有奢望能夠像劉歆那樣迅速飛黃騰達。他已經三十七歲，性格日漸沉穩，在和王莽的密切程度上，甚至不如那些已成為王莽核心圈子的後來者，比如追隨父親劉歆的劉棻、擅長解說符命的崔發、深具謀略的陳崇。幾位舊日朋友——如果能勉強稱為朋友的話——道路漸漸不同，但關於儒家改制，對於致太平的願望，卻始終未變。而且，改制的希望也不約而同聚焦在王莽的身上。

什麼是改制？

儒家的改制，不同於一般的改革或變法，而是建立理想國，建立「王制」[28]。具體來說就是「太平世」：社會消除貧富分化、人人物質上均勻；政治秩序按照道德高低上下排序；最高統治者是德位合一的王者，統治階層是以身作則、踐行仁義的君子，被統治階層是懵懂無知、遵循禮節的小人——小人不是壞人，而是沒有達到君子的人。

在王制裡，「質」的層面是社會、民生、財富上的平等，「文」的層面就是禮樂制度，「王者」既是天下的君主，還是道德的聖人、君子的典範，不依靠暴力而是通過禮樂垂拱而治，德澤天下。孔子說過：「質勝文則野，文勝質則史，文質彬彬，然後君子。」可見，王制是儒家政治的終點，是儒家版本的「歷史的終結」；改制則是儒家政治的起點。因此，早在王莽掌權之前，改制的呼聲和探索已在漢廷裡發軔。

「質」的方面，比如為了限制土地兼併造成的貧富分化，改變奴婢的人身依附造成的不平等，董仲舒早就向漢武帝發出過「富者田連阡陌，貧者無立錐之地」[29]的感嘆，還建議說即使井田制難以施行，那也得頒布一些限制占田、釋放奴婢的政策，當然漢武帝是不會聽的。

比如西漢儒家認為，商業資本肆虐，商人太過富有，農民過於貧困的罪魁禍首是貨幣。漢元帝時貢禹就說，「奸邪不可禁，其原皆起於錢也」[30]，建議廢除貨幣，改成以物易物；漢成帝時期有人建議，即使不能廢除貨幣，也要用上古的龜殼、貝殼來充當，而不應鑄錢，鑄錢是貧困的根源。「文」的方面，比如建立明堂、辟雍，早在漢武帝初年就被趙綰、王臧提出來了；比如更改官名、按照儒經重新確定九州邊界，其發端是漢成帝時期何武推行的「三公制」官制改革；比如宗廟、祭祀制度的改革，從文景時期就被提出，在元、成、哀時期成為儒家改制的重頭戲……

按照歷史邏輯，王制的實現當然要靠王者的自我奮鬥，但是也得考慮歷史的進程，要先取得消除貧富分化、人人安居樂業、政治井然有序等「質」的基礎，才能啟動「制禮作樂」，從而創制「文」的理想境界。

孔子早就說過：繪事後素。

但顯而易見，比較而言，「質」的目標太過理想化，也很激進，其實是難以達到的，僅僅消除貧富分化這一點，就幾乎是人類各大文明永恆的主題。倒是「文」的改制，看起來比較容易。

所以無論是躊躇滿志的王莽，還是有心推動改制的劉歆、桓譚，都會不約而同地先把「文」的制度設計進行下去。像明堂、辟雍、封禪、巡狩、宗廟、祭祀等一系列制禮作樂的「公共議題」，實際上已經啟動，有些甚至完成得差不多了。以往儒家常常為怎麼建立明堂、怎麼建立宗廟而爭論，在《周禮》《左傳》等新的古文學出來以後，也有明確標準和具體做法了。

他們可能還認為，先確立禮樂制度，社會民生才能越來越好。

於是，從王莽第二次出任大司馬到他登基之間的日子裡，劉歆等人在制禮作樂上幫了他大忙：封周公的後代為褒魯侯，封孔子的後代為褒成侯，追謚孔子為褒成宣尼公；重訂車服、婚喪嫁娶、學校教育的禮儀，特別是劉歆為王莽嫁女設計的婚禮成為天子禮的典範；漢廷爭論了三十多年的祭祀制度也在這期間得以確定，明堂、辟雍、靈臺等儒家的神聖建築紛紛開始修建；還有更定官名，重劃九州，考定音律，作《三統曆譜》，等等，這些「制禮作樂」的事情，背後都有劉歆等人的影子。

劉歆更為王莽議九錫之禮，加宰衡之號，立居攝之儀，直至為王莽制定最特殊的「攝皇帝為母服喪」禮等專屬王莽的禮儀，可以說沒有劉歆，王莽的進階之路不會如此順利。

當然，劉歆也終於能一吐哀帝時的怨氣，光明正大地徵召天下通經特別是治古文《尚書》《毛詩》《周禮》以及其他天文、圖讖、鐘律、月令、兵法等學術的人來到長安，前後有千餘人，大有網羅天下學術的氣魄，與幾年前十四博士千方百計阻撓他將古文學立在學官的狹隘做法迥異。

這一番努力換來的，是劉歆被封為紅休侯。

桓譚也願意出力，他為王莽建立明堂、辟雍出謀劃策[31]，又被提拔為司空掾，參謀治河事宜。翟義起兵之時，天下震動，連劉歆都被拜為揚武將軍，率兵屯在宛城，一時軍令如飛，劍拔弩張。王莽作了《大誥》，抱著劉嬰，向朝野極力辯解將來一定會返政給劉嬰。為了讓長安以外的郡國知道他的承諾，王莽令桓譚擔任諫大夫，與其他人持《大誥》頒行天下。

這個任務有一定危險，假如翟義起兵得到四方響應，那麼桓譚等人的腦袋就得被掛在城門上了。桓譚不辱使命，在一片兵荒馬亂裡，向各地官民解釋了王莽的承諾，穩定了民心，避免了翟義起兵引發連鎖反應。待到桓譚返回長安，翟義的起兵已告平息，桓譚被封為「明告里附城」，這個爵位相當於漢朝的「關內侯」，沒有土地的實封，「附城」就是附庸，「明告里」不是實指的地方，而是褒揚桓譚能夠「明白告訴天下人」。

這也是桓譚與王莽關係最密切的時候。

連置身事外的揚雄也發揮著作用，他幫助王莽立了《樂經》博士，還在王莽變更官名、重訂九州時，寫下飽含讚美之詞的《州箴》和《官箴》進行歌頌。

王莽和劉歆等人的努力，使得漢朝百年裡積鬱的儒家理想主義信念在幾年內噴薄爆發，一項項改制措施變為現實，這無疑得到了眾多儒生儒臣的讚美和支持，也推動王莽走到禪讓的前夜。

但是，關於禪讓這件事，從儒家角度看，有一個根本問題沒有解決，那就是上面所說的文質孰先孰後的問題。

王莽徹底解決民生問題了嗎？消除貧富差距了嗎？天下人都認可嗎？如果都沒有，怎麼能開始制禮作樂？誰又來確認「制禮作樂」是否合法有效呢？

上天來確認。

準確地說，是上天通過祥瑞、符命來確認王莽的天命，通過災異來確認漢朝的沒落。

桓譚並不相信讖緯、符命，而那個叫崔發的小人物，最擅長解說符命，越發得到王莽的眷顧。於是各種祥瑞、符命接踵而至，有了符命的加持，王莽的制禮作樂就被蓋上了「合法有效」的印鑒，王莽也就能走向帝王的神壇。劉歆等人或許對王莽並不是百分百滿意，厭惡讖緯符命的桓譚也終於感受到與王莽的隔閡。但是，推一個符合儒家理想的君子，以和平禪讓的方式登上皇帝位，實現王者的德位統一，正是儒家所設想的理想圖景。

除了王莽，沒有第二個人。

禪讓，是儒家一系列禮樂制度設計的最後一環，也是最重要的一環。禪讓的實現，意味著天下終於回到唐堯虞舜的「三代」政治，政權可以和平更替，誰賢能帝位就讓給誰，既不要「家天下」的世襲，也不要戰國秦漢的比拚武力，最好連「湯武革命」也儘量避免，這就保證了政治永恆的和平穩定。

這是華夏歷史上，首次在帝制時代實現了政權的和平更迭，是空前的政治創新，令當時大部分儒家極度振奮，如果這條路成為常態，今後政權更迭這樣的大事將擺脫暴力與陰謀。而在這個過程裡，今文經學奉獻了關於祥瑞、災異和符命的微言大義，古文學貢獻了制禮作樂的制度辦法，今古文經學的「合作」遠多於爭議。

不知道當時是否有儒生經師們想到：王莽的天下能坐久嗎？他萬一失敗了呢？如果他失敗了，儒家這整套的政治理想還有第二次付諸實踐的機會嗎？

第六章

始建國元年春正月：皇帝

黃帝初祖，德帀於虞。
虞帝始祖，德帀於新。
歲在大梁，龍集戊辰。
戊辰直定，天命有民。
據土德受，正號既真。
改正建丑，長壽隆崇。
同律度量衡，稽當前人。
龍在己巳，歲次實沉。
初班天下，萬國永遵。
子子孫孫，享傳億年。

——漢元帝時童謠

一、從周公到堯舜的二十二天

1 服喪風波

居攝三年（西元八年）。

這年一開始就地震，不過，攝皇帝王莽並不以為然。因為持續了三個多月的翟義叛亂即將結束。年前，他剛剛收到寵臣南鄉侯、司威[1]、前線監軍陳崇的一封上書，不僅告訴他消滅翟義軍隊的好消息，而且看起來翟義叛亂像是一場天命已定的祥瑞。這封信寫得很有意思：

> 陛下奉天洪範，心合寶龜，**膺受元命，豫知成敗**，感應兆占，是謂配天。配天之主，慮則移氣，言則動物，施則成化。臣崇伏讀詔書下日，竊計其時，**聖思始發，而反虜仍破；詔文始書，反虜大敗；制書始下，反虜畢斬**。眾將未及齊其鋒芒，臣崇未及盡其愚慮，而事已決矣。

陳崇對王莽的稱呼，說明攝皇帝可以被稱為「陛下」。這封信透露了王莽受命的意義：居攝元年王莽祭天，昭示天命已經轉移到他身上。從此王莽就能夠和天命互動感應了。他思考，能影響天地之氣；他說話，能改變天地物理；他施政，能實現王化。所以，陳崇把王莽討翟義的詔書出爐的時間和翟義叛亂被鎮壓的時間一對比，「神奇地」發現，王莽還在構思詔書時，翟義已經露出敗象；詔書寫好之日，正是翟義兵敗之時；收到詔書的時候，翟義就被殺了。

所以，平叛這件事壓根不是我等官兵之力，而是陛下一個人的功勞！翟義之亂並不見得是壞事，而是王莽能夠和上天同呼吸共命運的祥瑞啊！

陳崇受寵不是沒有原因的，從早期為王莽設計上位「路線圖」，到說出這樣一番天人感應的肺腑之言，誰心裡不美滋滋的。

不久，陳崇和將士們凱旋長安，圍觀的市民可能不知道，這將是他們最後一次目睹漢軍的勝利歸來。

王莽在未央宮白虎殿置酒勞軍[2]，將士們歡飲慶賀，期待著朝廷的褒賞。

陳崇是監軍，瞭解戰事經過，就被要求考定軍功，以便行賞。論功行賞本屬常事，不過這次不太一樣。王莽借此事正式推行了「五等爵制」，也就是公侯伯子男的爵制。

在王莽等人看來，漢朝延續秦朝施行的二十等爵制以及諸侯王制都是不合乎禮的，作為儒家改制的一部分，應該取消[3]，改為周朝的五等爵制[4]。

其實周代爵制十分複雜，但當時王莽和他的一些儒學顧問認為周朝施行的是五等爵制。早在漢成帝時期，漢廷就已經封殷（孔子）、周的後裔為公，所以仿照周朝進行爵制改革是朝野共識，王莽只是繼續推行而已。這些將士們功高的封為侯、伯，次等的封為子、男，而不再稱列侯，二十等爵制裡的關內侯也改稱「附城」，取附庸之意。

五等爵制的實施，意外惹出一個問題：王莽的宗法身分。

王莽是攝皇帝、假皇帝，那麼他原來的新都侯爵位如何處理？安漢公的公國又該怎麼安排？

安漢公是尊稱，與攝皇帝倒不妨礙，就好比周公稱「假王」，也仍然是「公」。新都侯的爵位就不同了，這是王莽從父親王曼手中繼承的，意味著王莽是新都侯國社稷的繼承者。但他現在又是漢家社稷的看護者，一個人同時為兩種規格、兩個姓氏的兩個社稷行使宗法權，很怪異也很彆扭。

況且，五等爵制的施行，讓王莽的兩個兒子都從原來的列侯進位成了公爵，侄子王光也被封為侯爵。王莽怎麼還能當新都侯爵呢？

幸好有周公的先例！周公封魯，長子伯禽到魯國當國君。魯國是侯國，但不妨礙周公的身分。所以，王莽把長孫搬了出來，就是在呂寬大案裡死於非命的王宇和呂焉之子王宗，繼承新都侯爵位。這就意味著，王莽退出了新都侯國的宗法義務，讓王宗成為王曼這一支的繼承人。王莽的兒子則是自己宗法上的繼承人。

這個問題剛應付過去，王莽的母親又去世了。老問題再次被提出來：王莽怎麼為母親服喪？服制是喪禮最重要的部分。在儒家看來，人與人之間不存在博愛，而是等差之愛，一個人如果自稱愛父母和愛陌生人等同，那一定不是發自內心的愛，是虛偽，甚至是「禽獸」[5]。正常人會更愛與自己親緣更近的人。所以，服制的不同是基於人之本性的流露，關係越近，愛得越多，哀傷也就越重，在服制上也就各有等差。

父母去世，乃人事之至哀，孝子要服最重的喪服，這本沒有什麼疑問。但班固在這裡給了王莽一個看似平常、實則極為致命的描述：

（王莽）意不在哀，令太后詔議其服。[6]

說王莽的心思不在表達哀痛，而是忙於令群臣討論他服喪的服制。儒家喪服禮儀俱在，難道說為父母服喪的服制還需要討論嗎？對王莽來說，需要！就像他剛剛把新都侯的爵位讓給了長孫，說明他在宗法上不把自己當作王曼的兒子，所以也不能像普通人那樣給母親服喪。

當然，這與王莽是否真的悲傷是兩回事。一個人的內心世界，外人未必深知。阮籍母親去世，在人前他依舊喝酒吃肉，以致被閒人向皇帝「舉報」為不孝，可他在無人之處悲痛嘔血，難以自持。所以，班固說王莽「意不在哀」，未可全信。

但班固的指責，至少說明王莽要通過服制來重新定義與王氏家族的關係，明確自己作為攝皇帝，和漢家、王氏在宗法上到底是什麼關係。這是周公不曾遇到的問題，因為周公本身就是周王室成員，而王莽是外戚。

幾年前，王莽曾因「為人後」的倫理大義，誅滅了漢平帝的母家衛氏家族；新城侯金欽只是說了幾句有違「為人後」之義的話，就被斥責為「亂國、不孝、大不敬」，最終自殺了結。

如今輪到王莽自己了。一方面，他應該是願意承漢室之後的，這意味著他離真皇帝更近；但另一方面，若為漢室之後，按照「為人後」之義，他就不能為自己的母親服孝子之喪，但他早年是憑孝敬母嫂才聲名鵲起，如果操作不好，將會人格破產，名譽掃地。

孝敬之名聲和奉祀之禮儀，令王莽陷入了矛盾。

而且，王莽憑什麼算作劉姓的「為人後」呢？有什麼依據呢？劉歆站了出來。

劉歆與眾多博士儒生討論了王莽的服喪之禮，證明王莽確實有資格承漢室之後。其中關節是：王莽是按照太皇太后的詔令居攝，太皇太后是漢室的「天下母」，有資格讓王莽「奉漢大宗之後」[7]；王莽雖是王政君的侄子，但宗法上要「奉共養太皇太后」[8]，這就構成了一條勉強說得過去的宗法關係。

按照《儀禮》，父親去世，孝子要服最重的「斬衰」。父在，母親去世，要服次一等的「齊衰」一年；若父親先已去世，母親又去世，服「齊衰」可以到三年。假如一戶人家有正妻生的嫡子，有妾生的庶子：嫡子死了，庶子繼承家業。當庶子的生母去世，因為庶子宗法上的母親是正妻，庶子只能為生母服親戚裡最輕的「緦麻」。「緦麻」有多輕？一個人為外孫、外甥服喪就服「緦麻」。比「緦麻」還輕一等的只剩下給去世的朋友所服的「麻」。

如果王莽是普通士大夫，為母親服三年「齊衰」並無疑問。但王莽既然奉了漢室的大宗，那就不同了。照劉歆的看法，王莽不能顧及「私親」為生母服喪，因為他母親是級別等同於列侯的封君「功顯君」，應當按照《周禮》中天子為諸侯服喪的禮儀來操作，服「緦縗」，非常之輕。而前不久繼承新都侯爵位的王宗，則要作為宗子為曾祖母服喪三年。

王莽的道德就體現在這種為了公義而不顧私親的行為上，類似於後世那些為公事而不顧家庭的「榜樣」「楷模」。無獨有偶，就在王莽母親的葬禮剛剛結束不久，王莽的侄子、衍功侯王光請託執金吾竇況，讓竇況幫助他殺人。此事被陳崇查實，憑陳崇和王莽的密切關係，陳崇大概先向王莽請示並徵得了同意，然後才公諸天下。案子一經公開，王光、竇況非常恐懼，王光的母親也就是王莽的寡嫂，對王光說了一番話：

汝自視孰與長孫、中孫？9

意思是，王光啊，你覺得你和王莽的兩個兒子比起來，誰與王莽更親？

王莽當年侍奉寡嫂，照顧侄子，為王光娶親，贏得了時人的贊賞。可王光母親的這句話極為冰冷絕望，可知這些年來，王莽的家人對他的習慣、心態已經心知肚明，知道王莽一定會為了公義、正義的外在形象而不惜犧牲家人。

王光母子隨即自殺。

當年的寡母、寡嫂、侄子，如今都在王莽公義的外表下，或是禮儀被放棄，或是生命被犧牲。人情畢竟是人情，王莽為母親只服最低的喪服，逼死寡嫂侄子，朝野之人對此必定會有腹誹，王莽也應該有所感覺：

以王氏的身分為劉氏奉祀，再怎麼彌縫也無法調和齟齬。王莽只有占據皇帝之位，開創自己的皇朝，祭祀自己的祖先，將漢家掃入歷史，才能一勞永逸地解決。長期以來，王莽效仿「周公」走到了居攝的位置，但恰恰是周公阻止他邁出最後一步。周公畢竟「復子明辟」，歸政於成王，如果王莽想更進一步，那就必須繞過周公、揚棄周公，另尋途徑！

2 與皇帝一步之遙

翟義叛亂平息後，長安和京畿一帶平靜了許多。

和七國之亂、漢武帝開邊戰爭比起來，這次叛亂的規模其實並不大，帝國的社會經濟並沒有遭到什麼破壞，地方上的自然災害、社會問題，也並不直接影響天下輻輳的長安、洛陽等大都市。不多時，進出長安的人流又恢復了往日的熙熙攘攘，官員、商賈、使者、平民、太學生們絡繹不絕，向天下展示著帝國承平百年的繁華，也顯露出將要開萬世之太平的新氣象。

只是，這繁華與漢室幾乎無關。這是漢室的末世，也是帝國的涅槃。

各地的祥瑞多如牛毛，報祥瑞的使者接踵而至，諸如靈芝、珍禽、奇樹之類，未央宮裡負責記錄的官員已經見怪不怪，多數也不再向上司報告，整理後直接歸檔。其中有些竹簡的下一次面世，將是兩千年以後。

但有些祥瑞，準確地說是符命，則會被官員小心翼翼地呈送到攝皇帝面前。祥瑞，主要指自然現象，而符命則體現了神靈不可測的意志。

齊郡境內有個廣饒侯國，廣饒[10]侯劉京是宗室，他的一封上書引起了王莽的興趣。他的名字在《漢書・王子侯表》中不載，可能是元始五年明堂剛剛落成、王莽主持首次明堂祫祭時大封的諸侯之一[11]，因此對王莽心存感激。在舉國獻祥瑞之時，劉京也呈上了一則極為直白的符命。

劉京在上書中說，居攝三年七月，齊郡臨淄縣昌興亭的亭長，名字叫辛當，一晚上做了好幾個一樣的夢，夢中有一人，自稱是天公的使者，特意來告訴辛當一句話：

攝皇帝當為真。[12]

還說，你若是不相信，「此亭中當有新井」。第二天，辛當一早起來就下樓[13]去看，果然發現亭樓下有一個百尺深的井。

臨淄縣的亭長夢見符命，為什麼不通過上級齊郡的長官，反而通過隔壁的廣饒侯傳遞到王莽呢？這說明此事極有可能是劉京所策劃的，在此之前，已經有多名劉氏宗室向王莽獻出祥瑞，其動機毋庸多言。

但劉京所獻的符命是夢話，空口無憑，唯一的證據——那口顯然是提前挖好的井——又無法移動，所以這個符命是比較拙劣的，之所以被王莽看重是明確說出了「為真」這兩個字。幸好，還有車騎將軍的屬員扈雲，奏說巴郡宕渠[14]縣出了一個石牛；太保王舜的屬官臧鴻，奏說扶風的雍縣出了一塊有圖案的黑石[15]。這兩件事就證據確鑿，王莽決定要親自迎接這些符命。

居攝三年冬至那天，是十一月初九壬子[16]，巴郡宕渠發現的石牛被送到未央宮前殿；過了六天，是戊午日，雍縣黑石上的圖案也被抄送到未央宮前殿。王莽與堂兄弟、太保王舜親自去驗看，忽然天上刮起大風，塵土飛揚，什麼也看不清。待到風停，王莽和王舜赫然發現有一塊銅製的符和一張帛書落在石牛之前，上面寫著幾行字：

> 天告帝符，獻者封侯。承天命，用神令。[17]

這些颳風降符之事，證人只有王莽、王舜，以及升職為騎都尉的王莽心腹崔發。就唯物的常識來說，這銅符、帛書都是作偽。但漢人本來就普遍篤信鬼神，也相信天降符命，所以此事在當時幾乎無人提出疑問。

又六天後的甲子日，王莽向王政君正式報告。已經快八十歲的她，看慣了王莽每隔幾年就搞出一些類似的符命、祥瑞。這次看到這道符命，心裡會怎麼想呢？

她可能會想：這個符命只說「承天命」，卻沒說天命到底是什麼，怎麼承。

王莽的解釋是，符命的意義是讓他當徹底的「假皇帝」。從前，周公「居攝稱王」，《春秋》魯隱公[18]攝政稱君，這兩件事情都為儒經所贊許。也就是說，周公、魯隱公都是攝政，但儒經並沒有稱之為「攝王」或「攝公」「攝君」之類，《春秋》是把魯隱公作為正兒八經的君主記錄的。所以，王莽建議去掉「攝皇帝」裡的「攝」字，任何情形下都稱為「假皇帝」。

前面已經說過，「攝皇帝」意味著代理職權、主持工作，而「假皇帝」是代理職位，「假皇帝」

高於「攝皇帝」。王莽這次又向前進了一步。

但這一步邁得實在太小了。又是新井，又是石牛，又是銅符帛書，王莽費了很大力氣，卻僅僅去掉了「攝」字，仍然沒能突破「假」的範圍。這其實說明，王莽仍然沒能找到揚棄「周公」模式的好辦法，因為有一個至關重要的問題橫亙在他的面前：

要走怎樣的合法程序，才能讓王姓的假皇帝取代劉姓的皇權，成為真皇帝？

我們不妨幫王莽捋一捋：

在此之前，王朝的合法更替只有兩種方式。一種是湯武革命，也就是「弔民伐罪」，以有道推翻無道。漢家「誅暴秦」而立國，勉強可以納入其類。但王莽不可能採用這種做法，因為漢家承平日久，即使「德衰」，卻談不上罪，漢帝也不是孟子所說的「一夫紂」。而且漢家有安漢公輔佐，朝廷一直宣稱漢家已「安」。「湯武革命」這條路不可能。

一種是堯舜的禪讓。比起真刀真槍的「湯武革命」，「禪」顯得複雜而邈遠。其實，先秦儒家並不特別推崇禪讓，儒家雖然讚美堯舜，但儒家以西周禮樂為基礎，所以更支持宗法繼承，對禪讓沒興趣，特別是荀子還反對禪讓。法家就更厭惡禪讓了，韓非乾脆說不存在禪讓，舜禹都是篡逆。《竹書紀年》裡還說堯是舜逼迫退位的。最推崇禪讓的是墨家，而墨家又是先秦儒家的大敵。

禪讓這種觀念的復興，主要是在戰國。諸侯國為了富國強兵，就要打破舊貴族的世卿世襲，主張「選賢與能」，而君主的禪讓是選舉賢能的最高級形式，這才有秦孝公曾想禪讓給商鞅、燕王噲禪讓給國相這樣的事。其實，從戰國後期到漢朝，選舉賢能是很多君主帝王認可的理想。劉歆的父親劉向在《說苑》裡講了個故事，始皇帝說：「吾將官天下，誰可使代我後者？」在司馬遷筆下，漢文帝立太子之前也說過類似的話：

今縱不能博求天下賢聖有德之人而禪天下焉，而曰豫建太子，是重吾不德也。19

漢文帝當然不會真的要選賢而禪讓，這只是他立太子時的謙辭。但他畢竟出生在楚漢戰爭期間的「後戰國」時代，離戰國不遠，對禪讓是不避諱的。

到後來，禪讓一度變得敏感。漢宣帝的司隸校尉蓋寬饒為了諷諫漢宣帝不要重用宦官，在封事中語氣激憤地說了些和禪讓沾邊的話，就被迫自殺了。再後來，隨著五德終始之說的流行，人們開始堅信天命轉移、易姓換代，天下非一家一姓所獨有，禪讓這才不那麼敏感。

所以，王莽應該早就考慮過禪讓的方式。但有一個問題，那就是禪讓需要由一個帝王來讓，而此時漢家並沒有皇帝，只有一個尚未告廟的皇太子劉嬰，所以即使漢家要禪讓給王莽，誰來禪呢？

按照五德相生來推演，漢家德衰，天命已經轉移，但終究需要一個合法的儀式或者說動作來實現人間權力的更替。

王莽決定採取的動作是改元。他令人去蘭臺查閱漢哀帝幾年前改元「太初元將」時候的檔案，找到夏賀良等人當年為漢室「再受命」時製作的讖書，決定仿照漢哀帝的做法，改元為「初始」，顧名思義，這是一個萬物更始、源本復初的紀元，強調今後再無「攝皇帝」，而是「假皇帝」的時代了。

這表明，王莽至此沒有找到「即真」的辦法，離「真皇帝」只有一步之遙，但無論如何就是跨不過去。

王莽已經技窮。

西元八年十二月二十六日 居攝三年十一月初十 癸丑	西元八年十二月二十七日 居攝三年十一月十一 甲寅	西元八年十二月二十八日 居攝三年十一月十二 乙卯	西元八年十二月二十九日 居攝三年十一月十三 丙辰
西元九年一月二日 居攝三年十一月十七 庚申	西元九年一月三日 居攝三年十一月十八 辛酉	西元九年一月四日 居攝三年十一月十九 壬戌	西元九年一月五日 居攝三年十一月二十 癸亥
西元九年一月九日 初始元年十一月廿四 丁卯：丁，屬火，漢是火德；卯，「劉」姓中有卯字。意味著這是劉氏最後一日 *公卿廷議昨日的符命 *前殿石牛說話，要求王莽盡快登基	西元九年一月十日 初始元年十一月廿五 戊辰。值定，大吉 *王莽到高祖廟正式受禪稱帝 *自下月改年號、正朔	西元九年一月十一日 初始元年十一月廿六 己巳	西元九年一月十二日 初始元年十一月廿七 庚午
西元九年一月十六日 始建國元年正月初二 甲戌	……		

表6.1　王莽代漢前夕日程表

體例： **1. 西元紀年** **2. 年號及舊曆紀年** **3. 干支日、節氣** **4. 事件**	西元八年十二月二十四日 居攝三年十一月初八 辛亥 ＊此時是漢曆，建寅，以夏曆一月為歲首	西元八年十二月二十五日 居攝三年十一月初九 壬子。冬至 ＊巴郡石牛抵達未央宮前殿
西元八年十二月三十日 居攝三年十一月十四 丁巳	西元八年十二月三十日 居攝三年十一月十五 戊午 ＊雍石文送至未央宮前殿	西元九年一月一日 居攝三年十一月十六 己未
西元九年一月六日 居攝三年十一月廿一 甲子 ＊王莽向王政君報告上述符命，將居攝三年改為初始元年	西元九年一月七日 初始元年十一月廿二 乙丑 ＊漢廷頒布改元通告 ＊哀章知道消息後開始行動 ＊推測期門郎張充在這天謀畫劫持王莽	西元九年一月八日 初始元年十一月廿三 丙寅 ＊黃昏，哀章將禪位符命送至高祖廟 ＊廟中官員立刻報告王莽 ＊侍郎王盱見白衣人
西元九年一月十三日 初始元年十一月廿八 辛未	西元九年一月十四日 初始元年十一月廿九 壬申 西漢最後一天	西元九年一月十五日 始建國元年正月初一 癸酉 ＊新朝改正朔，行殷曆，建丑，以夏曆十二月為歲首 ＊新朝正式開始 ＊自石牛至長安至此二十二天

3 河出圖，洛出書

漢朝這次改元「初始」，並不是說從下一年才開始，而是把已經到了十一月二十一號的居攝三年改為初始元年，也就是說改元的第二天就已經是初始元年的十一月二十二日了。

就在這一日，負責宮廷警衛的武官期門郎張充和其他六人，決意要劫持王莽。但在舉事之前被發覺，六人隨即被殺。據說張充他們打算立漢宣帝的曾孫楚王劉紆為帝。楚王這一支的確有些特殊，劉紆的父親劉衍有三兄弟，分別是大宗劉文和劉衍、劉勛。劉勛被封為廣戚侯，而皇太子劉嬰就是劉勛的孫子。也就是說，劉紆是皇太子劉嬰的堂叔。所以，張充等人預謀劫持王莽，並不是一時興起，而是有所考慮的。

這件案子的蹊蹺之處在於，以往王莽會抓住一絲端倪就大做文章，窮治到底。這次卻不同，他只是處死了張充，沒有繼續追究楚王。當然，劉紆遠在楚國，應該沒有牽扯到這個案子裡。但更大的可能是，這幾天王莽非常忙碌，心思都在「即真」上，對這件事也就顧不上了。

也是在這一日，朝廷正式頒布改元初始的法令。長安的士民近水樓臺，最早知曉了這一消息。

廣漢郡梓潼縣人哀章，這一天也在長安，他很可能是太學生或是博士弟子，對儒經、符命、讖緯等都很熟悉。和他一起「學問長安」[20]的人裡，哀章是一個格外熱衷言說五德終始、天下大勢，頗有些預言家風範的人。

這樣的人也擅長投機。

早在三年前王莽剛剛「居攝」時，哀章就窺破了王莽的心事。

他精心製作了兩個銅匱，也就是銅匣子，一個裡面放了「圖」，一個放了「書」，這是模仿《周易繫辭》裡說的「河出圖，洛出書」。這些「圖」「書」應是寫在木簡上，放在銅匱之中，還按照漢朝當時書信的格式加上蓋子，用繩子捆結實，填上封泥，最後在封泥上蓋上書檢[21]。在一般的書信郵寄中，書檢就相當於信封，上面印著寄信人的印章等署名信息。

哀章所作的銅匱封檢，大抵也會遵循這種慣例。其中，放「圖」的那個封檢，署了一句話：

天帝行璽金匱圖。

放「書」的那個封檢署的是：

赤帝行璽邦傳予黃帝金策書。[22]

這兩個封檢署名，細究大有深意。

首先，兩個封檢都是「行璽」。在漢朝特別是中後期，皇帝有六璽，其中「皇帝行璽」是用在任命諸侯王的場合。那麼，天帝行璽、赤帝行璽，也就是比照人間皇帝分封諸侯，以天帝的身分任命人間的帝王。這證明哀章對漢朝的璽章制度比較瞭解。

其次，漢朝奠基最重要的事之一是「赤帝之子斬白蛇起義」，「書」的封檢明確說，「赤帝」通過給劉邦「行璽」，給「黃帝」以策書，也就是劉邦以赤帝之子的身分給黃帝的後代轉達冊封之書，這就描述了禪讓的邏輯。

哀章製作好銅匱之後，並沒有急於拿出來，而是等待、觀望。一年又一年，哀章看著王莽制禮作樂卓有成效，又多次平叛牢固掌權，統治基礎一天天堅實起來。他相信王莽遲早有稱帝的一天。

於是，當哀章聽說齊郡神井、巴郡石牛等祥瑞和符命的時候，他知道時機已經成熟。「初始」年號頒布後，哀章當機立斷，抓緊時間做了些準備。在新年號頒布後的第二天，也就是初始元年十一月二十三丙寅日黃昏時分，他終於走出家門。

行人多半會注意到，這個人身穿形制奇特的黃色衣服，手裡小心翼翼地拿著銅匣子，順著安門大街向南走。走到長樂宮的西南方向，那裡坐落著漢太祖、高皇帝劉邦的宗廟，也就是高廟[23]。高廟是宮廷重地，守備森嚴。哀章雖然有備而來，還是被擋在了外面。他告訴守衛，此番來到高廟，是要代天帝和赤帝傳遞符命。

守衛連忙向長官高廟僕射報告，僕射不敢怠慢，親自出門拜接銅匱，先請哀章在廟中等待，然後火速去未央宮稟報王莽。

王莽正在接見侍郎王盱[24]。據王盱所說，他剛剛在未央宮前殿大門外，忽然看見一個人身穿白色單衣，方形領子上掛著紅色裝飾，頭戴小冠，站在前殿外面對他說：「今日上天同其顏色，將天下人民託付給皇帝。」王盱覺得奇怪，緊走十幾步要去看個究竟，結果那白衣人倏而不見了。

這件祥瑞與廣饒侯劉京所轉述的亭長辛當的夢話都是孤證，空口無憑，很可能是王盱自己的行為。

正在此時，高廟僕射趕到了。王莽聽說這兩只銅匱是由黃衣人送到高廟，封檢上的文字又是如此震撼，馬上召集近臣前來拆封。眾目睽睽之下，銅匱的封檢被打開，一「圖」一「書」，至此大白：

那「圖」，繪製的是堯後火德、舜後土德的五德循環和漢朝「三七之厄」的術數推演[25]；那「書」則明說王莽當為真天子，皇太后也要遵循此天命：

高帝承天命，以國傳新皇帝。[26]

這句話至為重要，是漢高帝劉邦根據天帝和赤帝的運命，將國家禪讓給新朝皇帝。如此，王莽所糾結的難題迎刃而解——不一定非得是活著的人禪讓，死去的人也可以。而且，請劉氏的高皇帝親自禪讓，說服力更強。

在漢朝人的觀念裡，鬼神的世界本就是真實存在的。例如漢墓，特別富有生活氣息，有的墓裡連馬桶都有。劉邦的肉身雖然湮滅，但神靈依然活在人間。祭祀劉邦的高帝廟，每個月都由禮官把劉邦生前的衣冠從廟寢請出來，巡遊一番，送到廟裡，彷彿劉邦仍在享受人間的風景。所以，請劉邦禪讓給王莽，說得過去。

此外，「圖」「書」中還說王莽有大臣十一人，除了現在高高在位的八個人外，還有哀章自己，以及王興、王盛。這兩個名字既有「王氏興盛」的彩頭，又是當時極為普通的人名，相當於二十世紀末的王偉、王軍之類，查訪的餘地很大。

上天的符命已經說得如此清楚明白，王莽仍然按部就班地表示，茲事體大，需要廷議，現在天色已晚，等明天早上再說吧！另外，為表示誠惶誠恐，王莽決定從現在開始不吃不睡，直到此事完結。

4 王莽受禪！

次日，初始元年十一月廿四，丁卯日。丁卯不是個普通的日子。丁，屬火，漢是火德；卯，「劉」姓中有一個卯字。王莽一宿沒睡，這天一早就舉行廷議，特意請了漢宗室、忠孝侯劉宏召集公卿來討論。同時，王莽還將「圖」「書」送至王政君面前。

形勢發展得如此迅速，僅僅在十五天之前，巴郡的石牛才運到；僅僅在三天前，王莽還承諾將來還政給子嬰，現在就要在前朝和後宮同時攤牌，討論禪讓的大事了。而上一次禪讓天下，是發生在舜帝禪讓給大禹之時。[27]

未央宮前殿人聲鼎沸，公卿們聚集在前不久巴郡運來的石牛旁邊各抒己見。他們雖然對這一天有所準備，但真要決策議定了，反而出現了議而不決的膠著局面。

另一邊，王政君見到符命後，大驚失色，特別是策書裡明說皇太后也要執行，簡直像是特意告訴她似的。她三天前剛批准了改元的建議，以為自己八十老朽可以過幾年安穩日子，萬沒想到目睹這樣的符命。

她告訴王莽的使者，堅決不同意漢家禪位，自己是漢家的太皇太后，不會允許漢家在自己手中終結。

此時哀章可能仍然留在高廟中，耐心地傾聽刻漏滴答，等待著天命的告白。

一個千古疑問——這件事，是哀章自己獨立所為，還是王莽的授意安排？

若說是王莽授意，不是沒有可能：其一，丁卯日意味著漢朝天命的終結，第二天王莽就受禪了，說明這個日子先已定好，王莽提前安排的可能性很大。其二，策書明確說出「新皇帝」三個字，但此時王莽還沒有建立「新朝」，哀章如何事先得知？其三，策書裡還格外提出皇太后也要執行，說明有人告訴哀章，王政君雖然支持王莽居攝，但卻是稱帝的最大障礙，所以要以符命來轄制。因此，說王莽授意哀章是有可能的。

不過，哀章獨立所為的可能性更大。哀章既然能自製符命，對丁卯這樣的日子保持敏感很自然；

而「新朝」的名稱和皇太后的意圖，在當時恐怕已不是祕密，王莽崛起於新都侯，儒家強調「新命」，已經在漢家天下流傳了很多年。

而且，王莽始終沒有主動提出禪讓的方案，也沒有解決皇帝缺位的漢朝怎麼禪讓的難題，一直在「假皇帝」的身分上繞圈，還從蘭臺裡尋找漢哀帝「再受命」的舊檔。從改元「初始」到哀章獻符，前後只有幾天的時間，如此倉促，實在不像是早有授意和預謀。此外，哀章在策書中竄入自己和王盛、王興的名字，是哀章自己打的小算盤。因此，此事由哀章獨立所為的可能性極大。[28]

既然是哀章的個人行為，這件事就棘手了：倘若王莽早有安排，那麼公卿廷議不會遲遲不決。這種膠著令王莽感到焦慮。他既擔心公卿們的遲疑演變成普遍反對，也害怕王政君突然出面阻止。正在千鈞一髮之際，又一件不可思議的祥瑞發生了——那巴郡石牛突然說起了人話：

趣（促）新皇帝之高廟受命，毋留！[29]

就是說，趕緊催促新皇帝到高帝廟受命，別耽誤了！

決斷，是最重要的政治能力之一。石牛說人話太過荒誕，一定是王莽所造，但這證明了王莽要在丁卯這天徹底解決問題的決斷。丁卯是王莽認定的受命之日，決不能更改。他下令侍從做好準備，吩咐劉歆等人馬上商定禮儀，起草詔書，確定改正朔、易服色等諸多事項，明日他將正式到高帝廟受禪。

第二天，戊辰日。

王莽又是一宿沒睡，也沒有進食，但他神采奕奕，看不出憔悴的樣子。當然，他也不會喜形於色，而是莊重嚴肅地修治儀仗，登上馬車，緩緩來到高廟。高廟的諸多禮官以及哀章都已在等候。

高廟禮官已提前拿到圖和策書。

高廟的大殿裡、漢太祖的靈位前，清廟之樂，鐘鳴鏗鏘。從前，漢家皇帝登基，都要來這裡拜謁高帝之靈，寓意繼承祖先的祖產，從高帝手中獲得統治天下的許可。

今日不同了。禮官以高帝之靈的名義，將圖和策書正式交付給王莽，表示高帝劉邦已親自禪位給他，標誌著漢朝落下帷幕。最後，禮官又給王莽加上帝王冠冕，表示王莽接受了禪讓。

禪讓大禮儘管十分莊重，但很倉促。禪讓完成後，王莽從高廟先去了長樂宮拜謁王政君，他要去拿漢朝的傳國玉璽。

當年劉邦率軍初入咸陽，屯兵霸上。已經去了帝號的秦王子嬰向劉邦投降，並奉上始皇帝的玉璽。劉邦一直保留著這塊璽，既沒有上交給當時的楚懷王，也沒有給後來的西楚霸王，即位後，就將始皇璽作為漢的傳國璽世世留存。後人有言傳國璽是由著名的和氏璧所雕鑿，此言不確，因為「璧」的形制是圓形中孔的薄片，無法鑿成厚重的玉璽。漢朝的傳國璽應是秦皇所製。漢平帝崩，劉嬰為皇太子，漢朝沒有皇帝，傳國璽就被保管在王政君手裡。

王莽索要傳國璽，被王政君斷然拒絕。

王政君此時應該還沒有從禪讓的巨大衝擊中緩過來，她可能會想起剛給漢宣帝當兒媳婦的時候，漢朝還如日中天，堅不可摧，甚至是永恆的。而現在，終結這個偉大皇朝的竟然是自己的家族、自己的侄子。她深知王莽的崛起離不開自己的支持，而且是主動支持，但在這最後時刻，她又頗覺後悔。這種掌握著政治大權但缺乏政治品質和決斷力之人的心態，大概就是班彪所說的「婦人之仁」[30]吧。

既然被拒絕，姑侄二人此番見面應是不歡而散，王政君不願分享王莽稱帝的喜悅。王莽也暫時顧不上安撫姑媽，因為他馬上要趕回未央宮前殿，發布他受禪後的第一道詔書，為新皇朝拉開帷幕。

丁卯受命，戊辰受禪，這兩個日子都是特意選取的。丁卯寓意著劉氏天命終結；戊辰這天恰逢「直定」[31]，是祭祀的吉日[32]。

就在這一天，據說天宮也發生了一件大事。如來佛反手為「五行山」，將一隻大鬧天宮的神猴壓在了山下的一個「石匣」裡。[33]

嚴格來說，這一天仍然是初始元年十一月二十五日。王莽服帝王冠冕，把劉歆等人連夜擬定的詔書通告天下：

去掉漢號，天下定號為新，年號為始建國；改正朔，新朝以十二月為正月，漢武帝在太初元年確定的以一月為正月的正朔不再使用；四天以後的初始元年十二月一日，將成為始建國元年正月朔日。

四天以後，王莽就要開國了。

二、始建國傳億年

5 傳國玉璽

新朝還有四天就要開國，傳國璽卻還在王政君手裡。

前番碰了壁，王莽便不好再出面，他讓堂弟王舜去索要。王舜和父親王音相似，為人謹飭溫厚，深受王政君信任，也被王莽引為腹心。

王舜硬著頭皮去見姑媽。王政君這次一改往日的親切，破口大罵道：「你們父子、王氏宗族，都是靠著漢家才富貴累世，不報答就算了，還趁著劉氏凋零之危，奪取其國。真是豬狗不如！天下怎麼會有你們兄弟這樣的人？既然你們照著金匱的符命，當什麼新朝皇帝，正朔服制都要變，那就去自己刻一個新玉璽，流傳萬代嘛，何必非要漢家這亡國之璽？不吉利！我是漢家老寡婦，旦暮之間就老死了，正打算拿這塊玉璽陪葬呢！你們還是斷了這個念想吧！」

一邊痛罵，一邊痛哭，八旬老人這番姿態，委實令人同情。旁邊的女官們也垂頭哭泣。王舜被罵得驚心動魄，眼淚早已止不住，俯身在地上哭。一向莊嚴祥和的長樂宮裡竟然哭聲一片。

過了一會兒，王政君的情緒平復了一些，王舜這才抬起頭，噙著淚眼，對王政君說：「這事兒我們都和他說過，沒用。王莽是一定要得到傳國璽的，太后難道真能不給嗎？」

王舜這話說得頗有些隱晦，似乎暗示說王莽巧取不得就會豪奪。王政君罵也罵了，她所不能承受的矛盾，是又希望王氏家族永葆富貴，又不想承擔顛覆夫家的罪名。所以聽到王舜這麼說，她確實擔心這事兒鬧下去也不好收場，對於自己在王莽稱帝上起了多麼關鍵的作用，她很清楚。於是她吩咐取出傳國璽，但還是不想好好給出去，竟然扔在了王舜面前的地上，說：「我已經老了，還能壽終正寢，你們兄弟就等著被族滅吧！」

總想著左右逢源，這也不情願，那也不情願，但最後這也不得不做，那也不得不做；總拖著最重要的問題不解決，幻想著問題會自己消失，直到面臨不得不決斷的時刻，卻已喪失決斷的主動權，只能被動接受。王政君的這種優柔寡斷，根源於她缺乏政治品質，不能辨識立場，也就沒法理解政治的困境就是非此即彼、非黑即白，沒有中間地帶的，因此導致的結果就是她本人作為政治家的失敗。

拿到玉璽，撫摸著被王政君摔去的一個角，王莽依然欣喜若狂，吩咐在未央宮滄池的漸臺置酒狂歡。漸台是滄池中的一座高臺，多年以後，王莽將在這裡被殺死。

王莽也在思考元年正月朔日正式登基的禮儀。這其中有一個重要關節，王政君是漢室的太皇太后，又是王氏的「老祖宗」，那麼入了新朝，王政君怎麼安排？是繼續保持遜政漢室成員的身分，還是成為新室的成員？如果是後者，那王政君的身分是什麼？上什麼尊號？

別的王公貴族無論怎麼安排，時間上都來得及。唯獨王政君，非得一開國就得有說法且說清楚才行，不然會影響漢新易代的合法性。不過，前番因為傳國璽的事情，王政君正在生氣，很難勸她接受新的尊號。

王氏家族不論遠近親疏，知道自己將來會成為宗室，無不歡喜雀躍。其中有一個叫王諫的遠支疏屬，想趁著新朝成立的機會諂媚王莽，就上書說：「漢朝已終結，太皇太后不宜稱現在的尊號，應當去掉漢號。」這個建議非常及時，正對王莽的心思，他見到這封上書，忽然有了主意。

王莽即刻親自乘車到長樂宮，把王諫的上書給王政君看。王政君餘怒未消，看到這個建議，更加不滿，冷冷地說了一句話：

此言是也！

這是一句反諷[1]，王政君估計王莽接下來就要借題發揮，準備去掉自己的漢家尊號，她想好了決不答應。

沒想到，王莽卻比她更生氣，說：

此悖德之臣也，罪當誅！

王莽居然說王諫是不道德的大臣，而且該判死罪。王政君十分吃驚，不知道王莽到底是什麼意思。

王莽回到未央宮，公開指責王諫悖德。

群臣也糊塗了，這馬上就要開國，傳國璽都拿到了，王莽為什麼還要維護王政君的漢家尊號？有個叫張永的人看出了端倪——王莽當然要廢掉王政君的漢家尊號，但不希望世人覺得是他主動做的。王諫上書，王莽是批還是不批？這件事和王莽受禪一樣，都得是迫不得已而做，是天意才行。張永很快獻上一塊銅璧，上面依稀寫著一行符命：「太皇太后當為新室文母太皇太后」[2]。王莽見此大喜，下詔群臣說：這行文字不是人工刻畫，而是自然形成的；文母，意味著太皇太后將是永遠的「新朝之母」。這是天命，不敢不接受。

王政君見此符命，不知道是真的相信，還是順水推舟，總之接受了新的尊號。給王政君的新印璽馬上被製作出來，張永因為這個功勞被封為子爵，爵號為「貢符」。王諫卻被迫服毒而死，他的死是因為妄議尊號，還是因為上書所言的事情太過直白，揭露了王莽的真實意圖而令王莽備感冒犯，恐怕不言而喻。

6 時間的開始與歷史的終結

始建國元年正月初一。未央宮。

公侯貴族和公卿士大夫們擠滿了前殿，凡是有資格上殿的幾乎都來了。大殿正中，坐著的是漢室的皇太子劉嬰，快四周歲了。他的身後是負責保育的宦官中傅；身旁的帷幕後面坐著太皇太后王政君，已經快八十周歲了。這一老一小很少同時來前殿，此番場景並不多見。

王莽立在殿下，神色肅穆，冠冕堂皇。

時辰一到，王莽在禮官的引領下，走在公侯卿士的最前面，手捧「新室文母太皇太后」的印璽綬帶，恭敬地呈獻給王政君，以替換原來帶著「漢」號的舊印璽。

王政君接受了。作為漢室最尊貴的一員，她認可了符命，也認可了漢室的終結和新室的肇興。

接下來，王莽以新朝皇帝的名義，正式宣讀給劉嬰的策書，這封模仿《尚書》的策書成為後世禪讓詔書或策書的範本，也告知了新朝對漢室的安置方案：

皇族被降殺一等，按理應該降為王。但因為周王是天子，追慕周朝的王莽認為漢朝「諸侯王」的設置不符合周政，把王爵一概取消，皇帝下面最高的爵位就是公爵。所以漢朝的諸侯王全部降格為公爵。

劉嬰被封為定安公爵，享萬戶采邑，按照今文經學的說法，天子千里，公侯百里，所以定安公國也是方圓百里。今後，劉嬰可以在定安公國繼續採取漢朝的正朔、服色，立漢朝宗廟以祭祀。而且，世襲的定安公爵不是新朝的「下屬」，而是「永為新室賓」[3]，就是說新朝對定安公待以客禮。史書沒有記載王莽是怎麼對定安公待以賓客之道的，從後世禪君往往擁有「上書不稱臣」「以天子禮祭祀」「載天子旌旗」等禮儀上的特殊禮遇來看，對劉嬰也可能有類似安排。

這與從前漢廷封商、周的後裔為公是同樣的性質，都是基於儒學「通三統」的主張。漢朝的三統是商、周、漢；新朝已經建立，三統就成了周、漢、新。商朝後裔的封爵退出「三統」之列。所以，除了定安公劉嬰外，周的所謂後裔姬黨，曾被漢室封為衛公，現在改封章平公，同樣是「新室賓」。商的所謂後裔孔弘，曾被漢室封為宋公，現在退出「賓」的序列，降格改封為章昭侯。

按照儒家的設想，「通三統」並不只是形式，還要求現任統治者善待前代皇（王）族，吸取前面兩朝的「治理經驗」，而不是一味地改弦更張。這也是為了本朝終結後，繼任的朝代也會以同樣的善意來對待自己。

安置完劉嬰，王莽讓漢平帝的皇后，也就是自己的女兒繼續留在漢室，號定安太后。

宣讀策書完畢，王莽親自上殿，滿臉淚水，唏噓感慨，一幅迫不得已的樣子，緊緊攥著劉嬰的手，顯得用情極深。劉嬰懵懂而緊張地站了起來，聽王莽說：「當年周公攝政，最終還政成王，今天我卻迫於天命，不能遂了我還政於你的心意啊！」

劉嬰聽不懂這些話的意思，他應該覺得有些坐不住了，想早點結束。他的眼睛望向服侍他的中傳，中傳見王莽話已說完，上前牽著劉嬰的手，緩緩走下大殿，隨後領著他轉身面向已經在大殿坐定的王莽，施了臣下之禮。

漢朝自此終結。新朝自始建國。

「始建國」這個年號並不簡單。漢朝自從漢武帝太初改制，正式啟用年號紀年[4]，古代皇朝從此進入定期改元的年號時代。

但「始建國」不太一樣，這個年號模仿了「始皇帝」，意思是新朝在這年創建，也就從這一年開始紀元，此後就是始建國二年、三年、四年……就像始皇帝所設想的秦二世、三世……直到萬世而不絕，王莽也打算「始建國」億年也不完[5]。這種做法，更類似以耶穌誕生為起點的西元紀元。至少在始建國元年，王莽並沒有考慮過以後要定期改元。

始建國，寄託著王氏家族永恆繼承的信念，也意味著純正的儒家天下從此開始，今後再也不會改變。時間開始了，歷史已經終結[6]。

這一刻，王莽五十四歲。

「必也正名，名不正則言不順」，那些停留在舊時代裡的名詞，也要全部改變。例如新的「九卿」設置裡，大司農改為羲和，因為這是傳說中的日神，更是《尚書》裡的曆官，而太陽和曆法關乎農業的好壞；大理，曾叫廷尉，掌刑獄，改成作士，因為《尚書》載「咎繇（皋陶）作士」；太常改為秩宗，大鴻臚改為典樂，少府改為共工，水衡都尉改為予虞，也都出自《尚書》[7]。地方上的官名也一併更改，如郡太守改為大尹，都尉改為太尉，縣令或縣長改為宰，御史改為執法，等等。

最有意思的，是把長安改稱常安；把未央宮改稱壽成室，其中的前殿改稱王路堂；把王政君所居住的長樂宮改稱常樂室。不過，為了敘事的便利，下文除特殊地方，常安仍寫作長安。

以往漢朝的瓦當、鏡子上常有一些吉祥的詞兒，比如「長樂未央」「長生無極」之類，這些詞也跟著變了。多年以後，距長安千里之外的西伯利亞出土了新莽時期建築物的瓦當，赫然寫著「天子千秋萬歲，常樂未央」[8]。這倒說明，新朝初建國時，其觸角已經抵達帝國的邊緣。

把公車門、司馬門一共四個宮門改稱王路門，門內設置了三個標誌物：進善之旌，非謗之木，敢諫之鼓。就是允許人們到王路四門反映情況，包括建議、批評以及告狀。還派了四位諫大夫常坐在王路門下「接訪」，猶如後世的「信訪部門」。

名稱的變化固然只是形式，但會給臣民耳目一新的感覺，彷彿一切真的都變了，而且越變越好。

劉嬰也在其中，他傾聽著這些「除舊布新」的詔令一道接一道地發布，一句也聽不懂。他也不知道，雖然他被封為定安公，但他永遠抵達不了他的領地。王莽已經把長安城裡的明光宮改為定安館，讓定安太后居住；又把大鴻臚的府邸改為定安公第，這才是劉嬰實際居住——不，被軟禁的地方。

這座房子被專門看管，劉嬰沒有踏出大門的權力；他的保姆、奶媽以及所有的侍者，都被命令不得與劉嬰說一句話；即使在定安公第，劉嬰也被限制在一個沒有窗戶的房間，外界的一切風景和人世皆不可見，以至於王莽覆滅後被放出來時，連六畜都不認識。對待劉嬰的態度，把王莽內心深處的陰暗表現得一覽無餘。

王莽對待禪君的「心法」[9]，也被後世所繼承。明朝朱棣奪取了侄子建文帝的帝位，對建文帝的兒子從兩歲開始拘禁，不允許任何人和他說話。

此刻，始作俑者王莽已經與劉嬰相「揖別」。殿中的公卿百官紛紛垂淚感嘆，也不知是因為見證了歷史，還是追悼漢朝的滅亡，抑或可憐這個四歲的男童，或是感動於王莽的偉大。

7 安置劉氏宗室

還是這一天，王莽在大封群臣、為地方州牧郡守晉爵的同時，專門對劉氏宗親下了一道詔令：

諸劉為郡守，皆徙為諫大夫。[10]

所有擔任郡守「實職」的劉姓宗親，全部改為諫大夫。郡守是二千石的高官，集地方大權於一身，昔年東郡太守翟義僅以一郡之地起兵，就掀起不小波瀾。諫大夫只是一個六百石的中低層官員，而且沒有治權。所以，王莽這一條措施足以消除劉氏宗親的實質威脅。在當時人的歷史視野裡，還從來沒有過處置龐大前朝宗親的先例。秦沒有分封，地方上沒有宗親；周是緩緩頹敗的，也不涉及類似問題。王莽開了先例，他對劉氏宗親的態度，總的來說複雜而含混——心存不安，著意打壓，又故作寬容。

撤掉所有劉姓的郡守，解除地方上可能的威脅，就是他著意打壓的表現。

但王莽對漢室宗廟表達了極高的敬意。

他下詔說：我是在高帝廟裡、高皇帝的靈前受禪，這個恩情絕對不能忘。今後，雖然漢室的宗廟祭祀降格到定安公國，但畢竟漢帝陵都在京師附近，長安城內現有的陵園、廟寢等，繼續保留和祭祀。我每年九月還要親自到高、元、成、平這四個廟裡祭祀。以往由漢宗正管理的宗室人員，改由京兆大尹管理，不得降低原有待遇，各地的州牧主官，要多慰問，免得有人趁著禪代之機欺負他們。

平心而論，王莽的做法是存有溫情亦合乎儀禮的。後世改朝換代，能夠優待前朝宗親的委實不多。王莽的時代是帝制初期，人們還殘留著三代以來的觀念，把曾經的皇族或王族看作古聖王的後裔，具有一定的神聖色彩，也就沒有屠殺的念頭。再就是到了帝制末期，清帝退位，走向共和，各族群已是國民而非敵寇，也不會殺戮[11]，所以民國政府也對清室予以優待。

在這一頭一尾之間，能優待前朝的屈指可數。曹魏受禪後，參照王莽的做法安置漢獻帝，還算寬容。南朝齊與梁、隋與唐，皇室憑著還是親戚，仍然不吝殺戮。其餘大都是趕盡殺絕，斬草除根，如朱溫對唐皇室近支的屠殺，清初對明宗室的追殺，已是常態。能夠多少在政策上相對優待的，也就是趙宋對後周了。

此外，王莽篤信災異、祥瑞、符命、讖緯、厭勝之類，除了上述安排，在剝奪實權和保持待遇之外，他格外關注另一個點——漢朝的象徵之物，包括能夠喚起人們舊日記憶的物品。

早在居攝期間，王莽曾主持一次貨幣制度改革，鑄造了兩種刀幣，一種是契刀，面值五百個五銖錢；一種是金錯刀，面值五千個五銖錢，這金錯刀是中國歷史上唯一的錯金貨幣，很是精美。但是，始建國之後，王莽卻說，「劉」這個字裡，有「卯金刀」，刀幣就是「金刀」，於是把刀幣廢除了。

至於「卯」，漢朝人習慣佩戴一種飾品叫作「剛卯」，最早大概是桃木所製以辟邪，後來用白玉、象牙、黃金之類來做。西漢後期，「剛卯」常常和形制相似的「嚴卯」湊成一對佩戴，用來辟邪驅鬼，「剛卯」主要用來防病，「嚴卯」用來祛病。王莽認為「卯」字對新朝不吉，從此禁止佩戴。

這種象徵物看似荒誕不經，其實在政治文化中屢見不鮮，清朝的文字獄仍然遵循這種邏輯。把政治予以象徵化，也的確是中國古代政治文化的一個特徵，塑造了古代中國人在生活中泛政治化的傾向。

所以，到了東漢，中興的劉氏皇族不僅恢復了「雙卯」，還要求大臣必須佩戴。這與王莽的禁止佩戴是一體兩面。

儘管如此，大多數劉氏宗親對王莽的安排應是滿意的，作為「前朝餘孽」，不僅沒有被清算，而且待遇不減，足以被籠絡。但仍有極少數劉氏貴族心懷不滿。這一年的四月，原漢膠東王子、徐鄉侯劉快，糾集了數千人在當地[12]起兵。

劉快的兄長劉殷是繼任的膠東王，封邑在即墨。王莽即位後，他剛剛被降格為扶崇公爵，封邑沒有變化。劉快很可能在起兵前找兄長商量過，但劉殷沒有同意。所以，劉快起兵後竟然先攻打即墨，這大概因為即墨是膠東的大城，又是劉氏封國，打下來可以擴充勢力。結果，劉殷緊閉城門，而且親自向駐在即墨的新朝官員自首。即墨的官民對劉快的義兵也很不歡迎，將其擊敗。

劉快逃到琅琊郡的長廣縣[13]後可能就被殺了，叛亂很快平息。王莽知道後很是欣慰，只捕殺了劉快的近親，其他人概不追究，給平叛的死難者發放撫恤金，每人萬錢之多。劉殷因為忠誠，公國被擴充到方圓百里、食邑萬戶，規格和定安公國一樣。

真定國的宗室劉都等人也密謀發兵，尚未起事被發覺，參與者悉數被殺。陵鄉侯劉曾、扶恩侯劉貴等宗室也先後起兵，無一例外都迅速失敗，成為劉氏宗親武力反莽的夕陽殘照、零散星光。

作為一個階層和勢力的劉氏宗親，對王莽確實已沒有直接威脅。絕大多數臣民對漢朝的滅亡也沒有多少哀傷痛惜，「人心思漢」在這個時候是不存在的。

但是，打著劉氏旗號、別有企圖的人，反而多了起來。

就在劉快起兵失敗不久，長安城的大街上，有個瘋女人在街頭大聲喊：

高皇帝大怒，趣歸我國。不者，九月必殺汝！14

她就像被劉邦附身一樣，喊的是要王莽速歸還我國，不然，到了九月必然弄死你。她一邊走一邊喊，哪裡人多去哪裡，很快就被官家發現捉拿，事情也迅速稟報給了王莽。一番審訊，只知道這個瘋女人名字叫「碧」，既沒人指使也沒有「必殺汝」的能力，看起來就是普通的瘋子。但王莽靠祥瑞起家，尤為忌憚災異，他心中大概會想，這不就是災異嗎？因此很不愉快，殺掉了這個女人。查辦這個案子的掌寇大夫陳成引咎辭職。

這件事情令王莽開始反思對劉氏宗親的政策，元年初，為了保證政權交替順利，新朝給予了劉氏優待，一年來，新朝政權已經很穩，民心民意也在王莽這裡，那麼有些優待可以收回了，這不僅能夠進一步消除劉氏宗親的威脅，更重要的是避免有人總是拿劉氏和漢室做文章。

漢室宗親裡，原來的諸侯王們最為顯眼，他們現在都是公爵，地位很高，也就容易被利用或是蠱惑。這些人總數不多，大概是二十二個，打擊一下也不會引起劉氏宗親的反彈。王莽就逼迫劉氏公爵主動獻出印綬，放棄爵位，自願為民。

果然，到了始建國二年（西元一〇年）初，這二十幾個曾經的王沒有一個提出異議，其中廣陽王劉嘉、魯王劉閔和中山王劉成都，因獻過符命神瑞還被封為新朝的侯爵。

與此同時，王莽對周邊的藩屬國也進行降格，把西域、西南的國王們降為侯，收回了漢朝冊封匈奴的「璽」，換成「章」，導致周邊各國對新朝的叛亂，原本和平的周邊環境因為禮儀上的衝突而終結，戰爭開始了。

在西域，情況尤其複雜。西域都護但欽緊張地盯著西域諸國與匈奴的暗通款曲，他的都護司馬剛剛在一場衝突中受傷，匈奴的進攻是遲早的事。偏偏這時，另一位西域高官戊己校尉刁護病了，西域局勢開始動盪。這年九月辛巳日[15]，刁護的屬官校尉史陳良、終帶，以及屬下司馬丞韓玄、左曲侯任商擔心匈奴大舉進攻，抱怨王莽的政策帶來些不必要的麻煩，乾脆趁機殺掉了刁護及其親屬，叛逃到匈奴。陳良、終帶被匈奴委任為烏賁都尉。

值得注意的是，陳良等人叛亂的旗號是「廢漢大將軍」，意思大概是「漢朝雖然沒了但我們還是漢朝的將軍」。這就引起了新朝的關注。

又過兩個月，十一月的一天，立國將軍、成新公孫建乘車在長安城內行駛。熟悉的人都知道，孫建早在王莽當大司馬時就被倚為「爪牙」，恩寵始終不衰，是王莽最信任的人。突然，孫建的車駕被一名男子攔住，孫建還以為是有什麼大事稟報，沒想到攔車的人神色高傲，並不是來報告，而是通知孫建，說自己是漢成帝小妾的兒子，名叫劉子輿，還說：

劉氏當復，趣空宮。[16]

揚言恢復劉氏天下，由他來繼承，盡快把未央宮空出來！

孫建當即收繫這個「劉子輿」，一查，只是長安城普通居民，姓武，人稱武仲，類似於後世說的「武二郎」。

此人和去年在鬧市叫喊的女子「碧」一樣，大概也是瘋子，但此人更令王莽憂慮。漢成帝沒有子嗣，這恰恰給了那些冒充子嗣的人以良機。偽繼承人這種事，從秦末的「詐稱公子扶蘇」到漢昭帝時的「偽衛太子」，並不鮮見，每次都是重要的政治事件。古代沒有DNA檢測技術，自稱的繼承人如果被廣泛承認，假的也是真的；不被承認，真的也會是假的。例如，漢宣帝的血統在史書中被記錄得極其詳細，反而會讓後世懷疑這是事後的彌縫，因為漢宣帝的祖父劉據死時才三十七歲，古代結婚生育早，養孫子不是不可能，但這血統猶如藕絲，實在太細。再比如俄國羅曼諾夫王朝歷史上有多個偽皇太子，其中的偽季米特里一世還成功加冕，當了近一年的沙皇。

在孫建的建議下，王莽決意繼續降低劉氏宗族的地位，徹底消除漢朝痕跡。

他把長安城內的漢宗廟全部罷祀。高皇帝是新朝的「禪君」，最為特殊，就依據「通三統」將靈位移至明堂祭祀；漢元帝和王政君夫婦一體，可以比照祭祀；漢成帝是王莽的表兄弟，漢平帝是王莽的女婿，這兩位不必專為宗廟祭祀。

他還把所有劉氏的侯爵全部廢除，按照實際的封邑戶數，該是子、男爵就封子、男爵，其中凡是在官府裡擔任官吏的，不論大小，都免職回家等待分配。

不過，曾經獻過符命或是參加過平叛戰爭的三十二個劉姓宗族及其同宗，保留了原有爵位，前提是改姓為王。例外中的例外是劉歆，他現在是王莽的親家，女兒劉愔[17]嫁給了王莽的兒子王臨，所以不宜改姓，以免違背「同姓不婚」的慣例。

劉姓宗室的安置，王莽花了將近兩年時間，至此才告完成。這些事情，王政君應該不太清楚。因為，自從始建國之後，她的身邊除了服侍人員，幾乎沒有劉氏家族的成員能夠像從前那樣憑通籍出入長樂宮了。

當然，這些政策的變動對大多數早已降為普通臣民的劉姓宗室後裔來說，沒有什麼影響。比如劉秀，他這一年剛剛五歲，對發生的一切還茫然無知。

8 擴大的王氏宗室

龍首原上，北辰星下，漢宮已經換了新主。

壽成室的王路堂和其他宮殿，都被營造出喜慶的氣氛，和諧的黃色調已和昨日漢家的紅色不同。王莽從座位上起身，注視著俯身在大殿之下的兩個兒子、六個孫子，想著妻子此刻正在後宮，盛裝等待承接皇后印綬的消息，他的心情應該是愉悅的。

他們將從漢朝的貴族變成新朝的皇室。

但是，新朝「第一家族」的成員們，可能並不會為新身分而喜悅。

王莽的妻子王氏是漢朝宜春侯王咸的女兒，被立為皇后。她為王莽生了四個兒子，在被奉上皇后璽綬的時候，會不會思考兒子們的命運？長子王宇在呂寬大案中自殺，次子王獲在王莽遣就國時自殺，如今只剩下兩個。她常常以淚洗面，眼睛已經快看不見了。

小兒子王臨被立為皇太子，按照順位，應該立老三王安。但王安被封為新嘉辟。辟，是國君、君主的古稱，《尚書》裡常見，就是「復辟」裡的辟。王莽找出這個周代舊稱，用來封建新朝次於皇帝、高於公爵的爵位，以替代漢朝的「王」。

為什麼不立王安？雖說有符命的考慮[18]，但史書說王安「頗荒忽」[19]，這當是主要原因。但他究竟有多糊塗、多麼不中用，才能讓王莽放棄他呢？想來，面對兩位親兄長和一位堂兄的自殺，王安要麼是精神受到刺激而瘋癲，要麼是佯狂而自保，總之不能或不願意當這個皇太子。

妻兒如此，女兒如何？

曾經的漢平帝皇后，如今的定安太后，也不買王莽的帳。王莽稱帝是建立在她丈夫漢平帝之死上面的，她就不可能對王莽的即位歡呼雀躍了。王莽為了徹底與漢朝斷絕關係，把她的名號改為「黃皇室主」，意思是新朝公主，希望她再嫁，這更加惹怒了女兒。她堅持與劉氏的關係，與王莽日益疏遠。

其他的皇室成員，比如死去的王宇有六個兒子，都被封為公爵，但他們年齡都還小。此外，王莽還有私生子和私生女，但現在不便於讓他們站出來。

皇室如此不振，對皇帝來說就不太妙了。

劉氏雖然衰落，但涵養兩百年，根基十分深厚。上層，有劉歆這樣的新朝貴族；中下層，即使沒有爵位和官職，即使淪為編戶齊民，也屬豪傑、富戶、太學生。相比起來，王氏宗族在地方上幾乎沒有勢力。

這是王莽的隱憂。

宗族枝繁葉茂，統治會更穩固。在皇室淒涼的氣氛裡，王莽能依仗的就是王氏大家族的成員了。他按照五服的次序，和他最近的「齊衰」封為侯爵，其次「大功」封為伯爵，再依次為子爵、男爵，堪稱「一人得道雞犬升天」。

在他權力圈子之內的親屬成為頂級顯貴，如堂兄弟、漢安陽侯王舜封為安新公，位列四輔，勛位屬最高的上公；堂兄弟、漢成都侯王邑封為隆新公，位列三公。他倆是新朝立國功臣，自與一般親屬不同。

早在漢平帝時期，朝中已經遍是王氏子弟，這些被封爵的王氏宗親，應該有不少一直是郎、尚書、侍中之類的中朝內臣，或是曹、掾、史等外朝吏員。但從九卿、郡守之類的實權官職看，王氏宗族的人並不多。

宗族的繁衍需要時間，王莽等不及，他決定擴大宗親的範圍。王莽既然認舜帝為始祖，而同為舜帝後代的除了王姓還有姚、媯[20]、陳、田四姓氏，王莽就下令納入同族，「名籍於秩宗，皆以為宗室」[21]。這就把宗室的範圍一下子擴大了。例如，他的心腹陳崇就因為姓陳，所以搖身一變成了王莽的「遠親」，不僅被封為統睦侯，還作為西周所封陳國的後裔，在家中設置陳國的祭祀。當然，沒有足夠的爵位可以分配，但五姓可以世世代代免除賦稅徭役。這個待遇還是相當不錯的，尤其是在地方上和鄉村裡。

政治的核心就是劃分敵友，王莽這個舉措擴大了自己的統治基礎，特別是籠絡了地方勢力，從而能夠一定程度上對遍布天下的劉氏宗族形成抵抗。

不僅擴大宗室的範圍，王莽還要把所有古聖王的後裔都拉到一個陣營裡。

在始建國的第一天，他已經下詔，把黃帝、少昊、顓頊、帝嚳、堯、舜、禹、皋陶、伊尹等古聖王的後裔封為級別不等的貴族，當然，這些「後裔」只是觀念上的，未必與古人真有什麼血緣關係，有些古聖王只是傳說。但在當時，聖王譜系被普遍相信。王莽把聖王譜系從黃帝延長到劉氏、王氏。這樣不僅又拉攏一批人，而且抬高了王氏家族的地位，意味著王氏家族也邁入聖王家族之列。

王莽耗盡心機，絞盡腦汁，使宗族勢力看上去強大了許多，但這可能是虛胖。因為多年以後，王莽窮途末路時，除了真正的家人，四姓宗室並沒有趕來救援，也沒有哪個聖王的後裔陪他殉葬。這是因為，王莽稱帝的真正推手是無形的經學主張，他真正的統治基礎是儒家士大夫們。這些人不是血緣的集合，而是經學或者說意識形態的聚攏。

9 一朝天子一朝臣

後人有言：一朝天子一朝臣。

但此時此刻，站在朝廷上的官員都是昨日的漢臣，他們不僅沒有被「洗牌」的擔心，反而滿懷論功行賞的期待。因為，正是他們把王莽送上了帝位。大殿裡，他們滿面肅穆，眼神交匯時，彼此顯出會意的神色；他們可能會注意到身邊多了兩三個陌生面孔，照理說今日來到王路堂的都是高官重臣，本不應有陌生面孔出現，但這種疑惑很快就被堂上的皇帝所吸引……

他們的君主，他們的皇帝，眼珠微微外凸，雙眼因為連日勞累充滿血絲，但聲音仍然很洪亮，只是有些嘶啞。他挺胸抬頭，俯視眾人，即使坐著也顯得神氣高貴，只見他向左右示意，侍從連忙把一樣東西恭敬地呈了上來。

王莽也十分恭敬地將這樣東西放在面前的御案上，原來，就是幾天前哀章送到漢高帝廟的銅匱。當然，在王莽的口中，它已經被叫作金匱了。他輕輕打開，拿出符命，眾人驀地想了起來，前幾天受禪公布符命，上面寫了十一個人的名字。

熟悉王莽的人知道，既然符命上寫了，那這十一個人必將組成新朝的施政班底。他們的名字已非祕密，眾人關心的，一是這些人誰居內朝誰在外朝，官職爵位誰高誰低，權力分配孰多孰寡；二是符命裡提到的王興和王盛，又是何許人也。

早在安漢公時，王莽就搭建了自己的權力班底，當時是「四輔三公」。內朝四輔，分別是太傅王莽、太師孔光、太保王舜、少傅甄豐；外朝三公，是大司馬王莽、大司徒馬宮、大司空王崇。王莽一身兼二任，權力最大。他身邊還有一個小圈子，「王舜、王邑為腹心，甄豐、甄邯主擊斷，平晏領機事，劉歆典文章，孫建為爪牙。豐子尋、歆子棻、涿郡崔發、南陽陳崇皆以材能幸於莽」。從安漢公通向皇帝的路上，這些人都曾立下不小的功勞。

現在，這些功臣理應被犒賞。

皇帝以攝政時期的「四輔三公制」為基礎，正式建立了新朝的執政班底，後人稱為「十一公爵制」[22]。但人選公布後，卻是「有人歡喜有人憂，幾家歡樂幾家愁」。

所謂十一公爵，就是內朝的四輔、外朝的三公、軍事的四將，都是公爵，人數是金匱符命上寫的十一人。

四輔位上公，地位最高，是皇帝的內輔。四輔最具神性，分別與四嶽、星宿、天象掛鉤，協理陰陽天道，整整齊齊宛如天官（見次頁下表）。這其中：

太師，對應著歲星也就是木星，方位是東，主面貌莊敬（肅），協理雨水適度，不要太澇，主青陽之光，觀察日影以建立日晷；

太傅，對應著熒惑也就是火星，方位是南，主洞察明哲（悊，即哲），協理暑氣適度，不要太熱，主紅赤之光，研究聲調以制定音律；

國師，對應著太白也就是金星，方位是西，主言語服從（艾），協理陽燥適度，不要太旱，主白色之光，權衡輕重大小以確立度量衡；

國將，對應著辰星也就是水星，方位是北，主耳聰精明（謀），協理陰寒適度，不要太冷，主青黑之光，推定星辰行度以規定漏刻。

由此看來，「四輔」就是皇帝的輔佐，在皇帝身邊協理陰陽四季寒暑，制定的是關乎時間、音律、度量衡、星象等皇朝最基本的制度，調和宇宙的秩序，帶有五行、五色、方位、占星術相關的神祕色彩。這顯示，新朝的皇帝和秦漢的皇帝有些不同，帶有更多神性和神祕色彩。

四輔的人選，和舊四輔相比，除了皇帝本人和已死的孔光外，王舜留任，升格為太師；平晏本來就是皇帝心腹，新進為太傅。但大家萬萬沒想到，曾經的四輔之一、少傅甄豐卻被踢了出去，那個獻符命的平民哀章居然一步登天位列其中。

甄豐想必極為不悅。但他或許還留著期望——四輔負責內朝，那麼外朝理應有自己的份兒。果然，接下來宣布的是「三公」，的確是外朝的主官，且同樣與天象掛鉤（見次頁下表）：

大司馬，對應月亮，屬刑殺，如皇帝左腿，要達到武功的祥瑞，主管天文，負責敬授民時，努力農事，以求豐收；

大司徒，對應太陽，屬德恕，如皇帝右臂，要達到文治的祥瑞，主管

四輔	爵位和人名	星宿	主司	四嶽	主典	輝光	主考
太師	安新公王舜	歲星	肅	東嶽	致時雨	青	考影以晷
太傅	就新公平晏	熒惑	悊	南嶽	致時奧	赤	考聲以律
國師	嘉新公劉歆	太白	艾	西嶽	致時陽	白	考量以銓
國將	美新公哀章	辰星	謀	北嶽	致時寒	玄	考星以漏

人道，負責教化育民，以身作則，移風易俗；

大司空，對應北斗，屬正義，如皇帝內心，要達到河圖洛書那樣的太平祥瑞，主管地理，負責治理水土，葆養山川，繁殖鳥獸草木。

三公各「分管」三個卿，大司馬轄司允、納言、作士，大司徒轄司直、典樂、秩宗，大司空轄司若、予虞、共工，合起來正好是九卿。每個卿又置三個大夫，每個大夫下面又置三個元士。

這就構成一套極為對稱且符合術數之美，但也令人頗覺僵硬的政府機構：三公、九卿、二十七大夫、八十一元士。

由此看來，三公是政府機構的首腦，在外朝抓具體工作，調和的是人間的秩序，其神性弱於四輔。如果比擬的話，四輔相當於西漢的大司馬，承皇帝之意居內朝輔政；三公相當於西漢的丞相、御史大夫等，居外朝施政。

三公的名單裡，甄邯、王邑本是皇帝心腹，王尋是新進的寵臣，但竟然還是沒有甄豐！看到兄弟甄邯位列其中，甄豐更感到很不舒服。但眼下他只能裝作若無其事的樣子，認真聆聽後面的人事安排，十一公爵的四將也隨之公布：

更始將軍：廣新公甄豐；

輕車將軍：奉新公王興；

三公	職任人	天象	屬性	身體	職司	主司	具體事務
大司馬	承新公甄邯	月	刑	股左	致武應	天文	授時、農事
大司徒	章新公王尋	日	德	肱右	致文瑞	人道	教化、易俗
大司空	隆新公王邑	北斗	平	心中	致物圖	地理	水土、草木

立國將軍：成新公孫建；

前將軍：崇新公王盛。

甄豐終於等到了自己，雖然位於四將之首，但他一點也高興不起來。除了被排擠出四輔三公外，尤其令他難以忍受的，是王興和王盛。

大典開始之前，甄豐等舊臣已經注意到他們中間有幾張陌生面孔，模樣倒是很周正，有福相。現在答案已經揭曉，其中就有王興和王盛。因為這兩個名字太過普通，所以，符命最初公布時，誰也不知道他倆是誰。

這當然難不倒王莽，他令有關部門把長安城裡叫這兩個名字的人都找出來，再根據面相進行占卜，找出最有福相、最能應和新朝德命的兩個人。於是，在長安市裡賣餅的王盛、在城門擔任城門守將屬官的令史王興，被王莽親自敲定，入列符命所說的新朝十一大臣。其他的王興、王盛們，也因為沾了這兩個令名的光，都被拜為郎，進入中央當「公務員」。

沒錯，王盛是商販，王興是小吏，但符命的神祕之處，就在於能夠預知未來。兩人容貌非凡，有貴人之相。所以，誰敢說他倆將來不會成為新朝的中流砥柱呢？

而且，王莽還將孫女王妨嫁給了王興，想來這位王興應該器宇不凡。

甄豐不得不承認，這大概就是命運吧。他對和王興、王盛同在四將之列這個安排極為不滿。他可能會後悔，當初那麼努力幫助王莽，並未設想過他會取漢帝而代之。當然，木已成舟，無可奈何，但自己也沒有得到什麼好處，還遭到了羞辱。

後面宣讀的人事安排，甄豐漸漸充耳不聞了……

這天是新朝開國第一天，對官爵的安排本身就有論功行賞之意。皇帝安排好中央的官爵體系，把各級官職按照儒經進行了更名，也沒有忘記那些曾經幫助過他的人。

曾經，在翟義等人叛亂時能夠堅定站在王莽一邊、積極參與平叛的州牧郡守，如今得到了報償，擔任州牧的都封為男爵，郡守封為附城。

甚至早在漢成帝時期提攜幫助過他的人，如當時的長樂少府戴崇、侍中金涉、胡騎校尉箕閎、上谷都尉陽並等，雖然已經過世，但他們的兒子一律封為男爵。

王莽尤其不能忘懷的，是一個久未出現的名字：孔休。孔休是他被趕回新都國時的國相。王莽派人尋找孔休，誠懇地邀請他來擔當國師，但孔休閉門稱病，使者連面都沒見上。王莽沒有怨恨，只是倍覺惋惜。

一個不忘舊情的領導者，不僅會贏得故人的尊敬，也會俘獲現在下屬的心。至於他對甄豐為什麼如此處理，史料缺乏，很難猜測。

新朝中央政權體系的構建，顯示了王莽對符命等神祕主義的遵循，昭示歷史上第一個儒家神學政權的誕生，也意味著大規模儒家性質的改革即將開始。王莽居攝期間，對祭祀、明堂等制度已經基本改革完畢，貨幣制度改革也已經啟動，改革成果幫助他收穫了臣民和輿論的支持。

現在，新朝要繼續推行貨幣改革，還要盡快啟動限制奴婢數量、恢復井田制、改革專賣制度等能夠一舉解決貧富分化、地位差別的一攬子措施。新朝，不僅僅意味著新的皇朝、新的帝王、新的國號，更具備著永恆、終極的意義。

一旦改革完成，社會上一切不正義都將不存在，歷史將終結，進入太平世。

從皇帝到平民，都對這個前景心懷憧憬。以往只在經書裡記載的太平世，就要在聖王的治理下啟幕了。

三、改制與王制

10 抵制「資本」（一）

始建國元年四月，原漢朝的徐鄉侯劉快謀反。

消息從膠東送到了長安，王莽並不緊張，對受禪之後可能會發生小規模的叛亂，他早有心理準備。此刻，他能清晰地感覺到權力在手中牢牢握著，這些叛亂只是新朝的癬疥之疾。而真正可能影響新朝的穩固，需要他下功夫做的事情，是繼續推進改制。

推進並完成改制，是王莽稱帝之前給天下、給神祇許下的承諾。上天頒布符命給他，朝野的臣民擁戴他，是盼望著他能夠改制到底，從而建立太平世，恢復堯舜的三代之治。

皇帝把劉快謀反的竹簡拿到一邊，不再理會，轉而拿起另一份竹簡。這是皇帝昔日被罷免大司馬之職時，繼任者師丹給漢哀帝上的一封奏疏，那裡面詳細描述了一項夭折的改制措施：

古之聖王莫不設井田，然後治乃可平。[1]

漢世創造了宏偉的基業，但卻因為沒有解決土地兼併問題，以致丟掉江山。所以新朝一定要解決，辦法就是恢復井田制[2]。王莽思忖，師丹的這封奏疏當年確實頒布了，但為什麼沒有執行呢？

一來，漢哀帝帶頭不遵守，他讓官民限田，自己卻一次就劃給董賢兩千頃田產。二來，限田令雖然下達並重申了多次，但是大家百般抵制，敷衍塞責，漢哀帝一死，就不了了之。到了漢平帝元始年間，王莽當宰衡的時候，也曾重訂過奴婢田宅制度，但當時沒有訂出細則，也沒有專意去推廣。

現在已經是新朝，新朝新氣象，皇帝決不會重蹈漢哀帝的覆轍。

與之相關的是奴婢問題，如果儒家只用一個字概括自己，那一定是「仁」。仁者愛人，大量的私人奴婢造成了人和人的不平等，董仲舒就曾經建議禁止主人擅殺奴婢，說明任意殺害奴婢並不鮮見。而且，奴婢問題和土地問題根本上有關聯，一個人土地被兼併了，就會不得不賣身當奴婢。因此，倘若將田地平均分配，施行井田制，奴婢問題也就能迎刃而解。

況且，王莽曾因為兒子殺了一個奴婢而迫其自殺。拯救奴婢是他的夙願，也是新朝改制的一面旗幟。

很快，王莽就在國師劉歆等人的協助下，正式頒布了新朝的土地法「王田令」並配套以「私屬令」。

依王莽細緻縝密的風格，這套「王田私屬令」應該有詳細的「操作規程」[3]，估計會包括怎麼確定田地的優劣分等，怎麼計算不同地形的土地面積，何種家庭分配何等土地之類，不太可能只是幾句話。但這些史書未載，班固只提到三點：

第一，天下的土地叫作「王田」，奴婢改名為「私屬」，都禁止買賣；

第二，男丁不滿八口，但占田超過「一井」也就是九百畝的，要把多出來的土地分給家族的親戚和鄰居；以前沒有田地的，可以分給土地；

第三，如果膽敢非議法令，迷惑眾人導致無法施行的，要流放到邊境。

從後世角度看，王田制並非所謂的古代井田制，只能說具有井田制的某些精神。[4] 王田制主要聚焦一點：大家占有的田地不能差別太大。

改名王田，就是說田地名義上都是朝廷的，但朝廷並不沒收田地，而是通過禁止交易來防止兼併。同時，規定占田的最高限額是九百畝，意味著有些家庭仍然可以占有較大的土地，但不允許擁有成千上萬畝的土地，導致「田連阡陌」。總之，這道法令似乎並沒有那麼不切實際，也不是純粹的復古。

法令的實施，由明學男爵張邯、地理侯爵孫陽具體負責。從孫陽的爵號來看，應該是為了督辦這兩條法令而被賜爵為「地理侯」的。而張邯是講《詩》祭酒滿昌的弟子，也是經師，從他的爵號看，應該在這次改制裡發揮了理論作用。

法令頒布不久，王莽再次收到來自膠東的消息，果然不出所料：劉快的叛亂得不到當地吏民支持，已經自行潰敗。

「王田私屬令」的下達，在新朝引起熱烈的反應。大多數儒生儒臣們，哪怕是擁有許多土地和奴婢的「既得利益者」，此時也是歡呼的，他們選擇王莽為皇帝，已經包含這樣的期許和自我犧牲；編戶齊民和奴婢們也非常高興，至少從法令本身來看，他們將會收獲土地和部分自由。

王莽覺察到這種熱烈的氣氛，劉歆等人也大受鼓舞：土地制度的改革已經啟動，就有條件開展下一步的經濟和金融的改制了。

儒家的話語系統裡，關於經濟金融最愛說的一個詞語就是「本末」，本是農業，末是工商業、手工業。在儒家看來，天下之所以貧富不均，一遇到荒年戰爭就會餓死人，除卻土地制度不合理的客觀原因，主觀原因就是人出於短視，都會捨本逐末。

何況，漢朝是一個鋪張揚厲的朝代，追逐高官厚祿、奢侈炫耀，本來就是漢朝人獨特的時代精神。儒家對這種風貌憂心忡忡。

多年以前，賈誼、晁錯先後提出，國家一定要務本，多存糧食，打擊商人。沒錯，官方的確也「重農抑商」，商人地位委實不高。但實際上，只要承平日久，商人可以從容積累財富，在社會上的實際地位並不低，有時還會對朝廷甚至皇帝的大政有著微妙而間接的影響。打個比方，賈誼等人談論「重農抑商」，就好比今天互聯網上的憂國憂民者在呼籲「抵制資本」。

在後世有些人看來，兩漢之際的「大變局」要比周秦之際的「大變局」更有意義，就是因為新朝的一大使命便是解決資本肆虐下的社會不公以及貧富差距問題[5]。

要治理貧富分化，就要重農抑商，就要「損多餘而補不足」，就要管制貨幣以節制貨物的流通，就要削弱社會上那些特別容易發財的經濟部門，儒家的邏輯在這裡一步步演進，終於有貢禹等人開始主張，錢是萬惡淵藪，是造成富人愈富、貧者愈貧的根本，應該取消貨幣。

於是到了始建國二年，劉歆正式向皇帝上奏，說：

周有泉府之官，收不售，與欲得。即《易》所謂「理財正辭，禁民為非」者也。[6]

泉，就是貨幣；泉府，可以姑且認為是央行。劉歆認為，周朝有專門管理貨幣的部門，平價收購賣不出去的貨物，賣給買不到的人，這就是《周易》所說的理財之道，儒門理財要以道義為先，不能只求利，要禁止百姓發不義之財。

姑且不論劉歆所說的「泉府之官」和《周易》的理財是不是一回事，但劉歆等人的意圖是清楚的：該盡快啟動財政、金融、稅務以及經濟方面的改制了！

11 抵制「資本」（二）

劉歆的奏疏遞上去之後，接下來的幾年甚至直到新朝末年，皇帝雷厲風行、持之以恆，改制的詔令一道道下達。大家把這些改制的措施統稱為「六筦」。

筦，就是「管」；六筦，指的是六種財金、稅務、經濟方面的管制，目的就是按照儒家的要求抑制貧富分化，實現人和人財富上的平等。

哪六種？用皇帝詔書裡的話說：

夫**鹽**，食肴之將；**酒**，百藥之長，嘉會之好；**鐵**，田農之本；**名山大澤**，饒衍之臧；**五均賒貸**，百姓所取平，卬以給澹；**鐵布銅冶**，通行有無，備民用也。此六者，非編戶齊民所能家作，必卬於市，雖貴數倍，不得不買。豪民富賈，即要貧弱，先聖知其然也，故斡（筦）之。每一斡為設科條防禁，犯者罪至死。7

用現代的話說就是：

第一，酒的專賣。

第二，鹽的專賣。

第三，鐵的專賣。

這三種最容易理解，就是由朝廷官辦專營酒、鹽、鐵。要知道，酒、鹽、鐵是任何人的必需品，因此利潤很高，實施國家專賣，朝廷就能獲得一大筆財政收入。但問題來了：鹽鐵專賣早在漢武帝時期就施行過，而且儒家不正是把鹽鐵專賣看作當時的惡政嗎？漢昭帝的時候舉行鹽鐵會議，儒家不是猛烈抨擊並廢止了鹽鐵制度嗎？怎麼到了這裡，反而成了儒家的改制大政，要實施了呢？

邏輯正在劉歆所說的「理財」二字上。

儒家並不反對理財，而是反對以圖利為目標的理財，強調倫理高於賺錢[8]，所以《大學》裡有一句話特別有名：

> 百乘之家不畜聚斂之臣，與其有聚斂之臣，寧有盜臣。

就是說，諸侯之家，寧可有貪汙的家臣，也不任用專門從老百姓身上賺錢的家臣。

所以，在劉歆以及皇帝看來，漢家的鹽鐵專賣，就是聚斂，收了錢去打仗，去搞奢靡之風；而新朝的鹽鐵專賣，是為了抑制以往通過經營鹽鐵酒而發財的商人，兩者雖然看上去一樣（事實就是一樣），但性質是不同的。這就好比以前反對專賣，是反對與民爭利；現在施行專賣，是抵制資本。總之，儒家理財學對經濟學意義上的「私人部門」和「國家主義」都很警惕。

第四，名山大澤產生的所得稅。

所謂名山大澤，山未必「名」，澤未必「大」，這裡的意思是「靠山吃山，靠水吃水」。靠近山水的地方，老百姓不必專意於耕種，去山裡採山珍，到海裡撈海味，就能養活自己，再賣一把還能賺錢。所以在皇帝眼裡，山和水都是天然的寶藏，這些人不通過耕種就能獲利，也是不公平的，是造成貧富差距的原因之一，所以也要管起來，向這部分人徵收「個人所得稅」。

對所謂名山大澤的徵稅，到後來拓展到幾乎全部的工商部門：

諸取眾物：鳥、獸、魚、鱉、百蟲於山林水澤及畜牧者，嬪婦桑蠶、織紝、紡績、補縫，工匠、醫巫、卜祝、及它方技商販賈人坐肆列里區謁舍，皆各自占所為於其在所之縣官，除其本，計其利，十一分之，而以其一為貢。9

總之，凡是打魚、打獵、採山珍、搞養殖、種蠶桑、做紡織、赤腳醫生、堪輿風水，無論是行商還是坐商，都要從利潤裡徵收百分之十的個人所得稅或者說營業稅。

王莽為什麼連這些普通的商業活動也要徵稅呢？因為，打個獵、撈條魚拿去賣，雖然利潤微薄，但歸根到底也是末業，用這種方式來引導百姓必須從事農業耕種，才是王莽的目的。

第五，五均賒貸。

五均賒貸，雖然放在一起說，實際上是相輔相成的兩樣政策。所謂五均，就是平衡物價，王莽把長安和洛陽、臨淄、宛、成都、邯鄲這六座全國商業和物流最發達的「一線城市」作為樞紐，進行物價管制。之所以叫作五均，是因為除了長安外，洛陽居中，臨淄、成都、宛城、邯鄲分別位於帝國的東西南北，合起來就是五均了。

這六座城池都非常繁華，是全國或區域的經濟中心，它們的市場上商品琳琅滿目，西蜀的搖錢樹、嶺南的博山爐、草原的胡笳、東越的玳瑁，幾乎隨處可見，就更不必說絲綢、漆器、銅鏡之類了。商品經濟發達，供求關係發揮作用，價格就會波動起伏，就有投機的空間。

儒家恰恰不怎麼喜歡投機。

所以，皇帝把這幾座城池的市場管理者「市長」，改成「五均司市師」，除了原有的市場管理職能外，還兼有平衡物價的職責，配備了五名「交易丞」和一名「錢府丞」為屬官。「交易丞」，顧名思義具體管理市場交易，也就是物價平衡；「錢府丞」管理「賒貸」，也就是國營貸款。

按照設計，「五均司市師」要在每個季度的中間月份，也就是二、五、八、十一月審定一次物價，把商品按照質量分成三個檔次，根據本地的供需關係確定價格。其中，五穀布帛之類的生活必需品，或者說「初級生產資料」，如果供大於求導致滯銷，那麼「交易丞」就負責以保護價收購，不能讓老百姓折本；如果商品供不應求，導致價格上漲到高於官方價格，「交易丞」再把前期收購的商品平價售出，以平抑物價；如果供應充足，價格低於官價，那麼允許老百姓自由購買，防止商人囤積居奇。

如果說「交易丞」是「物價局」，那麼「錢府丞」就是「社區銀行」。祭祀等禮儀是一個家族最重要的事，老百姓如果沒錢搞，能從「錢府丞」借無息貸款，還款期限也很寬鬆，一般祭祀不超過一旬，喪禮等大事別超過三個月；如果是因為太窮了，要借錢謀生，比如購置農具之類，也可以從「錢府丞」處借款，雖然不是無息，但只收不超過百分之十年利率的利息稅，可謂非常「普惠金融」了[10]。

五均和賒貸雖然是兩碼事，但彼此補充，調劑工商金融，以求既能支持農民農業，又平衡收入。事實上，五均與漢武帝時期的「均輸」有些相似，但與鹽鐵專賣一樣，目的並不相同。

第六，錢幣銅冶，就是鑄幣和貨幣發行。

鑄幣倒是不新鮮，關鍵是貨幣制度，這是六筦裡最曲折的一項改制措施。

漢室貨幣制度的確立，本身就經歷了複雜的過程。遙想劉邦當年還允許民間鑄錢，私人鑄錢自然會偷工減料，以較少的銅撬動較高的面值，就造成了通貨膨脹。為此，漢室一再改革，發行過八銖錢、五分錢、四銖錢、三銖錢、半兩錢等等，百般試錯，直到漢武帝時期鑄造了五銖錢，輕重適宜，從此一百多年不再變更，達到了金融基本穩定、貨幣發行有序的狀態。五銖錢一直使用到隋唐，唐朝廢止五銖錢改鑄開元錢，形制其實沒有實質變化，可謂一脈相承、行穩致遠。

標準的五銖錢大約重四克，大略同一時期的古希臘貨幣德拉克馬、古羅馬貨幣第納爾，也都大約重四克，這就說明，這一重量和幣值是符合當時的經濟發展水平的。[11]

金融雖然穩定，但並不能解決貧富的問題。

早在居攝期間，王莽就啟動了幣制改制，延續了儒家把貨幣看作萬惡之源的精神。不過，他當時沒有貢禹那麼激進，他更在意的是恢復上古時期的貨幣形制。居攝二年（西元七年），朝廷發行了兩種刀幣、一種大泉，面值都很高，但含銅量並不高，比如大泉重十二銖，面值是「五十」銖，這與當時的經濟金融水平不相稱。這倒還好，關鍵是他同時下令，列侯以下不准持有黃金，要主動到官府兌換銅錢。

史書稱，王莽並沒有履行承諾，只收了黃金，卻拖著不給兌換銅錢。這個記載倘若真實，就很有意思了。當時王莽尚未稱帝，還在收買人心，所以他這麼做，收買的是什麼人的心？

沒有黃金的人的心，也就是普通老百姓、窮人的心。

因此，收繳黃金又拖著不予兌換，打擊的就是那些手裡、家裡藏有黃金的富人；所收的人又是「列侯以下」，一個人不是列侯還有黃金，那就主要是豪傑商賈了，所以目的仍然是抑制貧富分化。當時的老百姓八成會樂見這條政策。

到了始建國元年，皇帝正式推行新朝的貨幣改制，廢除了會令人想起「劉」字的「刀幣」，也禁用了五銖錢，然後分兩步推行了新朝的貨幣改制[12]：

第一步，發行了新的重一銖、面值為「直一」的小泉，和居攝期間發行的重十二銖面值為「五十」的大泉並行。試行一年，發現不太好用，老百姓私下裡還是愛用五銖錢。這不純粹是因為習慣，而是小泉的面值太小，大泉的面值又過大，就好比只發行了一元錢和百元錢的兩種貨幣，用起來當然不方便。

出於糾正貨幣種類太少、面值不便的目的，到了始建國二年，皇帝啟動了第二步，這次的動作很大，結果把幣種和面值又搞得太複雜，有「五物六名二十八品」，統稱「寶貨」：

五物，就是金、銀、銅、龜、貝這五種鑄幣的材料。

六名，就是有黃金、銀貨、龜寶、布貨、貝貨、泉貨六個幣種，細看來，其中的布貨、泉貨都是由銅鑄造，所以「五物」才有「六名」。

二十八品，就是上面的這六個幣種，又各自有層次不同的幣值，加起來一共是二十八個，太過複雜，就不抄錄了。只說其中的龜寶、貝貨是按照尺寸大小來確定面值，其他的是按照重量。

顯然，這麼複雜的幣種和幣值，使用起來很不方便。一個老百姓拿到一個錢，如果他目不識丁，不認識上面的面值，只掂量一下重量是白搭的。若是不幸收到貝貨和龜寶，還要找尺子量一量才放心。這樣的貨幣，不必說流通，就算是收藏也很複雜。

一段時間以後，皇帝發現確實不方便，就廢止了龜寶、貝貨、布貨，只留下金銀，以及面值為「一」的小泉和面值「五十」的大泉。換句話說，這次在歷史上空前絕後的「寶貨制」也就名存實亡了，其影響大概也有限。而且，到始建國天鳳元年（約西元一四年），皇帝對以往的貨幣改制進行了徹底檢討，重訂改制，這次終於簡單了，其中最常用的貨幣只有兩種：一是貨泉，重五銖，面值為「一」；一是貨布，重二十五銖，面值「二十五」。

其實，這個面值為一、重五銖的「貨泉」，就是原來的五銖錢，皇帝的貨幣改制重新回到了原點，此後，新朝的貨幣制度也就逐漸穩定了。從居攝二年到始建國元鳳元年的六七年間，先後改制三四次，造成了較大的混亂，但得承認最後一次終於穩定了。

但許多臣民卻遭受了不小的損失，因為這數次改制有一個共同點，就是每一次發行的貨幣都比以前重量小、面值大，形成了事實上的貶值。在貴金屬充當貨幣的年代，貶值就意味著財富轉移，也就是轉移到了朝廷手裡。而這正符合王莽最初的意圖：誰手裡的錢越多，誰遭受的損失就越大，那麼社會也一定會更公平。

以上就是王莽在儒家精神，或者更準確地說，是在《周禮》的框架下，推動的財政、金融、經濟改制，也是後世所謂「王莽改制」的最重要部分。

他會成功嗎？

至少在最初的歲月裡，劉歆、揚雄、桓譚等人，都充滿了希望。

12 改革的成功與虛無

後世有人問，從「王田私屬」到「五均六筦」，新朝的改制是一種「社會主義」嗎？

當然不是。

因為新朝改制是通過強化國家統制經濟，打擊商人豪傑，擴大私人工商部門徵稅，從而試圖消除貧富分化和土地兼併，與社會主義所蘊含的工業化時代的政治、經濟、文化以及意識形態內涵，不是一回事，其思想的源頭是儒家崇尚民本、仁政、患不均的政治精神。

後世還有人問，那是否屬「計畫經濟」呢？當然也不是。

新朝的改制雖然把國家統制經濟作為核心，但既沒有計畫經濟所蘊含的分配思想，也不具備計畫經濟得以實現的統計、財政收支等數目管理的基礎。這種統制經濟的思想源頭，是儒家崇尚「大一統」和聖王統治，警惕利益集團侵害百姓的政治精神。

這兩種政治精神，在當時是通過《周禮》體現的。《周禮》的來源無論是否可靠，是否為「六國陰謀之書」[13]，在當時許多儒生眼中，就是周代傳下來的三代之治，也就是新朝的理想之治。當今文經學無法提出改制的具體措施時，《周禮》填補了這種空白。

但是，用後世的眼光來看，《周禮》的經濟措施，近乎人類社會進入工業文明之後才出現的「極權主義與統制經濟」[14]。

回到新朝，無論是王莽、劉歆這兩位主腦，還是具體負責這些改制的官員，如負責「王田私屬令」的張邯、孫陽，負責六筦、人送外號「智囊」的折威侯、羲和魯匡[15]等人，都沒有意識到，這種「極權主義與統制經濟」，幾乎就是法家，或者說是用法家的措施在推行，這就導致一個奇異的後果：失敗的改制未必有太壞的影響，成功的改制可能才是王莽覆滅的重要原因。

第一類是早早失敗的措施。

「王田私屬」是較為純粹的儒家改制，也寄託著王莽最大的希望。然而，令下僅僅三年，始建國四年，這道法令就在事實上被取消了[16]。原因不難想像，要實施王田制，首先要丈量土地，「搞土改」。這得有大量忠誠可靠的人，耗費相當大的財力，還得掌握切實的丈量辦法。其次，當時的社會相對穩定，天下承平日久，各地利益集團盤根錯節，就算測量了也未必能夠推行下去。以當時的水平，光丈量就得花費若干年，結果皇帝希望一紙法令就完成改制，這顯然是不切實際的。

而禁止奴婢買賣是和王田制相配合的政策，王田制不能施行，奴婢改私屬也就無法堅持。況且，奴婢改私屬只針對私人，對於官奴是不涉及的。

但王田制雖有過於理想的因素，卻不能簡單斥之為復古的空想。設想如果是戰爭過後，人口銳減，田地抛荒，地方利益集團灰飛煙滅，這個時候踏踏實實搞一搞類似王田制的均田、授田措施，未必搞不下去。

貨幣改制是另一種失敗：一來，貨幣改制對貧富階層的剝奪是一視同仁的。儘管有許多富人在貨幣改制中被收割了財富，但窮人也被收割了呀，窮人的財富沒有增加。二來，始建國天鳳元年的最後一次貨幣改制，基本上恢復了五銖錢，這意味著貨幣制度重回原點。因此，從儒家改制的意義上來說也是失敗，但也說明貨幣制度日趨穩定，沒有繼續造成更壞的影響。

王田私屬和貨幣改制，是一系列改制中最具儒家精神的，但都早早失敗。不過，恰恰是因為失敗較早，反而不能為多年以後王莽的覆滅承擔主要責任。當然，這兩項改制在實施時，確實有許多吏民因為犯法被流放處刑，而且狀況頗為悲慘：

> 農商失業，食貨俱廢，民人至涕泣於市道；
>
> 坐賣買田宅奴婢、鑄錢，自諸侯卿大夫至於庶民，抵罪者不可勝數。[17]

這段描述似乎印證了王田私屬和貨幣改制造成的悲慘狀況，但實話說，比起西漢動輒族誅、牽連萬人、死傷不計其數的大案，委實不甚突出，也就不太可能是多年以後王莽覆滅的主因。

第二類是成功實施的。

因為有漢朝的成功經驗在先，鹽鐵酒的專賣和名山大澤的徵稅，運行最為成功。這幾項改制一直到王莽覆滅前的始建國地皇三年才取消，說明推行得比較順利。而從王莽覆滅後皇宮裡儲存的巨量黃金來推測，也的的確確掙了很多的錢。

但正是這一成功，對經濟基礎造成了破壞。專賣制度可能打擊了一批富商，但普通百姓並沒有獲得實際的好處，他們又回到當年「鹽鐵會議」上審視的局面：不得不從官府購買專賣品，質量不高，價格昂貴。

對工商部門的徵稅，則幾乎殘害了社會的商業流通，那些僅僅挖幾棵山珍、打幾網魚、四處游方看病看風水的社會底層，能養活自己就不錯了，還要被徵稅，儘管數額不大，其惡果顯而易見。

這幾項改制越是成功，越意味著法家的程度更深，儒家的初心被懸置。

剩下的第三類，五均賒貸，最有可能因為「人」的原因而潰敗。

五均司市師、交易丞、泉府丞……眾多的官員被安置在負責供銷、信貸、定價的位置，出現權力尋租很正常。結果很有可能是，制度沒有發揮出應有的效果，反而養了一群蛀蟲。

為了保證政策的實施，皇帝在每個郡都配備了「命士」來監督。有趣的是，他著意從富商中選派人員擔當「命士」，如洛陽的薛子仲、張長叔，臨淄的姓偉等，都是家財千萬以上的富商。皇帝為什麼一面千方百計打壓商賈，一面又選拔富商來監督？大概是借鑒漢武帝時期出身於商人家庭的桑弘羊善於理財的先例，既然是財金經濟的改制，選拔「技術官僚」來負責應該更妥當。

但這些富商並不具備桑弘羊的政治品質，而是迅速腐化下去，他們的「專業技術」不僅沒能保證改制的公平，謀取私利反而更方便；廣大吏民沒有得到改制的多少實際好處，而是動輒得咎，苦不堪言。

有些人，可能想到了記憶裡並不遙遠的漢武帝；還有些人，則可能想到了記憶裡遙遠的秦始皇。無論是改制背後的統制經濟思維，還是以嚴刑酷法約束執行的理念，無不透露出新朝在邁向儒家目標時，採取的是管制的辦法，走的是秦制的老路。

轟轟烈烈的新莽改制，也沒能撼動甚至觸及秦制最根本的三個要素：編戶齊民、嚴刑酷法、文法吏。有些方面甚至還加劇了。

秦造就了一臺國家機器並開足馬力，漢朝慢慢地運轉這臺機器，王莽和他的儒生們在有意無意間，把這臺機器的馬力又開到了最大。

究竟，什麼才是王制？

第七章

天下

帝劉之秀，九名之世。
帝行德，封刻政。

——《河圖合古篇》

一、奇怪的戰爭

1 一枚印章引發的反叛

始建國元年（西元九年）底，王莽派出的十二隊五威將帥，已經陸續抵達「天下」的邊界。其中前往北方的一隊，是由五威將王駿率領，手下五個五威帥分別是甄阜、王颯、陳饒、帛敞、丁業。他們已完成向新朝臣民頒行符命的任務，接下來，要將符命頒給匈奴，並把匈奴手中漢朝冊封的印璽更換成新朝的印章。

時值冬季，又是北方，天寒地凍。五威將帥們為了顯示新朝威德，儀仗服飾，繁盛不減。但王駿心中仍不免有些擔心，生怕此行有辱使命。

他的擔心，來自六年前的漢平帝元始二年（西元二—三年），當時王莽強迫匈奴廢除了與漢宣帝「漢人逃入匈奴，匈奴不受；匈奴逃入漢朝，漢朝不受」的約定，重訂新約，要求不僅漢人，包括烏孫、烏桓及西域佩漢朝印綬的各國居民，只要逃入匈奴，匈奴都不得接受。這對匈奴顯然不平等。當時從長安赴匈奴頒布新約的，正是時任中郎將的王駿和副校尉甄阜。

他們會記得，當時烏珠留單于雖然接受了新約，但雙方並不愉快。這次出使匈奴，頒符命應該比較順利，但把「匈奴單于璽」換成「新匈奴單于章」，將烏珠留單于身分大大降低，恐怕就不容易辦到了。

五威將帥一行抵達匈奴王庭，烏珠留單于接見了並不陌生的王駿。按照王莽的授意，這次給單于的金帛遠多於以往漢朝的賜予，氣氛變得緩和親切，王駿這才告訴單于，如今漢朝已經禪讓給新朝，皇帝也換了，所以，以前漢朝的賜印也得相應換成新朝的。

單于對中原的局勢應該是關心的。自漢宣帝以來，漢匈之間基本上沒有戰事。匈奴的內戰倒是持續了很久，漢朝逐漸介入匈奴內爭，殺北匈奴的郅支單于，幫助南匈奴的呼韓邪單于，還將王昭君嫁給呼韓邪。雙方的關係更加密切。呼韓邪仰慕漢朝，看到漢朝皇帝的謚號裡都有「孝」字，就令今後新單于即位，名號裡也要加上「若鞮」的字眼，意思是「孝」。烏珠留若鞮單于是呼韓邪的兒子，對漢朝懷德，當年為了配合王莽，特意把名字改成「知」。新約的事情雖然不愉快，但並沒有嚴重影響雙方的關係。

正因為這種坦然，烏珠留單于在草原上拜受了新朝的詔書，正要解下舊印交給王駿，一旁的左姑夕侯——名字叫「蘇」——攔住他說，「還沒見到新印文，最好先別給」。蘇的擔心，恰恰是王駿的擔心。烏珠留果然沒有交出舊印。王駿由於心裡有鬼，也就沒有堅持。

接受詔書的儀式結束，大家進入穹廬開始盛大的宴會。烤羊飲酒，唱歌跳舞，賓主雙方又熱絡起來。大家互相敬酒，等烏珠留給使者們敬酒時，王駿趁機提出，該把舊印給我們啦。烏珠留單于已經有了醉意，表現得非常坦蕩，說了一個字：「諾」。就準備解下舊印。旁邊的蘇看到，再次提醒，「還沒見到新印文，先別給。」單于大概是飲酒的緣故，說，「印文怎麼會變呢！」就解下來給了王駿，接過新印綬，看也沒看就佩戴上了。

王駿心中的石頭終於落地，雙方飲酒吃肉，喝到半夜。

回到使者的住處，五威右帥陳饒說，「剛才，姑夕侯幾次懷疑印文會變，單于險些不把舊印給我們。現在一旦發現印文確實有變，一定會來索要舊印，到時候，你給還是不給？得而復失，那就有辱使命了，不如砸碎舊印，以絕禍根。」

大家一聽，頗有道理，但是把舊印砸碎了，萬一惹出事端，誰來承擔責任呢？所以沒人作聲。

陳饒是燕趙人士，做事彪悍，二話不說，自己拿起斧子就把舊印砸壞了。

就為這種擔當，陳饒後來被王莽拜為大將軍，封威德子爵。第二天，單于果然派右骨都侯——名字是「須卜當」，前來索要舊印。須卜當是王昭君女兒的丈夫，他夫婦倆是匈奴裡面的「建制派」，對漢朝忠心耿耿。他很生氣：「漢印是璽，而且沒有『漢』這個字，說明匈奴不隸屬漢朝，漢朝尊重大單于為北方的首領；現在新印叫『章』，前面又有『新』字，這是把匈奴當成你們的諸侯了！我們要拿回舊印！」

王駿等人就把砸壞的舊印拿出來，故作鎮定又假裝傲慢地說：「舊印已壞，單于要奉天命，遵循新室的制度。」

須卜當回去稟報烏珠留單于，單于無奈，考慮到這次接受的金銀布帛特別多，就暫時作罷，派遣弟弟右賢王帶著牛羊等謝禮，跟隨五威將帥返回長安致謝。

一行人走到單于另一個弟弟、匈奴左犁汗王——名字叫「咸」——的地界，發現了許多烏桓人。按照當初和匈奴的新約，匈奴不能受降烏桓人，就勒令匈奴把烏桓人退回去。

這件事成了壓垮雙方關係的最後一根稻草。烏珠留單于想到過去的種種，想到匈奴連劫掠一些烏桓的人口都不行，決定不再對新朝服軟。不是要把烏桓人送回去嗎？行啊，單于派遣十餘人，率領兵馬萬騎，以護送烏桓人回故鄉的名義，屯兵朔方郡[1]邊境。

兵氣一下子就起來了，中原與匈奴多年的和平關係，在始建國元年年底終結。

與此同時，在西域諸國，在西南的鉤町等國，五威將帥們同步更換了他們的印綬，將他們的王號降為侯，諸國心中也頗不滿。匈奴在朔方屯兵的消息傳來後，諸國嗅到一些特別的味道。

始建國二年（西元一〇年），甄豐的兒子甄尋製造符命，慫恿皇帝拜甄豐為右伯。右伯居西，兼治西域。甄豐有到西域「調研」的打算，消息傳至，諸國並不歡喜，因為這意味著繁重的接待任務。從車師國分出的車師後國對此更是苦不堪言，因為戊己校尉就在附近屯田。戊己校尉是僅次於西域最高行政長官西域都護的高官，也是負責屯田的武官。甄豐如果來，必定會到車師後國。

車師後王[2]就和大臣抱怨，按照慣例，要提供牛羊糧食，還要擔當嚮導、翻譯。但整個邦國也就一千戶，三四千人口，去年五威將帥來宣符命時，盡力接待都達不到要求，如果是甄豐這樣的高官前來，那國家就算掏空也沒法完成接待任務。

車師後王的想法是，不如乾脆逃到匈奴去吧。

大概是身邊有耳目，他的這個打算雖然並沒有實際行動，卻被戊己校尉刁護探知。刁護把車師後王招來詢問，王不敢不說實話。

但沒想到刁護絲毫不留情面，給王戴上刑具，押送至西域都護府發落。

車師後國雖然小，但人家好歹也是王。尚沒有叛亂的實情就如此羞辱，實在沒必要。因車離開時，許多居民哭著送別，因為他們瞭解中原的習慣，他們的王怕是回不來了。

果然，囚車一到，西域都護但欽立即斬殺車師後王。王的兄長聽說後，悲憤交加，帶領國中兩千多居民和大量牲口，舉國投降匈奴。

單于正在為前番的事情惱火，見此情景，偏要違反約定，不僅接納了車師後王兄的投降，還派兵和王兄一起，返回車師地區。這裡還有車師國分出的另一個小國車師後成國。九月，匈奴攻殺了後成國的首領「後成長」，還擊傷了西域都護司馬。

匈奴來勢洶洶，禍不單行的是刁護趕巧又病了，為了防備匈奴進攻，他派遣屬官校尉史陳良屯兵桓且谷，另一名屬官校尉史終帶負責糧草，司馬丞韓玄和左曲候任商分別帶兵守衛。但萬萬沒想到，陳良、終帶等四人覺得形勢不妙，西域很可能在匈奴的壓力下背叛，到那時，孤懸西域的他們必將死於戰事。再加上他們對王莽的登基頗有不滿，就謊稱匈奴來襲，率領三四百軍士衝入戊己校尉府，將刁護及全部男性親屬殺光，挾裹著女眷兒童以及其他駐紮此地的官吏及家屬兩千多人，打出「廢漢大將軍」的旗號，向北逃入匈奴。

陳良、終帶被委任為匈奴的烏賁都尉[3]，就住在烏珠留單于那裡，常常陪單于飲酒吃肉，頗得信任。

匈奴屯兵朔方的挑釁和陳良等人的叛亂，令王莽不得不正視邊境問題。他大概沒有想到，只是更換一枚印章，竟然前前後後惹出這麼多麻煩。他並不認為將「四夷」降格有什麼錯，新朝自己都取消了王號，按照五等爵制，皇子只是公爵，很多高官也只是侯爵，西域的城邦有些還不如中原的縣大，降為侯有何不妥？

何況他們都是「蠻夷」！

儒家今文經學關於國際秩序的一個重要原則就是「異內外」，即「內其國而外諸夏，內諸夏而外夷狄」，意思是說，文明和野蠻是有內外區別的，文明的華夏就是要高於野蠻的夷狄，新朝比漢朝都要「文明」，比匈奴就更不必說了。在匈奴的印章上加一個「新」字，本意並不是要高你一頭，而是文明的新朝要拉野蠻的匈奴一起奔向文明嘛。換言之，建立符合儒家理想的國際秩序，本身就是新朝改制的一個重要關節。

其實，早在漢宣帝時期，漢廷就爭論過對匈奴的禮儀。當時呼韓邪單于來朝，丞相黃霸等人也根據「異內外」的原則，主張以諸侯王禮儀對待匈奴，位次在諸侯王下。太傅蕭望之站出來，據理力爭，認為不可，他的理由有二：第一，匈奴雖然現在關係好，但本質上是「敵國」，也就是獨立國家，不能以臣下之禮待之，朝見位次應在諸侯王上，雙方的關係本質上是「羈縻之誼」，即籠絡而非實際控制；第二，如果把匈奴當臣屬，現在雙方關係好還可以維持，但保不齊以後關係變差不來朝見了，那就是叛臣，天子必須得討伐，反而被動，打輸了政治後果更嚴重，打贏了也會勞民傷財。以兄弟之國待之，將來關係差了也沒有討伐的壓力，反而更能凸顯華夏比蠻夷要文明。

蕭望之的觀點確屬老成人之言，因此被漢宣帝採納。王莽實際上是推翻了這種政策，回到當時被否決的意見上去了。

於是，蕭望之的預言不幸言中。匈奴的兵馬已經到來，北方邊境持續幾十年的安定已經被打破，有些百姓開始逃亡內地。西域也出現不穩的徵象，西域都護但欽已經上書提醒，匈奴南將軍[4]有可能入侵西域。

2 不平靜的草原

王莽不得不做準備了。

始建國二年（西元一〇年）底，王莽分別從政治和軍事兩個層面對匈奴正式展開攻勢。

政治層面，他下詔讚揚呼韓邪單于「累世忠孝，保塞守徼」，現在與匈奴關係惡化，責任都在他的兒子烏珠留單于。因此，將烏珠留單于改名為「降奴服于」，罪當死。詔令還說，草原上有十五個呼韓邪的子孫，要把草原分成十五份，封給這十五個子孫。

從某種意義上說，這個匈奴版本的「推恩令」，顯示王莽對匈奴內鬥的傳統、匈奴和漢朝交往的歷史是相當熟悉的。匈奴並非帝國，也沒有中原那種冊立太子的繼承人制度，以往父死子繼和兄終弟及大致各占一半[5]，因此每當新的單于上位，他的兄弟、叔伯們仍自有地盤和兵馬，常常爆發內鬥。王莽拋開烏珠留單于，以財產引誘賄賂其他匈奴貴族，看上去是分而治之的好辦法。

但這並不符合實際。正如蕭望之所說，匈奴實際上是獨立的異國，用這種「干涉內政」的策略，儼然把匈奴當成給自己看家護院的藩屬，只會更加激怒匈奴。

軍事層面，王莽展示了大手筆，頗有效仿漢武帝的姿態。漢家承平數十年，財政方面很寬裕，新朝有足夠的儲備發動一場對匈奴的全面戰爭。他委派寵臣、立國將軍孫建為「總司令」，選拔了十二位將領，分成六路，每路兩員大將，屯駐的地點，最東邊的是漁陽[6]，最西邊的是張掖[7]，中間綿延今天的河北、內蒙古，遍及整個北方邊境。這十二位將軍裡，有前番出使的王駿，有後來官至國師的苗訢，有新朝名將嚴尤[8]，還有當年教授皇帝《左傳》的陳欽，一時群賢畢至。

而軍隊，既有來自郡國的調撥，也有招募贖罪的囚徒。他們從全國各地輾轉趕到這六路駐守的地點。糧食也從各地源源不斷地送來。王莽的計畫是，先抵達前線的軍人就地駐紮，待湊夠三十萬人，儲備下三百天的乾糧之後，六路大軍就從十條路線同時進攻，一舉把烏珠留單于趕到更北方，然後正式在草原上分立十五單于，一勞永逸解決北方問題。

顯然，僅僅湊夠人數和糧食，就不是一朝一夕、三五個月能做到的事情。自此，從江淮海邊到北方前線，驛道上的兵士、押送糧草的官吏、傳送消息的使者，絡繹不絕，綿延幾千里，吏民拋家舍業，苦不堪言；而已經到達邊境駐地的軍將，卻沒有仗打，邊境寒冷，條件艱苦，放縱的軍士們開始騷擾那些本就日益窘迫的百姓。一時間，北方邊境和驛道周邊的老百姓，紛紛逃離家園，或是當了流民，或是當了土匪。王莽有所耳聞，先派尚書大夫趙並到前線勞軍，並擔任田禾將軍，在北原郡[9]的前線主持屯田，以減輕糧草壓力；還派遣中郎將、繡衣執法各五十五人，在邊境郡縣督查，結果這些人沒有發揮多少作用，反倒與與駐軍合夥欺行霸市、魚肉百姓。

在古代，戰爭機器一旦開動，正常的農業、工商以及地方行政秩序就會被打亂，一切給軍事讓位。而軍事一旦優先，軍人侵擾是難免的事。

大兵集結期間，王莽派遣中郎將藺苞、副校尉戴級，率領兵馬萬騎，攜帶很多珍寶，進至雲中郡邊境，放出消息，看看能不能引誘出呼韓邪單于的子孫們。

果然，烏珠留單于的異母弟弟，前面曾經和新朝打過交道的右犁汗王「咸」帶著兒子「登」，和另一個異母弟弟「助」，出現了。按照王莽的意思，咸被立為孝單于，助被立為順單于，兩個人都被賜予黃金。《漢書》在描述這件事時，用了一個詞「脅拜」，似乎是強迫他們接受的。但強迫難以說通，大概是相互之間有什麼交易吧。隨後，助、登兩人跟隨新朝大軍返回長安，大概有人質的意思。回到長安後，王莽很高興，這似乎證明了他的計畫很高超，就封藺苞為宣威公，拜虎牙將軍；封戴級為揚威公，拜虎賁將軍，並安置好登、助兩個匈奴人。不久，順單于助病死，皇帝讓登襲為順單于。

皇帝養著順單于，是想著日後平定草原，好把他分封過去。但咸得了「孝單于」的名號後，大概覺得兩國交戰在即，此舉頗為不妥，就回到匈奴王庭，向烏珠留單于請罪，辯解自己是被迫接受的。單于很惱火，可能也不相信他的話，把他貶為於「粟置支侯」，這是匈奴一個低賤的官，以示懲罰。聽說助、登還去了長安，單于憤憤地說：「先單于所受的是漢宣帝的恩，今天的天子不是宣帝子孫，憑什麼當天子？」這句話意味著，單于拒絕承認新朝有權繼承漢朝，一旦戰爭爆發，他不是對漢朝忘恩負義。

到始建國三年（西元一一年），王莽的軍隊還在北方集結時，單于為了報復，派遣左骨都侯等人率軍進入雲中郡，對官吏和百姓大加殺掠。邊境形勢進一步惡化，匈奴入寇成了常態，左右部都尉、各種封號的王，頻頻侵入邊疆郡縣，規模大的上萬人，中等的數千人，少的也有幾百人。在潮水般的侵襲中，雁門郡、朔方郡的太守、都尉先後戰死，被掠去北方的吏民牲畜財產不可勝數，邊境彷彿回到漢武帝初年。

形勢危急，屯駐在漁陽的討穢將軍嚴尤有些著急了，他給王莽上書，提出打這種仗，吃的是財政和糧草，應該速戰速決，節省民力，他願意帶領一支軍隊深入草原，以雷霆之勢重創匈奴。

王莽自有想法，沒有理會。於是奇怪的一幕出現了：新朝這邊，大軍持續集結；匈奴那邊，騎兵不斷襲擾，但雙方始終沒有爆發戰爭。

在這奇怪的局面下，雲中郡受到的襲擾最頻繁。而駐屯雲中郡的是王莽以前的老師陳欽。他抓了些匈奴俘虜，一審訊，發現他們屬王莽前番自以為引誘成功的孝單于咸的另一個兒子。

王莽接到報告後很生氣，為了報復咸，就在始建國四年（西元一二年），特意在他會見外國使臣和首領時，於長安市場上公開斬殺了咸的兒子，順單于登。登的隨從，大概是匈奴的一些小貴族，也一齊死難。

這個消息暫時沒有傳到咸的耳朵裡。因為現在的邊境已經和從前不同了，南北雙方音訊隔絕。有些人還記得，自漢宣帝以來，北方多年沒有戰爭，人口滋生，遍地牛馬。而現在，路邊常常見到無人收殮的屍體，草叢裡露出白骨……

3 高句麗的反叛

在屯駐軍的東線，不僅有從內地趕來的軍隊，也有一支高句麗的軍隊。

高句麗位於遼東一帶，地界挨著匈奴，所以也被徵發。需要指出的是，高句麗是扶餘人等族群建立的國家，和後來朝鮮半島的王氏高麗國沒有繼承關係，與今天的朝鮮、韓國更沒有關係。

這些高句麗軍人士氣低落，不願意與匈奴交戰，大多成了逃兵，有些還成了賊寇。始建國年間，遼西大尹（即遼西太守）田譚清剿失敗，本人被殺。州郡把情況報上來，認為這應該由高句麗侯，名字叫「騶」[10]承擔責任。高句麗原來是王國，這裡稱為侯，應該是始建國元年五威將帥頒符命時給降格了。王莽很生氣，令屯駐在東線的嚴尤去懲處。

嚴尤又上了一封書，大意是，逃兵犯法，國君怎麼可能有直接責任？建議讓州郡做好安撫工作就可以了。現在正在備戰匈奴，把罪歸在侯騶身上，就把事鬧大了，萬一高句麗也反了，怎麼辦？

王莽又沒有聽從。嚴尤無奈，只好勒兵進入高句麗地界，把侯騶引誘出來，果斷斬殺，並把首級送至長安。王莽大悅，封嚴尤為武建伯。為了表示對高句麗的懲罰，還下令將高句麗改名為下句麗。一高一下，是故意選的反義詞。

然而，事實被嚴尤不幸說中，高句麗雖然沒有正式叛亂，但自此不斷滋擾東北邊境，漸漸脫離了與新朝以往的關係。

壞消息一個接一個地傳來，始建國五年（西元一三年），西域突然爆發叛亂。以焉耆為首的幾個西域國家攻殺了西域都護但欽，宮廷為之震動。早在漢成帝時期，但欽頗得王莽伯父王鳳賞識，在漢平帝時期出任西域都護，至殉職前已在西域任職十二年。雖然史書上事蹟不多，但從他殺車師後王的舉動看，他在西域的風格可能是立威大於施恩，因此頗為西域諸國忌憚，他的被殺並不意外。

不過，但欽之死的根本原因是新朝大軍陳兵北境，對西域相應減少了關照。同時，匈奴對新朝的不斷侵襲，對西域產生了外部壓力，促使西域叛亂。但欽是新朝駐西域最高長官，他被攻殺意味著新朝對西域已經失控。

一時間，北方、西方和東北雖然沒有大規模戰爭，但長期備戰照樣運轉著戰爭機器，持續的叛亂使邊境郡縣不斷遭受破壞，國家的財政積累正在快速蒸發。王莽卻維持著這種奇怪局面，既不進攻，也不撤防，這又影響了內地農業的穩定，更多的流民出現，再加上這幾年大規模改制，推行井田、六筦特別是第一次貨幣改革，經濟形勢和社會秩序出現了整體性惡化。對此王莽不會不知道。當始建國五年草原上傳來烏珠留單于去世的消息，王莽終於找到了改善關係的契機。

更大的利好是，右骨都侯須卜當執掌了匈奴實權。前面曾說，他是王昭君的長女女婿，須卜居次雲的丈夫。這對夫婦以及王昭君次女當於居次都是匈奴內部的「建制派」，主張與中原和平共處。須卜當用事，沒有立烏珠留單于的兒子，而是「兄終弟及」，立了烏珠留單于的一個弟弟。

新單于不是別人，正是曾經的孝單于咸，即位後號「烏累若鞮單于」。

在須卜當夫婦推動下，烏累單于一改和新朝對抗的政策，轉而主動向王莽提出和親。

第二年始建國天鳳元年（西元一四年），匈奴派人到邊境提出要見和親侯王歙，也就是王昭君的侄子。王莽很高興，派遣王歙和他弟弟騎都尉、展德侯王颯出使匈奴，此行肩負了好幾項重大使命：

第一，祝賀新單于即位，賜黃金衣被和布帛。如果單于高興地接受，雙方將結束長達四年的奇怪戰爭。

第二，向新單于索要幾年前從西域逃過去的陳良、終帶等人。他們殺害了戊己校尉刁護全家，是新朝的罪犯。把他們送還新朝，不僅符合道義，也是雙方休戰的回贈禮。

第三，商議和親事宜。

王昭君的兩個侄子抵達匈奴王庭後，受到了熱情接待，他們本來也是匈奴的親戚。在須卜當夫婦的運作下，出使整體上很順利。唯一的插曲就是烏累單于詢問起自己的兒子，順單于登現在過得怎麼樣。

王歙和王颯面面相覷，他們知道兩年前登已經被王莽下令斬殺，烏累單于竟還一無所知。

王歙擔心實話實說會影響此次出使的主要任務，就撒謊說登在長安一切都好。

烏累單于這才情願把陳良、終帶以及當時參與殺害刁護的人都交了出來，一共二十七人。這些人都是烏珠留單于的貴客，新官不理舊帳，新單于不再庇護他們了。

一路上，烏累單于還派人專程護送兩位新朝使者和陳良等人的檻車。到了長安，王莽非常高興，打算好好發落一下陳良等人。這段時間，他正在根據儒經創造新的刑名，《周易》的「離」卦有「突如其來如，焚如，死如，棄如」的爻辭，皇帝就把「焚如、死如、棄如」作為新的刑罰的名稱，比如「焚如」就是火刑，「棄如」就是棄市。

《周禮》說過，「凡殺其親者焚之」[11]，陳良是叛國，和殺親沒什麼兩樣，因此定為「焚如」。

趁著匈奴使者還沒有走，王莽在城北設了刑場，邀請匈奴使者以及城內的官吏、居民前來觀看。眾目睽睽之下，陳良等人被用火活活燒死。雖然這個刑罰有儒經為依據，但又是一次虐殺。匈奴使者大為驚恐，他們不免會想，烏累單于的兒子登，到底還活著嗎？始建國天鳳元年，新朝和匈奴終於在表面上達成了一致。前期，王莽委派諫大夫如普到北方前線巡察，回來之後的報告裡寫道，邊境饑荒，居民「人相食」，軍人苦不堪言，建議罷兵。這年二月，益州「蠻夷」也發動叛亂，益州大尹被殺。

王莽不得不承認，原先的政策確實騎虎難下。重重壓力下，他以匈奴和親為契機，下令停止屯兵，撤回將領，只在邊境設置了以國防為主的游擊都尉，同時派兵去益州平叛。

奇怪的戰爭似乎結束了。

4 沒有結局的戰爭

天漸漸高，雲漸漸遠，偶爾見到一隻鷹擊破長天，使者們就知道中原已遠，草原已近。

離開長安之前，使者們悄悄打聽了登的消息。使者的車馬一到單于王庭，就向烏累單于如實描述了陳良等人被燒死的情形，並且稟報這個噩耗：單于的兒子登連同隨從，早在幾年前就已經被新朝公開斬殺。上次來的新朝使者欺騙了大家。

單于又傷心又怨恨，他雖然已經答應和新朝息兵，但兒子之死促使他繼續派兵滋擾新朝邊境。果然，新朝覺察到匈奴並沒有履行約定，就派使者來詢問，烏累單于一臉無奈：「這都是烏桓和匈奴的一些刁民幹的，就好比你們中原的流民和盜賊，我剛即位，威信尚淺，難以禁止啊。不過請放心，我會盡力剷除！」

從邊境報來的消息中，王莽辨識出這些入寇的匈奴兵強馬壯，絕非盜賊，也就知道烏累單于在敷衍他。於是他又下令恢復邊境屯兵，剛剛平息的邊境烽火又燃燒起來。

王莽百思不得其解，為什麼匈奴如此言而無信。直到始建國天鳳二年（西元一五年），烏累單于派遣使者前來索要兒子登的遺體，他才明白前因後果。為了表示誠意，他決定向單于表達一個意思，當時殺害登並非自己的責任，而是因為將軍陳欽的讒言。

王莽隨便找了個藉口把陳欽逮捕。陳欽與王莽有師生之誼，忠心耿耿，被捕時很是疑惑，但很快就明白了，這是王莽要改善與匈奴的關係，拿自己當替罪羊了。憤恨不已的陳欽在獄中自殺。

這就更成全了王莽，他盛殮登的遺骨，精選了善於言辭的儒生王咸為使者，帶著陳欽已死的消息和更加豐厚的資財出使匈奴。為了顯示新朝仍然是匈奴的宗主國，王莽在實質上向單于輸誠的時候，也提出了自己的要求：一條是要求匈奴進貢馬萬匹、牛三萬頭、羊十萬頭，並歸還掠奪的新朝人口；二是要求烏累單于掘開烏珠留單于之墓鞭屍。

這顯然不合情理，但王咸能言善辯，據理力爭，把王莽的要求一一擺出必須執行的道理，單于都說不過他。當然，說不過不代表真的會執行。此後，烏累單于依然連年侵擾新朝邊境，王莽苦不堪言。

始建國天鳳三年（西元一六年）五月，涇河的一處河岸塌方，把涇河堵住了，涇河水改道向北流去，沿岸的居民大受災害。王莽派大司空王邑巡察。王邑去了一看，塌方的地方恰好是甘泉長平館的西岸，涉及行宮的損害，就不能說是一般的水災，而要考慮以災異報告皇帝。王邑是最瞭解皇帝的，他不敢報災異，而是說這符合讖緯《河圖》所說的「以土填（鎮）水」之意，是匈奴將要滅亡的祥瑞。

既然是祥瑞，王路堂裡，群臣一片慶賀之聲。

王莽也會心，大概是覺得王邑「講政治」吧，就派並州牧宋弘、遊擊都尉任萌等領兵出擊匈奴。當然，現在是奇怪戰爭，二位將軍並沒有出境，抵達邊境後就地屯駐。

雖然王莽一直沒有進攻，但準備工作更加繁忙，奇怪戰爭也就更奇怪了。他大量招募男丁、死囚、吏民家奴，號稱「豬突豨勇」，這個奇怪的稱呼看似是精銳奇兵，實則準備讓亡命之徒當炮灰。軍費膨脹得厲害，王莽新增了財產稅，也就是把財產的三十分之一貢獻出來。軍馬也不足，就命令公卿以下直到郡縣，凡佩戴黃綬的比二百石以上官員，都要養軍馬，官階越高的越要多養。

最奇怪的是，他還徵召有特異功能的人幫助攻打匈奴，選上後能夠越級做官。於是全國有上萬人報名，有的自稱渡河不需要舟楫；有的自稱有藥方，三軍服藥後可以不吃糧食；有的自稱會飛，一日千里，可以去匈奴偵察敵情。

會飛？這也太奇怪了。王莽饒有興趣地把他請來試飛。只見此人穿上用大鳥羽毛編織的翅膀，頭上身上也都插滿羽毛，渾身用帶子纏結實，就開始飛。不知道他是從多高的地方起飛，總之據說是飛了幾百步掉了下來。皇帝一看，這肯定飛不到草原嘛，不免失落，但一想古代有千金買馬骨的寓言[12]，為了吸引真正的奇能異士，依然封賞了這位飛人。

奇怪戰爭期間，匈奴的頻繁騷擾和新朝的屯駐不出，使得雙方的力量此消彼長。在西域，諸國被匈奴日益強大的壓力所震懾，陸續背叛新朝，投入匈奴的懷抱。為了挽救西域，始建國天鳳三年（西元一六年）晚些時候，王莽選派五威將王駿，帶領新任西域都護李崇、戊己校尉郭欽進入西域，嘗試恢復但欽的事業。

王駿是前鋒，又有和匈奴打交道的經驗，他的軍隊主要是徵發自莎車、龜茲的七千西域兵士。進入西域後，各國紛紛出迎。王駿發現，上次殺害西域都護但欽的焉耆也投降了，尋思找個機會攻殺焉耆，給但欽復仇，就命令戊己校尉郭欽另外帶一支軍隊，以備萬一。但萬萬沒想到，焉耆是詐降，還沒等王駿動手，焉耆的伏兵已經先發制人，殺死了王駿。

等戊己校尉郭欽趕來，焉耆等國的軍隊主力已經撤走，只剩下打掃戰場的老弱和輜重。郭欽對這些老弱病殘殺戮一番，挽回些許顏面。西域都護李崇收攏剩餘軍隊，收縮勢力範圍，在龜茲駐紮。知道王駿死難的消息，王莽心情複雜。他知道，這次行動實質上失敗了，但依然對郭欽大加褒賞，封為

「剹胡子」，子是子爵，「剹胡」是徹底剿滅胡人的意思。這個爵號顯示了王莽的內心獨白：必須徹底剿滅四夷。

不過這已經不再重要，因為從這一年起，郭欽、李崇的消息越來越少，直至杳無音信。新朝徹底失去了西域。

始建國天鳳五年（西元一八年），烏累單于去世，弟弟呼都單于即位，匈奴和新朝終於又等來一次改善關係的機會。新單于表現得很親善，特意派了兩名使者到長安，這使者不是外人，一人是須卜當夫婦的長子，名字叫「奢」，一人是王昭君次女當於居次的兒子。就是說，兩位使者都是王昭君的外孫，其誠意可見。

接見完使者，王莽卻沒有立刻答應與匈奴改善關係。他有了上次烏累單于反覆無常的教訓，覺得呼都單于也難以信任。要想一勞永逸解決匈奴問題，還是要靠戰爭，並且單于一定得是自己人。

皇帝召集廷議，講了自己的設想：匈奴貴族裡，真正心向中原的只有一個人——須卜當。所以，新朝應該把須卜當養在長安，立為單于，然後大軍出擊攻破呼都單于，再送須卜當過去即位，從此邊境永寧。

此時，嚴尤已經升任大司馬。他當廷提出反對，理由是：須卜當在匈奴是很重要的人物，控制著匈奴右部，他控制的地方從來不侵擾邊境，並且單于一有動靜就給我們報信，好比高級間諜。如果把他安置在長安，那和一個普通的胡人有何區別？比較利弊，還是維持現狀比較好。

王莽不聽。

隨後，新朝以奢的名義，邀請奢的父母也就是須卜當夫婦來到邊境。新朝派去的說客是王歙。史書說，王歙「以兵迫脅」須卜當夫婦到長安。此頗為可疑，很難想像王昭君的姪子會用軍隊迫使王昭君的女兒和女婿，而且王歙是由奢陪同前往邊境的。更可能是王歙和奢贊同皇帝的策略，並勸說須卜當夫婦同意，鑒於這是極為重大的政治決策，夫婦倆並沒有馬上同意，內部可能還產生了激烈的分歧，以至於夫婦倆的次子沒有一同去長安，而是掉頭返回匈奴。但最終，須卜當夫婦跟隨王歙和兒子奢抵達長安。

他們再也沒能回到故鄉。

王莽倒是火速履行承諾，封須卜當為須卜單于，封奢為後安公爵，對父子二人極為尊寵。後來，須卜當去世，奢繼承單于之位，更受尊寵，還娶了王莽的私生女。

按理說，走完這一步，王莽應該派大軍橫掃北境了。

王莽的確指派嚴尤與廉丹這兩位名將出征，號「二征將軍」。廉丹是剛剛從西南邊境戰場上趕回來的，雖然打過幾場勝仗，但終於未能平息益州的叛亂，整個西南邊境的局勢與北部、西部一樣，已經糜爛難收。

嚴尤和廉丹的出兵，需要整個北方戰線的全面配合，畢竟奇怪戰爭已經持續快十年，就為了這次畢其功於一役。但是，如此漫長的邊境戰線是很難調度的，不是這裡軍隊沒準備好，就是那裡糧草又不足。地皇二年（西元二一年），王莽勒令全國每個郡繳納百萬穀帛給前線，但軍事行動仍然沒啟動。延宕之際，內地的叛亂也起來了，關東的流民號稱赤眉[13]，開始攻城略地。

呼都單于見自己的使者去示好，非但沒有換來什麼利益，反而給自己培養了一個競爭對手須卜單于，其惱怒可想而知。須卜當走後，他原本負責的匈奴右部換成了單于的人，於是整個北方戰線從東到西，都在遭受匈奴的襲擊。

邊境的流民逃到內地，發現內地也開始動盪。

然而王莽始終不願意與匈奴息兵，嚴尤幾次上諫都不聽。直到最後一次，嚴尤力爭征伐匈奴已經不是新朝的首要任務，當下應該關注關東的赤眉軍。但恰恰是這句話惹怒了皇帝，他立刻免去嚴尤的大司馬之職，還把匈奴問題的責任推給嚴尤：匈奴不絕，盜賊不息，都是你不畏天威，不聽從我的詔命！

離開了大司馬的職位，離開了對匈奴作戰的任務，嚴尤是否會想起，早在形勢尚好之時，他曾經給皇帝的一封上書。

在那封上書裡他提出，自古以來，對北方遊牧民族的征伐沒有上策。周代，把他們攆出邊境，屬中策；漢武帝兵連禍結三十年，雖然將其打服，但內耗嚴重，屬下策；秦始皇耗費大量人力物力修建長城，但禦敵功效不大，是無策。

而王莽打的奇怪戰爭，比無策更差，把全國的兵糧調到荒涼的北方邊境，大量糧草被消耗；先抵達的軍人沒有仗打，吃住艱苦，瘟疫流行，士氣耗盡，還騷擾百姓；運輸糧草不僅疲憊吏民，還占用本可以耕種的牛馬。做了這麼多準備，卻不打仗，還要承受匈奴的破壞侵擾，而匈奴又間接促成了東北、西域以及西南所有邊境的叛亂。

王莽到底圖什麼呢？

答案是：「儒家聖王」的功業，即「儒家國際秩序」。用他自己的話說就是：

天無二日，土無二王……（漢）其定諸侯王之號皆稱公，及四夷僭號稱王者皆更為侯。[14]

從安漢公到王莽，來自四夷的祥瑞是王莽得以成功的必要條件，因此，他必須代表華夏，把與四夷之間的關係按照儒家學說貫徹下去，「天下」有且只能有一個王者，就是他自己。不是他不想與四夷保持和平，而是這種和平必須得按照「內華夏而外夷狄」的國際秩序來構建，秩序優先於和平；就像在國內的經濟領域，哪怕「儒家改制」破壞了經濟，但改制的政治仍然優先於經濟的穩定。

皇帝不這樣做，就不會被認可為儒家的聖王，他受禪的前提、新朝的合法性等，都會受到根本損害。所以，即便打不贏，他也不會放棄政治上構建這一秩序的努力，整個新朝期間一直與匈奴保持著這種奇怪戰爭的局面。

與四夷關係的全面崩壞，是新朝在不具備國家能力的前提下，建立儒家國際秩序必然導致的結局。建立新國際秩序的失敗，當然也就消解了以往積攢的祥瑞，王莽不是那個懷柔遠人、萬里貢賦的聖王，他甚至不能守住漢朝羈縻蠻族的遺產。

直接的影響顯而易見：軍費開支迅速消耗著昭宣以來積攢的財富，導致徵稅越來越重，臣民不僅要承擔更重的經濟負擔，還要放棄耕種出兵打仗，這就使得財政收入進一步減少，稅收壓力更大，形成了惡性循環。當流民四起，社會趨於動盪，人們彷彿回到了漢武帝時期連年征戰不得休息的極端狀態裡。

但王莽是否具備漢武帝的能力，並擁有他的幸運呢？

奢和他的母親雲一定知道答案。王昭君的這位女兒和外孫，一直留在長安等待有朝一日去北方即位，直到新朝滅亡之時，死於亂軍之中。

二、皇帝的執政藝術

5 嚴密的五威系統

始建國元年冬天，統睦侯陳崇終於收到皇帝的策書，成為新朝第一任五威司命。在新朝的五威系統中，與負責宣傳的「五威將帥」、負責安保的「五威將軍」比起來，五威司命體系即使不是最重要的，也是權力最大的。

陳崇出任這個職位，顯示了王莽的知人善任。在漢朝，陳崇就以丞相司直的身分替王莽監視丞相孔光，還充任繡衣使者赴各地采風，所從事的都是需要既懂政治又擅長刺探的差使。而五威司命的職責，正是「司上公以下」[1]，也就是監督上公四輔以下的各級官員，監督的內容有六條，分別是「不用命者，大奸猾者，鑄偽金錢者，驕奢逾制者，漏泄省中及尚書事者，拜爵王庭、謝恩私門者」[2]。也就是抗命不遵、貌尊實奸、私鑄錢幣、驕奢逾制、洩露祕密、私相授受，全部圍繞皇帝個人權力的維護，顯示出他對群臣的高度警惕。在這套皇帝直接控制的監察體系裡，陳崇雖只是侯爵，但猶如最高檢察官，擁有強悍的權力。

五威司命的設置，令人想起明朝的特務機構。古代中國的歷史，皇權是逐漸加強的，到明清臻於頂峰。例如，漢朝的宰相相當於「副皇帝」[3]，正式議事時可以坐而論道，但到了後面的王朝就只能站著，到明朝取消宰相，再到清朝，多大的官員也得跪著與皇帝議事了。新朝雖然很古早，但搞出這套「五威司命」和「五威將帥」確實超前，這一部分因為，儒家懲於春秋時期「諸侯僭天子，大夫僭諸侯」的時代狀況，因此格外講究「尊尊」；另外還因為王莽是一個敏感多疑的人。

政治是需要敵人的，當外部的敵人逐漸被消滅，政治就會從內部製造敵人。一個心胸坦蕩的人登上帝位尚且免不了多疑，何況王莽呢。他很清楚，自己登上帝位之前是權臣，所以對權臣特別敏感。王莽的策略是，對高官極度苛刻，不分給實權，越是高官功臣越要找碴兒打壓；對小吏常施恩惠，時而以帝王之尊為小吏撐腰；對中生代則予以籠絡，著力提拔那些敢於為他充當爪牙的人。史書說：

尤備大臣，抑奪下權，朝臣有言其過失者，輒拔擢。4

摸清了王莽這一心態，孔仁、趙博、費興等中生代官員就因為敢於向大臣發難而頗得皇帝信任，升職也很快。特別是孔仁，繼陳崇、趙竑、苗訢之後就任五威司命，替皇帝身背威斗，權傾一時。

始建國天鳳元年（西元一四年）三月，發生了一次日食。王莽嚴格按照儒家經說，只要有日食，一定得策免大臣。此時的大司馬逯並不得不奉還大司馬印綬。但王莽還一併以日食為藉口，取消了太傅平晏的「領尚書事」。

平晏是「四輔」之一，最初可能只以為這是日食的權宜之舉。不久之後，平晏帶隨從進宮議事，身為太傅，隨從想必數量不少；但進宮時，卻被守門的掖門僕射給攔住了，理由是平晏的隨從超過了公卿進宮隨從的規定人數。

大概這種事以前沒發生過，所以平晏很生氣，與僕射爭吵了幾句。而僕射竟然無視他太傅的尊貴身分，對他出言不遜。平晏大怒，下令讓太傅府的屬官戊曹士將僕射抓起來。平晏心想，一個看門的膽敢教訓太傅，先抓起來，和皇帝招呼一聲再發落。

沒想到，王莽知道後，居然調動執法，派了數百騎兵把平晏的太傅府團團包圍，將戊曹士從府中抓了出來，立刻斬殺。

一個最高級的官員竟不能保護自己的下屬，這對上司來說是莫大的羞辱。平晏眼睜睜看著戊曹士血濺府門，都沒有經過議罪的程序，這才明白，自己被取消「領尚書事」並不是走過場，而是王莽刻意打壓。

平晏曾是漢哀帝的丞相，漢平帝的尚書令，為王莽的掌權、嫁女、登基立下大功。經此折辱，平晏心領神會，不再過問政事，在地皇元年死去。

即使是皇帝非常信任的堂弟、大司空王邑，皇帝有時候也頗不留情面。大概與平晏受辱同時，王邑的一個下屬大司空士，要在晚上通過奉常亭。中國古代夜晚宵禁的制度直到宋朝才基本廢除，所以晚上過亭一般是不被允許的。當年李廣被免官，晚上喝酒，要通過灞陵亭，亭長喝醉了不讓他過去。李廣說，「我是卸任將軍李廣。」亭長卻說，「現任將軍都不行，何況卸任的？」

無獨有偶，大司空士要通過的奉常亭的亭長也喝醉了，問都不問，當場拒絕。大司空士只好通報了自己的官職，但亭長仍然不允許，還反問，「你到底有沒有通關的憑證？」

一個亭長竟然如此苛刻，大司空士一怒，就抽出馬鞭打了亭長。這位亭長也毫不示弱，拔劍回擊，欲將大司空士「斬殺」。劍光落下，血光飛濺，亭長一下子酒醒了，發覺闖了大禍，連夜逃亡。案發之後，郡縣依法捉拿，亭長的家人覺得事出有因，就上書為亭長求情。

沒想到，這封上書被皇帝看見了，他說，「這位亭長是奉公執法嘛，不要逮捕了。」

這並不是一齣《列寧與衛兵》的故事，王莽也並非褒賞亭長執法嚴明，他的真實意圖大概是「我赦免你」。就像電影《辛德勒的名單》裡，辛德勒教導集中營指揮官阿蒙，隨意殺人並不能體現擁有權力，「一個小偷犯罪被帶到國王面前，國王本可以處死他，但卻赦免了他，這才是權力」，皇帝赦免亭長，是通過對底層官吏的仁慈展示自己擁有王者的權力。

此言一出，王邑心領神會。所幸那位大司空士並沒有死，只是受傷。王邑狠狠斥責了他一番。

平晏和王邑這兩件事，令新朝的高官們小心翼翼起來，不僅約束自己，也會約束下屬。而中生代、新生代的官員、吏員們則頗為皇帝歸心。

但中生代一旦成長為高官，也不免遭受王莽喜怒無常的折磨。孔仁出任五威司命後，成為皇帝的寵臣。等到始建國天鳳五年（西元一八年），孔仁的妻子因牽連進王莽孫子孫女王宗和王妨的案子而自殺，孔仁倍感恐懼，生怕被連坐，急忙求見皇帝，免冠謝罪。皇帝一見他，果然通過尚書斥責說：

> 仁擅免天文冠，大不敬。[5]

孔仁一聽，懵了，怎麼不問妻子的事情，反倒責怪自己免冠？孔仁免冠，是表示引咎辭職，是請罪的態度。但王莽的意思是，你沒有資格辭職，讓你當五威司命，給你配備六馬拉的乾文車，讓你隨身攜帶威節和威斗，不是你有什麼了不起，而是源於新朝威命的尊貴。

孔仁萬萬沒想到皇帝來了這麼一齣。「大不敬」是重罪，電光石火之間，孔仁應該感到一種要被殺的絕望。但王莽又下了一道詔令，赦免孔仁，重配一頂新冠。

這種忽而雷霆、忽而雨露的感受，想必會大大摧折孔仁的心理，也使他更加小心謹慎，以免得咎。

新朝立國之初，大家曾對皇帝根據符命任命高官頗為不滿，造符命的哀章成了國將，守門的王興成了輕車將軍，賣餅的王盛成了前將軍，大家一度在心裡發出疑問：皇帝怎麼能如此輕率荒唐？怎麼會昧於識人？

事到如今，群臣逐漸明白過來，皇帝把這三個「阿貓阿狗」捧上高位，只是為了證明符命的正確，從而順利登基而已，從未賦予他們實權，只是擺設、玩具。非但這三個人王莽不會用，就連真的立下大功的甄邯、甄豐、平晏，乃至劉歆，他都不用，「諸公皆輕賤」，殺甄豐，冷落甄邯和平晏，殺劉歆的兒女，將這些功臣們打壓得個個有苦難言，晚景寂寞。

立國的「十一公」裡，除了早早死去的王舜，王莽只對兩個王氏家族的親戚王邑、王尋，以及軍人孫建保持著信任。派到外地去的州牧，秩級等同於三公，也是高官，同樣受到皇帝的監視。委派州牧，本是漢代已有過的制度，目的是監督一個州的事務，但王莽發現這些州牧因為地位太高，反而在糾舉案件上懈怠，就增加了新職位叫州牧監副，秩級相當於元士，來行使糾舉監察之責。

王莽有效管束了他的功臣、高官，既沒有大舉殺戮，也避免受其所制，還得到了中生代的擁護。多年以後，追隨他逃到漸臺的人裡，有許多就是他拔擢的中生代。從這個意義上說，他是成功的。然而，這只是一種政客式的成功，是一種層次並不高的馭人之術，不足以達到儒家對王者的期許。

6 諸侯授爵的盛事

始建國四年（西元一二年）二月的一天，長安吏民像往常一樣生活，路上行人悠然，不時有車馬

「軋軋」地駛過，車夫的幘巾被風吹起。高大的宮殿在地上投出巨大的影子，城牆上旗幟獵獵，城門口人馬往來如織。天氣雖然還顯寒冷，但城市的繁華令空氣裡生出些暖意。

突然，長安各個城門被緊急關閉，數隊步兵騎士沿路快速奔來，被驅散的行人紛紛躲避，以為是什麼重要人物出來了。但是，人們又看不到尊貴的車駕，只看見軍人們到處搜查，那些躲進屋子裡的人照樣被凶神一般的軍人們盤查一番。

有些熟知掌故的人恍然大悟，這不是漢武帝時搞過的「大搜」嗎？

漢武帝後期，愈加喜怒無常，時不時就會突然關閉城門，到處搜查，有時搜查奢侈逾制，有時搜查巫蠱詛咒。時間最長的一次，他令三輔的騎士們大搜長安城和上林苑，城門關閉了整整十五天！吏民生活受到很大影響，據說有人因此餓死。

好在漢武帝崩後，這種事情也就絕跡了。沒想到八十年後昨日重現，只不過不叫「大搜」，而叫「橫搜」。街上的人們忙著逃命躲避，都不知道有哪些人、多少人在這次橫搜中被逮捕，他們的命運也無從知曉。

吏民在擔驚受怕和忍飢挨餓中熬了五天[6]，終於等到軍士們退去，緊閉的城門緩緩開了。他們看見皇帝的車輦儀仗從南門出城，凡是認得出的高官顯貴、皇親國戚，都跟在後面。這到底是什麼重大的事情，需要這麼多公侯出席，而且皇帝要特意事先橫搜一番呢？

長安南郊。

明堂內外，莊嚴肅穆，王莽身著禮服，一群侍從和禮官圍繞著他，在他面前有一座五色土組成的壇。壇的下面，則是同樣盛裝禮服的新朝公卿。原來，這些人全部都是擁有新朝爵位的貴族，有兩千三百多人。而今天的儀式，就是正式冊命諸侯。

這一刻，貴族們已經等了四年，他們是皇帝的「基本盤」，新朝的精英，是王莽最應該籠絡的人。他們支持新朝，是因為新朝許諾要恢復周代的封建制度。不過，封建指的是「封土地、建諸侯」，他們早就被封爵成為諸侯，但土地卻遲遲未封。

新朝的爵號基本上只是美稱或包含寓意，像是榮譽稱號，比如劉歆被封為嘉新公，「嘉新」是美稱，很吉祥，但封地在哪裡並沒有體現。侯爵也一樣，比如說符侯崔發，「說符」體現的是崔發最擅長的技能。同理，苗訢被封為利苗侯，雖然確實有「利苗」這個地方，但作為爵號應該還是寓意「有利於農業」的意思，並非封地[7]。

這與漢朝不同。漢朝王侯們的爵號絕大多數體現著封國。諸侯王可以在封國裡建立本家族的社稷；普通的列侯雖然不立社稷，但也能享用封國的食邑。因此，漢朝封爵第一件事就是勘驗地圖，確立國名，然後再進行授予印綬之類其他的禮儀。就連附城的前身「關內侯」，雖然沒有封國，關內二字也體現著地理。

因此，新朝的貴族們絕大多數沒有封國，例外的情況也有：一部分是早在漢朝就封爵並獲得封國的人；一部分是王莽按照《詩經》國風的名號，建立了十幾個公國，把自己的兒孫們封了過去；此外還有子嬰所封的定安國等。這些國的公爵們雖然有封國，但也都沒有授茅土，有專門的部監或牧監來管理[8]。

新貴沒有封國，食邑也就無從談起。看到五色土壇，他們興奮起來，因為漢朝的時候分封諸侯王，就是按照封國的方位，從對應的顏色中取出一小塊土，用白茅包好賜給諸侯王，茅土要帶到封國以建立社稷、宗廟，等等。

但漢朝只有諸侯王才有資格獲得茅土，普通列侯只獲得印綬和享受食邑[9]。王莽的封建改制比漢朝激進，他參酌古文經和今文經，「恢復」了他心目中的周代分封制，在附城以上，有五等爵制、三等封國。而且，不論是什麼級別的諸侯，都可以被授予茅土。

如此說來，新朝的貴族們理應歡呼。這幾年，王莽委派侍中、講禮大夫孔秉負責勘驗地圖和戶籍，還從州郡「借調」了一批精通地理的人來長安，在壽成室（未央宮）裡專門闢出一座宮殿朱鳥堂，供孔秉等人校理。有些公侯已經多次跟著王莽到朱鳥堂視察過工作進展了。而且前不久，王莽剛剛重新劃定了九州，設立了東西南北中「五部監」，看來版圖是確定清楚了。

儀式終於開始，禮官宣讀起皇帝的詔書。但此時，有些站在前面的人隱約覺察到不妙。按照漢儀的經驗，下一步要勘驗地圖，確立封國位置。今天來了兩千多人，附城以上就有八百人，也就是八百個封國，那麼繪製地圖的竹簡應該堆成了小山，但明堂之內只有五色土壇，沒看見有地圖。

後面的人聽著詔書的侃侃而談，說這次分封真正恢復了周代的聖治，第一等封國，是公爵封萬戶，地方百里；第二等，是侯爵和伯爵各封五千戶，地方七十里；第三等，是子爵和男爵各封兩千五百戶，地方五十里。連附城也有三十里的封地。加起來，這次分封了十四個公爵、九十三個侯爵、二十一個伯爵、一百七十一個子爵、四百九十七個男爵，一共七百九十六人；此外還有附城一千五百十一人、有食邑的女性八十三人[10]。

如此宏大的分封，如此優厚的待遇，宣布後反而令貴族們感到不安，有人掐指一算，把天下所有的戶口減去這次分封的戶口，已經剩下沒多少了。

詔書宣布完畢，禮官就按照爵位高低，把土包在白茅裡授給諸侯，表示這就是未來封國的土地。為兩千多人授茅土，不太可能都一個一個來，爵位較低的可能一批批地授予，全部結束後，也已經過了大半天的時間。諸侯們依然期盼著皇帝能夠記起勘驗地圖這件事，沒有地圖就沒有封國，這貴族的爵號就只是禮儀的擺設。

終於，皇帝玉音放送，談起了地圖的事情，他的意思是，地圖戶口的勘驗校理，工作量很大，到現在還沒弄完，沒法給大家確定封國，知道大家沒有食邑，有些不擔任官職的貴族沒有收入來源，因此，大家可以到指定地點領取每月幾千錢的俸祿。

每個月才幾千錢？

諸侯的心情可想而知。一場轟轟烈烈的分封大典，就在這沮喪、幻滅、上當受騙的氣氛中結束。沒有食邑的租稅，那些擔任官職的貴族們腐敗的可能性大大增加；沒有官職的貴族為了生計，不得不自謀出路。京城曾有一次「輿情」，就是有位新貴不得不受僱於人去做工，令新朝的爵制顏面掃地。

王莽對此並非茫然無知，封國無法落實的原因不是地圖勘驗這一技術性問題，而是一旦付諸實施，中央政府就沒法保證起碼的財政收入，更別說賦予諸侯們以實際的治國之權了，只能先拖著。

這一拖又是五年。

始建國天鳳四年（西元一七年）六月，王莽又在明堂召集在京師的大小諸侯，再次舉行授茅土的大典。

這次王莽顯得很坦誠，直面上次分封沒有授土的事情，說：「從始建國元年以來，我就在規劃地理、考證經義以分封爵位，於今九年，終於確定了。今天，我親自陳列茅土，告祭天神和祖先，正式給大家頒授封土！希望你們在自己的國家好好養育臣民！封國在邊境的，位於南方的，食邑不多，還可以從納言掌貨大夫那裡領取俸祿，公爵一年八十萬，侯爵伯爵一年四十萬，子爵男爵一年二十萬。」

比起五年前，不僅封國的事情明確了，連補貼的俸祿也空前增加。但是，這五年恰恰是新朝改制並不理想，與匈奴發生奇怪戰爭，經濟形勢變差的五年，哪來的財力支撐這次分封呢？

果然，封國也好，俸祿也罷，後面並沒有認真執行，大多只停留在了紙面上。

王莽恢復封建制的失敗，不僅是改制理想的破滅，主要是摧毀了他執政基本盤的信心，還加重了精英的腐敗。那些希望在新朝通過封爵來獲得利祿以及封國的諸侯們，也會意識到恢復封建制不可能實現，如此，繼續支持王莽的意義何在？

7 官僚體制的革新

晨光在宮殿的屋頂上折射出龍鱗般的光亮，王莽幾乎又是一宿沒睡。

有些年老的宮人會記得，當年未央宮寢殿的夜晚也是燈火通明，成、哀皇帝飲酒作樂、徹夜不休，耳畔佩玉鳴鑾，眼前歌舞昇平。現在未央宮換作了壽成室，寢殿的夜晚燭火依然。

但王莽卻是在批閱堆積成山的簡冊。

宮人們會想，真不愧是新朝的皇帝，如此勤政，白天與大臣議政，晚上還要處理政務。但他們不知道，白天，王莽很多時候把大臣喊來待上一整天，可不是在商討政事，而是研究學術問題，諸如這一處禮儀怎麼安排，那一句儒經如何理解，等等，樂此不疲，廢寢忘食。

就這樣，官僚們不得不賠上時間進宮，和皇帝搞「讀書會」，早出晚歸，經年累月，本職工作卻沒時間處理，各個機構裡積攢著大量事務沒有解決，特別是訴訟官司之類的急務。與當代社會一樣，這類事務雖然不是什麼關係到天下興亡的大事，但不會因為拖久了就自然解決，只能越積越多，直至形成結構性的大問題。

晚上，王莽點燈熬油，宵衣旰食，的確勤勉。但很多事務並不重要，不是非他本人處理不可。他這麼做，是吸取了自己曾架空漢帝的「歷史教訓」，刻意把大小事情攬過來，親自研究、親自處置，還刻意避開領機要的尚書們。他著意培養使用宦官，特別是財務、國庫、糧食等要緊事宜，一概委派宦官管理。吏民的上書也都由宦官拆封送給他，不經尚書之手，怕尚書借此弄權或是洩露給外臣。

即便是交辦給臣下或是循例辦理的工作，王莽也頗不放心，總是讓下邊的人反覆向他請示，大小事都要過問。前面的工作遲遲無法辦妥，後面的事情已經積壓上來，最後亂成一鍋粥。

由此可見，不論是外朝的官僚，還是省內的宮官，王莽都不很信任。但種種跡象表明，不信任只是一方面，是權力鬥爭的浮沫。王莽的心態是覺得官僚們可有可無：

> 莽意以為制定則天下自平，故銳思於地里（理），制禮作樂，講合六經之說……[11]

意思就是：王莽覺得，只要製作了禮樂制度，頒布了改制法令，那麼天下的事情就會自動變好。既然如此，還要官僚機構有何用？

王莽的這種垂拱而治的心態，成為他改革官僚制度的主要精神，也造成他與整個官僚體系的齟齬。

儒家確實推崇垂拱而治，但不是說職官系統不發揮作用。《周禮》之所以改名為《周官》，就是因為一些儒家覺得這部書描述了儒家理想的周代的「官僚制度」。當然，事實很可能是，戰國時期，儒家看到最早變法的三晉和秦國，已經開始建立適合集權政治的早期官僚體系，才創作出《周禮》，以改造法家的官制。

總之，垂拱而治是儒家對周代宗法禮樂統治的想像與寄託，天子不事必躬親，但沒有否定官僚制度及其體系。

但對王莽而言，官僚體系的意義，不是對一個中央集權的龐大帝國進行有效統治，而是展示儒家的神聖性。況且，儒家早在賈誼那裡就想給官職批次改名了。

這就是他為什麼也要給官僚機構改名，推動職官和爵位的融合，給地理行政區劃改名，並設計新的俸祿制度。

剛建國的時候，他已經根據儒經改了中央機構的設置和官職的名稱，例如河南太守改名為河南大尹；到始建國天鳳元年，他又進一步更改郡守一級的官職名稱，河南大尹又變成「保忠信卿」。

他還把行政職務和爵位掛鉤，同為「太守」一級，由侯爵擔任的叫「卒正」，伯爵叫「連率」，沒爵位的叫「大尹」。這些有爵位的「太守」們甚至可以世襲官職。要知道，儒家講究「譏世卿」，認為公卿大夫士關係到治民大事，應當任賢，不能世襲。

最引人注目的是他對天下郡縣的改名，而且是能改則改、應改盡改，有的還反覆改，改到四五次之多，同步還對郡縣版圖重新規劃，個別的大郡如陳留郡甚至被撤銷。動作激烈且複雜，以至於在當時人們就難以搞清楚全部情況了：

一類是突出京畿的重要性，三輔的六個郡改為「六隊」，長安周邊的郡改為「六鄉」，洛陽周邊的郡改為「六郊」。新朝的國土從內到外形成了從高到低的禮法秩序。

一類是紀念符命和歌頌新朝，如把「符離」改成「符合」，「沛郡」改成「吾符」，後世出土的封泥裡，也有不少帶「符」字的地名；新朝的「新」字被加進許多地名，如「安漢」變成「安新」，「淮陽」變成「新平」等。

一類是表達美好吉祥，比如把「松茲」改成「誦善」，「敦煌」改成「敦德」，「曲阿」改成「風美」，「烏傷」改成「烏孝」等；有時常常用反義、同義或是同音詞來代替，比如「梓潼」改成「子同」，「安平」改成「安寧」，「東昏」改成「東明」，「無錫」改為「有錫」之類[12]。

後世習慣於把這次改名視為荒謬之政。但是，改名其實不無「道理」，因為古人重視名學，講究名實相符。名與實之間的關係，並不是概念和內涵的關係，而是不同的名背後具有一套不同的思想脈絡和價值追求。新朝自認為已經從法家帝國變為儒家王朝，社會性質都變了，名字焉能不變？而且，還不能只是改一兩個，必須普遍更改。

從中央改到郡縣，王莽似乎還打算對縣域以下的鄉、里、亭進行改名，只是還沒實施[13]，就已經變天了。

俸祿制度的改革也遵循同樣的邏輯。

始建國天鳳三年（西元一六年）五月，王莽頒布了新的俸祿制度，這是一份初看起來頗為振奮人心的政策，它把全國的官吏分為十五個級別，每個級別都規定了相應的俸祿，從最低的六十六斛到最高的萬斛不等。

對比漢朝的俸祿體系，這個分配基本可行[14]，而且待遇比漢朝大幅提高，理應博得各級官吏的擁護。但是王莽增加了複雜的條件：官吏的俸祿和管轄郡縣的財政收入掛鉤，貴族從食邑上獲得的租稅和食邑的財政收入掛鉤，地區如果出現歉收、災害，那麼官吏、貴族要按比例減少俸祿或租稅。

中央官員也逃不掉，他們雖然不直接治理疆土，但全國劃片，從四輔到司卿，都被分配了不同大小的郡縣，比如國師和寧始將軍，就要和西方一州二部二十五郡掛鉤，這些地方如果財政收入減少，他們的俸祿也要減少。王莽更表示，自己的開支用度也要照此辦理。

如此來看，這是很有現代精神的「績效激勵體系」和「對口扶貧機制」，相當超前，以人為本，王莽自己也以身作則。在西漢，官僚也會因為歉收而減少俸祿，但從未像王莽這樣系統地形成「長效機制」，如果切實可行，不失為一大善政。

但凡是對現代企業的績效體系、獎金激勵制度有所瞭解的人都知道，設計績效係數、計算績效所得是比較專業的知識，要以大量的數據為基礎，耗費相當的人力，借助電腦才能實現。因此，王莽的這個設想雖然很好，但很難落地：

> 莽之制度煩碎如此，課計不可理，吏終不得祿。各因官職為奸，受取賕賂以自共給。[15]

「煩碎」二字意味著什麼，大抵可以想像。不僅沒能發揮激勵作用，連起碼的俸祿都發不下來，官吏們沒錢養家，只能貪汙受賄。

不論是行政區劃的短時間內大規模改名，還是煩瑣無法落地的俸祿制度改革，以及皇帝拋開官僚體系處理海量普通行政事務，一定會嚴重影響行政機器的運轉。王莽曾擔任大司馬、安漢公，總攬行政事務多年，管理經驗豐富，怎麼會不瞭解這一點呢？[16]

這可能仍然源於他改制後對官僚機構的定位。

在他想像的圖景中，他坐在天下正中制禮作樂、發號施令，天下自動得到治理；各地的官僚、諸侯彷彿「神職人員」，道德上以身作則最重要。在這個圖景裡，俸祿的績效管理會使官吏們主動幹好工作，改名也會令治理更加有效而不是變得混亂。

這聽上去很不可思議，但也不難理解。歷史上，每個時代總有一些人認為，只要實行了什麼樣的制度，社會就會立刻變好。但事實是，維繫一個版圖龐大的國家很難，古代更難。周代採取封建制，是因為沒法中央集權，只能委任諸侯自治，以宗法和禮樂維繫忠誠。秦漢帝國演變為中央集權，就必須採取郡縣制度，派出官僚治理。新朝雖然標榜實現了周代的禮樂，內裡還是中央集權的帝國，當然也必須實施郡縣制，官僚機構不可或缺。

後果很快就顯現出來。

行政體制的混亂，決策鏈條的斷裂，使得新朝的統治機制從效率降低逐漸走向崩壞。

在中央，王莽的親力親為確實避免了大權臣的出現，卻製造了許多小權臣；他們發現王莽根本幹不完這些工作，就扣下一些事情不報，進行權力尋租。一些從郡縣來到長安上書的官員，遲遲等不來回復，長年滯留於此。長安的衛戍部隊都是從郡國徵召來服役的，按照制度應該定期輪換，但這事兒沒人管，竟然連續三年沒有輪換。

地方上就更嚴重了，行政區大量改名，就得重新刻制印章，吏民對這些名字也很生疏，詔書裡提到一個郡縣的名字，怕大家不知道是哪裡，還得在後面綴上原來的名稱。

而行政區劃的劇烈更改，導致地方上出現了一定程度的無政府狀態。有的郡縣職位空缺得不到及時補充，剩下的官員身兼數職，疲於奔命，或是大權獨攬，無人制衡；有的地方官趁機大搞腐敗，盤剝百姓。郡縣的訴訟案件大量積壓，監獄人滿為患，有人沒有罪也被長期關押，最後被放出來不是因為案子辦完了，而是趕上了大赦。邊境的軍隊因為行政調度的失效，糧草供應跟不上，一些軍隊出現了譁變。

俸祿的無法落實和地方上的無政府狀態，使得各級官吏對王莽離心離德，對新朝的熱情也漸漸消退。按照常理，皇帝越是集權，官僚體系越是趨向於暗中對抗，王莽雖然大權獨攬，有效權力卻日益萎縮，沒法有效傳導到地方，甚至號令不出長安城。基層官員利益受損更嚴重，後來更始帝和光武帝起兵的隊伍裡，有大量新朝的基層官員加入。

王莽對這些後果，很可能茫然無知。這可從太傅平晏去世後，他選拔唐尊接任太傅之事略見一斑。

唐尊在漢末就是儒學名士，也是王莽最堅定的支持者。成為太傅之後，唐尊身著簡樸的小袖短衣，出行時乘坐母馬拉的柴車，居家時在乾草上坐臥，吃飯時用瓦器當餐具，還把這些粗陋的餐具送給公卿，暗示他們也要勤儉。有時候，唐尊出行時看見男女並排走路，覺得有傷風化，就學著《尚書》裡的「象刑」，把男女行人的衣服用紅色塗抹一番，象徵性地懲罰一下。

王莽聽說後，大為寬慰，下詔讓公卿們都向唐尊學習，把唐尊立為官僚的楷模，封為平化侯。因為此事，後人常說王莽迂腐。其實並非如此，因為這就是他眼中官僚應該具有的樣子。

三、再造危局

8 誰是劉秀？

始建國天鳳元年（西元一四年），南陽郡舂陵白水鄉，劉氏皇族的後裔劉秀正在勤勤懇懇地務農。他今年十九歲，在家族裡被公認為忠厚內向。他的兄長劉縯任俠仗義，是「社會青年」，常常嘲笑劉秀熱衷務農。

劉秀熱愛務農，除了他性格溫厚，主要還是社會相對安定，有踏踏實實務農的條件。

這是新朝建立的第六年，幾年來朝廷大張旗鼓地搞了許多改制，設王田、禁奴婢、搞六筦，特別是錢幣改來改去，令大家倍覺不便。好在，王田制已經在前兩年取消；六筦雖然加重了務農的負擔，但還在可以忍受的範圍內；最令人惱火的錢幣，也在今年改得簡單易用多了。

這幾天，朝廷新發行的「貨泉」剛開始流通，本地人就紛紛說這個錢特別好，簡直是給白水鄉鑄造的呢。劉秀也拿著一枚仔細看，這錢和以前漢朝的五銖錢很像，重量和形制都差不多，只是上面的字變了，確實，這「貨泉」二字怎麼看都像是「白水真人」四個字！「貨」的篆書從右到左，好像「真人」；「泉」的篆書從上到下，好像「白水」。劉秀篤信讖語，雖然說不清楚「白水真人」有何寓意，但對這款新錢很是喜歡。

劉秀小時候父母去世，一直是當過蕭縣縣令的叔父劉良照顧他。最近，叔父為他的前途所計，要他收拾行裝，進長安，入太學，做太學生。當今天子最重儒學，將來要想入仕，非通經不可。劉秀也很希望出去看看，以前他去過的「大城市」主要是新野，對新野最有名的美女陰麗華心嚮往之，但倘若一直務農，娶陰麗華是絕無可能的。

從白水鄉到長安城，從田間地頭到太學，劉秀的視野大為開拓，也漸漸發現自己並不僅有務農的才能。他交際能力強，很快融入長安的「老鄉會」，和南陽的上層人士關係密切，請他們下榻在自己尚冠里的住處，瞭解信息，不懂就問；他頭腦也很靈活，和同居的舍友湊錢買驢，租給別人賺錢交學費；他為人誠實厚道，有次去見老鄉、同學朱祐，朱祐剛好要去上課，劉秀竟然一直等到他回來，並沒有覺得自己被冒犯，諸如此類。

他的人生理想，也因此有了變化。一天，他在大街上看到負責京城治安的執金吾出行，儀仗威嚴，就去圍觀，發出一句很有名的感慨：

> 仕宦當作執金吾，娶妻當得陰麗華！[1]

且不提劉秀此時的志向就是當一個中級公務員，娶個老家的美女而不是什麼大明星，關鍵是這句話透露出，即使在始建國天鳳年間，新朝的天下特別是關內還是比較穩定甚至熱鬧的。

當然，二十出頭，身處京師，又是太學生，正是最關心國家大事的年齡。劉秀對朝廷政策興趣濃厚，對社會問題也有比在家鄉更切身的認識，在朋友同學裡就像一個業餘評論員：

圖7.1　貨泉

> 朝政每下，必先聞知，具為同舍解說。[2]

就是總能第一時間知道朝廷的新消息，還為同學舍友分析解說。江湖上早就傳言著緯書《赤伏符》裡的一句話：

> 劉秀發兵捕不道，四夷雲集龍鬥野，四七之際火為主。

劉秀的朋友說，「這說的是新朝的國師劉秀吧。」如前所述，新朝的國師劉秀，就是劉歆，他是在漢哀帝劉欣即位時出於避諱改名為劉秀的，不承想這條讖言流傳甚廣，連南陽的微末宗室劉秀也聽說了。劉秀就開玩笑說：「咋就知道說的不是我呢？」引起哄堂大笑。[3]

始建國天鳳四年（西元一七年），朝廷重申六筦之令，監督和懲罰措施更嚴更重，觸犯的人有可能被判死罪，很多人逃亡以躲避懲處，關東和荊州都出現了「盜賊」。

在關東，會稽一帶出現了「瓜田儀」叛亂，從「瓜田」兩字看，應是逃亡的農民；琅琊郡出現一支由呂母帶領的叛軍，呂母原是當地富戶，因兒子被縣宰冤殺，呂母散盡家財、購買兵器，招募亡命、以圖報復。這種事在漢朝很常見，與六筦本沒有直接關係，但與以往不同的是，竟然有百餘人投奔呂母，而且不是以前那類游俠、歹徒，而是逃亡的貧窮少年。呂母於是自稱將軍，帶領這些人攻進縣治所，殺掉縣宰，割下首級，祭奠兒子，大仇得報。這麼大的動靜已經不是一般的復仇行為，和叛亂幾乎沒有區別，呂母乾脆帶著這些人繼續亡命，逐漸聚起萬人之多。

王莽派使者去安撫。回來之後，一位使者稟報稱：這些盜賊匪患，赦免了也沒有意義，我們一走，他們又聚。問他們為什麼不好好謀生，他們回答：法律禁令苛刻繁多，舉手觸禁；努力謀生，所得還不足以交稅；就算宅在家裡，鄰居犯法自己還被連坐；所以，只能當土匪。

王莽一聽，好像是在諷刺自己，大怒，立刻將使者免官。後面發言的使者們，見狀紛紛說，「這些刁民應發兵剿滅」，「匪患不久將自生自滅」。王莽這才受用。

不僅是使者，納言馮常向王莽上諫，給六筦提意見，惹得王莽大怒，被免官；擬任的荊州牧費興是王莽寵臣，臨行前被問到任後如何治理，費興推心置腹地講，六筦與民爭利，再加上連年旱災，所以荊州的百姓才會逃到「綠林」裡當「盜賊」，因此到任後不打算征剿，而是減輕賦稅，借給耕牛和種子，根除問題，沒想到王莽又不悅，當場免了費興的荊州牧。

王莽之所以如此，是因為他不認為新朝的政策有問題，哪個時期沒有盜賊呢？以前的文景之治、昭宣中興，不照樣有嗎？漢武帝時，天下都「戶口減半」了，不照樣渡過了難關嗎？

這些朝堂之上的事情，太學裡的劉秀不一定都清楚。但他應該能看見、聽說和感知，到始建國天鳳年間的最後一兩年，天下特別是關東地區，連年出現大面積旱災和蝗災[4]，這直接導致了嚴重的饑荒，糧食價格飛漲，一斛粟米能賣到一斤黃金。

在不發達的古代，就算是豐年，普通人也未必每天都能吃上飯，更別說吃飽。因此每逢天災，脆弱的社會結構最需要的是安撫和救助，但如今四方邊境的戰事仍然從內地吸走人力物力，六筦和徵稅的影響也超出了工商部門。

邊境的流民流落到饑荒的內地，內地的飢民正在躲避徵稅和連坐，於是一併淪為嘯聚山林的「盜賊」「匪患」。而此時，原本可以採取應對措施的官僚行政系統恰好正在改制，郡縣在改名和劃界，俸祿紛擾未定，也就沒有發揮足夠的作用，基層官吏有些自己都快過不下去了。這樣的狀況持續到始建國地皇年間，終於達到不可收拾的地步：

富者不得自保，貧者無以自存……戰鬥死亡、緣邊四夷所繫虜、陷罪、饑疫、人相食，及莽未誅，而**天下戶口減半**矣。[5]

這是漢武帝之後，再一次出現戶口減半的嚴重狀況。當然，戶口減半並不是說天下死了一半人口，這其中包括逃亡和服刑人員。漢武帝時期的戶口減半，與大規模的對匈奴戰爭有關；但新朝，在戰鬥中死亡和被俘虜的情況只是一部分，因法令苛刻而獲罪，餓死、病死以及大量逃亡才是主要原因。

始建國天鳳四年（西元一七年），在荊州的南陽郡和南郡一帶，一支由王匡、王鳳[6]、王常、馬武等人領頭的飢民逃入南方的綠林之中，漢水之上，距離劉秀的家鄉不遠；始建國天鳳五年（西元一八年）底，呂母所在的琅琊郡，由樊崇等領頭的飢民，也聚眾劫掠，呂母的萬餘人馬亦匯流其中。

這兩支「盜賊」，分別就是日後著名的綠林兵和赤眉軍。但現在，他們還和其他地區的流民一樣，尚沒有掀起巨大的波瀾，只在地方郡縣的視野裡。

大概就在此時，劉秀返回了故鄉。對於天下的種種變化，他還會繼續觀察、體悟。在故鄉，已經二十五六歲的劉秀，沉穩的性格和遊學長安的經歷，給他的另一位叔父劉敞留下了很深的印象。

劉敞委託劉秀到長安幫他打個官司。

劉敞是漢朝時候的舂陵侯，翟義的兄長翟宣的親家，漢末曾被牽連進翟義的叛亂，所幸後來他態度好，被王莽樹為擁護他的典型。而此番訴訟，涉及始建國地皇元年十二月[7]之前他地租上的兩萬六千斛糧食和充抵草料的錢若干萬。從這個事情看，首先，劉敞雖然沒了爵位，但在新朝仍然過得比較舒服；其次，直到始建國地皇元年，舂陵一帶仍然比較穩定，沒有受到關東的影響和綠林的衝擊；再次，選擇劉秀幫他打官司，除了劉秀踏實能幹、熟悉長安，關鍵是看不出他有造反的想法。

劉秀再次奔赴長安，拜謁時任大司馬嚴尤。當時一同去的還有宛城的一個人，據說嚴尤接待他們二人時，注意到劉秀「美鬚眉」，長得帥，因此只和劉秀一個人說話。劉秀給了嚴尤很深的印象。用不了幾年，他倆將會在戰場上再見。

9 赤眉軍的興起

這次重返長安，劉秀在辦事之餘，驚訝地發現南郊正在大興土木，被徵發的人日夜在工地服役，每天都有人累病而死。

原來是修建九廟。

京師的執法們，正在窮治一起大案。巨鹿郡有人謀反，聯絡發動燕趙一帶的軍隊起兵，事情被大司空士王丹發覺，皇帝派三公親自督辦，案子牽連郡國豪傑數千人，都被誅殺。

帶著從京師獲得的此類信息，劉秀返回了家鄉，他敏銳地覺察到天下的形勢已經比較危急，但朝廷似乎沒有足夠的危機感。這或是因為關內一直比較穩定。不過，到了始建國地皇二年，「三輔盜賊麻起」[8]，關內的匪患也層出不窮了。

面對源源不斷呈報上來的邊境戰事和內地民情，王莽並非沒有危機感。起初，他覺得應該以軍事鎮壓為主，試圖建立軍政合一的軍制，任命所有的州牧為大將軍，郡長官為偏將軍，縣長官為校尉。

但效果不佳，不是說官僚加上軍職就能打仗。

比如，在荊州，始建國地皇二年（西元二一年），荊州牧發兵兩萬人攻打綠林兵，結果被擊敗，數千人被殺，輜重全部損失。綠林兵乘勝回擊，攻克數縣，掠奪了許多婦女和物資回到山林，軍隊擴充到五萬多人，靠州郡的力量已經制不住了。

在關東，同樣是這年，樊崇和琅琊郡及周邊的叛軍逐漸合流，達到數萬，開始主動攻打周邊縣城；在姑幕縣[9]，與前來征剿的翼平連率（即北海太守，翼平是從原北海郡分出的郡）田況遭遇，並擊敗田況軍。此後，他們從琅琊郡輾轉打到泰山，勢力大盛，成為關東主要的反叛力量。

而在邊境，王莽派國師和仲（即國師副手）曹放增兵西南，攻打句町國，同時繼續從全國徵發物資轉運到北方邊境，以備攻打匈奴。

如此四面開花，同時進行好幾場戰爭，王莽應接不暇，不得不認真考慮根本解決叛亂、民變以及邊疆戰事的辦法。他下令召集群臣，不管是現任的還是退休的，開一個「擒賊戰略座談會」。

但是，經歷過那麼多事情之後的群臣，都已熟悉王莽的習慣。會上沒人敢說實話，卻大談叛賊是行屍走肉，很快就自生自滅。

這時，有一位故人站了出來，他就是當年漢哀帝死後曾與何武互相舉薦為大司馬的故漢左將軍公孫祿。

公孫祿早在安漢公時期就被排斥出政壇，這反而使他在此後的諸多權力鬥爭中安然無恙。考慮到他是前朝能臣，又擔任過高級軍職，這次廷議將他一併延請。公孫祿站出來，說了一番真心話：要想平息叛亂，只靠軍事討伐是不行的，根子在內政，因此，只要殺掉七個人，告慰天下，叛亂自會蕩平。

哪七個人？
一，太史令宗宣，他胡亂解釋天象，把凶說成吉，詿誤朝廷；
二，太傅、平化侯唐尊，根本不懂政治，以虛偽的簡樸博得名位，有害政務；
三，國師、嘉信公劉歆，顛倒六經，廢毀師法，還把什麼《周禮》偽經立在學官，導致天下學術敗壞；
四、五，明學男張邯和地理侯孫陽，他們搞井田制，使百姓拋棄農耕；
六，義和魯匡，設立六筦，破壞工商業；
七，說符侯崔發，阿諛奉承，阻礙下情。
同時，還要停止和匈奴的對峙，盡快和親，恢復和平。
王莽越聽越不高興，立刻吩咐虎賁進來，把公孫祿帶出會場。公孫祿所說的，幾乎涵蓋了新朝改制的全部內容，也就是否定王莽，他焉能不生氣？這場座談會就此草草收場。
但是，細究公孫祿所說，有些也屬書生之見。宗宣、唐尊、劉歆所做的事情，主要是觀念和學術，影響在上層而非社會；張邯、孫陽負責的王田制，早已停止實際運作，大概只留了個名目。這幾位委實不必為新朝形勢的敗壞負主要責任。只有六筦之政、崔發的諂媚和與匈奴的對峙，比較在點上。
公孫祿這一番話，王莽雖怒，卻聽進去了。但是與匈奴的對峙，他已經錯過了和親的機會，騎虎難下，只能將錯就錯；其他人裡，只有魯匡可以借來為六筦塞責，就將魯匡貶為五原卒正（即五原郡太守）。

但這已經於事無補，流民剛起來的時候，還可以通過餵飽肚子將其平息。例如樊崇軍，雖然聲勢浩大，但這些農夫並不瞭解自己在做什麼，沒有建立文號、旌旗、標誌的意識，別說稱帝奪權，連將軍都不敢自稱，領頭的樊崇叫「三老」，其次是「從事」，都是基層官職的名稱。他們的組織結構也簡單，主要靠「殺人者死，傷人者償創」等基本倫理來約束。因為，他們的願望並不是造反，而是：

常思歲熟得歸鄉里。[10]

就是不劫掠郡縣、殺人搶劫，只是到處尋找食物填飽肚子，熬到下一茬糧食熟了，還得回家過日子。

有一次，樊崇軍經過一處地方，當地有一位遠近聞名的孝女，樊崇軍認為，驚擾了大孝之人會得罪鬼神，不僅沒有劫掠，還給這位孝女留下了米肉。[11]

如果這時朝廷能夠調動糧草安撫，赦免其罪，鼓勵他們回到家鄉，那麼可能還有挽回的餘地，但王莽堅持鎮壓，而且從中央調派了太師羲仲（太師的副手）景尚、更始將軍護軍王黨發兵。這支政府軍所到之處，侵擾百姓，消耗物資，郡縣還要做好接待。仗還沒怎麼打，先把經過的郡縣給破壞了一遍。

翼平連率田況吃了敗仗後，吸取教訓，瞭解樊崇軍其實都是些農夫，只是人多難以擊敗，因此不再單純依靠常備軍，而是發動郡縣裡所有十八歲以上的男丁，發給武器，組織成民兵，各自負責本鄉本土的保衛。

這一招果然見效，樊崇軍遊走到這些地界，覺得無利可圖，就輾轉到其他地方去了。至於皇帝派來的「王師」景尚，竟然一不留神被樊崇軍打死了。

看到田況的成效，聽說了景尚之死，王莽若有所悟，委派田況兼領青州、徐州牧職權，但又不允許田況擅自徵兵，又派太師將軍王匡、更始將軍廉丹帶兵到關東征剿。

比起景尚、王黨，王匡和廉丹的級別更高，王匡還是皇親。田況爭辯說，飢民太多，軍隊遠道而來，人少兵疲，於事無補，而且接待高官，「郡縣苦之，反甚於賊」[12]，最好把他們都請回去，由我來負責平叛，一定能平定。

田況的自信反而引起王莽不滿，史書用了一個詞「畏惡」[13]，細玩其意，既有對田況能力的畏懼，也有嫉妒和自卑。王莽於是派了個使者去接管田況的兵權，將田況召到長安授予職位，明升暗降。自此，樊崇軍再無對手。

10 赤眉軍的勝利

始建國地皇三年（西元二二年）四月，長安，宣平門外。

王莽正在雨中親自祭祀路神，以餞別一支軍隊，為首的是太師將軍王匡、更始將軍廉丹，他們準備赴關東遠征樊崇軍。王匡是王音之孫、王舜之子，還很年輕；廉丹是新朝老將，廉頗後人，經驗豐富，兩人位高權重，帶領十萬大軍出征，寄予了皇帝一舉蕩平關東的厚望。

此番出征，不僅有軍事意圖，還要兼顧賑災。前些日子田況給皇帝的上書提到，洛陽以東每石米的價格已經漲到兩千錢，來自關東郡縣的報告上也慘痛地說「關東人相食」。因此，他們還要在關東打開糧倉，賑濟飢民。

雨下得很大，把軍人的衣服都淋濕了，給原本雄壯的出征儀式蒙上了一絲悲壯和不祥的色彩。有老人哀嘆地說，「是為泣軍！」[14]

但真正要哭泣的，其實是飢民。王莽雖然取消了山澤之禁，打獵撈魚不用交稅了，但這實在是杯水車薪。更荒誕的是，他派人到全國各地傳授一種方法，據說把草木煮成酪能夠充飢。

關東的飢民得不到有效的救助，出關的王匡、廉丹十萬大軍，又加重了關東的局勢。正如田況所預料的，大軍所過之處，比流民更甚。以至於關東有諺語說：

寧逢赤眉，不逢太師！太師尚可，更始殺我！[15]

王匡比赤眉可怕，廉丹比王匡還可怕，這個鏈條透露了廉丹的殘酷。但戰爭哪有不殘酷的？這側面反映了廉丹比王匡更像一名將軍。自四月出征，王匡、廉丹到了定陶，還沒有與樊崇軍作戰，皇帝的詔書先追了上來。

王莽斥責廉丹，「可以怒矣，可以戰矣！將軍受國重任，不捐身於中野，無以報恩塞責」[16]。這話說得很重，但其實就是催促廉丹盡快蕩平關東，不要蒙上貪生怕死之名。

廉丹豈是貪生怕死之徒？但皇帝直接催促進兵，還是很嚴重的事情，他把詔書拿給自己的下屬、將軍掾馮衍看。馮衍是漢元帝馮昭儀的兄長馮野王之孫，馮昭儀的孫子是漢平帝，算起來，馮衍和漢平帝是兄弟。因此，馮衍對王莽是很排斥的，看到詔書，就勸廉丹不要出戰，而要擁兵於大郡，招降納叛，以待時變。

廉丹不敢，大軍繼續前行，到了睢陽[17]，馮衍又一次勸說廉丹，機不可失時不再來，再延宕就沒有機會了。

廉丹最終沒有聽從馮衍。他與王匡在冬天時抵達有鹽亭，就是改名前的無鹽縣。這裡已經被一名叫「索盧恢」的叛軍占據。王匡、廉丹迅速將其攻克，斬首萬餘級，取得了一場大勝。

王莽很高興，派中郎將勞軍，將廉丹晉爵為平均公。王匡受到激勵，偵知有一支號稱赤眉的隊伍由董憲統領，駐紮在梁郡，就很想乘著士氣高昂，一舉擊破。董憲其實和樊崇軍沒有直接關係，是自立的一支武裝，只是以赤眉為號。廉丹卻認為，剛打下無鹽，士兵都很疲勞，應該休養一番，恢復士氣。王匡不聽，自己帶兵出發攻打董憲。

見此情景，廉丹不得不緊隨其後，在成昌縣[18]，雙方發生了激烈的戰鬥。王匡、廉丹驚奇地發現，這些人之所以叫赤眉，是因為他們把眉毛染紅了。而且，他們雖然是烏合之眾，但早有準備，以逸待勞。一番激戰，王匡、廉丹兵敗。

王匡見狀，主張盡快逃走。廉丹心裡如何想已經不得而知，但面對一個冒進失敗又沒有擔當的同僚，該是非常無奈吧。他派屬吏把印璽、符節等重要的憑信都交給王匡，說：

> 小兒可走，吾不可！[19]

稱王匡為「小兒」，有憤激指責的意思，但也可能是把王匡還當作孩子。而他不走的理由，想來該和王莽的那封詔書有關。廉丹交代完後事，帶領殘兵力戰而死，果然實現了詔書裡「捐身中野」的話。

廉丹的校尉汝雲、王隆等二十餘位將軍見到主帥陣亡，都說「廉公已死，吾誰為生？」[20]紛紛騎馬衝入赤眉軍陣，全部戰死。由此可見，廉丹的確是一個頗得人心的合格軍人，既不辱沒先祖廉頗，孫子廉范也能因為賢能仗義在東漢揚名天下。王莽派他出征，不無識人之明。

馮衍對這個結果並不意外，他僥倖逃出亂軍，向河東逃命去了。

得知廉丹陣亡，十萬大軍只剩下王匡的殘軍，王莽悲痛不已。但他仍然不重視田況的忠告，繼續選拔將領東征。這時，早就被他晾在一邊的國將哀章站了出來，主動請纓去東方支援。

哀章雖為四輔，手中卻沒有什麼權力，被認為是王莽最輕賤的人。而且他貪戀祿位，有貪贓徇私之事。王莽得知後，沒有懲處他。正好當時給四輔配備副手，也就是太師羲仲、國師和仲、太傅羲叔，以及國將和叔。而這位國將和叔，名義上是哀章的副手，實際上是派來監視他。幾年來，哀章在長安過得不舒服，想去關東立功，也躲避監視。

王莽同意了，令哀章帶兵馳援王匡，又派大將軍陽浚守敖倉，司徒王尋帶兵十萬趕赴洛陽，很快就重建東方防線，但防線已經萎縮到洛陽一線，再往東的地區，只有王匡和哀章的弱旅。赤眉軍則從東海、琅琊諸郡，到楚、沛、汝南、潁川諸多郡縣，四處轉進，與各地郡縣的政府軍戰鬥，勝多敗少。皇帝在東方戰場徹底失敗。

11 綠林兵的興起

始建國地皇三年（西元二二年）的一個夏日，宮人恐懼地向王莽稟報，從東方飛來了無數蝗蟲，遮天蔽日，王路堂和其他宮殿樓閣上都爬滿了，趕都趕不走。

這是典型的災異，王莽再無能力將其「反轉」，只好發動吏民捉蝗蟲，捉到的有賞。他理應知道，如果關東的蝗蟲已經飛到長安，那麼關東的旱災和饑荒也在日益逼近。

飢民為了躲避饑荒和東方的戰事，也波浪一般地向西流動。按照以前不成文的慣例，每當關東出現大饑荒，關中總會接納部分飢民入關覓食。

這次也不例外，入關的飢民累計達到數十萬人，有些還湧入了京師。王莽沒有排斥他們，還任命專門的「養贍官」賑災。儘管《漢書》說賑災的官員中飽私囊，負責京師賑災的中黃門還欺騙王莽，但這十萬飢民居然沒有發生動亂，也沒有大規模劫掠，說明王莽的賑災總體有效，是他執政晚期不多的亮點。

劉秀家族所在的南陽郡也出現了旱災，而關東的飢民恰好在此時往西遷移。荊州各郡縣的豪傑地主官吏們大受震動，關東的形勢壞到什麼樣子，他們是知道的。如果飢民振臂一呼，儼然就是另一個赤眉。劉秀家種的是水田[21]，情況好一些，但如果再湧入飢民，就不可收拾了。所以，當地凡是有條件有資源的，都會組織宗族成員防禦，以備時變。

於是，這一年的荊州，漸漸出現三種不同的勢力。

前番擊敗荊州牧的綠林兵，內部發生了瘟疫，死傷頗多，為避免「團滅」，綠林兵一分為二，向外轉進。其中，王匡、王鳳帶人北向南陽郡，號「新市兵」；成丹、王常帶人西向南郡[22]，號「下江兵」。始建國地皇三年七月，新市兵進擊南陽郡的隨縣[23]，雖然沒有攻下，但平林縣人陳牧起兵響應，號稱「平林兵」，正在逃亡的劉秀族兄劉玄此時加入平林兵並擔任官職。至此，源出綠林兵的這三支隊伍逐漸超越「盜賊」的規模，成為荊州最具活力的軍隊。

為了應對，王莽也做出軍事部署，大致有三支力量。其中，最前線的是南陽郡本地軍隊，由前隊大夫甄阜、屬正梁丘賜率領；南陽郡東邊的豫州，司命大將軍孔仁統領一軍，以作縱深；主力由納言大將軍嚴尤、秩宗大將軍陳茂率領。但是王莽卻不給他倆兵符。因此，二人雖然號稱主力，卻無權調發軍隊，每次調動必須先請示王莽。嚴尤自認忠誠，對此感到寒心，和陳茂發牢騷說，「遣將不給兵符，這就好比獵犬被拴著，還被要求必須抓到獵物。」陳茂也有同感。

第三種勢力，就是劉縯和劉秀的舂陵兵。

此時，劉秀曾經幫助打官司的故舂陵侯劉敞已經去世，劉縯等人在宗族裡已經冒尖。劉敞的嫡子劉祉是翟義的妹夫，他為人敦厚，一直跟從劉縯。

起初，他們大概只是組織舂陵的劉氏宗族防備飢民，可能也防備來到南陽郡的綠林兵。但劉縯素有大志，見天下已有崩壞的跡象，開始密謀些事情，不巧洩露。劉秀唯恐被牽連，跑到南陽郡的新野躲避，往來於宛城販賣糧食，由是結識了宛人李通。李通曾任新朝五威將軍從事，後任巫縣丞，在新朝的各類改制中利益受損。李通的父親在長安，是劉歆的助手，精通天文，告訴兒子說圖讖已經昭示了「劉氏復起，李氏為輔」的徵象。

李通於是慫恿劉秀起事反莽，劉秀起初並不願意。李通鍥而不舍，反覆遊說。劉秀得知劉縯已準備在舂陵起事，最終答應了李通，約定在十月[24]和李通在宛城起兵，與兄長呼應。

十月，武器準備停當，劉秀先和李通的弟弟李軼啟程返回舂陵，留下李通在宛城負責起事。沒想到，此事竟然洩露，李通在宛城的宗族六十四人被殺並在宛市焚屍，只有李通一人逃走，他在長安的父親及其他親屬也一併被殺。劉祉在宛城的家人也全部被捕。

劉縯仍然按照計畫於十月在舂陵正式起兵，以劉氏宗親為主，有七八千人，號稱柱天都部，這個名號很有趣，當年翟義起兵時就自稱「大司馬柱天大將軍」。

見此，一些不願意起兵的劉氏宗親嚇得逃跑，生怕重蹈當年翟義滅族的覆轍。十一月，劉秀、李通等人先後到來，眾人一看連劉秀這樣濃眉大眼美髭鬚的人也身著戰袍造反，便又放心了。

就此，劉縯帶著二十八歲的弟弟劉秀正式起兵，打出了春陵兵的旗號。[25]

相比較而言，荊州的這三支勢力裡，春陵兵最弱。加之宛城起事的失敗，春陵兵勢單力薄，就派人找到新市兵、平林兵兩支綠林隊伍商議加入，最終三支軍隊合併，聯軍仍稱綠林兵。這段故事，史書描述為新市兵和平林兵主動投奔春陵兵，顯然是為了抬高劉秀而將情節扭曲了，這時的劉秀連匹馬都沒有，只能騎牛。

但也要承認，劉縯、劉秀等一批出身豪傑、知識水平高且具有前朝皇室血統的精英加入綠林兵，一定程度上擴充了綠林兵的戰略格局。綠林兵很快就向西進發，一路過關斬將，連克新野、湖陽等縣，進展順利。劉秀作戰勇敢，斬殺新野尉，終於有馬可騎了。

初步勝利，卻發生了一個插曲：分戰利品時，大概是春陵宗族拿得太多，表現貪婪，引起了普遍的不滿。其他綠林兵一度想要攻殺春陵兵，幸好劉秀覺察，督促宗族把財物勻給別人，避免了一場內訌。這證明了劉秀的領導才能，但更反映了綠林兵並沒有「人心思漢」，把春陵兵看作來投靠自己的弱旅，敵意頗深。

在這件事裡，劉玄是何種態度，史書未載，但他早就加入平林兵，很可能沒有站在同宗的立場上。這大概也是後來綠林兵立劉玄為帝，而不會選擇劉縯的淵源之一。

避免了內訌的綠林兵繼續前進，再克棘陽[26]，兵臨南陽郡首府宛城之下，並厲兵秣馬準備攻打。早在王莽居攝時期，與春陵侯同屬長沙王世系的安眾侯劉崇起兵反莽，也曾攻打宛城，但很快失敗。

時隔十六年，相似的形勢再次出現。

宛城中駐守著前隊大夫甄阜、屬正梁丘賜，作為郡守一級的高官，他們手下的軍隊訓練有素。綠林兵打算先進駐到棘陽與宛城中間一處叫「小長安」的聚落，但沒想到剛到小長安，就迎面遇上甄阜和梁丘賜的軍隊，當天大霧彌漫，綠林兵猝不及防，被殺得大敗。

特別是舂陵兵，本來就不是職業軍隊，劉氏宗族包括女眷、兒童都在其中，在此戰中幾乎全軍覆沒。劉秀的二姊及三個女兒、兄長劉仲、叔父劉良的妻子和兩個兒子都被殺。

甄阜、梁丘賜乘此大勝，把監獄裡劉祉的母親妻兒等全部殺死，並圖謀一舉蕩平綠林兵，就把輜重留在後方，率十萬軍隊渡河，連河上的橋都斷了，以示破釜沉舟之志。而綠林兵經此一役，元氣大傷，想就此散夥，逃回山林。

對劉縯、劉秀來說，這決不可能接受。綠林兵來自山林，當然可以復歸山林，劉氏家族能去哪裡呢？

一籌莫展之際，另一支綠林兵，即一度西去南郡的下江兵，被嚴尤、陳茂擊敗，輾轉也來到南陽郡隨縣附近，經過整頓，勢力復振。劉縯趕緊去聯絡，面對下江兵的首領王常，說了一番「人心思漢」的道理，竟然說動了王常。王常和下江兵其他首領商議，別人都覺得現在各自為主，何必受他人轄制，王常卻堅信漢家將復興，最終勸說下江兵合併到綠林大軍，王常本人也與劉氏兄弟結下了深情厚誼。

自此，綠林兵開始表現出某種「思漢」的特徵，但細究其邏輯，作為情感的「思漢」仍然很微弱，但作為政治的「思漢」其價值終於被發掘。劉氏兄弟逐漸意識到，「思漢」是判定並劃分敵人和

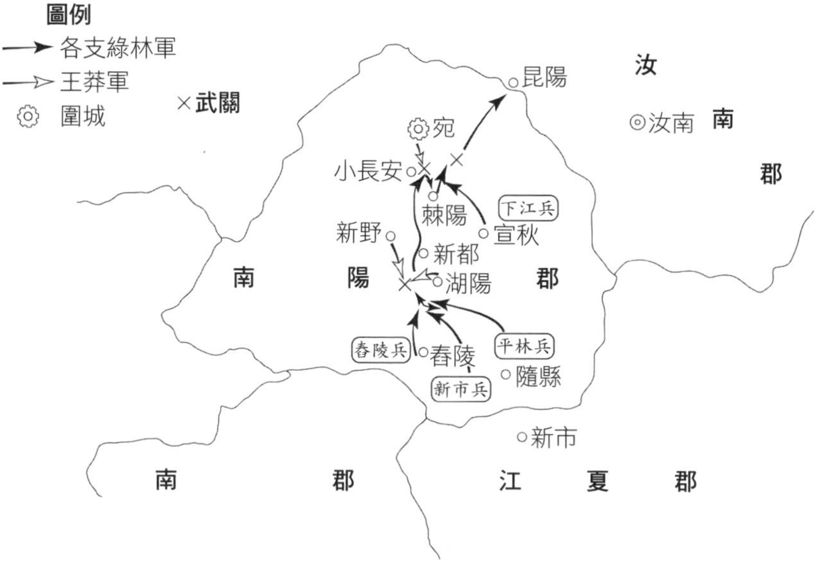

圖7.2　綠林兵前期發展簡圖

同盟的有效工具，再沒有什麼比漢朝的旗幟最能體現反莽了。以復漢為號召，不僅能籠絡人心、堅定同盟，還能憑藉宗室身分取得主導權。換言之，「思漢」本身並無政治意義，但恰好在此時具備了政治的內涵。

因此，綠林兵這支源於流民的烏合之眾，軍事上重振旗鼓，更逐漸演進為時代舞臺上參與角逐的政治力量。而當時在關東流竄的赤眉軍雖然軍事力量更強，但完全沒有政治意識，仍然屬「流寇」的範疇。

十二月底，綠林兵偵知甄阜、梁丘賜把輜重留在了後方，抓住時機派軍偷襲，在十二月最後一天奪取全部輜重。政府軍軍心大亂，還未有所行動，到第二天，也就是始建國地皇四年正月初一，綠林兵分兩路總攻背水一戰的政府軍，將其殺得大敗；甄阜、梁丘賜俱被斬殺。

得到消息的嚴尤、陳茂見形勢危急，擔

心宛城空虛而被占領，迅速向宛城開進。綠林兵也火速收拾戰場，向宛城進發，雙方在宛城南部的育陽交戰，嚴尤、陳茂也被擊敗，倉皇逃走。

宛城中，僅剩棘陽令岑彭和前隊貳（即南陽副太守）嚴說駐守，兵力不多，能依靠的只有險要的地形、堅固的城池和還算充足的糧草。

綠林兵主力將宛城團團圍困，負責攻城的是劉縯。正是在宛城之下，劉縯給自己打出了「柱天大將軍」的名號。

12 昆陽之戰

比起劉玄當時號稱「更始將軍」，劉縯的「柱天大將軍」儼然以天下頂梁柱自詡。綠林兵裡的高級首領們，對此不可能沒反應。綠林兵既然有了復漢的政治意識，那麼將其政治實體化是很必要的。而且，擊敗甄阜軍之後，從各地來投奔的人越來越多，也具備了政治實體化的條件。

始建國地皇四年（西元二三年）三月初一[27]，在育陽附近的淯河岸邊，綠林兵正式擁立劉玄為皇帝，改元為更始，這個年號既是因為劉玄曾擔任更始將軍，也寓意「重新開始」、重建漢朝的意思。始建國地皇四年三月，也就成了更始元年二月[28]。

據史書說，劉玄是因為懦弱容易控制才被綠林兵立為皇帝的，在即位大典上，他緊張地滿頭冒汗，甚至說不出話來。

這絕不符合一個殺人全家、逃亡多年的歹徒形象。劉玄被擁立並不奇怪，後世的史書出於維護劉秀的聲譽，刻意消除甚至歪曲劉玄在綠林兵中的作用。但是，劉玄和劉縯、劉秀同屬劉氏皇族後裔，在血統上沒有區別；他投奔綠林兵的時間早於劉縯兄弟，與綠林兵諸多首領關係應更親密、彼此更信任；他在綠林兵中的資歷和地位也高於劉縯，劉縯最為倚靠的舂陵兵損失慘重，沒有和劉玄博弈的資本。因此，劉玄得到綠林兵的擁立合乎邏輯。

更始即位，大封群臣，除了綠林諸首領外，劉縯被拜為大司徒，位列三公，封漢信侯；劉秀被拜為太常偏將軍。這亦可說明，更始帝比較尊重劉縯，沒有虧待他，劉秀此時也確實沒什麼值得誇耀的功績，偏將軍的職位已不算低。

不過，當時條件確實簡陋，所拜官職也五花八門，比如李軼被拜為五威將軍，這是新朝自創的名號，按理說不應被重建的漢朝使用。劉秀連大印都沒有，不知從哪裡撿了一個「定武侯家丞印」，佩戴上朝。

天下有了兩個皇帝。長安的皇帝大為驚恐，他花費畢生心血將漢朝抹去，成功做到十多年來幾乎沒人思念漢朝，起兵的多是「匪患」和「盜賊」。但從現在開始，漢朝重建，再造危局，他回到了原點，就像妖怪被打回原形，難道要從頭開始嗎？

更始帝令劉縯繼續以主力圍攻宛城，又遣一支軍隊向後方攻打新野；王常、王鳳、劉秀則領兵北上，更始元年三月已占據潁川郡的昆陽、定陵、偃縣[29]，打開了通往洛陽的門戶。

當然，局面並非無可挽回。王莽一方面繼續下令在東方的太師將軍王匡、國將哀章等人把牢東方戰線，阻擋赤眉軍西進；一方面派大司空王邑迅速趕赴洛陽，和司徒王尋盡快徵集州郡屬兵。元年五月，王邑、王尋帶領所徵各郡縣的軍隊，南下至潁川和嚴尤、陳茂軍會合，加上後勤人員，總兵力號稱百萬，其中已經集結的四十多萬，王邑為主帥。

可以判斷，王莽將全部的期望都寄託在這支大軍上，一場決戰在兩個皇帝之間醞釀著。

這支大軍浩浩蕩蕩，「旌旗輜重，千里不絕」[30]，其中還有一個巨人名叫巨毋霸。此人是始建國天鳳末年，夙夜連率[31]韓博向王莽推薦的。韓博在上書中對巨人大加讚美，稱他是上天所降，輔佐新朝，特別有一句是這麼說的：

> 願陛下作大甲高車，賁育之衣，遣大將一人與虎賁百人迎之於道。京師門戶不容者，開高大之，以視百蠻，鎮安天下！

這句話乍看沒什麼，但細讀就會有些「陰陽怪氣」「高級黑」，一個從民間得到的巨人，需要由皇帝建造大車，遣大將和虎賁百人迎接嗎？而且，京師裡門戶太矮的，還要為了讓巨人進來拆了重蓋？一個巨人，就能達到恐嚇四夷、安定天下的功效？

更何況，王莽的字是「巨君」，不就是巨人的意思嗎？

王莽當時很不舒服，又沒有理由發作，先把巨人接到長安附近養了起來，後來終於找個機會把韓博殺了。

而今，天下形勢危急，王莽又想起這個巨人，令他一併出征。隊伍裡還有許多老虎、豹子、犀牛、大象等猛獸，以及六十二家據說精通兵法的高人術士。後世，玩電腦遊戲《魔獸爭霸》，觀電影《魔戒》，可以想像這支大軍的樣子：有黑壓壓的步兵、騎士，有科多獸、狼騎士，有法師、山丘巨人……

這樣一支極富想像力的大軍來到昆陽附近，更始軍無不膽戰心驚，紛紛就近躲進昆陽。王鳳、王常、劉秀都在昆陽城中，他們站在城牆上眺望，不禁倒吸了一口冷氣。百萬大軍正在集結，旌旗遮天蔽日，趕來的隊伍源源不斷，根本看不見地平線在哪裡[32]。

氣氛凝重之時，有人建議諸將放棄昆陽，分散突圍，退回南陽。劉秀站出來說，現在敵軍太過強大，如果大家合力防禦，還能撐一下；倘若分散作戰，後面就會被各個擊破，死無葬身之地了。

諸將起初大怒，詰問劉秀說得容易。但劉秀表現得比較沉穩，提出了他的策略：王常、王鳳留在昆陽帶領全部七八千兵馬留守，而他本人帶幾個人衝出去搬救兵。

與此同時，昆陽城外，王邑軍大營內，也為下一步的戰略吵得不可開交。

主帥王邑主張迅速攻克昆陽，然後南下剿滅更始軍。嚴尤不同意，他認為，昆陽雖小，但城池堅固，不是旦夕可以拿下的。稱帝的劉玄才是大軍的主要目標，所以大軍應該繞過昆陽小城，迅速南下，趁著宛城還沒有被更始占領，盡快剿滅更始政權，到時候昆陽自己就會投降。

嚴尤的策略確實是老將之言，用現代的話說就是「抓主要矛盾」。但王邑卻不認同，他不是不同意盡快剿滅更始，而是沒有把昆陽放在眼裡。在他看來，百萬大軍橫掃昆陽沒有難度，「喋血而進，前歌後舞，顧不快邪！」[33]聽上去確實很文藝很過癮，似乎也不耽誤剿滅更始的時間安排。

而有些從昆陽城中叛逃到王邑軍中的士兵，也向王邑等將帥講了城裡的事情，聽說城內有劉秀在參謀方略，嚴尤倒是笑了，說：劉秀，就是幾年前來找我打官司的那個鬚眉甚美的人嗎？沒想到是他呢。

確實是他。這天夜裡，劉秀、李軼等十三人悄悄騎馬從昆陽南門遁去，當時王邑軍已經駐紮城外，尚未大舉合圍。第二天，王邑就下令將昆陽重重包圍，建立的雲車比城牆都高，可以俯瞰全城，同時挖掘地道，衝車撞門，箭矢如雨。

嚴尤見此，又提出異議，按照孫子兵法，窮寇不要追，圍城留缺口，這樣一方面避免敵軍做困獸之鬥，一方面可以故意放出一些敵軍，消耗守軍力量，還能散播我軍強大的消息，從而打擊敵軍士氣。

不愧是曾智取高句麗的名將，但這經驗之談王邑依然不聽。不僅如此，城中的王鳳、王常已經頂不住了，派使者來乞求投降，王邑還是不許。站在王邑這邊的還有同宗王尋，他們都覺得昆陽旦夕可破，不需要給對方投降的機會，等城破後還要痛快地屠城呢。

王鳳、王常乞降被拒，徹底死心，糾集眾人奮力守城，期待劉秀盡快趕來。劉秀也不負眾望，馬不停蹄跑到偃縣、定陵，把當地能召集的軍隊全部徵發，但即便如此，才幾千人而已。聽說劉縯還沒把宛城攻破，劉秀深知形勢危急，不敢耽擱，急率這幾千人重返昆陽。六月初一，進發到距離王邑軍四五里的地方陳兵列陣。

王邑當然不把救兵放在眼裡，似乎怕肉不夠吃，還下令各部軍隊一律不准輕舉妄動，由王邑、王尋二人親自率領萬餘兵馬[34]，上前與劉秀軍對峙，遣數千人出戰。劉秀也披掛上陣，斬首數十級，還帶領部分兵馬衝到昆陽城下，向城中送入使者，稱劉縯已經攻克宛城，援兵馬上就達。事實上，三天前宛城守將岑彭確實投降了，但劉秀尚不知曉，只是虛張聲勢以提高守軍士氣。劉秀還故意把宛城被攻占的假書信丟掉，讓消息傳到王邑軍，以影響王邑軍的士氣。

面對大軍，劉秀只能智取，他帶領三千敢死隊員，繞到昆陽城西的河流上，找準王邑、王尋所領中軍的位置，猶如打蛇之七寸，直接衝入其中。王邑、王尋猝不及防，陣型大亂，而其他的軍隊因為

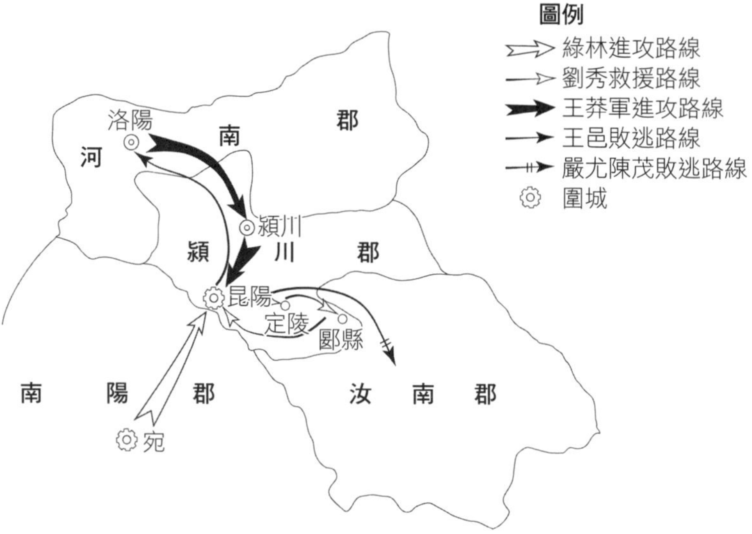

圖7.3　昆陽大戰形勢簡圖

王邑有令不准妄動，都駐足觀望。電光石火之間，劉秀軍已經斬殺王尋。昆陽城中的王常、王鳳也趁機鼓噪而出，形成奇兵，呼聲震天。突然又有電閃雷鳴，風雨交加，王邑軍大感驚惶，迅速潰敗。

王邑軍是徵發各地郡縣軍隊所組成，還有嚴尤、陳茂的潁川兵，本來就各有編制。換言之，王邑的大軍沒有形成有效的組織，推測各郡縣的軍隊也都是由各郡縣自己指揮，一見主帥潰敗，王尋被殺，諸軍首先想到的是返回各自郡縣，因此才能潰敗得如此迅速。

王邑的倖免，也是因為他身邊的部隊是從長安帶來的親兵，願意護送他向北敗退至洛陽。嚴尤、陳茂騎快馬狼狽逃離，向東南方向奔汝南郡而去。

百萬大軍留下的輜重糧草、戰車兵甲、珍寶錢財，劉秀一部分留下，一部分發到宛城支援更始帝，實在帶不走的只得燒掉。那些虎狼猛獸，也或散或死。巨毋霸不知所蹤，想必死在亂軍之中。昆陽大戰取得了輝煌的勝利，劉秀乘勝繼續在潁川郡攻城略地，屯在父城[35]附近。

昆陽大戰是古代以少勝多的著名戰役，其過程與一六八三年鄂圖曼帝國大軍圍攻維也納略有相似。當維也納被土耳其人的炮轟、地道打得快要支撐不住時，波蘭國王及時趕到，波蘭王國那著名的三千名翼騎兵發起了傳奇般的衝鋒，將土耳其人擊潰，不僅拯救了維也納，也終結了鄂圖曼帝國對歐洲的霸權。

戰事的消息傳到桓譚那裡，他表示意料之中，對此評論說：

> 王翁……不擇良將，而但以世姓及信謹文吏，或遣親屬子孫，素所愛好，咸無權智將帥之用……是以軍合則損，士眾散走，咎在不擇將，將與主俱不知大體者也。[36]

王莽，才是昆陽大戰失利的根源，要承擔領導責任。而劉秀是最大受益者，即使考慮到史書為讚美劉秀而有所誇張，也不能不承認，新朝的確在這場戰鬥中被殲滅了大部分有生力量，此戰成為新朝覆滅的標誌性事件，成為王莽大勢已去的象徵。劉秀一戰成名，此戰對他未來建立帝業功不可沒。

但劉秀還沒有享受完大戰勝利的喜悅，就得到一個令他震驚且悲痛的消息：兄長劉縯被更始帝處死了。

13 長安攻城戰

更始元年（西元二三年）五月底，正當劉秀在昆陽鏖戰，宛城守將岑彭投降。

宛城西通關中的門戶武關，向北就是洛陽，戰略意義非凡。

六月，更始帝開進宛城，隨後獲悉昆陽之戰取勝，大為歡悅。從各處得來的消息，無不印證王莽的覆滅只是時間問題。在宛城，更始帝大封宗室諸侯，新情況下，老問題又冒了出來。

劉縯和舂陵兵在綠林兵中一直比較特殊，論政治實力並不強，但他與劉玄同屬舂陵宗室後裔，因此有一部分人對劉縯非常支持，這就構成對劉玄的政治威脅，也影響著綠林系統的穩定。而圍攻宛城和昆陽大捷，劉縯和劉秀這對親兄弟收穫了巨大的聲譽和政治資源，使得原來暗流湧動的矛盾公開化了。

經過綠林首領的多次攛掇，更始帝最終借故殺掉劉縯，但保留了「柱天大將軍」的名號，封給了李通。劉秀韜光養晦，向更始帝輸誠認錯，從而躲過一劫，並憑藉昆陽大戰之功獲封武信侯，拜破虜大將軍，逐漸取得了更始帝的信任。從某種意義上說，劉縯之死避免了綠林兵內訌，維護了反莽的大局，也促成了劉秀下一階段的自立。

昆陽戰後，天下的形勢日益清晰。

王莽大勢已去。宮廷裡發生了劉歆、王涉的未遂政變；留在青、徐一帶作戰的揚州牧李聖、司命大將軍孔仁被赤眉軍擊敗，李聖被殺，孔仁投降後又覺得對不起王莽，隨即自殺。自此，洛陽以東除個別郡縣外，已無新朝勢力。

但是，王莽仍然占據著關中、洛陽等最重要的位置，困獸猶鬥，他令太師將軍王匡、國將哀章將東方的剩餘軍隊撤回洛陽固守，又把逃到洛陽的敗軍之將王邑召回長安擔任大司馬，組織政府，安排長安保衛戰。雖然關中已經叛亂四起，但他仍能憑藉皇帝之尊，使關中沒有失控。

東方青州、徐州、兗州一帶，赤眉軍繼續轉進關東大地，他們實力強大但缺乏政治目標，是一支難以預測的危險力量。

河北一帶，反莽起兵蜂起，其中不乏自立為帝者。各路勢力單獨來看均不如更始政權強大，但要全部蕩平難度不小。

中原豫州也有事變，前西漢鍾武侯劉望起兵占據了汝南郡。從昆陽戰場敗退的嚴尤、陳茂，在路上打出漢朝旗號，自稱漢將，正式背叛新朝。他倆逃到汝南，投奔劉望。劉望雖然軍事實力不強，但亦屬宗室，嚴尤、陳茂的政治經驗和軍事水平都不低，不可等閒視之。

西北涼州，曾經擔任國師劉歆屬官的隗囂，前番逃到故鄉天水，見綠林兵起，新朝覆滅在即，起兵襲殺新朝的鎮戎大尹（即天水郡太守），被推舉為上將軍。隗囂專門從漢昭帝陵縣平陵請來一位精通天文的高人，名叫方望，拜為軍師。方望深信漢朝將復興，勸他也打出復漢的旗號。隗囂於是下了一道非常有名的「告天下各郡國」檄文，歷數王莽的逆天、逆地、逆人三大罪，隨即發兵十萬，攻殺安定大尹（即安定郡太守）、王莽堂弟王譚之子王向。涼州其餘各郡敦煌、張掖、武威、酒泉、金城等向隗囂投降。

更始君臣對形勢的判斷是，要建立帝業，就得穩住赤眉、吃掉河北，而前提是盡快推翻新朝，在其他宗室之前搶奪合法性，再來號令天下。

因此，更始軍兵分兩路，一路北伐，由綠林兵的王匡帶領攻打洛陽，洛陽駐軍是王莽的太師將軍王匡；一路西征，由西屏大將軍申屠建、丞相司直李松率領，入關攻打京師。

更始帝留在宛城，以待洛陽、長安拿下，天下可定。

西征軍面臨的第一個障礙，就是位於右隊郡（即漢弘農郡）的武關。武關是關中地區的東南門戶，多年以前，項羽和秦軍在關中的東方門戶函谷關外鏖戰時，劉邦卻從武關進入關中，直取咸陽。武關的重要性可見一斑。

八月[37]間，西征軍還沒有抵達武關，右隊郡析縣[38]的鄧曄、于匡已經在當地帶領百餘人起兵，自稱輔漢左右將軍。析縣位於武關的東南側，屬武關防線外圍，析縣縣宰的兵馬也屬武關防衛的一部分。在鄧、于二人的勸說下，析縣宰投降，百餘人一下子變成幾千人。這支原屬武關防衛的軍隊，掉頭攻打武關，守衛武關的都尉朱萌不戰而降，鄧、于的軍隊進而擴充到兩萬多人。

這支由關內平民和新朝守軍形成的義軍，標誌著天下徹底大亂，三輔之內的豪傑不斷起兵，殺掉新朝官吏，自稱漢將，改用更始年號。王莽已經淪為各路野生勢力的獵物，誰先得到，誰就將獲得巨大的利益。

鄧、于軍迅速在關內開闢去往長安的道路，北上順利占領右隊郡郡治，攻殺右隊大夫（即弘農郡太守）宋綱，再向西攻克湖縣[39]。王莽見此，先是向天大哭一場，又拿出本打算保衛京師用的最後血本數萬中軍，由郭欽等九名將軍號稱「九虎」統領，向東與鄧、于軍交戰，兩軍在華陰[40]對峙。

這數萬中軍都是職業軍人，戰鬥力應當是勝過鄧、于的軍隊。但九虎的妻子兒女被王莽扣為人質，每個「虎」只撥給四千錢，因此士氣低落。而鄧、于兩將軍也頗講究戰術，見九虎軍聲勢不小，不敢強攻，就派于匡率領數千弓弩手，在華陰正東的風陵渡隔河挑戰，佯為大軍，吸引九虎注意力；鄧曄親率主力兩萬人，從南邊繞到九虎的背後，以奇兵將九虎擊潰。九虎之中，兩個逃回長安請罪，被王莽勒令自殺；四個逃亡；剩下的郭欽等三虎向西退守京師倉。

因此，王莽在關中的守軍、精銳，主要由關中的起兵而非更始帝的軍隊擊潰。

此時，更始帝的西征軍已趕到武關，鄧、于二人開關迎接，和西征軍合併。兩軍合力攻打京師倉，竟然沒有打下。京師倉都不好攻克，長安當然更牢固。西征軍覺得速戰速決可能比較困難，決定讓指揮部留在華陰準備攻打長安的器械，等待更始大軍到來；同時派部將向西進發，先掃清長安周邊的據點。

其中，曾擔任弘農掾的王憲被任命為校尉，帶領幾百人繞過京師倉，北渡渭河，直到頻陽[41]，一路招降納叛，幾百人越聚越多，進展順利。偏將軍韓臣則向西進至新豐，也就是當年鴻門宴發生地附近，遭遇了波水將軍竇融的軍隊。

竇融可不是一般人，幾乎參與了新朝所有的重要戰爭。早在王莽居攝時期，就在討伐翟義的戰鬥中立功，以強弩將軍司馬的中級武職，被封為建武男爵[42]；後來又跟隨太師將軍王匡到關東攻打赤眉，失敗後返回洛陽，又跟隨大司空王邑——竇融的妹妹是王邑的妾——參加昆陽大戰。失敗後他仍然備受信任，此番被王邑推薦為波水將軍。和九虎各自只得四千錢不同，竇融獲賜黃金千斤，儼然成了王莽最後的希望。

竇融軍沒有什麼懸念就被韓臣軍擊敗，向西逃去，韓臣軍則緊追不放，竟然一直追過灞水，行軍至長安東南側的長門宮。這裡北臨漢文帝的霸陵，南臨漢宣帝的杜陵，都已經是人口眾多的陵縣，換言之，已經進入廣義上的長安，就好比今天進北京已至通州。見此，長安周邊各縣、陵的大姓、豪傑紛紛自稱漢將，聚眾而起。

八月底[43]，包括鄧曄、于匡軍在內的更始軍，三輔以內自立的漢將漢軍，紛紛來到長安城下，隗

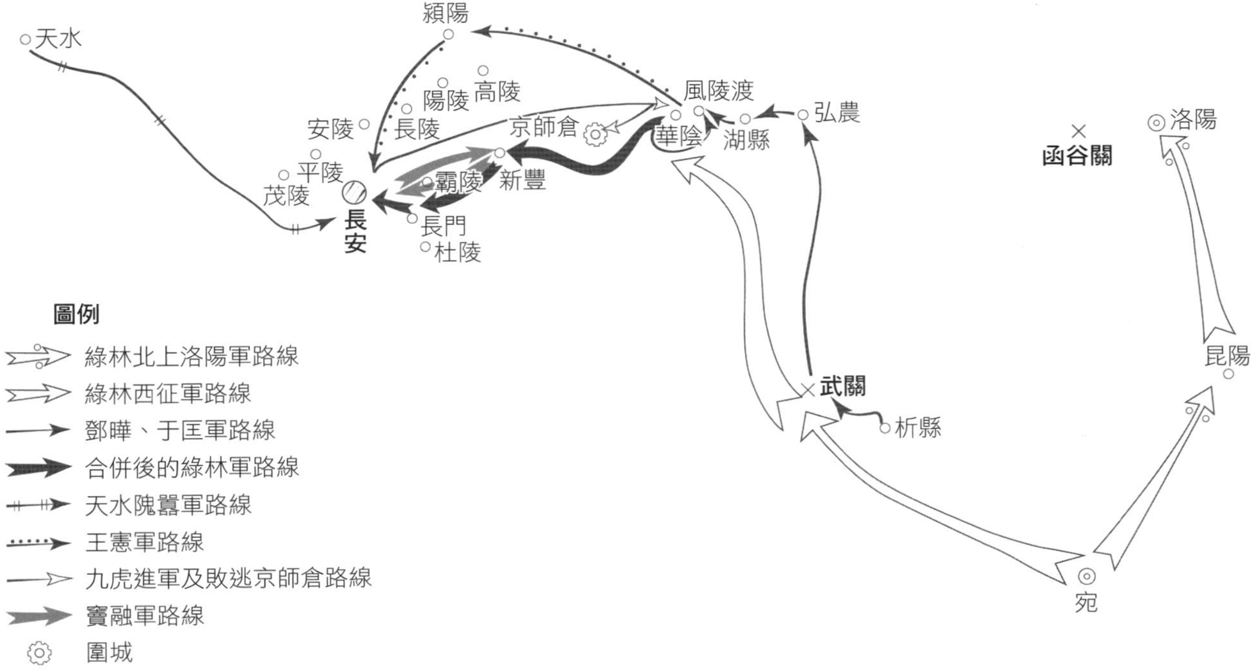
天水
潁陽
陽陵
高陵
風陵渡
弘農
洛陽
安陵
長陵
京師倉
華陰
湖縣
函谷關
平陵
茂陵
長安
霸陵
新豐
長門
杜陵
武關
析縣
昆陽
宛
圖例
綠林北上洛陽軍路線
綠林西征軍路線
鄧曄、于匡軍路線
合併後的綠林軍路線
天水隗囂軍路線
王憲軍路線
九虎進軍及敗逃京師倉路線
竇融軍路線
圍城

圖7.4　王莽滅亡圖

囂從涼州派遣的天水兵也已在長安城下紮營，各路人馬雖然都自稱漢軍，其實各懷心事，各自為戰，爭先恐後都想入城，就像爭食獵物的狼群。

此時，長安的城防已經由越騎接管，每個城門大約有六百騎士守衛，加上剩餘的其他軍隊，城中大概還有一至兩萬士兵。

九月[44]初一，經過激戰，城東北的宣平門首先被攻破。漢軍蜂擁而入，逢人便殺；城中守軍節節抵抗，將漢軍阻擊在未央宮北闕。戰事很激烈，直到晚上才稍事停歇。

九月初二，既擔心被亂軍所殺，又想著趁亂博取利益的長安少年焚燒未央宮門，城中更加混亂。巷戰期間，多數長安市民和商人應該是躲起來或者逃跑了，但也不乏一些亡命之徒加入漢軍。天一亮，漢軍們繼續作戰，同時到處尋找王莽，各個官署早已空無一人。九月初三，漢軍已搜尋到未央宮前殿，但遍尋王莽不在，有美人從躲藏的房中鑽出來，說王莽逃到了滄池的漸臺。

漢軍紛紛奔向漸臺。

至這天的下哺時分[45]，漢軍已經攻上漸臺。

第八章

始建國地皇四年十月：反虜

萬歲壹紀……作民父母
退佞人姦軌……長壯不老
封亶泰山……新室昌□……

——新莽封禪玉牒殘片

一、回首故人千里遠

1 劇秦美新

把目光溯回到新朝建國之初，那一天，崔發終於被封侯了。崔發的祖父是昭宣時代的侍御史，父親崔舒先後在四個郡當郡守，是當時頗為有名的能臣。崔發還記得，父親帶著一家人輾轉任職，兜遍了半個漢家天下。所幸他的母親師夫人能通經學和百家言，承擔起教育他和弟弟崔篆的任務。兄弟倆的儒學素養都很高，崔篆在郡府擔任郡文學，崔發則開設講席，收徒授課。

命運的殊途正是從這裡展開，不甘寂寞的崔發離開故郡，到長安投奔了王莽。作為漢朝的「官三代」，崔發為王莽解說符命，甘當爪牙，把各類神祕可怪的事情說成是漢家將亡、王氏將興的朕兆。到了新朝，他的努力終於得到了回報：

他被封為「說符侯」[2]。「說符」這個爵號，可謂實至名歸。

雖然他的弟弟崔篆兩次拒絕出仕王莽，但他們的母親師夫人還是因為教子有方，得到了王莽的恩賞。皇帝親自賜尊號「義成夫人」，賜金印紫綬，這是相當於三公的待遇；賜「文軒丹轂」，即高貴華美的車。崔氏家族成了新朝的顯貴[3]。

崔發把符命作為博取高官厚祿的天梯，的確是抄了近路。

國師劉歆此時正忙於為新朝改制，不知是否留意到，皇帝越來越寵愛崔發。畢竟，劉歆精研沉思的是大經大法，本質上是借王莽來弘揚儒家；而崔發擅長的是解說符命，意圖用圖讖來維護皇帝。二者品質截然不同。

> 孔子曾說：人能弘道，非道弘人。

至於一向厭惡符命和讖緯的桓譚也漸漸覺察出，王莽即位後對符命的篤信愈演愈烈。他於是日漸沉默[4]，亦不尋求飛黃騰達，往來於劉歆和揚雄之間，談經論藝，記錄時局，倒也不失為一種生活態度。

始建國元年，有可能是出於崔發的建議，王莽逐漸建立起一套以符命為核心、直接聽命於自己、執行特殊使命的新隊伍。

雖然史無明文，但種種跡象表明，這支新的隊伍是存在的，其關鍵詞就是「五威」二字。

新朝剛建國，在改正朔、易服色的同時，將使節所持的犛旛也就是旗子，顏色統一定為土德的黃色，署名統一為「新使五威節」，意思是：

> 以承皇天上帝威命也。[5]

威命，就是與五行、五德、五帝相配的神聖意志，所以叫作五威。新朝的建立是根據皇天上帝之威命，「威」體現著神力和威力的強制性，「命」包含著符命和五德的必然性。這正是王莽建立這套編制的意圖。

始建國元年秋天，王莽建立了「五威將帥」隊伍，領頭的是新朝大司空王邑的弟弟、掌威侯王奇。共分十二隊，每隊由五威將擔任「隊長」，「隊員」是五名五威帥，加起來一隊六人，共七十二人。他們分頭奔赴天下，向新朝臣民以及四周各部蠻夷頒行符命，並將漢朝頒發的舊的印璽、綬帶、頭銜全部換成新的。

符命一共有四十二篇，總而言之，都是新朝得以興起的徵兆。其中最早的，是漢文帝時期曾經發現過黃龍的蹤跡。當然後來的居多，例如王氏家族祖墳的木頭柱子長了新葉、茂陵發現的帶字石頭、大風吹來的銅符帛書等等。

從這年的秋天到第二年春夏，往東直到玄菟、樂浪[6]，往南直到益州、句町[7]，往西直到西域，往北到匈奴邊境，人們時不時會在驛道上見到一群裝束奇特、衣著豔麗的人：

他們乘坐的車都是由母馬拉的，車廂上畫著天文星圖，乘車的人背後插著山雞光彩奪目的長羽毛，搖搖晃晃，熠熠生輝[8]。領頭的五威將手裡持節，號稱「太乙之使」，其他五個人手裡持幢，號稱「五帝之使」。

這些人每到一處郡縣，就召集臣民來聽符命。其實，「太乙」就是「泰一」，「太乙五帝」合起來就是前面說的「皇天上帝」。他們來宣讀講解新朝的符命，就是在傳達皇天上帝的威命。

因此，頒符命這個動作非常重要。符命是上天允許王莽稱帝的證明，是同意新朝建立的「批覆」。所以，皇帝必須讓天下四夷都知道，五威將帥們的裝束也必須彰顯神性。

這種做法在後世逐漸被視同兒戲，並不常見，但在一些小說裡頗能見到，比如《水滸傳》裡，宋江之所以有資格「替天行道」，其合法性來源於九天玄女送給他的三卷天書；而在《隋唐演義》裡，程咬金即使當瓦崗寨的山大王也得靠天書。

多年以後，大清的雍正皇帝聽說民間認為他得位不正的時候，也是向天下頒行《大義覺迷錄》，令各地學子背誦學習，宣講他的即位既合乎法統又合乎正義。說到底，無論是漢、新這樣的古老皇朝，還是明、清這樣的近古帝國，合法性問題都是不可怠慢的關鍵事宜。

在「五威」的隊伍裡，「五威將帥」主要履行傳播符命的職責，有點類似宣傳隊或理論幹部。隨後，皇帝還建立了一套全新的監察隊伍，叫作「五威司命」，監督上公四輔以下各級官員。出任五威司命的，是皇帝一貫信任的統睦侯陳崇。

與此同時，皇帝還建立了「五威中城四關將軍」的軍事組織。與一般的軍事組織不同，這套新組織主要負責安全保衛。在天下最重要的五個地點設置將軍，扼守險要：

五威前關將軍守繞霤[9]，由明威侯王級出任；

五威後關將軍守壺口，由尉睦侯王嘉出任；

五威左關將軍守函谷關，由掌威侯王奇出任；

五威右關將軍守成固，由懷羌子王福出任。

這四位將軍扼守關內周邊四個險要，而且全都是王氏家族成員。

最重要的五威中城將軍負責京師的警衛治安，守衛京師的十二個城門，由崔發擔任。這不僅源於王莽的信任，還因為五威中城將軍的職能與符命相關：

中德既成，天下說符。[10]

由此，一支直接聽命於皇帝，擔負著宣傳、理論、監督、安保等「政治安全工作」職能的特殊隊伍，被逐漸組建起來。正如「威命」二字所喻示，這支隊伍以符命為核心。

符命，就是新朝的立國之基，合法之源，是皇帝的靈魂，維護符命，就是維護皇帝。

揚雄一入新朝，改任中散大夫，也向皇帝獻上一篇頌揚符命也就是讚美王莽的錦繡文章。這篇名叫《劇秦美新》的文章，究竟是揚雄心甘情願獻寫，還是以文豪的身分被授意所作，抑或是他對自己的處境有所不安，刻意撰文自保，後世已經無從知曉。但這篇文章在未央宮王路堂裡被高聲誦讀的時候[11]，沒有人質疑文章本身的價值和邏輯。

劇秦，就是闡述秦政的反動；美新，就是讚美新朝的正義。劇秦，並不是把秦朝當作一般意義上的歷史教訓，而是將其作為邪惡勢力。就像許多神話傳說宗教以及《魔戒》所描寫的，邪惡勢力將始終存在，並時刻準備捲土重來，但永遠不能戰勝光明與正義。

可是有個問題，漢朝呢？

揚雄並沒有貶損漢朝，甚至還讚美漢朝能夠廢除秦政裡最為苛酷的部分，扶持儒家復興。但是，漢朝並不能徹底蕩滌秦政，也不能全面建立儒家王制。因此，漢朝將近兩百年的歷史只有過渡意義，被揚雄一筆帶過。

就是說，新朝建立的前提並非漢朝，而是對秦政的撥亂反正。秦朝二世而亡，漢朝災異頻發，最終上天降下符命，由新朝代替。那些符命在揚雄的筆下呈現出奇異的風格：華麗、雍容、精緻，但又神奇、詭異、隱晦。音韻鏗鏘，字字珠璣，以至於五百年後的劉勰也稱讚說：「詭言遁辭，故兼包神怪；然骨掣靡密，辭貫圓通。」[12]

平時，揚雄被人們半開玩笑地稱為「孔子」。因為他模仿《論語》作《法言》，模仿《周易》作《太玄》。對此，有的人推崇，比如桓譚；但更多的人覺得他哪有資格與聖人同列。但在《劇秦美新》被誦讀的這一刻，朝臣們卻彷彿真的聽見孔子和聖王的對話。

《劇秦美新》的最後，揚雄提出一個呼之欲出的建議：既然受命，那就該封禪泰山了！

皇帝對這個建議欣然接受，宣布等改制差不多的時候就東巡封禪。

揚雄雖然並不熱衷政治，但在這一刻，他終究把自己擺在了司馬相如之於漢武帝的位置上。

2 甄豐之死

與那些在廢墟上建立的王朝不同，新朝坐擁漢朝承平幾十年的財富積累。長安城，似乎從未如現在這般繁華過。建國初的一段日子裡，長安城內，未央宮前，時不時有人操著各地方言，輾轉前來，要親自給皇帝獻上最新鮮的符命，報上剛發現的祥瑞。

各地官員奏報上來的符命和祥瑞，更是數不勝數。

畢竟王莽一開國就給獻符命的人封了侯。封侯，許多官僚和武將一輩子也掙不到，而獻符命既不需要有功，也不介意出身，是無本萬利的好事。

獻符命的人如此之多，連那些愛惜羽毛的人，彼此也會開玩笑說：「獨無天帝除書乎？」[13] 意思是：你手裡怎麼沒有天帝給的天書呀？

曾經巍巍赫赫的符命，到此地步，已經和野語村言差不多了。符命所蘊含的神聖和權威也在一天天流失。

五威司命陳崇注意到這個情形，不無憂慮地稟報皇帝說，「這種事情大開奸臣謀取私利之路，淆亂天命，應該斷絕其根源。」

王莽頷首，對此他也很厭惡。沒當皇帝的時候，符命由民間自發獻上是最好的；但如今當了皇帝，符命就不應當由民間來發起，而該由朝廷管控。

皇帝於是安排尚書大夫趙並負責這件事，從此以後，只以五威將帥正式頒布的四十二個符命為準，民間嚴禁發現新的符命，嚴禁私獻符命，違者下獄。

這是新朝建立後在合法性上遭遇的第一個挑戰，而且挑戰來源於內部。因為符命被說成上天所降，那麼朝廷怎麼有資格禁止呢。但不禁止，就會有人利用符命來謀求封侯封官，甚至反對皇帝。

禁令起初還是有效的，那些爭先恐後的人群頓時作鳥獸散，想必他們會懊惱為什麼不早點獻符命吧。

時間一晃，到了始建國二年（西元一〇年），皇帝正在有條不紊地推行改制，其間，貨幣改制引起了不小騷亂，與匈奴也因為更換印璽產生了衝突。

面對這些事件，皇帝似乎對他親手搭建的執政班底並不信任。按理說，大司馬、承新公甄邯是三公之首，理應承擔更多行政方面的工作，但《漢書》此時已經沒有他行政活動的記錄。種種跡象表明，皇帝親自選派中級官員和將軍來處理這些事務，可能把三公都晾起來了。

作為政壇老人，甄邯能辨識出皇帝正在疏遠幫助他登基的功臣，著手拔擢使用年輕的大臣，眷顧王氏家族的後生。

甄邯大約看得比較開，既已位極人臣，正好告別案牘勞形。甄邯的兄長甄豐就不一樣了。早在漢平帝時期，他就已是三公之一的大司空，居攝期間擔任太阿右輔，是王莽當時的左膀右臂，常常和王莽商量政事到深夜，人稱「夜半客，甄長伯」[14]，主持呂寬案時牽連構陷不遺餘力。但在新朝，他卻僅被安排為「四將」之一的更始將軍，且與賣餅的王盛、守城門的王興同列。

表面上看，甄氏家族在新朝很顯赫，除了甄邯、甄豐兩兄弟，甄豐的兒子甄尋現在是京兆大尹，加官侍中，封茂德侯。不過，甄氏家族內部如果經常走動，理應會表達彼此的不滿。特別是甄豐，想起翟義起兵的時候，是他親自帶著兵器在宮中晝夜巡行，保衛王莽，如今換來這種待遇，怎麼能不憋一肚子氣呢。

王莽登基後，深居省禁，甄邯、甄豐已經不容易見到他了。甄尋擔任侍中，還能經常侍從左右。對父親和叔父的境遇，甄尋也頗覺心寒。他大概從內心裡認為，若沒有甄氏兄弟的襄助，王莽哪能這麼容易登基呢。出於對王莽的熟悉，他發現雖然朝廷已禁止私獻符命，但王莽對符命仍然篤信不疑。甄尋於是琢磨了一個法子。

這個法子和當年呂寬、王宇等人的想法差不多，呂寬想用災異嚇唬王莽，而甄尋想用符命操縱皇帝。

從後來發生的事推測，甄尋並不是一個人琢磨的，而是和劉歆的兩個兒子隆威侯劉棻、伐虜侯劉泳，大司空王邑的弟弟、五威將軍、掌威侯王奇，以及劉歆的學生、騎都尉、侍中丁隆等合謀商議，這幾個人在當時都屬中生代。當然，此事真正的主謀當是憤憤不平的甄豐。

於是此後有一天，甄尋突然向皇帝上奏，說發現一道新的符命。

考慮到禁止私獻符命的法令頒布不久，甄尋可能做了解釋。這道符命的意思是，當年周朝初建，周公居東，召公居西，兩人分陝而治。周、召都是周朝道德高尚的大臣，《詩經》裡的「周南、召南」就是從他倆而來。如今，新朝恢復周代聖治，也應分陝而治，由甄豐為右伯，太傅平晏為左伯。

這道符命，很大機率是根據公羊學所造，因為《公羊傳》裡記得很清楚：

自陝而東者，周公主之；自陝而西者，召公主之。[15]

《禮記》裡也有「周公左，召公右」的說法，所以，甄尋想以這種方式抬高父親的地位，而且還謙虛了一下，把同樣被皇帝掛起來的平晏抬得更高，比照周公，稱為左伯；甄豐比照召公，稱為右伯。

這個符命對王莽有沒有好處呢？

把一大塊土地分給兩個功臣去治理，似乎沒有什麼好處。可稱的只有一點，就是模仿周代這件事，凸顯了王莽現在已經不是周公，而是天子。

王莽竟然對這個符命十分認可，欣然應允，當即就拜甄豐為右伯，還指示他盡快述職西行。皇帝的態度過於爽快，以至於後人疑心他是故意這麼做，「看下一步甄豐父子如何動作」[16]，這是很有可能的。

而甄豐父子發現事情進展如此順利，就更加相信王莽對符命仍然像從前那樣言聽計從。於是，很可能在甄豐默許的情況下，甄尋趁熱打鐵，又造了一條符命。這一條很不一般。

符命說，王莽的愛女黃皇室主應當配給甄尋為妻。

這多半是甄氏父子希望能像劉歆那樣與皇帝結為姻親，以鞏固自己的地位。但也不排除甄尋對黃皇室主覬覦已久，確實愛慕有加。正史很少記載愛情，只能猜測。

甄氏父子認為這條符命也將很快得到皇帝的應允，卻沒想到王莽勃然大怒：

黃皇室主天下母，此何謂也！[17]

王莽大概是在極度憤怒下脫口而出，因為他使用了「天下母」這個詞。黃皇室主的稱號指新朝公主，「黃皇」是皇帝自稱，「室主」有「在室」未嫁之意。[18]王莽的確希望女兒再嫁，不願意她去當定安公國的太后，成為劉氏的家人。但是，盛怒之下，他透露了女兒之所以尊貴，恰是因為曾經當過漢室的皇后，所以是「天下母」。

如此尊貴的女兒，豈是甄尋能染指、意淫的？王莽立刻下詔抓捕甄氏父子。

得到消息的甄尋火速逃亡，在方士的幫助下躲到了華山。

但甄豐是躲不掉的，只能自殺了事，這年是始建國三年（西元一一年）。

太傅平晏看起來沒有被捲入此事。但甄豐的死，還是令王莽的功臣故舊十分震驚。畢竟甄豐曾經與他那樣親密。當然，有些人認為甄豐咎由自取，而且「四將」有了空缺……

事情似乎就這樣過去了。

3 劉歆的震怒

一年也很快過去。

始建國四年（西元一二年），逃亡到華山的甄尋被抓到了！他立刻被押解回京。審訊非常順利，「左伯右伯」和「娶黃皇室主」這兩個符命是誰造的，哪些人參與了，逃跑時誰幫過忙，還有哪些公卿宗親知而不報，等等，甄尋一股腦都說了出來。

一場堪比當年呂寬案的大案再次掀起巨浪。

一時間，劉棻、劉泳、王奇、丁隆等人全部被捕。對這些人的審訊，又將嫌疑犯的範圍進一步擴大，公卿、宗親、列侯及以下抓了幾百人。隨著審訊的進展，一個更大的陰謀被抖了出來：

甄氏父子的最終圖謀是推翻王莽，讓甄尋當天子。因為甄尋的手掌紋長成了「天子」兩個字！

此事不知是實有其事，還是屈打成招。但「天子」二字無論是隸還是篆，線條都很簡單，用掌紋附會這兩個字並不難，讀者不妨伸出雙手看一下是否有此二字。

王莽要親自驗看，他命令肢解下甄尋的手臂送至面前，審視一番，說：「這不是天子，是『一大子』，也可能是『一六子』，對，就是『六』字，也就是『戮』的意思。甄尋掌紋的意思，就是要戮死甄氏父子！」

王莽饒有興趣地驗看屍體手臂時，臺下的官吏估計嚇破了膽，古往今來，從未聽說過有哪個君主這麼做過。特別是以往與王莽接觸不深、只看見他「周公」一面的大臣，終於慢慢發現，他們擁戴的這位帝王並不像原來想像的那樣神聖。

既然甄氏父子是謀反當死，那麼通過審訊牽連的幾百人，夠格的也都被處死，審訊中發現新的嫌疑犯，「執法」（即漢朝廷尉）可不必請示直接抓人。治獄使者們四處出擊，有幾個直奔天祿閣而來。天祿閣，現在仍然是新朝的皇家圖書館。幾個使者虎狼一般衝進去，直奔閣樓上正在校書寫作的揚雄。

揚雄當然知道甄尋大案，但萬萬沒想到會和自己有什麼干係。治獄使者要來拿他，他心想這下完了，大獄一起，沒罪也難逃一死。萬念俱灰之際，他衝到窗前，從閣樓上跳了下去。

使者們大驚，連忙下樓去看。

天祿閣雖是閣樓，但並不高，揚雄一把老骨頭幾乎摔死，但還是被救了過來。

鑒於揚雄是王莽舊交，他自殺這件事很快稟報給了王莽。王莽反而吃驚，他瞭解揚雄的為人，知道他絕無膽量和興趣跟自己作對，問道：「揚雄向來不問政事，怎麼也牽扯進來了？」

這一問才知道，僅僅是因為劉棻曾經跟隨揚雄學習古文。劉棻被抓後，交代自己的行跡，就聯繫上了揚雄。

王莽見此，親自下詔，此事與揚雄無關，不要再問他了。

揚雄雖然倖免於難，但在跳樓的時候，有沒有想過自己曾寫下《劇秦美新》？有沒有想起自己對皇帝的讚美？不管他是否想到，京師的知情者們都還記得，很快，閭里流傳起新的段子：

惟寂寞，自投閣；爰清靜，作符命。[19]

大意就是：那個在賦裡自稱「爰清爰靜、惟寂惟寞」[20]的人，卻是又要跳樓，又作符命哦。

揚雄雖然倖免，但由此可知，牽連被殺的人有很多都像他一樣，只是間接相關，實無謀反行跡。

但王莽不會在意這些性命，因為他從這個案子身上又看到新的契機。

儒家的聖史裡記錄著堯舜對罪臣共工、驩兜、三苗、鯀的處置：

流共工於幽州，放驩兜於崇山，竄三苗於三危，殛鯀於羽山，四罪而天下咸服。[21]

現在，王莽以聖王自比，當然也要仿效堯舜處置罪臣，甄氏父子就是新朝的罪臣。儘管此時劉棻、甄尋、丁隆都已被處死，但他還是下詔說：

乃流棻於幽州，放尋於三危，殛隆於羽山。[22]

完全模仿堯舜的做法。只是堯舜所流放的凶神並未取其性命，而王莽此番只能「皆驛車載其屍傳致」[23]，把這幾位的屍體（甄尋的屍體可能還需要拼接）通過驛站運達四方來示眾。

這場「新朝第一大案」到此終於畫下了句號。

有些頗熟掌故的人會記得，當年王莽平翟義叛亂時，曾在路口要道用屍體堆起京觀，這次又將幾位叛臣的屍體予以展示，兩者一以貫之，皇帝的心中究竟有何丘壑？為何如此殘忍？

道理不難明白，王莽發起大案的動機主要還是符命。天下唯獨他才有資格掌握符命、闡釋符命、運用符命，符命像政權一樣寶貴。任何人都不能隨意造作符命。甄氏父子玩弄符命，觸犯了他的大忌。另一個原因，則是他有心要對功臣進行整肅，以免尾大不掉，而甄氏父子給了他機會。至於將此事粉飾成堯舜流放罪臣，這是他的老習慣了。

但是，這場大案真的令他更安全了嗎？

最大的影響，是重創了王莽剛剛確定不久的執政班底，宣告新朝的權力只由皇帝一人把控，內輔、三公、四將都無法有效發揮行政作用。而且，被殺的人還有好幾位忠誠的「後備幹部」，劉棻、劉泳是劉歆之子，王奇是自己的堂弟。大案也令那些未被波及的大臣如平晏、甄邯等尋求自保，更加消沉於政治事務。總之，此案對王莽的損害應大於利益。

但最為震怒的是國師劉歆。

他的愛子劉棻、劉泳都死在這場大案裡。對一位父親來說，這是巨大的傷痛。此事也令劉歆發現，自己的地位也是非常脆弱的，王莽根本不在乎兩人曾經有過那麼久的交情！他也無力挑戰王莽，甚至連對兒子的悲哀都很難盡情表達。劉歆一定會後悔，當年王莽逼死王獲、王宇的時候，怎麼就沒意識到，一個連自己兒子都不愛惜的人，怎麼可能會憐惜別人的兒子！

劉歆還會後悔的是，他越來越發現，新朝雖然憑儒家經義而建立，但此後，朝中大事除了幾項改制措施還屬儒家範疇，真正左右朝局的是符命、升仙、五帝崇拜等。這些，與無論是強調天人感應的今文學，還是強調託古改制的古文學，都有了微妙的距離。

桓譚曾經當過甄豐的司空掾，這次幸運地未受波及。從此，他更加不信任王莽，而是往來於揚雄、劉歆之間，想來軟語寬慰、唏噓感嘆是少不了的。不久之後，崔發因為不再兼任皇帝太子的「講樂祭酒」，由桓譚接任，他越來越像一個學者了。

至於其他臣民，步入新朝的熱情被此案一頭澆滅，那些熱鬧、歡樂、希望以及伴隨新朝而來的道德感，忽然間少了許多。人們竊竊私語，有個待詔黃門的年輕人，擅長方術，尤精看相，別人問他王莽面相如何，他口無遮攔道：

> 鴟目、虎吻、豺狼之聲；故能食人，亦當為人所食。[24]

鴟，有說鷂鷹，或貓頭鷹，總之是惡鳥。他說王莽有惡鳥的眼睛、猛虎的嘴巴、豺狼的嗓音，所以喜好殺戮，將來也會死於非命。問他的人立刻舉報，王莽將其誅殺並封賞了告密者。

但王莽內心卻恐懼起來，他對相術也很相信。所以，雖然誅殺了此人，但不代表他的話是錯的。他下令製作一扇精美的雲母扇面，日常與文武官員議事就躲在扇面之後，除了親近之人都看不到他的面龐。

王莽更神祕，也更脆弱了。

始建國三年（西元一一年），四輔之首的太師、安新公王舜去世。他是王莽的堂兄弟，漢朝大司馬王音之子，當年就是他出面向王政君索要漢朝傳國玉璽。翟義叛亂時，王舜和甄豐一同晝夜巡行殿中。他的去世，可能因為長久以來的病痛和甄豐之案的驚怖。但他維持住了王莽的信任，死後被比作齊太公姜子牙，兩個兒子王延、王匡都被厚賞，備極哀榮[25]。

默默死去的是大司馬、承新公甄邯。始建國四年（西元一二年），甄邯去世，葬在金陵玄武湖附近，從漢末到新朝煊赫一時的甄氏家族從此沉寂[26]。甄邯是三公之首，但其後人因為甄豐父子之事，似乎沒有封賞。王莽很快就以寧始將軍孔永為大司馬，填補了甄邯的位置。

二、第一家庭

4 被傷害的女兒的一生

甄豐父子的大案，把黃皇室主又帶回人們的視野。

這個案子和她沒有任何關係，但她卻成了焦點。她不斷被提醒著自己的身分：黃皇室主，同時還是故漢的皇后，是「天下母」。這種撕裂令她倍感痛苦，因為她的教化使她發自內心忠於漢室。

她怨恨父親讓她失去了丈夫，怨恨父親背叛漢室，稱病從不去見他。

王莽憂心忡忡，這些年，他先後逼迫次子王獲、長子王宇、侄子王光自殺，但對女兒，卻顯得格外慈愛和寬容。他雖然利用女兒，但從未殘酷地對待她，相反還有些「怕」她，女兒一生氣，他就縮回去，並不會因此而懲罰她。史書用了四個字來形容他的愛女之情：

敬、憚、傷、哀。[1]

特別是「敬、憚」二字，刻畫了一個「女兒奴」的形象。許多家庭裡，父親往往對待兒子極為嚴格，對待女兒寵愛有加，這種現象並不鮮見，而且越是掌握權力的父親越如此。王莽在兒子們身上看到的首先是政治，其次才是親情，對女兒的愛是他表達親情的狹小出口。

但這並不能贏得女兒的親近，相反，王莽對家人的殘忍使女兒對受到獨特的「寵愛」更覺痛苦。

王莽從甄尋的行徑悟到一件事，就是女兒確實應該嫁人才會幸福，不然，還會有第二個甄尋。他想了想，有一個年輕人他比較滿意。

那就是「四將」之一孫建的世子。孫建幾乎是「四輔三公四將」裡最得信任的人，較少涉足政事，專心負責軍事。所以，皇帝令孫建世子帶著醫生，以給女兒看病的名義去拜訪，希望女兒能一眼喜歡上這個年輕人。

當這個年輕人盛裝出現在她面前，她一看就明白了他此行的意圖，不由勃然大怒。她吩咐取來竹鞭，狠狠鞭笞起身邊無辜的侍女；鞭笞了幾下，再次發病，從此臥床不起。

孫建的世子被嚇得不輕。王莽知道後，半晌無語，再也不敢提這樣的事了。

王莽在第一家庭裡的失敗角色，可見一斑。他越在家庭之外盡顯儒家聖王的風範，自詡為道德楷模，在家中就越是苛酷冷漠殘忍。兒女們不親近他，表面上畏懼，私下裡憎恨，時刻都想衝破父親的控制，衝出家庭的牢籠。

王莽是家庭的暴君，家人的仇人。

第一家庭裡並無多少幸福可言，王莽唯一可以獲得脈脈溫情的家人，想來只有姑媽王政君。

但那也是他稱帝之前的姑媽了。

一日，負責營造的官員稟報王莽，太皇太后的宗廟已經建好。按照王莽的詔令，她的丈夫漢元帝的高宗廟已經罷祀，所以她的宗廟是單獨建造的，但高宗廟的前殿被改成太皇太后宗廟的「簒食堂」，待她千秋萬歲後，這就是她的神靈歆享祭品的地方。

王莽很高興，說，太皇太后還健在，就先不要叫作廟，簒食堂也先叫「長壽宮」吧。又問左右，太皇太后這段日子怎麼樣，是不是還常常乘車出遊，四處遊玩？

左右稱是。

王莽於是下令擇良辰吉日，在長壽宮置酒，為新廟落成賀喜，請王政君前來遊玩飲酒作樂。

他終於等到一個機會向姑媽表示一番了。自從新朝建立，萬象更新，事務多如牛毛，他仍然堅持定期到常樂室[2]拜見姑媽。他知道，漢室禪讓，姑媽始終心懷怨恨，特別是強行索取玉璽還鬧出了不愉快。但若沒有姑媽，豈能有自己的今天？豈能有新朝的肇造？而且，太皇太后的威信始終不墜，堪稱新朝的「吉祥物」、老祖宗，所以，想方設法要讓她開心。

可惜，他越是努力取媚，王政君反而愈加不悅，不見他還好，見了更不高興。剛建國時，皇帝改正朔、易服色，把內侍所穿的黑貂外衣改成黃貂，把伏日、臘日等祭祀的日期也改為新朝的正朔。但是有一天，他到常樂室拜見姑媽，驚訝地發現她正和侍從女官們祭祀飲酒，而且女官們仍然穿著漢制的黑貂。

但這天不是臘日呀？他按漢朝的正朔算了一下，竟然恰好是正臘，是祭祀的日子。原來，太皇太后在自己的宮廷裡仍然遵循著漢朝正朔，以示念念不忘。

王莽感到懊喪，又無法干涉，只能默默忍受。這次建成宗廟和長壽宮，等於提前告訴姑媽她身後將會以何種規格被祭祀，在深信鬼神的時代，這是一種大孝。

果然，王政君聽到消息後，露出難得的喜悅神色。既定的日子到了，皇帝早已經安排妥當，長壽宮修飾嶄新，案上饌食精潔，臺下舞樂齊備。太皇太后的車駕一停，王莽親自接引。王政君興致勃勃地踏入長壽宮，抬頭看見文棟繡柱，牆壁散發出香氣，臉色確實很高興。

忽然，她停住腳步，像是意識到了什麼。

她問，這長壽宮莫非是高宗廟的前殿？你們是把元帝廟罷祀，「砸了重新裝修」，布置成所謂的長壽宮？

王莽承認了。

王政君大驚失色，當場泣不成聲，說道：「這是漢家宗廟，都有神靈，為什麼要破壞！假如鬼神無知，那你給我立廟有何用？假如鬼神有知，知道我是高宗的妻妾，卻辱沒了先帝廟堂，擺設吃喝，該會怎麼看我啊？」

王政君的氣憤在於，王莽當安漢公的時候尊漢元帝為高宗，並親口向她許諾，待她去世後以漢家禮儀配祀高宗廟。現在新朝建立，高宗廟廢毀，那麼即便把自己捧為至尊，卻和丈夫已無關係，怎能不傷心！

一場歡宴不歡而散。

王政君對身邊的人感慨說：「此人嫚神多矣，能久得佑乎！」[3]但對王莽而言，即使侮慢神靈，那也是漢家神靈，與自家無關。漢家神靈確實也沒能護佑王政君多久，到始建國五年（西元一三年）二月，八十四歲的王政君去世。這個年齡在二十一世紀也屬於高壽了。

遵照王政君遺願，她與丈夫漢元帝合葬渭陵。但依新朝法度，她是新室文母，不必是漢家媳婦，因此王莽下令以漢元帝配食她的宗廟，並在她和元帝的墳墓之間鑿了一道溝，以示區隔。

揚雄又被委任一道重要任務，為王政君作誄文。這篇四字誄文雖然回憶了王政君的一生，實際上是頌揚王莽，因為王政君這一生最重要的事就是「博選大智」[4]，選中了王莽。

王政君的去世，使得王氏家族與劉氏漢家的最後一道羈絆也斷絕了。這幾十年，她盡享榮華高壽，幾乎未吃過真正的苦頭。她在漢元帝那裡固然不得寵，但得到了尊重，所以終生愛著漢元帝，並在無盡的回憶裡強化這種愛。比起當時的女性，她無疑是幸運的。

但她該不該為漢朝的覆滅負責？她是不是王莽的同謀？很難給出直白的定論。

政治家最需要的是決斷力，優秀的政治家既能決斷善惡，判定什麼是正義和非正義，從而將政治引向更美好、更公正、更進步的方向；還能決斷敵友，判定誰是朋友、誰是敵人，從而把自己人搞得越來越多，對手的人越來越少，最終贏得博弈。

只具備前一種品質，算是政治哲人；只具備後一種品質，算是職業政客。如果一個人具備兩種品質但只相信後一種，那他是敗壞的政治家。如果兩者都不具備，最好不要涉足政治，以免害人害己。

王政君長年居於皇室至尊地位，但極度缺乏決斷力，她優柔寡斷，總是延宕。她昔日面對董賢的果決，只因為董賢是一個早已確定的敵人和外人，而王莽是親戚和同盟。面對王莽從安漢公到宰衡，到居攝，到假皇帝，到真皇帝，她本應從萌芽狀態就知道這一連串的動作將會抵達何方，但她似是而非地拖延到最後一刻，直至不得不交出印璽。此後，她接受了新室的尊號，又深情追憶漢室，這未必是虛偽，而正是她缺乏決斷力的表現。

歸根到底，居於高位但毫無決斷力，使她成為王莽最好的工具。

一個工具人，就不必苛責了，更不必詆毀她的性別。

她安葬之後，悲傷的皇帝稱要服喪三年，預定的封禪之事暫緩，已經造好的封禪玉牒等禮器先存放在桂宮。

她安葬之後十年，新朝覆滅。

5 三摘尚自可

始建國五年，王政君去世不久，一則皇帝要遷都洛陽的消息，很快傳遍長安。其實早在皇帝登基前，玄龍石上有符命在先：

定帝德，國洛陽。[5]

其實，新朝定都洛陽與其說是符命的要求，不如說是王莽的心願。因為當時人們相信洛陽位於天下正中，而首都必須設在正中才正確。多年以後，劉秀拿著上面這六個字的符命，把都城設在了洛陽。

但當前，長安的居民對此頗為不安，居民們不想營造屋宅，甚至有人把自家都拆了。王莽很不高興，下詔禁止毀壞首都，並透露了遷都洛陽的日期是「始建國八年」[6]。

這說明至少當下，始建國五年，王莽還沒有改元的打算。

但到了十一月，天上突然出現彗星，二十多天後才消失。憂慮的王莽想起上一年夏天，有紅雲從東南方升起，彌漫天際；再上一年有蝗災，還有從池陽縣報上來的災異，說是當地出現了許多小矮人的影子，身長一尺多，有的乘車馬，有的步行，過了幾天才消失。

當然，也想起了剛去世的王政君。

災異給新朝的燦爛光輝蒙上陰影，王莽對「始建國」的年號發生了動搖。這個年號已經用了五年，按照漢朝的慣例，每五年或六年會定期改元，以示更始。王莽也想改元，但又捨不得「始建國傳億年」的信念。

根據這個信念，新朝將會存在萬億年，而且只有一個年號：始建國。

但第二年，他還是改元了，改為「始建國天鳳」。這就把改元和繼續沿用「始建國」的意圖統一了起來。「始建國天鳳」的「元年」官方不稱「元」，而稱為「一年」[7]，以示這不是舊有意義的改元，「始建國天鳳一年」，很可能其斷句是「始建國．天鳳一年」而非「始建國天鳳．一年」。而「天鳳」很可能指的是上一年出現的彗星，王莽把作為災異的彗星解釋成了作為祥瑞的鳳凰[8]，實在是費了苦心。

改元之後，王莽中止了給王政君的服喪，宣布要在一年之內去東西南北四方巡狩，東巡封禪，北巡遷都洛陽。有趣的是，他這次準備「自費」出行，由朝廷準備乾糧，一路上不接受各地的供給。這聽上去很節儉，但僅靠自己帶的乾糧一年之內走遍天下四方，委實不可行，足見他對實際地理缺乏起碼的瞭解。群臣不想折騰，連連勸阻，他終究改了主意，決定到「始建國天鳳七年」再封禪吧。

可到了始建國天鳳五年（西元一八年），第一家庭又出事了。皇帝的元孫[9]、功崇公爵王宗，被人發現有謀反的嫌疑！

十五年前，王宗出生之前，父親王宇因呂寬案被迫自殺；出生之後，母親呂焉立刻被殺。王宗雖然貴為新朝公爵、皇帝之孫，卻生下來就是孤兒，而且是祖父讓他成了孤兒。

可想而知，王宗長大後，怎麼可能會親近祖父，況且那老頭兒也不是一個可親近的人。他多方打聽，點滴拼起自己的身世，偷偷和被放逐到合浦的母家呂氏家族聯絡。這不僅是他尋求成長，也是獲取一些親情的機會。

王宗是元孫，當年王莽母親功顯君去世時，他作為宗子服喪，因此在第一家庭裡的地位比較特殊。他會想，如果父親王宇不死，自己肯定能成為皇位繼承人。在濃厚的符命氛圍裡，他也給自己造了一些類似符命的東西。

比如，他畫了一幅自畫像。但在畫裡，他穿著天子衣冠。

他還刻製了三個印章，一個寫的是「維祉冠存己、夏處南山臧薄冰」[10]，「冠存己」，應是指皇冠傳給自己；「夏處南山臧薄冰」，臧就是藏，可能與某種祥瑞有關。另外兩個印章意圖更加明顯，分別是「肅聖寶繼」和「德封昌圖」，都含有繼承聖體、以德獲封之意。自畫像也好，印章也好，雖然確實有謀反的嫌疑，但很大程度上只是少年的衝動，「中二病」，屬可大可小的事情。

但連同這些罪證被發覺的，還有王宗和舅舅呂氏家族的往來通信。

見到這些證據，王莽表現得憤怒而傷痛，元孫竟然想著謀求祖父的皇位。他下令嚴加審訊。

王宗知道後，並不辯解，也不求情，即刻自殺。這大概是他從父母、舅舅、叔父、堂叔父之死中得到的經驗。

知道孫子自殺，王莽還不滿意，下詔把死了的孫子批判一番，斥責他已經當了公爵還不滿足，窺視神器，自取滅亡。將王宗貶為伯爵下葬，諡號為「繆」，取錯謬乖張之意。

王宗之死，令第一家庭陷入新的恐懼和悲悼。

最恐懼的應是王宗的親姊姊王妨，她是衛將軍、奉新公王興的夫人。對這個夫君她大概不太滿意，因為王興就是那個憑著符命從城門令史提拔為「四將」的幸運兒。所以，王妨與婆婆的關係很差。

彼時，家庭關係出現問題，家人之間互相詛咒，搞厭勝之術很惡劣，但很常見，上到皇宮下到民間莫不如此。王妨有個女友，是王莽親信、五威司命孔仁[11]的妻子，在其影響下，王妨詛咒過婆婆。王宗出事之後，王妨勢必受到一些調查，看看是否參與了「謀反」。王妨很擔心詛咒婆婆的事情被揭出來，這可是不孝的大罪，若被王莽知道，估計難逃一死。為保平安，王妨把知曉這件事的婢女殺了滅口。結果，反而是殺人這件事被發覺了。

這下，殺人、詛咒都被審訊出來，王莽令人責問孫女，也責問王興治家無方，結果王妨、王興夫婦被迫自殺。孔仁的妻子是詛咒的參與者，也自殺了。

王興稀裡糊塗飛黃騰達，稀裡糊塗死於非命，他在死之前，是後悔被符命選中，還是後悔沒享受夠高官厚爵呢？

王莽不會在意這些，他很快就拜直道侯王涉為衛將軍，填補王興身後的空白。王涉是王莽的堂兄弟，故漢曲陽侯、大司馬王根之子。當年，王莽就是被王根推薦擔任大司馬，提拔王涉是他早就想做的事情了。

看著第三代家庭成員照樣逃脫不了自殺的命運，王皇后又害怕又難過，她本來已有病症，加上思念死去的兩個親生兒子，哀憐死去的孫子孫女，整日以淚洗面。時間一久，她的眼睛漸漸看不見了。

王莽就讓皇太子王臨住進宮裡奉養母親。母子二人，私下裡會有一番話說，也應該會談到對王莽的怨恨。皇后有一位侍女，名叫原碧，想來頗有姿色，因為王莽曾經臨幸過她。這段時間裡，原碧也與王臨朝夕相處，兩人竟然生出了情愫，彼此相通不說，還山盟海誓起來。

太子與母后的侍女私通，表面上似乎不算太出格，畢竟侍女不是皇帝的侍妾。但是，理論上後宮的女性都屬皇帝，太子染指是很危險的叛逆行為。更何況原碧曾經被皇帝臨幸。王臨對原碧的喜愛和對父皇的憎恨交織在一起，恨意更深，生出了弒父的可怕念頭。

更可怕的是，他還把這個想法告訴了原碧。

6 摘絕抱蔓歸

始建國天鳳的年號並沒有給新朝帶來起色，光日食就又出現兩次，還有地震、暴雪、關東的饑荒，以及饑荒帶來的一群把眉毛刷成紅色的流民。王莽並非全不知情，相反，他很有危機感，於是在劉歆的幫助下，令太史官推曆推到三萬六千歲。這有點像後代的「萬年曆」，當然，他的目的不是查看日曆，而是重申新朝國祚將會綿延無限。

他已經忘記前幾年還打算在「始建國天鳳七年」巡狩，新的推曆中重新規定，今後在「始建國」之名不變的前提下，每六年一改元，三萬六千年所需要六千個年號，都得提前定下來。

馬上又需要新的年號了，曾經的「始建國天鳳七年」現在變成「始建國地皇元年」（西元二〇年），寄託了皇帝的美好願望。

這年七月的一天，忽然起了大風。

這場大風烈度極高，在王路堂（未央宮前殿）大殿裡的人們聽得頭頂上瓦片紛飛、怪聲四起，突然，西廂那邊「嘩啦」一聲巨響。眾人連忙去查看，發現大風竟然吹塌了王路堂的西廂宮殿，後閣的更衣室是朝臣朝見時更衣的地方，也被吹塌。侍從、守衛、官員們不顧大風猛烈，趕緊去救災，早已有人去向王莽稟報，場面亂作一團。

這邊還在慌亂中，又聽見宮城裡面昭寧堂的方向傳來「咔嚓」一聲，隨即又是一陣巨響。熟悉的人馬上知道，昭寧堂池子的東南側有棵大榆樹，十個人才能抱得過來，大風把榆樹吹倒，大樹又壓垮了不知什麼建築。

風停之後發現，大樹砸到了東閣，壓塌了東永巷的西牆。

這場災異直指皇朝的心臟部位，王莽驚恐萬分。他親自研究這場災異的原因，一定要找到真相。

在十天後的詔書裡，王莽對這番災異終於有了正式的解釋：國初，王臨之所以被封為太子，是因為居攝期間，有符命立他為「統義陽王」，以洛陽[12]為封國。鑒於符命說新朝會遷都洛陽，所以王臨才能以第四子的身分，邁過兄長王安，成為皇太子。前些日子，王臨來王路堂朝見，暫居西廂的宮殿和後閣更衣室；近日皇后生病，王臨住在宮裡照顧，他的妃妾暫住東永巷。看，這次大風摧毀的恰好就是這幾處宮殿。這就說明，王臨有兄長而為太子，名不正言不順。自我即位以來，陰陽不諧，風雨不調，到處災異，蠻夷猾夏，一切都是因為立太子這件事名不正。因此，為了天下福祉，將王臨改封為統義陽王，王安立為新遷王，兩人都去封地，新朝暫時不立太子。

一場令滿朝君臣心慌意亂的大風，被皇帝引到自己的家事上，繼而剝奪了王臨的太子之位。這一方面，是皇帝向來積極主導災異的詮釋權，擅長把災異解釋成祥瑞；另一方面，很可能他對王臨不夠滿意，動了廢太子的心思。當然，他應該並不知道王臨在後宮與原碧私通的事情。但這封詔書一下，王臨就要立刻去洛陽，他內心的疑慮、惶惑、恐懼，不言而喻。

到底為什麼要廢掉自己？是哪裡做錯了，還是被發現了什麼？八九月間，臨行之前，王臨和母后告別，當然也會與原碧相會，叮囑一番。王臨的妻子不是別人，正是劉歆的女兒劉愔。劉愔知道王臨和原碧的事情，更知道王臨弒父的打算，但是，作為被殺的劉棻和劉泳的姊妹，劉愔同樣憎恨王莽。她似乎並不介意丈夫與原碧的私通，還支持他們弒君的計畫。

受父親劉歆影響，劉愔精通天文星象，她告訴丈夫，夜觀天象，看到昴宿星團的白色星氣，這說明不久之後，宮中將有「白衣會」，也就是重大喪事。[13]王臨聽了很是高興。

到了洛陽，王臨遠離了權力中心，宮中的消息他兩眼一抹黑。信息缺乏，人就會焦慮。此時，天下已經開始騷動，關東義兵蜂起，南邊的南陽郡也不安寧。王臨身居洛陽，肩負重任，心思卻很難放在政事上，對原碧的思念和自己前景的恐慌占據了他的心靈。長安不是沒有消息，但總是壞消息。母后的病更加嚴重了，王臨只好給母親寫信，既是寬慰，也發牢騷。但他忘了一件重要的事情，母親已經失明，書簡到手，必定是由身邊的人朗讀。而侍女們，卻未必認識字……

王莽知道妻子病篤，探視陪伴的時間也增多了。王臨的書簡送到時，他正在妻子身邊，見是兒子的信，很自然地拆開為皇后閱讀，在問候思念的句子之外，有一句話赫然跳進他的眼睛：

> 上於子孫至嚴，前長孫、中孫年俱三十而死。今臣臨復適三十，誠恐一旦不保中室，則不知死命所在！[14]

說得多麼直白啊，老大、老二都是三十歲死的，我今年也三十了，實在是害怕，眼看輪到我了，卻不知道什麼死法！

王莽見到這句話大怒，他沒有反思逼死子孫會給其他兒子帶來何種影響，卻懷疑王臨一定有什麼事情瞞著自己……

不久，始建國地皇二年（西元二一年）初，王皇后去世。

這位漢朝宜春侯的侯門女，一生馴順丈夫而活，卻沒有收穫多少天倫之樂，最終在丈夫殺害兒孫的巨大折磨中去世。她死在新朝即將覆滅之前，實屬幸運。皇宮舉行了隆重的葬禮，白衣滿宮禁，她被謚為孝睦皇后，葬在渭陵長壽園西，靠近王政君的墓地，意味著要在地下永遠侍奉王政君，她的陵墓被叫作「億年陵」，這是很具新朝特色的名稱。

劉愔夜觀天象的「白衣會」果然發生了。只可惜，不是皇帝，而是皇后。

因為那封書劄，王莽嚴令王臨待在洛陽，不得回到長安奔喪。他要弄清楚兒子到底做了什麼會如此害怕。既然那封信是寫給皇后的，不妨從皇后的身邊人查起。

皇后下葬，王莽立刻對原碧等皇后的侍女、王臨在長安的家人嚴刑拷訊。原碧想來是承受了重刑，最終交代了王臨和她私通以及弒父的密謀。這可不是當年王宗所謂的謀反案可比：王宗只是青春期少年的叛逆和幻想，王臨卻是實打實要弒君弒父的倫理慘劇。

面對審訊結果，王莽受到巨大的精神衝擊。當年殺王獲，殺王宇，都是由他來掌握主動權，並作為實踐儒家經義、模仿周公的重要動作。而王臨反過來要弒父，說明兒子不甘心束手待斃，寧可冒犯最重要的倫理也要求生。

這反而令王莽有所膽怯了，他失去了把殺子包裝成大義滅親的那種自信。相反，他祕密處理這件事。把參與審訊、知道王臨弒父圖謀的治獄使者、司命從事等全部悄悄滅口，就地埋在監獄裡。這些冤死的司法人員的家屬發現親人集體失蹤，上班之後再也沒回家，大概能猜到什麼，但既不敢說，也不敢問。

至於王臨，王莽決不可能讓他活著，就賜給毒藥。知道自己大勢已去、不得不死的王臨，終於做了一件王氏子孫人人都想做但從前不敢做的事情：不服從。

他不服從皇帝的命令，不接受父親送來的毒藥，而是以利器刺死了自己。僅存的王安、黃皇室主如果知道王臨以自己的方式赴死，悲痛之餘說不定還會嘉許呢。

滅口了知情人，逼死了兒子，王莽仍然要粉飾，說王臨不遵循符命，在統義陽王的位置上沒能得到上天護佑，以致夭折，實在可憐，諡號和王宗一樣也是「繆」。

同時，他又指責親家劉歆，說：

臨本不知星，事從愔起。15

如此看來，王臨招供了夜觀天象的事情，但沒有牽連劉愔。可王莽覺得，如果把劉愔當成始作俑者，那麼兒子謀殺自己的倫理傷痛可能會好受些。

劉歆沒能保住愛女，劉愔也自殺了。

這是新朝建立後，劉歆失去的第三個子女，他對王莽最後一絲尊崇、好感、舊日情誼也蕩然無存。他擔心自己也會性命難保，就像當年的甄邯，也在政壇上漸漸消沉下去。

第一家庭的這場變故後，王莽好不容易成年的四個兒子只剩下一個「頗荒忽」的王安了。

失去了母親兄弟，王安估計也早就活夠了吧，就在王臨兩口子死的這個月，王安病死。王皇后所生的四個兒子全部去世。如果不算私生子女和第三代，第一家庭只剩下王莽自己和一個快要瘋掉的女兒。七百多年後的那首詩，到此終於可以完結了：

種瓜黃臺下，瓜熟子離離。一摘使瓜好，再摘令瓜稀，三摘尚自可，摘絕抱蔓歸。

後世有人評王莽說：「其意但貪帝王之尊，並無骨肉之愛也。」16

這句話後半句正確，前半句可商，他所貪的並非帝王之尊，而是聖王的幻象，是道德倫理的終極裁判權。當他自認為聖王，兒孫就不再是獨立的個體，而是他這聖王之體的一部分，因此，即使兒孫的行為不端並不嚴重，也會構成他道德的汙點，必須被消除。他待子孫如自己，而他是能克己的。世間帝王多矣，殺子者亦有之，但像他這樣在沒有外部政治壓力、子孫也基本沒有重大謀反政變的情況下，把繼承人殺光，理由之奇特，實在獨一無二。

不管怎麼說，繼承人終歸是大事。王莽還有其他孫子，有侄子，嘆，還有「遣就國」期間和三個侍女私生的四個兒女。他以剛去世的王安的名義，把這些私生兒女們也都接到長安。

但王莽沒有再立太子。

其實，立與不立已經沒有意義，因為再有兩年，他和他的皇朝就要覆滅了。《漢書》沒有刻意言說皇帝的「性欲」，但他和三個侍女生下四個孩子，與皇后的侍女通，其他類似事件可能還有。這說明王莽是一個性欲旺盛、內心壓抑、急需縱欲來調理的人。現在，第一家庭已經不存，他不顧內憂外患已使新朝搖搖欲墜，萌發了組建新的第一家庭的想法。

就在第一家庭四個成員去世的這一年，有個叫作陽成修的郎官，獻上一條符命，說如今沒有「天下母」，要再立皇后才行。天下都知道現在禁止獻符命，但對這一條，王莽卻欣然接受，所以有可能也是他親自授意。

朝野臣民，在天下已經兵連禍結之時，眼睜睜看著皇帝一面大放悲聲，毀壞漢武帝、漢昭帝的宗廟，把自己死去的子孫葬在裡面；一面興奮地派遣中散大夫、謁者各四十五人分行各地，訪求淑女，準備立新的皇后。

這樣的皇帝，真的是當年的儒生王莽？

三、登仙——！

7 日漸癲狂

每個帝王都想長生不老，最謙虛的也想再活五百年。

但在新朝皇帝之前，真正求仙有所成就的，據傳只有三位帝王：在昆侖山見過西王母的周穆王，在東海岸邊見過天神的秦始皇，和在墳墓中羽化升仙的漢武帝[1]。

始建國初年，方士蘇樂向王莽上奏說：新朝是土德，尚黃，黃帝升仙了，所以新朝的皇帝也能。這幾年，王莽開始改制，他以為天下將會自然而然實現太平。那自己做什麼呢？當然不能閒著，得搞搞研究：一要繼續研究符命，牢牢把握符命的解釋權；二要研究怎麼成仙，人間大功告成，就要像秦皇漢武一樣，登仙與黃帝、赤精等仙人同遊了；三嘛，以前和劉歆一起為漢朝制禮作樂，今後要親自給新朝制禮作樂了。

王莽按照蘇樂的意思，耗費萬金鉅款，在宮中建了一座高臺，名曰「八風臺」。這個名字不是隨便取的，因為「八風」意味著八音，而古代的音律實際上和天象、八卦都有著密切關係。

八風臺建成後，王莽登臺縱情享樂[2]，根據風向的不同，製作各色的飲藥。還把鶴的骨髓、海龜的殼、犀牛的角等二十多種名貴珍奇煮成汁液，再選擇五種顏色的糧食種子浸泡其中，按照顏色播種在殿中不同的方位，這就是升仙的祕訣。

不管是否管用，王莽先拜蘇樂為黃門郎，專門負責升仙之術。從此以後，王莽雖然繼續津津樂道儒家經術、制禮作樂，但也迷信鬼神淫祀、怪力亂神，不僅祭祀天地日月、星辰山河的各路神祇，連地方上的小神小仙也不會怠慢，前前後後建起一千七百多所祭壇。祭祀的時候，各類祭品有三千多種，還不乏大雁、錦雞、麋鹿等珍禽。

王莽如此虔誠，但不僅沒有升仙，到始建國天鳳二年，一個令他極度忌諱的災異報了上來：有人說在黃山宮[3]發現了一條死龍。

還是條黃色的死龍。

據說，當時有萬人奔走圍觀，場面宏大。他們不純粹是好奇，而是這幾年改制、繳稅的壓力越來越大，邊疆戰事也連年不斷，大家對王莽有怨言。圍觀黃龍死，潛臺詞就是盼望王莽去死。

這和當年秦始皇在位時，天上掉下一塊石頭，寫著「始皇帝死而地分」，是同類的災異。所以，王莽堅持說這是謠言，命令搜查謠言的始作俑者，眾多官吏使者搜尋多日，卻沒有找到源頭。至於這條龍是不是真的，是別的動物屍體抑或的確是謠言，就無從知曉了。

雪上加霜的是，黃龍事件後不久，他最寵信、一度想結為親家的立國將軍孫建去世了。

王莽越是努力升仙，災異反而越來越多。如果勾勒新朝的大勢，始建國年間形勢平穩，許多內外政策也才剛剛制定實施；但這些政策的後果，到始建國天鳳年間開始顯現，形勢一年比一年危險，綠林、赤眉等義軍就是在始建國天鳳後期興起的；到始建國地皇年間，形勢急轉直下，昆陽大戰失敗後，即糜爛不可收拾。

始建國天鳳三年（西元一六年）初，關東連續降下大雨雪，導致這年秋天流民四起；七月，長安霸城門失火；剛滅了火，又出現日食。王莽只好策免大司馬陳茂，換上孟建伯嚴尤。十月，王路堂的朱鳥門突然發出奇怪的聲響，連續幾個晝夜不停，守門的衛士、路過的官員惶惑不已，不知道這個災異意味著什麼。

王莽也百思不得其解。幸好崔發及時出面，說儒經記載，虞舜開四門以招納四方聰明之士，所以朱鳥門發出聲響是要新朝效仿舜帝，招納四方才俊。崔發把災異說成祥瑞，總算把這件事對付了過去。

災異的層出不窮令王莽日益焦慮，正在此時，一位故人出現在他的面前。

逃亡整整十年之久的王孫慶被抓到了。

不知道誰還記得這位翟義起兵時的高級參謀，當年他被翟義委以重任，但究竟在義軍中發揮了何種作用，外人一直無從知曉。翟義死難後，他下落不明，許多人以為他死在了亂軍中，沒想到竟然成功逃亡，改名換姓，直到十年後才被抓獲。

王莽被災異惹出的一腔怒火正無處發洩，見到這位故人，不禁回想起他躊躇滿志、萬民擁戴、祥瑞迭出、彈指間翟義軍破人亡的美好往事。他打算好好借助這個故人，讓朝野回憶起新朝奠基之前的天命和輝煌。

對待王孫慶，王莽不需要治獄使者。他下令讓主管診斷的太醫、負責器物製造的尚方，以及擅長屠宰的屠夫，一同前來。

太醫精通人體脈絡和五臟，尚方瞭解工具製造，屠夫擅長解剖，難道讓他們審訊人犯？

不，王莽的興趣是，在王孫慶的身體上探究一番人體的奧妙。在古代，人的身體被看作一個小宇宙，五官、五臟、五竅都與天地季節四方有關係，而經脈更是玄妙。

屠夫先將王孫慶剝皮、解剖，太醫仔細度量他的五臟，尚方則把竹子削成極細極長的竹針，一點一點插入王孫慶的經脈，觀察竹針的走向，以判斷經絡的布局。

王莽嚴肅命令太醫做好記錄，說是將來可以治病。有人據此推測，王孫慶很有可能是被活體解剖。[4]不管推測是否為真，這種解剖方式一定會把人嚇得心驚膽戰。從將屍體壘成京觀，到肢解甄尋的屍體，再到解剖人體，王莽一次比一次衝擊著朝臣的想像力，他以往不為人知的陰鬱內心，在這些殘忍的虐殺中逐漸暴露，他那曾經偉岸高尚的道德形象也日益萎縮。

對王莽早有瞭解的桓譚，並不覺得意外，多年以後，他在《新論》裡寫道：

王翁之殘死人，無損於生人。生人惡之者，以殘酷示之也。[5]

王翁就是王莽。桓譚的話一針見血，王莽殘虐屍體，就是給活人看，讓活人感到恐怖。這種變態的內心，說明王莽對手中的權力始終存在揮之不去的不安全感。

到始建國天鳳四年（西元一七年），因為前幾年先後用兵西北、西南，邊疆已陷入戰事的泥沼，與西域的關係也徹底斷絕；天下的反叛此起彼伏，號稱「綠林」的隊伍聲勢尤其浩大，新朝的形勢越來越差。王莽勒令地方官或剿或撫，自己思來想去，覺得還是要用老辦法：厭勝。

按照當時的觀念，對軍隊厭勝，就要採用北斗。從天象看，北斗星拱衛北極星，隨著季節的變化，斗柄指向不同的方位，就好像居於北極星的天帝在指揮戰鬥。因此，軍隊出征之前要祭祀太一，祭祀所用的靈旗上繪有北斗星。斗柄指向哪裡，就寓意哪裡的敵軍會被打敗。

王莽曾鑄造過類似北斗星的大銅勺，在大臣死後賜給他們。比如甄邯死時就下葬過一把，但那時主要是說北斗拱衛北極，所以賜給臣下。[6]但這次不同了，皇帝決心鑄造一座厭勝敵軍的「大勺子」。

這年八月，正是最熱的時候，王莽親自到長安城南郊主持鑄造工作。文武百官、侍衛禁軍浩浩蕩蕩跟著他。威斗以銅為主，但加入了五色石，大概是五種顏色的礦石，或是丹砂、白礬、雄黃之類。[7]總之，鑄成了一個二尺五寸、大概五十到六十釐米長的合金銅斗，模樣大概是像勺子，也可能像熨斗[8]。

王莽希望它具有蕩滌敵軍的威力，就命名為威斗。只要出門，司命孔仁就要背著威斗緊緊跟隨。威斗鑄成那天，嚴寒突然來襲，在炎熱的盛夏[9]夜晚，跟隨王莽駐蹕在南郊簡陋住處的百官人馬，竟然有人和馬被凍死了。

又是災異！王莽的心頭掠過一絲陰影。

8 揚雄之死

聽見大門被打開又關上，正在屋裡和學生侯芭論學的揚雄只是愣了一下，繼續談起《太玄》和《法言》。

他知道不會有別的訪客。自從那年險些在甄尋的案子裡丟掉性命，他本就冷落的門庭就更無人造訪了，只有一個人時不時帶著酒菜前來問學，但比起眼前這位專心跟隨他的鉅鹿郡的侯芭，那個人只是來飲酒聊天，打發時間罷了。

那人登堂入室，屋門開了，揚雄和侯芭抬頭一看，弄錯了，竟然是國師公劉歆。

兩人雖然曾是好友，但一個身居高位，一個沉淪下僚，很少交接。劉歆像今天這樣親自造訪，更是很久沒有的事情了。

彼此行禮後，劉歆環顧了一下揚雄的住處，除了幾卷書，幾個瓶瓶罐罐，堪稱家徒四壁。剛剛在門口，他聽見揚雄和侯芭在談論《太玄》，於是開玩笑道：

> 空自苦！今學者有祿利，然尚不能明《易》，又如《玄》何？吾恐後人用覆醬瓿也。[10]

就是說，你何必這麼苦呢！今天能撈利祿的學者，尚且搞不懂《易》，你還模仿《易》搞個《太玄》，將來誰會讀呢？恐怕只能用來給醬罈子當蓋子吧。

揚雄笑了笑沒有接話。幾個人又聊起別的事情。揚雄知道，劉歆的兩個兒子被王莽所殺之後，已經不問政事。現在炙手可熱的，要麼是修仙的方士，要麼是說符的新貴，要麼是能打仗的將軍，無論是自己還是劉歆，包括擔任典樂大夫的桓譚，都已經過氣。劉歆忽然登門造訪，談玄論易，只能說明他實在是寂寞。

這是始建國天鳳五年（西元一八年），揚雄就在這一年去世。

弔唁的人不算少，貴族的世子、大小的官吏，也頗有幾位寵臣，比如大司空王邑、納言嚴尤，桓譚當然也在。王邑和嚴尤見到桓譚，問道，你一直稱道揚子雲（揚雄，字子雲）的大作，現在人死了，書能傳世嗎？

桓譚說：必傳！只是我和你們一樣，看不到那一天了。侯芭給揚雄建了墳，服喪三年，桓譚為揚雄建了祠堂。

揚雄的去世，王莽可能知道，也可能不知，總之他沒什麼表示，他要趕在新的年號「始建國地皇」開始之前，把新朝的新禮樂製作完畢。年底，他帶領群臣到南郊，齊聚明堂、太廟，鄭重地向皇家祭祀獻上這套新樂。

這是自長安建城以來，沒有人聽過的音樂，與昔日漢家宗廟音樂的巍巍清正很是不同。那樂聲縈繞在城市上空，又是冬季，有人凝神傾聽，說：

> 清厲而哀，非興國之聲也。[11]

這是演奏給上天的廟堂音樂，是這個朝代的雅樂、正樂啊。自古以來，音樂和詩歌有一個共同點，能反映時代的真實風貌，詩比歷史更真實[12]，音樂何嘗不是？

因此，音樂「清厲而哀」，政事也相匹配。

始建國地皇元年（西元二〇年）正月，大赦天下。但同時下了一道令人難以置信的指令，稱現在戰事緊張，軍法從嚴，到年底之前，如果有人在軍隊出征時奔跑吵鬧，隨時處死。

要知道，在古人的觀念裡，秋冬氣候肅殺，所以才會在秋冬處死犯人，這是自有記憶以來始終未變的習俗，是對時令的一種遵循，好比春天就得耕種，不能誤了農時。王莽此令一出，這年的春夏時節，熙熙攘攘的集市上時而殺人。百姓見此，大為驚駭，恐懼萬分，甚至道路以目。

但王莽不以為然，為了基業永固，他正打算修建新朝皇室宗族的九廟呢。因為有方士告訴他，現在宜大興土木。儘管綠林、赤眉已經聲勢浩大，王莽還是在長安城南劃出了百頃土地。九月，他親自到工地，「親舉筑三下」[13]，類似後代的奠基儀式，正式營造九廟。所謂「九廟」

是禮制上的稱呼，真正規劃的宗廟不止九座。一九五〇年代，人們在這裡發掘出十二個建築遺址，就是說九廟共有十二座。按照顧頡剛的看法，其中有九座是皇帝之前的祖宗，剩下的三個，一個留給自己，兩個留給後代。[14]

寵臣如崔發、張邯，對此很熱心。崔發稱規模一定要宏大才能宣示天下，要「萬世之後無以復加」[15]，這句話明顯是在模仿蕭何。當年高皇帝遠征歸來，看見高大壯麗的未央宮，一度動怒，蕭何說，「非壯麗無以重威，且無令後世有以加也」。崔發模仿蕭何，是一種很高級的恭維。

一些儒臣如侍中常侍、執法杜林，也熱情地投入其中。多年以後，杜林將憑藉深厚的儒學修養和參與修建九廟的實踐經驗，當上劉秀的大司空。

具體的建造就靠廣大群眾了，王莽從天下——他還能控制的地方——徵來了工匠、畫師，授意官吏百姓捐款捐糧集資，百姓捐助米六百斛以上授以郎官，郎吏則可以增加品秩，最高的賜爵至附城。聽說朝廷要賣官鬻爵，一時間往來於長安的道路上行人絡繹不絕。為了加快工期，王莽不顧大雨，把長安西邊的建章宮等十幾所漢朝修建的宮殿拆除，把材料運到南郊。說來也奇怪，拆漢宮的時候，這場大雨連連綿綿下了六十多天。

人們傳說，王莽不順時令，拆毀宮殿，羞辱漢家，惹怒了漢家先帝。

似乎，沉寂已久的對故漢的思念又有了苗頭。

始建國地皇二年（西元二一年），正是王皇后、王臨、王安等人去世的那段時間，魏成郡大尹府[16]的一個小吏跑到長安，向皇帝舉報一份讖書，上面赫然寫著：

> 文帝發忿，居地下趣軍，北告匈奴，南告越人。江中劉信，執敵報怨，復續古先，四年當發

軍……十一年當相攻。17

意思就是漢文帝正在地下召集軍隊，已經告知北邊的匈奴、南方的越人，四年後，將會有劉氏從荊楚一帶發兵復仇，恢復祖宗基業。

這一年還出現過漢宣帝的衣冠從宗廟的寢殿跑到正殿的怪事，據說衣服自己站在那裡，就好像裡面有個人！再加上這條讖語，漢家先帝真的發怒了！

小吏還說，這些讖語是他的上司魏成大尹李焉讓他抄寫的。此番逃亡舉報，只能隨身帶著一小部分簡牘，而整部讖書有十幾萬字之多。不僅包括漢文帝地下發兵這樣的事，還對今後劉氏復興給出了「時間表」，哪一年什麼人發兵，哪一年星象有何種變化，連新朝主要大臣的命運吉凶以及生卒日期，都一一載明。

王莽聽了大概會想，這豈止是讖書，還是造反的「戰略規劃」和「戰犯名單」啊！於是趕緊逮捕李焉。經過審訊，是李焉信任的一個方士王況製作了這些讖語。王況告訴李焉，新朝成立以來，濫改貨幣，頻繁徵兵，四面打仗，百姓怨恨，因此漢家必定復興，而李氏將成為漢家的輔佐。

處死李焉、王況後，王莽並不放心。有天晚上，他做了個怪夢。長樂宮放倒的銅人有五個自己站了起來。雖然是夢，但他醒來後心有餘悸。這些銅人突然站起來，寓意難道是漢朝復起？他又想起銅人身上刻著銘文，其中有一句是「皇帝初兼天下」，新朝已經定鼎十多年，顯然不是「初兼」，所以，又有個皇帝要出現？

越想越不安，王莽立刻傳喚尚方，令他派人去長樂宮，不管銅人是否站起來，身上「皇帝初兼天下」這六個字要鑿掉。同時又讓虎賁武士到漢高帝廟，拔劍向四面擊打，使斧頭砍壞門窗，用能辟邪的桃木煮湯灑到牆壁，再用紅色的鐵鞭鞭打牆壁；命令輕車校尉住在廟的正堂，中軍北壘校尉住在寢殿。

種種措施，都是以方術來壓制漢帝特別是劉邦的神祇。做了這些之後，王莽獲得了暫時的安全感，他登仙的念頭又冒了出來，就詢問身邊的方士，八風臺建造都十多年了，自己怎麼還沒有登仙？沒人告訴他，局勢淪喪，八風臺上祭祀用的珍禽已經很難得到，現在是用家雞代替大雁、錦雞，用田園犬代替麋鹿，怎麼還能登仙？

於是有人提議，說黃帝登仙時，有「登仙華蓋車」引路。王莽馬上敕令修造，要趕在九廟落成前造好。這車子的華蓋有九重，高八丈一尺[18]，骨架由黃金打造，蓋傘是珍禽羽毛，有隱藏機關可以上下伸縮，很是華貴。

始建國地皇三年（西元二二年）正月，九廟建成，僅其中的太初祖廟，東西南北就各四十丈，高十七丈，其他八個廟減半[19]。九廟雕金飾銀，以銅為柱，窮極工巧，耗資數百萬，徵發修建的人死者過萬。

如此宏大的工程落成，朝廷當然要舉行盛大典禮，把皇室的祖先牌位請進九廟。

在百官的注視中，皇帝的鑾駕緩緩出現，駛向九廟。為首的，正是六匹馬拉的「華蓋登仙車」，三百名身穿黃衣黃帽的力士護衛著，車上有人擊鼓，拉車的人根據節奏大聲喊：「登仙——」

隨後是十輛戰車，再後面是王莽的鑾駕，裝飾也很奇異，套上的六匹馬披著五色毛紡織成的龍紋衣，馬頭上戴著一隻長三尺也就是六十釐米長的假角，應是模仿麒麟。

百官們看了，小聲說，這分明是出殯，哪像登仙呢？

顯然，王莽對登仙的迷戀，已經嚴重影響他的理性。加之長期以來被災異、讖語所昭示的新朝的黯淡前景所折磨，造登仙車這件事，可以視作他精神逐漸進入瘋癲狀態的標誌性事件。

四、反虜王莽安在？

9 郅惲的忠告

汝南郡的郅惲[1]，是一個舊時代的人物，說得更準確些，他頗像眭弘、蓋寬饒等昭、宣時代理想主義儒者的繼承人，既堅守今文經說的義理，又能憑藉天象來占卜未來，還不屈從於世俗權力。他傳習的是《韓詩》和《嚴氏春秋》，進入新朝之後，他最初可能也歡迎過新朝的誕生，但更存有觀察的心態。

十餘年來，他眼看著新朝從蓬勃繁榮走向硝煙四起，臣民從熱烈擁戴走向叛亂不斷，他得出一個結論，那就是王莽並非天命所寄託的儒家聖王。

到始建國地皇年間，汝南郡已經容不下一張平靜的書案了。郅惲夜觀天象，終於發現了奧祕：鎮星、歲星、熒惑，一同在天空「翼軫」的地方去而復來，「翼軫」對應著大地上荊楚的分野，而漢家出於楚地，因此這預示著漢家天命將會復興，漢家必然再受命！

這樣想著，郅惲就離開汝南，西奔長安，給王莽上了一封書：

上天垂戒，欲悟陛下，令就臣位，轉禍為福。劉氏享天永命，陛下順節盛衰，取之以天，還之以天，可謂知命矣。若不早圖，是不免於竊位也。

這封上書的核心，就是請王莽退位。但細究郅惲的邏輯，並不是說王莽得位不正，而是說當年他受禪漢室當皇帝，在當時是符合天命的，但現在新朝沒能治理好天下，所以新的天命昭示劉氏將再受命，新室理應再禪讓給劉氏。

郅惲之所以是一個舊人物，正是因為這是西漢儒家關於政權如何更替的經典義理：天下治理不好，就要禪讓給別人，不禪讓就是竊位。竊位不等於篡位，因為皇位神器，上天所有，也就是公有，人無法篡天，只能私竊。

因此，郅惲雖然認為漢家當再受命，但與前番李焉那種「人心思漢」的心態迥異。郅惲並非思漢，而是向王莽指出，該你得位你可以得，該你退位你就得退，原因就是你沒有治理好天下。這不是針對誰，而是政權和平轉移的普適做法。

王莽見到上書，勃然大怒，因為這些話從根本撼動了新朝政權的法理基礎，與一般的勸退不同。郅惲被即刻下獄。有司議罪後表示，應以最嚴重的大逆論處。

但是，王莽猶豫了。

治獄的官吏看不明白不要緊，王莽卻很清楚，殺掉郅惲很簡單，但郅惲指出的問題既符合經義，又有天象為依據，令他難以駁斥。他更希望郅惲收回那些話，這遠比殺掉他更重要。

皇帝不惜紆尊降貴，派遣黃門近侍，偷偷去獄中和郅惲談判。王莽的條件很簡單：請郅惲自稱犯了狂病，精神恍惚時說了些自己也不懂的狂話。皇帝將據此赦免他的大逆之罪。

沒想到，郅惲一聽，瞪著眼大罵：我所說的都是天語聖言，你讓我裝成精神病，精神病能說得出這樣的聖言嗎？

王莽無奈，只得將郅惲繼續關押，若再沒轍，冬天就要處死他。王莽陷入兩難，不殺他，說明自己害怕；殺他，說明自己心虛。好在不久他大赦天下，借機將郅惲放出監獄。郅惲立刻與同郡好友逃到南邊的蒼梧郡躲了起來。多年以後，他將繼續成為令劉秀又敬又怕的臣子。

隨著劉氏當復興的讖語迅速流行，王莽的軍事力量也不斷遭到挫敗：

關東戰場上，面對赤眉軍，始建國地皇三年（西元二二二年）二月，景尚戰死，他官居太師羲仲，即四輔之一太師的副手；冬天，成昌之戰失敗，更始將軍廉丹戰死，關東徹底失控。

荊州戰場上，面對綠林兵，三年十月，嚴尤、陳茂雖然一度擊破漢軍，但到四年正月，前隊大夫（即南陽太守）甄阜、屬正（即南陽郡都尉，一郡的最高武官）梁丘賜被斬殺，數萬人覆沒。

始建國地皇四年（西元二三年）三月，劉氏復興終於成為現實：那個曾經和鄉官鬥毆而一度逃亡的劉玄，在戰場上稱帝，改元為更始元年，恢復漢朝正朔，始建國地皇四年三月成了漢更始元年二月[2]。

現在天下有了兩個皇帝，兩個年號，兩套正朔。當然，眼下勝負尚未分曉。王莽實力猶在，為了顯示鎮定，他決定再立皇后。

前番，他派出去徵求淑女的使者們陸續返回，根據帶回的淑女的畫像、家庭狀況，皇帝親自選擇了杜陵史氏的女兒為皇后，聘黃金三萬斤，陪嫁的車馬、奴婢、布帛、珍寶等，不計其數。皇后的父親史諶被封為和平侯，拜為寧始將軍，史諶的兩個兒子都任侍中，成為皇帝的外戚。

史皇后估計年齡尚小，王莽快七十歲了。婚禮當天，大臣們被嚇了一跳，王莽染黑了頭髮鬍鬚，努力裝出年輕的樣子。這應該是歷史上第一次有記錄的染髮。

婚禮在三月舉行，與當年嫁女比起來，這次匆忙了許多。當天大風襲擊長安，城中有屋瓦被吹落，有樹木被折斷。這本是凶兆，但被崔發等人一通解釋，似乎也不是災異而是祥瑞了。王莽努力把婚禮辦得輝煌隆重，他親自到王路堂前迎親，禮數周備，冊立皇后之時，還正式按照《周禮》確立了後宮的秩序，「任命」了一百二十個嬪妃，其中：和嬪、美御、和人，此三人的品秩等同公；嬪人九位，等同於卿；美人二十七位，等同於大夫；御人八十一位，等同於元士。

假如皇帝從這天開始，每兩天臨幸一位嬪妃，那麼等他被殺也臨幸不完一遍。但他似乎並沒有臨幸的興致，立皇后只是他昭示大權仍然在握、天命依然在我的姿態。婚禮之後，他與一名涿郡的方士，名叫昭君，每日在後宮研究實踐方術。班固稱他「縱欲樂焉」，與方士探討縱欲話題，大概是實踐房中術[3]吧。

不過，當漢朝的旗號重新打出，王莽仍然可以徵求到不少淑女，史氏家族也願意把女兒嫁到宮中，這就說明直到三月間，皇帝對關內的掌控依然有力，天下還有很多百姓仍然尊崇著王氏天子為合法皇帝，沒有進入群雄逐鹿的亂局。至於劉秀，此時還是一個不起眼的將軍。

婚禮之後，王莽似乎神志清醒了些，他同時下了兩道詔令，一是大赦天下，以求寬慰民心，緩解矛盾；二是盤點了他麾下的軍隊，要求將軍們盡快蕩平敵人。從盤點情況看，王莽確實還擁有雄厚的軍事實力，在關東戰場，太師王匡率領中央軍隊及各州郡兵馬，號稱三十萬大軍，奮戰在青州、徐州一線；潁川、南陽郡一線，還有前任大司馬、納言將軍嚴尤等人率領的十萬軍隊，南陽的郡治宛城也還沒有被攻下。

軍事形勢尚未明朗，王莽仍然懷有信心。

四月，更始帝的軍隊圍困宛城，前鋒則進至潁川郡的昆陽、定陵，距離洛陽很近了。[4]接到戰報，王莽派大司空王邑、司徒王尋在洛陽徵集州郡屬兵，南下和嚴尤等人在潁川郡的軍隊會合，加起來號稱百萬之眾，圖謀一舉蕩平更始帝的軍隊。

10 延宕的政變

始建國地皇四年（西元二三年）六月，天氣炎熱，時不時一場大雨澆下來，提醒著暑日的肆虐。

在這勝負未分的膠著日子裡，王莽的宮廷貌似平靜，但中外臣僚的心態、思緒，已經不復從前。有的官員突然從朝廷上消失，有些派出去的使者再也不來覆命，還時不時聽說太學裡的博士帶著弟子一齊逃走。而且，受戰事的影響，大部分貿易已經停滯，長安城繁華不再，一種大勢已去的氛圍縈繞在宮市上空。

王莽寵愛方士昭君，他的大臣也各有信任的方士。衛將軍王涉是王莽親信、表兄，今年已經七十歲左右。他與一個叫作西門君惠的方士素來交好。西門君惠也很擅長天文圖讖，就對王涉說：「彗星掃過北辰正宮，說明劉氏將復興，而且，新君是國師公的姓名。」西門君惠膽敢和王涉吐露這樣的預言，一來說明兩人關係密切，且大家都信仰天象、圖讖，天數大過親情；二來說明，他早已知道連王涉這樣的皇親國戚，對新朝也沒了信心。

王涉很是憂慮。一旦漢朝復興，作為王氏重臣，他很害怕死於非命。而且，七十歲的他子孫眾多，即便不為自己考慮，也要為後代計。但他只是個衛將軍，勢單力薄，還需要尋找同盟。

七月[5]，王莽舉天下之力彙集的百萬大軍，在昆陽小城被更始軍的太常偏將軍劉秀擊潰。司徒王尋戰死，主帥王邑僅帶出數千兵馬退守洛陽，而進駐宛城的更始帝則大封群臣，政權更加有模有樣。消息傳來，關中震動，這意味著王莽已經喪失主力軍，無力維持對關中的統治。在這種形勢下，無論是官員貴族，還是豪傑百姓，都要認真考慮自己的出路，關中局勢開始動盪，地方秩序日益混亂，不斷有人打出反新反莽的旗號。

王涉見此情形，加快了安排後路的步伐，他找到大司馬董忠。

董忠早年行跡不詳，在新朝被封為降符伯，和崔發的說符侯異曲同工，很可能也是因為符命獲封。董忠此時正在中軍北壘練兵，以備京師防務。昆陽大敗後，他知道這點兵力已經無濟於事。王涉所說的天象和讖語，他深信不疑，兩人祕密敲定了發動軍事政變的打算。

為了確保政變順利，他們繼續物色京師和皇宮內外擁有兵權的人。五官中郎將、伊休侯劉疊進入他們的視線。劉疊是皇帝近臣，加官侍中，不僅可以自由出入禁省，還負責宮殿宿衛。為什麼找他呢？因為他的父親是劉歆。

而劉歆與皇帝漸行漸遠，是眾所周知的事情。

考慮到王涉年事已高，董忠擔當了主謀，他和王涉多次去找劉歆，故意在劉歆辦公的國師殿裡談論星象的奧祕，以期引起劉歆的興趣，試探他的態度。劉歆起初刻意迴避，不理會兩人，直到等不及的王涉親自去見劉歆，一見面就哭了：「我們誠心要與您合作，以保全大家的宗族，怎麼就不相信我呢？」

劉歆大概會想，你王涉是王莽的堂兄，叫我如何相信？王涉解釋了他為什麼要拋棄堂弟：

新都哀侯小被病，功顯君素耆（嗜）酒，疑帝本非我家子也。6

意思是，王莽的父親王曼從小身體就不好，母親又是個酒鬼，我們自家都懷疑王莽不是王氏的後代。

王涉的話放到現代來看，實屬無恥，在王莽政權穩固、分享高官厚祿時為何不說這些話？要背叛也不是不行，為何要汙蔑人家母親酒後亂性與人通姦？但在當時，這番話的主要意圖是令劉歆放心，論證王莽非王氏後代，將王氏與王莽撇開關係，也就解惑了為什麼要背叛王莽。

王涉表明心跡，劉歆也放心了。這些年來，他對王莽的感情從尊敬到恐懼，再到仇恨。他只要一想到死去的兒子劉棻、劉泳和女兒劉愔，就恨不能為兒女復仇。

因此，劉歆對王涉的政變打算沒有意見，只提出一點：劉疊是自己僅存的兒子，絕不能讓他冒險參加政變。

董忠和王涉同意了，既然劉疊不參加，就還須另尋同盟。司中、大贅、起武侯孫伋進入了他們的視野。司中，就是故漢的光祿勳，也負責宿衛宮廷；大贅，是新朝自創官職，有管理軍隊俸祿的職責。董忠應該是他的上級，就親自找到孫伋，請他參與進來。

具體的安排大致是：大司馬董忠掌握中軍，衛將軍王涉掌握宮廷守衛，司中孫伋掌握殿中宿衛。三人同時起事，劫持王莽，待大局穩定後投降更始帝。

應該說這個安排比較周到，但對何時起事，頂級星象大師劉歆有自己的意見：

當待太白星出，乃可。7

就是說，等太白星「出」就行動，因為太白星主兵：

當出不出，未當入而入，天下匽（偃）兵，兵在外，入；未當出而出，當入而不入，天下起兵。8

太白星，就是金星。因為金星在地球軌道內側，所以一般只能在黎明和黃昏看到它，但如果金星和太陽同時出沒，被陽光掩蓋，肉眼就看不見了。古人看見金星時，稱之為「出」，看不見則稱為「入」或者「伏」。劉歆精通星象，對太白星的出入規律頗為掌握，知道太白星不久將出，為了萬無一失，他認為應在太白星出的時候發兵才穩。

董忠、王涉都是篤信星象之人，劉歆又是最頂尖的學者，就都同意了。

於是，政變雖然準備就緒，但卻延宕未發。孫伋突然被幾位高官、皇親拉入這一圖謀，誠惶誠恐，非常害怕。回到家後，嚇得臉色都變了，飯也吃不下。他妻子陳氏覺得奇怪，不免詢問一番。孫伋一開始不說，最終還是告訴了她。

政變是大逆之罪，如果失敗，孫氏、陳氏兩家都會被捕殺。陳氏很害怕，就又告訴了弟弟陳邯。陳邯一聽，何必為這些事情惹上殺身之禍呢？就直接找到姊夫孫伋，曉以利害，勸他要顧及家族，不要衝動。

七月，孫伋和陳邯一起告發了董忠等人的圖謀。因為是董忠找的孫伋，所以在舉報中，董忠被描述成主謀。王莽大驚，立刻派人分頭去捉拿。

董忠正在講武練兵，突然來了使者急召他進宮，他的屬下護軍王咸提醒道，久不發兵，是不是洩密了？不如斬殺使者，直接帶兵殺進去。

由此可見，雖然是幾位大臣的密謀，但政變至少已經部署到部分中層將官，也得到了這些軍人的支持。所以，王莽確實已經被很多人拋棄了。

但董忠沒有聽，大概覺得猝然發兵，沒有必勝的把握，就和王咸交代了一番，跟著使者進宮。走到禁省，他發現王涉、劉歆也都被召見，顯然是洩密了。正想著，中常侍⿱豈是[9]惲走了過來。對這個人，劉歆可不陌生，當年女兒劉愔被迫自殺，直接原因就是⿱豈是惲和劉愔「談話」。而現在，這個爪牙又要故伎重演，前來斥責他們幾個了。

果然，⿱豈是惲一開口，董忠等人就知道事情全部洩露，抵賴已無意義，就都認罪了。跟著過來執行逮捕的幾個宮中內侍中黃門拔出劍來，準備押解他們，劍光肅殺，令氣氛陡然緊張。董忠大概知道不免一死，恰好他是從中軍那邊過來，還帶著佩劍，於是拔出劍來打算自殺。

因為氣氛高度緊張，侍中王望一見董忠拔劍，還以為他要拒捕，高呼，大司馬要反！中黃門本來就拔劍在手，聽得一個「反」字，立刻衝上前將董忠格殺。血肉飛濺，在一旁的劉歆、王涉被嚇得不輕。

宮外，王咸等人預感事情不妙，就帶著中軍兵馬前來，正好聽說大司馬突然被幾個中黃門所殺。在未聞王命的情況下，主官被宦官所殺，對軍人是一種侮辱，大批軍人湧到黃門郎執勤的衙署，紛紛拔劍張弩。一場已經被破獲的政變，眼看有激發出兵變的危險。

驚險時刻，皇后的父親，正在例行巡視郎署的寧始將軍史諶，趕忙站出來告訴大家，說大司馬突發狂病才被誅殺，請大家不要緊張，放下兵器，回到軍營。

寧始將軍也是高級將領，他既然發話，大部分軍人也就退去，一場危機解除了。

王莽知道董忠已死，鑒於他是自己一手提拔上來的，反而成了政變主謀[10]，感到憤怒，下令虎賁們用「斬馬劍」也就是尚方所製造的「尚方寶劍」，將他的屍體砍成屍塊，盛在竹籃裡，一邊示眾一邊喊「反虜出」。這也是厭勝的做法，董忠的宗族成員就像當年翟義家族一樣，被撒上濃醋、毒藥、匕首、荊棘，全部活埋，以示最毒辣的詛咒，令其家族在地下也無法翻身。

但對於董忠的中軍部下，王莽不敢追究，說他們都是被董忠蒙騙，全部赦免。

王涉、劉歆已經自殺。不知道劉歆在死之前，是否會擔憂他僅剩的兒子也將被殺，是否會想著還有許多學術工作沒有完成，是否後悔非要等「太白出」。當然，太白星出的時候，確實已經兵戈四起，劉歆沒有說錯，但那已經和他沒有關係了。

一個是骨肉堂兄，一個是心腹舊臣，連他們都要謀反，王莽內心極度痛苦，也很忌諱，不敢讓天下覺得自己眾叛親離，對他們的死祕而不宣，也沒有擴大追究。特別是劉歆的兒子劉疊完全不知情，也沒有證據參與，王莽顯示了他罕見的寬容：免去劉疊五官中郎將，改為中散大夫。僅此而已。

西門君惠自然難逃一死，但他堅信自己是對的。臨刑那天，他對圍觀的人群——不知道裡面是否有他的好友桓譚——高聲說道：

劉秀真汝主也。11

國師公劉秀已經自殺，西門君惠是覺得還有一個劉秀呢，抑或不相信國師公真的死了呢？

幾天後，有郎官在皇宮的鉤盾土山上承露盤旁邊，看見一個穿著老百姓衣服的白頭髮老頭。一晃，不見了。

郎官們私下裡說，那就是國師公劉歆，他可能成仙了。

衍功侯王嘉是王莽自殺的侄子王光之子，擅長卜卦。王莽聽說了這個老頭的事情後，讓王嘉給占一卦。王嘉占卜後，說，不吉，陛下要小心兵火啊。

王莽內心大概已是極度蒼涼，苦笑著說：你個小孩兒懂什麼呢，那個老頭啊，是我的皇祖父，就是成仙的王子僑，他現身是要來接我成仙呢……

11 長安保衛戰

八月間，王莽聽說，一個幾乎被遺忘的謠言再次在民間傳播。那就是當年翟義所說的他毒死漢平帝的事。

王路堂裡，王莽大會群臣，把當日所寫、曾藏在漢家宗廟的金縢策書找了出來，一邊讀，一邊泣不成聲，以表明決無殺害女婿平帝的心跡。群臣沉默著傾聽。透過婆娑淚眼，皇帝發現，自從劉歆死後，朝廷裡已經沒有幾個舊人了，他熟悉的面孔越來越少。桓譚也不見了，他因為與典樂爭鬥，兩人都被免職，已經返回故鄉沛縣。

立國之初的「十一公」，如今「四輔」只剩下哀章，「三公」只剩下王邑，「四將」只剩下王盛。這三個人裡，哀章貪吝，目前人在洛陽守城，未聞有什麼戰績；王盛是賣餅出身，只有堂弟王邑是他碩果僅存的股肱。昆陽大戰之敗，雖然責任主要在王邑，但他的忠誠毋庸置疑。王莽下令把王邑召回長安，由他組建新的執政班底。

怕王邑誤認為被召回是要追究昆陽失敗的責任，王莽特地在詔令中談及一件極為重要的事情：我年老，嫡子都死了，打算把天下傳給你。

王邑果然回來了。當然，不知是皇帝反悔，還是聽了王邑對戰爭情況的報告後君臣兄弟二人已經無心於此，總之，並無皇帝立王邑為太子的下文。不過，王邑的確擔當了新朝頂梁柱，他被拜為大司馬，權勢僅在皇帝之下。

他的班子裡，大司徒是張邯，大司空是崔發，都是中生代裡最受王莽信任的人。但他們二位擅長符命，缺乏政事經驗。以前當過大司馬的苗訢代替了劉歆的位置，拜為國師；侯林被拜為衛將軍。比起漢末新初的風流人物，這幾位實屬平庸之輩，並無公輔之能。

其實，平庸不平庸，亦已無濟於事。去年造升仙車時，王莽已經進入一種癲狂狀態，但他至少還有自信。現在的他因為戰事無可挽回，憂慮得連飯也吃不下，可他並沒有積極謀劃，而是每天喝酒吃鮑魚，讀兵法書，想從書中找到快速退兵的法子，困了連床也不沾，就在席子上憑几而眠。日常政務完全不理，遇到急事就用厭勝之法，比如破壞漢元帝、成帝陵殿中的君臣畫像，給園陵的圍牆潑墨，諸如此類。

但皇帝從未有過投降的打算。這也是他以聖王自詡的宿命。

九月[12]，右隊郡（即漢弘農郡）析縣[13]的豪傑鄧曄、于匡起兵，自稱輔漢左右將軍，守衛析縣、武關的將領均不戰而降，加入漢軍，聲勢浩大。這支軍隊還沒有和武關之外的更始軍聯合，就已經北上直取郡治，攻殺右隊大夫（即弘農郡太守）宋綱，再向西朝著長安進軍。

王莽聞訊後，惶惶不可終日，他已經無計可施。還好，又是崔發站了出來，說按照古文經學《周禮》和《左傳》的記載，國有大災難時，應該通過哭來厭勝。現在的局勢，非人力能為，應該向天號啕大哭以自救！

王莽沒法，他趕在漢軍抵達長安之前，率領群臣到南郊，在明堂、辟雍和九廟之間，向天陳說自己獲得符命以稱帝的來龍去脈，並作了一千多字的告天策書，向天擺明自己的功勞。長嘆說：上天既然讓我受命，何不消滅各地的叛賊？上天如果認為我犯了錯，何不用雷霆劈死我？他頓足捶胸，哭得上氣不接下氣，哭完後伏在地面上向天叩頭。

不僅自己要哭，臣民也要從早哭到晚，朝廷熬製了免費粥，哭完了可以吃一點再接著哭。而那些哭得好、哭得妙，能邊哭邊誦讀策文的人都被拜為郎。據說有五千多人因此成為郎官，這個數字如果屬實，場面還是相當盛大的。

哭天，當然無法直接退兵，但這不能說完全荒唐，畢竟《左傳》裡確實記錄著類似的事。在篤信天帝的時代，皇帝向天哭訴，也是向上天「請示彙報」，只要上天沒有拋棄自己，那麼再派出軍隊就一定能旗開得勝。

哭完後，王莽把最後的軍隊也就是數萬中軍拿了出來，拜了九位將軍，名號裡都有「虎」字，總稱「九虎」，每個虎將撥給四千錢以作激勵。但王莽越發不信任別人，他曾委派四輔三公的七十二名屬官為使者到各地傳達赦令，結果他們一出長安就作鳥獸散，其中的大夫隗囂跑到天水，馬上起兵討莽。有鑒於此，王莽就把九虎的妻子兒女都接到皇宮裡「照顧」，作為人質。

九虎們一看如此不得信任，又一看王莽在禁省裡還藏著六十萬斤黃金，卻只得到四千錢，也都沒了鬥志。九虎在長安東北的華陰一帶[14]迅速被鄧曄擊潰，中軍精兵損失殆盡。

此時，更始軍已經趕到武關。鄧、于二人開關迎接，和更始帝的西屏大將軍申屠建、丞相司直李松率領的西征軍會合，大軍開到長安城下。隗囂從天水派來的軍隊從西部開過來，長安被各路所屬不同的軍隊圍困，成為一座孤城。

王莽現在連南郊也去不了了，城裡只有城門兵、越騎等部隊。他大赦城中囚徒，每個人都發了武器，殺豬飲血為盟，讓這些武裝起來的囚徒們發誓，如果對新朝有二心，死後會遭報應。統率這支臨時軍隊的是皇帝的岳父、寧始將軍史諶。但這支軍隊一過了渭橋就四散逃走，一個人也沒回來，不急於逃命的，反而用皇帝發給的武器把渭陵附近王莽妻子父祖城郊的墳墓都給掘了，棺材拖出來燒掉。

巍巍赫赫的九廟、明堂、辟雍等宗法祭祀建築群，被付之一炬。

大火熊熊燃燒，照亮了長安城。

篤信儒學之人，對宗廟的焚毀最為忌諱，對先人靈柩遺體的受辱最感痛苦。王莽在宮牆上見到大火把多年來制禮作樂的豐功偉績燒成灰燼，該作何感想？

他想的是守城門的士卒也不可信任，有人告訴他，這些士卒都是東方人。而敵人也多是從東方過來的。他信任越騎[15]，就每個城門配一名校尉加六百越騎，以作最後的抵抗。

作為聖王，皇帝決不會投降。

十月[16]初一，經過激烈的保衛戰，長安城東牆的春王門，也就是漢朝時期的宣平門被攻破。大司徒張邯正好在門內巡視督戰，當場被殺。大司馬王邑、王舜的兒子王巡、亹惲帶兵節節抵抗。到了這天的日暮時分，城內各官邸已經空無一人，大小官員各自逃亡。十月初二，城內有兩個年輕人朱弟、張魚，擔心外兵進來搶劫或是屠城，就趕緊加入反莽的陣營。他們糾集了很多「首都青少年」，成群結隊，縱火燒了皇宮的作室門，用斧子劈開敬法殿的小門，還大呼小叫，四處高喊：

反虜王莽，何不出降？[17]

昨天還是皇帝，今天就成了反虜。王莽在宮中聽到這些話，想必驚恐而傷痛。但最可怕的還是大火。大火很快燒到黃皇室主所住的承明殿，公主的身邊應該還有人在，並在事後回憶了她的最後時刻：火勢越來越大，那一刻終於到來，她的最後一句話是：

何面目以見漢家！[18]

隨即跳入火中而死。

王莽可能並不知道他最愛的嫡女已經去世，在侍從的幫助下，他逃到宣室殿，這是王路堂的正室，仍然有不少大臣和侍從跟隨著他。但火勢繼續蔓延，連前殿也沒法待了。驚慌之中，他分明聽見宮女們絕望地叫喊「怎麼辦！怎麼辦！」但他仍然不會投降，他大概會想起子路——「君子死而冠不免」，所以要穿戴好聖王的裝扮：身著蒼青泛紅色的衣服，佩戴著天子璽綬，手中握著不知何人所獻的「虞帝匕首」。當然，還帶著他的威斗。

皇帝忠誠的天文郎仍然恪守職責，在他身旁用「式盤」占卜時日。威斗和「式盤」可以結合起來用，就像傳說中的「司南」，也是在方位盤上放置一個金屬的勺子。皇帝坐在席子上威斗斗勺的位置，隨著時辰推移，他把威斗的斗柄指向一個新的方位，以與天空中北斗斗柄的方位相一致，這意味著從這個方向來的漢軍將會被自動消滅。他已經不再進食，大概也沒有人送來飯菜，他很疲倦了，但仍然不會投降，他堅定地告訴身邊的人：

天生德於予，漢兵其如予何！[19]

「天生德於予」，這本是孔子周遊列國，在宋國被桓魋圍困，險些被殺時告誡弟子的話。王莽自詡聖王，像孔子一樣擁有天命，所以也絕不會被殺，眼前的困難也一定會過去。

十月初三，天剛亮，身邊剩下的大臣把皇帝連扶帶架，從宣室殿前殿出發，向西出白虎門。王舜的兒子、和新公王揖在門外備好了車馬，大駕向滄池的漸臺奔去。漸臺是二十多丈的高臺，上有建築，從岸邊過去只有一條路。當年王莽獲得漢朝傳國玉璽，得意非凡，就在這座漸臺上擺酒慶賀。現在，他懷抱符命、威斗，顫巍巍登上了漸臺，只希望池水能夠阻擋敵軍。

他畢竟也六十八歲了。

他坐在臺上的亭閣裡休息，環顧四周，幾乎每個人都疲憊不堪。他看見追隨者正陸陸續續彙集到這裡，估算了一下，還有千餘人。他可能會想起當年漢室禪讓的時候，可沒有這麼多人追隨漢帝，可見，自己確實有天命。

他也會看看，那些在新朝享受了高官厚祿的人有誰在。他沒有看見最寵信的崔發，崔發不可能投降，一定像張邯那樣殉難了吧；他看見的，王氏子弟有大司馬王邑和他的兒子、侍中王睦，還有王巡、王揖；重臣裡，有一直跟隨自己的鼉惲，有國師苗訢，有太傅唐尊，當年「十一公」裡的王盛也在，他雖然只是賣餅出身，但真的是忠於自己啊！

王莽應該沒有看見，王睦本來已經換好衣服準備逃跑，被父親王邑喝令回來。現在，父子二人、王巡、鼉惲在漸臺下面帶領殘兵拿好弓箭，安排位置，準備死戰；其他重臣則在臺上陪著王莽。整整一個白天，王莽終於可以不受打擾，也不必奔逃。他注視著漸臺之下的戰鬥，時不時聽見有人呼喊：

反虜王莽安在？

但他並不覺得恐懼，因為他是「聖王」，聖王是無懼的。他只是不明白，自當安漢公至今二十多年，尊儒改制、順天應變，一貫勤勉政務、賞罰分明、不徇私情，而且手握符命；但為什麼登基之前就很順利，登基之後越來越難，以致不可收拾呢？

12 聖王不降

已是暮秋，滄池畔樹木蕭瑟，寒潭淒清。若是鳥瞰，會覺得人宛如在天海之間，特別渺小，不知是否有人會想起漢武帝多年以前的那首《秋風辭》，雖然不是寫於這裡，但蒼涼感是相似的：

> 秋風起兮白雲飛，草木黃落兮雁南歸。
> 蘭有秀兮菊有芳，攜佳人兮不能忘。
> 泛樓舡兮濟汾河，橫中流兮揚素波。
> 簫鼓鳴兮發棹歌，歡樂極兮哀情多。少壯幾時兮奈老何！

從漸臺上遠眺，風景猶在，物是人非，王莽確實老了。

對漢軍來說，只要能活著衝進去，斬首奪旗，立下大功，這輩子就能榮華富貴，甚至歷史留名，因此無不拚命奮戰。從岸邊通向漸臺的路只有一條，想必也很窄，漢軍擁擠在一起，據說圍了幾百重之多。只有前面的人倒下，後面的人才有機會頂上去且戰且進。推測來說，這些人名為漢軍，實際上不僅有軍人，還有城中的市民、商賈、無賴，城外的販夫、農人，等等。

漸臺上下，新朝逃亡的官員、侍從加上僅存的士兵，大概還有千餘人，繼續在組織防禦。漢軍不斷被臺上射來的弓矢射殺。戰鬥依然異常激烈，直到下午，漢軍終於覺得弓矢明顯減少。臺上逐漸彈盡糧絕，漢軍逐漸衝到漸臺之下，與王莽軍短兵相接，把守軍幾乎全部殺死。

到了下午，這天的下哺時分，王莽看見漢軍層層登臺，攻了上來。臺上已經沒有幾個武將衛兵了，多數是躲避的文臣，他們還都佩戴著印綬，衣著華麗，卻亂作一團，猶如待宰的羔羊。漢軍毫無憐憫，揮刃向前，殺人之後還將印綬取下戴在身上。漸臺上的建築物裡也有人在躲避，漢軍衝入其中，不分青紅皂白一概斬殺，一時血光四濺，一些屍體也從漸臺掉進池水中。

屠殺期間，一名叫作公賓就的校尉忽然敏銳地發現，有一個士兵身上佩戴的印綬不同尋常。公賓就曾經在大鴻臚手下擔任過「大行治禮」的工作，對新朝的印綬很是熟悉。他按捺住內心的興奮，平靜地詢問這個士兵，身上的印綬是從哪裡找到的？

這個士兵似乎缺乏敏感，他指了指漸臺上的那幢建築說，是從這個房子西北角一個他殺死的人身上剝下來的。

後人已經搞不清楚這個士兵究竟是一個叫作杜吳的商人，還是一個叫作杜虞的屠夫[20]，但這都不重要。公賓就很快跑進室內，找到了那個被殺死的人，他雖然已經被褫去印綬，但身旁的威斗、衣服的顏色，以及那令人印象深刻的面容，使他足以確認，這具屍體就是終年六十八歲的皇帝王莽。

公賓就果斷地斬下王莽的首級，拎在手裡，大步走出室內。在漸臺之上，他借著黃昏的殘陽，向眾人展示這個蒼老、瞑目、鬚髮花白的首級。

漸臺上的眾兵士霎時停下了戰鬥，但僅僅片刻，眾人如夢初醒，蜂擁進入建築物裡去尋找那個無頭的屍體，他們只為搶奪一塊屍身，以證明自己也參與了對王莽的斬殺：

軍人分裂莽身，支節肌骨臠分，爭相殺者數十人。[21]

就是說，他們為了爭奪王莽的一塊屍體，幾乎將其剁成肉泥，甚至為了爭奪屍塊而自相殘殺的都有幾十人。歷史的相似並不驚人，多年以前，項羽自刎烏江後，漢軍也曾這樣搶奪過項羽的屍體：

王翳取其頭，亂相輮蹈爭羽相殺者數十人。最後楊喜、呂馬童、郎中呂勝、楊武各得其一體。[22]

有理由推測，最初記錄王莽之死的史家在回顧這一情形時，可能參考或聯想到項羽的下場；也可能當時的軍人確實會對這類大人物做出分屍求賞的舉動，公賓就終於成為最大的受益者之一，被更始帝封為滑侯。

王莽已死，漢軍的殺戮也告一段落。這時候，他們才會在上司的督促下清理戰場，令宮人或熟悉的人來辨認、檢點被斬殺的屍體都是哪些人物。

漸臺下躺著的主要是戰死者，大司馬王邑和他的兒子王睦、四將中的車騎將軍王巡，以及蘉惲，很快被辨認出來；漸臺上被殺的主要是文臣近侍，有王舜的兒子王揖、國師苗訢、太傅唐尊、寵臣趙博、中常侍王參，以及賣餅的前將軍王盛，他們都是王莽的殉葬者。

有些名宦高官可能也一同被殺，但或是屍體無法辨認，或是掉進水裡屍骨無存，以至於無法肯定他們的結局。

有些皇親國戚和重臣向漢軍投降，包括王莽的岳父更始將軍史諶，王舜的兩個兒子安新公王延和說德侯王林，四將之一的立國將軍趙閎，以及王莽最信任的大司空、說符侯崔發等，他們戰戰兢兢地等候發落。

漢末的皇太子劉嬰也被從軟禁的地方放了出來，他已經十九歲了，但幾乎不會說話，不認識外界的事物，儼然癡兒。

更始軍校尉王憲成為最早代表更始帝進入長安的漢軍統帥，恍兮惚兮，他生出錯覺，自稱漢朝大將軍，建立天子旌旗，住進王莽的後宮，儼然皇帝的做派，很大機率是被親身經歷改朝換代這件事沖昏了頭腦。

三天之後的九月初六[23]，鄧曄、李松、申屠建等將軍，以及更始帝的岳父、大司馬趙萌接連進駐長安。波水將軍竇融出現在隊伍裡，他已經投降趙萌，並贏得了趙萌的欣賞，後來還將成為東漢的大司空，開啟東漢一朝赫赫有名的竇氏家族。階下囚崔發驚奇地發現，申屠建竟然是他以前的學生，他大喜過望，覺得總算逃過一死。

諸將見到王憲僭越，隨即將他逮捕斬首。

公賓就奉上的王莽頭顱，想必此時已經腐敗。諸將不敢怠慢，將這顆膨脹的頭顱做一番防腐處理後裝入匣子，加急送往宛城，更始帝要用這枚頭顱向天下宣示自己贏得了天命。

沒了王莽的天下並不平靜，王者已逝，群雄逐鹿，鹿死誰手，猶未可知……

餘韻：孔子為漢制法

丘制命
帝卯行
——《孝經援神契》

1

宛城。王莽死後數天，幾名使者從長安趕到南陽太守府正堂。更始帝正在便殿與寵姬韓夫人閒坐，使者們稟報了長安的消息，並捧出那個匣子。更始帝連忙令人打開給他驗看，想來，那人頭應當甚是恐怖，但更始帝卻喜不自禁地說：

> 莽不如是，當與霍光等。1

就是說，王莽若不稱帝，其功勞應與霍光並列。更始帝並不能理解王莽稱帝的原因，只將他當作篡位的權臣，這也將成為帝制時期對王莽的主流態度。而韓夫人笑道：「如果不稱帝，哪有你的今天？」看到這顆首級，更始帝覺得再無懸念，吩咐把首級懸掛在宛城的集市上。

宛城是「一線城市」，集市上人口眾多，雖然前番劉縯圍城時死了不少人，但更始帝的入駐當重新聚攏了人氣。看見漢官把王莽的首級懸掛起來，眾多吏民前來圍觀，從圍觀到唾罵，從唾罵到「提擊」，直到有人撬開首級的嘴巴，割下王莽的舌頭，並分而食之。

王莽確實令許多人受了苦，宛城又是新朝屠殺反叛者比較多的城市，遠到居攝時期的劉崇、張紹家族，近到一年前的李通家族，所以宛城中有人格外痛恨王莽並不奇怪。但是，當年萬眾齊心將王莽送上帝王之位的人裡，就沒有宛城的居民嗎？

包括那些在長安縱火、加入搶劫和屠殺隊伍的普通民眾，又有多少曾經為他歌功頌德呢？痛恨王莽並不稀奇，但痛恨到要吃他腐敗多日的屍體的舌頭，即使考慮到古人對屍體的態度與今天不同，仍然感到一種變態的作秀。贊許一個人，就將他捧為聖王；否定一個人，就恨不能食肉寢皮，實在是當時許多人的本性。

王莽一死，那些固守城池的將領，搏殺拚命的士兵也就失去了抵抗的意義。例如王欽、郭欽據守的京師倉，始終沒有被攻克，但他倆知道王莽死後也就投降了。出於對忠於職守的尊重，更始帝封二人為侯。

但也有人誓死不降，例如監管「曹國」的曹部監杜普、陳定郡大尹沈意等人堅守城池，直到城破被殺。西漢滅亡之時，除了劉氏宗族外，只有一個東郡太守翟義起兵，新朝在這短暫的十幾年裡收獲了一批人心，從這一點上看，比西漢強多了。

現任東郡太守王閎是王莽的堂兄弟，聽到王莽死後反而鬆了一口氣。漢哀帝駕崩之夜，要不是他火速將消息報告王政君，王莽不會那麼快就掌握朝政。但他們後來關係不睦，因為王閎希望王莽當霍光，安漢而非滅漢。新朝建立後，王閎的態度引起王莽的注意，被出為翟義的故官東郡太守，可能有敲打他的隱晦意思。王閎也害怕有一天會遭遇不測，隨身攜帶毒藥，常存自殺之志。

看見漢軍兵臨城下，王閎立刻舉全郡投降，受到更始帝的信賴，被委任為琅琊太守。後來更始失敗，王閎一度歸在和劉秀爭天下的劉永、張步一邊，最後跟隨張步投降劉秀，竟然保全了王氏他這一脈。

其他王莽近親就沒有這樣的幸運了。更始元年九月，就在王莽的頭顱懸掛於宛城時，王舜之子太師將軍王匡、國將哀章在洛陽投降，他們被送到宛城，猶如給更始帝獻俘，隨即被殺。

洛陽拿下後，更始帝準備遷到洛陽，就派劉秀為代理司隸校尉先去打掃一下宮室。還沒動身，前番在昆陽大戰中敗逃到汝南郡的嚴尤、陳茂擁立劉望為天子、嚴尤為大司馬、陳茂為丞相。汝南郡與南陽、洛陽都很近，算是「臥榻之側」，更始帝派堂侄奮威大將軍劉信向東揮師，劉望稱帝僅十幾天，就在汝南兵敗，連同嚴尤、陳茂一併被殺。

十月初，更始帝帶著朝廷抵達洛陽，擺在他面前的有三件大事：第一，處理好關東最危險的不確定因素赤眉軍；第二，收服群雄蜂起的河北地區，當時有諺語說，「諧不諧，在赤眉；得不得，在河北」[2]，正是這個意思；第三，安排赴長安諸事宜，徹底恢復漢朝。

赤眉方面，更始帝很快派了使者到關東去招降，樊崇很有誠意，留下全部兵馬，只帶著二十幾個首領跟使者到洛陽歸順。更始擔心赤眉不好控制，沒有給他們封王，而是封為列侯。東方局勢暫時趨於穩定。

河北這邊，更始帝的堂弟劉賜——他和更始帝屬同一祖父——推薦讓剛剛和陰麗華結婚的劉秀渡河去收服。更始帝經過一番權衡，在劉賜等人力勸之下，同意派遣劉秀以破虜將軍的身分代理大司馬，去河北招降，不過沒有兵馬糧餉，只配了官屬，劉秀需要自己去開拓。

但劉秀欣喜若狂。幾個月來的韜光養晦、忍辱負重，此番雖然「單車臨河北」，他卻猶如猛虎入山，一去不返了。

就在劉秀離開洛陽的同一天，更始帝拜劉賜為丞相，啟程去長安主持局面，修繕宮室，準備朝廷入關事宜。劉賜一到，發現長安破壞得並不嚴重，只有未央宮被火燒了，其他宮殿幾乎完好，數千宮女、樂伎都還在，收拾一下就可以「拎包入住」。但長安的秩序委實不太安寧。

原來，崔發歸降後，因為曾經教過申屠建《詩經》，這一個多月時常去找申屠建闡說符命，大談漢家終究滅亡的徵兆，暗示申屠建有所作為。崔發曾經通過說符從一名經師變為三公，應是想故伎重演。申屠建後來無法忍受，又怕惹上禍端，正好劉賜來到長安，就將此事告知，建議由劉賜出面解決。

劉賜迅速殺掉崔發，估計是擔心局勢不穩，把已經投降的史諶、王延、王林、趙閎等人一併殺了。至此，當年煊赫一時、「一門十侯」的王氏家族已近枝葉凋零。「十侯」裡除了王莽和淳于長，陽平侯王鳳，其曾孫已被亂軍殺死；曲陽侯王根的兒子王涉因政變被王莽所殺；成安侯王崇、高平侯王逢時的後代在新朝滅亡時不知所蹤；成都侯王商的兒子王邑、孫子王睦死在漸臺上；安陽侯王音的四個孫子王延、王林、王匡、王揖全部被殺。得以善終的，一是王譚的兒子王閎、王仁；另一個是紅陽侯王立的兒子王丹，曾和劉秀認識，因王立被王莽所殺，就背叛家族加入漢軍，但他早早戰死，所幸留下兒子王泓到東漢被封為列侯。

更始二年二月，更始帝終於抵達長安，下詔大赦，王氏家族裡面只要不是王莽的子孫都赦免無罪，王氏宗族得以倖存。

志得意滿的更始帝終於入主長安，據有了西漢諸帝們建造的宮殿，擁有了王莽儲蓄的財富。他派遣使者到各地的割據軍閥那裡，要求他們歸順。天水的隗囂見到使者，覺得天下大定，欣然要走，軍師方望建議他觀望一陣子，但隗囂不聽，方望很失望，辭別而去。隗囂到長安後，被拜為右將軍，後升任御史大夫。西北逐漸穩固下來。

更始帝一直關注著河北，看到劉秀招降納叛，「業績」出眾，從光杆司令起家，僅用半年時間就消滅了河北實力最強的王郎集團，擁有十萬大軍。看起來，是該將劉秀召回，以免尾大不掉了。

2

更始二年五月，更始帝派遣使者找到劉秀，封他為蕭王，令他立刻帶領諸將返回長安。河北這邊不需要操心，他已經任命了幽州牧和上谷、漁陽太守，即將走馬上任。

劉秀笑納了蕭王的封號，卻託詞說河北遠未平定，就先不返回長安了，後來甚至擊殺了更始帝派來的幽州牧和上谷、漁陽太守，公開和更始帝決裂。劉秀敢這麼做，是因為更始二年以後，樊崇等人帶著沒有封國的滿腔怨氣返回了赤眉，很快就背叛更始帝，並在秋天開始攻打更始軍。更始帝已經顧不上河北了。

天下彷彿重演了兩年前王莽滅亡前的格局。

更始二年冬，赤眉軍攻破更始帝最初的據點宛城，逼近關中，更始帝大驚。關中的吏民逐漸發現，更始帝入長安後，貪圖享樂，政績平平，沒有建立起有效的統治，因而未必是天命所屬的帝王。更始三年正月，隗囂的前任軍師方望不甘寂寞，觀察天象，認為天命在漢末的劉嬰，就跑到長安找到了劉嬰。此時的劉嬰像一顆棄子，無人在意，方望卻如獲至寶，將他帶到臨涇[3]，彙集了幾千人，立劉嬰為天子。

更始帝一看自己後方出了這麼大動靜，立刻派人攻打，將劉嬰、方望殺死，擊殺劉嬰的人裡面，竟然就有西漢末代舂陵侯劉敞的兒子劉祉。方望的弟弟方陽逃奔赤眉軍。劉嬰在嬰兒時被立為西漢的皇太子，幼童時禪位給王莽，青少年被軟禁在長安，剛放出來沒幾年就這樣死了。

但更始帝的命運也漸漸暗淡，到更始三年三月，赤眉軍已經入關並連續擊敗更始軍，打到了長安城外。在赤眉軍的壓力下，更始政權發生內亂。申屠建、原平林軍陳牧被更始帝所殺。隗囂險些被殺，趁亂逃回天水。原綠林兵王匡則投降赤眉，與赤眉合兵後攻打長安，更始三年六月，方陽因為更始帝殺了兄長方望，因此力勸赤眉軍盡快立一個皇帝以號令天下，攻滅更始。於是赤眉在鄭縣[4]立西漢城陽景王的後裔劉盆子為皇帝，改元建世，這支從渤海海濱一直遊蕩到長安的流民集團，至此總算有了一些政治意識。當時在齊地，祭祀城陽景王是很興盛的民間信仰，換言之，赤眉的這種政治意識仍然包含了相當程度的宗教因素，並不純粹。

同在這個月，三十一歲的劉秀在鄗[5]即位，改元建武。在祭天大典的祝文裡，劉秀鄭重向上天表達了圖讖的微言大義：

讖記曰：劉秀發兵捕不道，卯金修德為天子。

如同王莽對符命的篤信，劉秀也相信自己的天命依託於圖讖。大業初定，劉秀向洛陽行進，專心鞏固基礎，對長安內外綠林兵和赤眉軍的火並坐山觀虎鬥，伺機收取漁翁之利。

九月，赤眉攻破長安，與此同時更始帝的洛陽守將歸順劉秀；十月，更始帝向赤眉軍投降，劉秀則定都洛陽。赤眉入主長安，數十萬曾經的關東流民住在當時世界上最大的城市裡，法紀迅速敗壞，他們燒毀宮殿，搶劫市民，發掘帝陵，據說還侮辱呂后遺體。長安被破壞殆盡，幾乎淪為廢墟。三輔隨即發生饑荒，「人相食，城郭皆空，白骨蔽野」[6]。即使在皇宮裡，掖庭的宮女、祭祠的樂伎也大批餓死。赤眉軍嚴重缺乏政治能力，無力建立有效統治的後果最終由普通人所承擔。

與之相似，王莽的失敗也是缺乏政治能力，無力應付危局。所不同的是，王莽所面臨的危局是他自己再造的。班固在《漢書》中為王莽作的雖然是「傳」，但實際上就是帝王本紀，在最後的贊詞裡，班固曰：

> 昔秦燔《詩》《書》以立私議，莽誦六藝以文奸言，同歸殊途，俱用滅亡。[7]

將王莽與始皇帝並列，指出其殊途同歸，實屬慧眼，當然原因並不局限於焚《詩》《書》、誦「六藝」之類。千載之下，回眸來觀，王莽之敗，源於他再造了一個秦皇漢武所面臨的危局。

秦皇漢武，在今天是一個無比輝煌燦爛的名詞，近乎盛世，這是因為，古代的「天下」已經演進為今天的「民族國家」，秦皇漢武對於塑造當代民族國家的意識形態具有無可替代的重要作用。但若回到當時，秦皇漢武之局實屬危局。秦朝無盛世，漢朝的盛世在文景和昭宣，恰好跨過漢武帝。對編戶齊民來說，秦皇漢武的時代是嚴刑酷法、稅務繁重、徭役多如牛毛、戰爭頻發，但民生不被重視的格局。

王莽憑著對儒家理想的堅定承諾而受禪為帝，得到海內民眾的支持，但即位後的政策，無論怎樣花樣百出，祥瑞迭現，概括來說就是三個結果：

第一，王莽改制沒有成功。特別是王田制、私屬制，都是旨在實質性緩解社會矛盾、消除貧富分化的改制措施，但卻是最早宣告失敗的措施，意味著國家與擁有大量土地的豪族博弈的失敗。與此同時，一些無關實際、錦上添花的改制，如行政區劃的改變、郡縣和官職的更名等，卻通過行政手段強行實現，進而造成官僚行政系統的敗壞。他堅持實施的幾項改制措施，如鹽鐵專賣、擴大所得稅徵收範圍等，又基本上是漢武帝曾實行過且被當時的儒家詬病的弊政。總之，改制的失敗意味著王莽關於理想社會的承諾沒有兌現，沒能解決掉西漢後期的問題，這就抽離了王莽當聖王的根基。

第二，再造了秦皇的對內統治格局。前番曾說過，秦制有三大特徵，即編戶齊民、嚴刑酷法、文法吏。其實，這三者是秦漢及以後帝制中國時期的基礎，無論是唐宋還是明清，都沒有超出秦制的範疇。但這裡有一個程度的深淺，也就是「管多管少」的問題。王莽推行改制的理念，是一種極端的統制思維，他希望用人為的手段，把大小事都管起來，從而實現社會的平等。但統制思維最大的問題，就是意識不到「管起來」具有高昂的成本，管得越多成本就越高。編戶齊民不是機器人，總有人擁護有人反對，有人積極有人消極；文法吏雖然效率很高，但缺乏彈性和柔性，如果政策有問題，效率越高後果越嚴重。為了確保改制的順利，王莽又以莽撞無畏的志氣，對違反改制的民眾採取了極為嚴厲的懲治手段，將西漢後期相對寬鬆的律法變得格外苛刻。

第三，再造了漢武帝與四鄰的關係。打仗，是牽一髮而動全身的大事，中國所處的歐亞大陸，受地理和氣候的影響，北部邊疆有一道草原、漁獵與農耕的分界線。因此從周直到明清，沒有哪個朝代不面臨著邊疆戰爭的威脅。正如嚴尤所說，即使像漢武帝那樣雄才大略，也得花費半生，耗盡大半國力，才能對匈奴追亡逐北，與西域縱橫捭闔，向西南鑿空開拓，而且最終要與四鄰和平共處。王莽與匈奴的「奇怪戰爭」雖然始終沒有打起來，但年年在邊疆駐守，儼然修築了一道人肉長城，其耗費的民力和從內地抽取的財力根本無法計算。更何況他同時與北部、西域、東北、西南諸國對峙或交戰。

因此，王莽將新朝推入一個秦皇漢武所處的內外格局之中。秦始皇挾秦制之酷烈，對六國進行「降維打擊」，可以取勝並統一；漢武帝掠奪民間財富以擊匈奴，但是用人得當、貨幣穩健、務實精幹，最終險勝。但秦皇漢武也僅僅是以身免，秦朝二世而亡，漢武帝晚年改弦更張，不然漢朝也將危矣。王莽根本沒有秦皇漢武的政治能力，也沒有他們的時運、人才，也就無法駕馭這一危局。

儒家雖然幫助王莽成功登基，卻沒有幫助他坐穩帝位。儒家雖然崇尚經世致用，但儒家思想本身對現實政務是缺乏手段和想像力的，這是兩千年來儒家的一大軟肋。這恰恰說明，儒家的功用本不在現實，而在於理想、在於批判、在於馴服君主，是古代中國政治天平上的砝碼。

至於王莽的個性、相貌、心理特徵、理想主義情懷，以及他是否蓄意以符命祥瑞來欺世盜名，這些不是他失敗的主要原因。「篡位」之說，等同於汙蔑，如果這也算篡位，那帝制中國諸皇朝的開國君主有幾個不是「篡位」呢？

3

劉秀還真不算篡位，在古代的歷史敘述裡，劉秀是復興漢朝的中興之主；兩漢雖有東京西京、前漢後漢之分，事實上是兩個王朝，但在法統上仍被看作一個不可分割的漢朝。時人把秦朝和新朝都歸於「閏位」，不作數。

劉秀是西漢皇族後裔，從血統上說，東漢當然是西漢的延續，但延續不等於複製，經歷過新朝這幾年，一切徹底變了。雖然後世會評說劉秀「解王莽之繁密，還漢世之輕法」[8]，但不管劉秀是否意識到，他和他的皇朝都被打上了深刻的王莽烙印。

就像漢高帝實際上是一個「戰國」人，劉秀實際上也是一個「新朝」人。王莽當安漢公的時候，劉秀才六歲，西漢末年和新朝時人普遍具有的信仰他都有。他是新朝的太學生，是在新朝觀念影響下成長起來的一代人，儒家經學以及相關的符命、災異、祥瑞、圖讖、緯書，都是他信仰世界裡的重要部分。

作為儒生的劉秀非常熱愛讀書，喜歡鑽研思考儒家學問。他每次出去打仗，總能帶回一些書並且倍加珍惜，好好收藏。他入主洛陽時，光書就拉了好幾車。即使當了皇帝，他也特別愛和老朋友們徹夜談論儒家經典，分析經學義理，毫無倦意，這與王莽登基後整日和大臣們聊經義禮樂，沒有什麼區別。

正如王莽身邊圍繞著許多愛說符命的大臣，幫助劉秀成就帝業的功臣裡也不乏儒生出身的官員將軍。比如同學鄧禹年十三通曉《詩經》，馮異通《左傳》，賈復習《尚書》，等等。當然，這些人並不是專門從事經學的經師，也未必跟從過什麼名師大儒，但這更反映了新朝對儒家的推崇已經淫浸到地方、基層，成為許多人普遍的教育經歷。趙翼曾感嘆說，「東漢中興，則諸將帥皆有儒者氣象。」[9]「儒者氣象」，說明劉秀締造的漢朝，已經和西漢大不相同了，他的皇朝延續了無數新朝的特質。在西漢，是一群儒家要改造帝國；而新朝，是帝國要標榜儒家。當王莽打造的儒家政教體系陷入危局、歸於失敗，儒家轉向劉秀，在新朝制度的基礎上為劉秀開出了新局。昔日，西漢皇朝沒能徹底把握住儒家的話語權，漢哀帝對漢朝「再受命」深信不疑卻無能為力，劉秀則在西漢滅亡十幾年後再起，證明了「再受命」的真實性。但這次，他就要徹底把握住儒家的話語權，像新朝一樣標榜儒家，不能將其送給他人了。

東漢的使命，是建立一個復興了西漢，但延續了新朝政教的新漢朝！

用當時話說，就是「孔子為漢制法」。

春秋時期的孔子，怎麼可能為漢朝制法呢？這是因為，在儒家今文經學的話語裡，孔子是素王，為千秋萬代制定了法度，這裡的「法」不是法家的「律法」，而是以倫理教化為基礎的政治原則。用今天的話說，孔子是「大立法者」。他雖然早已死去，但留下的法度始終支配著社會的運轉。

如果以一個西漢人的視角看歷史，會發現孔子死後只有秦，但秦是法家立國，所以說「孔子為後世立法」時，就是「孔子為漢制法」。這就好比說洛克和孟德斯鳩為美國立法，只是一種修辭。但是，經歷了新朝，又不同了。東漢皇室需要強調漢朝是儒家命定的唯一聖朝，就把這句話解讀為，孔子活著的時候已經預言漢朝將實現他的理想，而證據就是大量的讖緯，比如《孝經援神契》裡有「丘制命，帝卯行」，丘是孔丘，卯是劉姓。

讖緯，是儒家在新朝基礎上為劉秀開出的第一個新局。

正如王莽受禪基於符命，劉秀的稱帝基於讖緯。這倒不稀奇，劉秀所信奉的讖語並不新鮮，那年頭稱帝稱天子的人裡面，誰還沒有個讖呢？

真定王劉揚有「赤九之後，癭揚為主」[10]，因為他是漢高帝九世孫，又長了個「大脖子」。土匪張滿本來只是打家劫舍，也打出要當王的旗號，被殺之前感嘆說「讖文誤我」[11]。四川的公孫述有「廢昌帝，立公孫」[12]，劉秀知道後，像書呆子一樣專門寫信給公孫述，辯論這裡的「立公孫」不是指他公孫述，而是漢宣帝，還在信的最後署名「公孫皇帝」。雖然公孫述最後敗於劉秀，但劉秀寫信爭論讖語這件事，和王莽指著甄尋的手紋辯說「天子」是「一六子」，行為上沒啥區別。

當然，劉秀是最終的勝利者，他對讖語就深信不疑。當年王莽以符命任命哀章、王興等人為高官，被後代學者當作他荒誕的證據。其實劉秀同樣如此，因為緯書《赤伏符》裡有「王梁主衛作玄武」之語，「玄武」和「大司空」都主水，他就把一個叫王梁的縣令直接任命為大司空；還有一則讖語「孫咸征狄」，劉秀就想把麾下的將軍孫咸提拔為大司馬，因被群臣反對而作罷。前面曾說過，王莽雖然以符命封官，但並不授權，劉秀照讖語封的可都是實打實的官員。

有一次，劉秀詢問博學多聞的新朝舊臣桓譚，要建立靈臺，用讖來確定其位置怎麼樣。桓譚此時已經老朽，沉默良久，說，「臣不讀讖。」[13]劉秀問他原因，桓譚大談讖緯不合儒經。劉秀大怒，要斬殺桓譚。桓譚叩頭不止，鮮血直流，過了好一會兒劉秀才壓下怒火，饒了他一命，將他外放為六安郡丞，遠遠打發他。桓譚在七十多歲遭此大難，路上就病死了。

倒是班彪的好友尹敏比桓譚聰明，劉秀派他去校訂圖讖，刪掉新朝時崔發為王莽所作的讖語符命。尹敏對劉秀說，讖語俚俗，一看就是當代人而非聖人所作，怕是貽誤後人。劉秀不聽。後來，劉秀看到尹敏校訂之後的讖語裡有一句很奇怪：

君無口，為漢輔。14

「君」字沒有下邊的口，就是「尹」字，那麼這則讖語說的是一個姓尹的人為漢朝之輔，而這恰恰又是尹敏校訂的。劉秀就招他來問。尹敏大約心中非常得意，說：我發現啊，前人都很隨意在讖語裡加入有利於自己的話啊，所以我也加了這句，萬一您信了，不就給我個大官做了？

劉秀聽了，被堵得哭笑不得，沒有怪罪他，但心裡老大不高興。尹敏從此仕途最高止於諫議大夫。

值得一提的還有劉秀定都洛陽。王莽按照符命「定帝德，都洛陽」，一度要遷都洛陽，但始終沒有成行。劉秀也信任類似的讖語，實現了王莽未竟的夢想。

猶如符命是新朝的「基本法」，讖緯也是東漢立國的基石。劉秀去世前夕，正式向天下頒布八十一篇圖讖，並嚴禁後人篡改，這與王莽向天下頒布四十二道符命完全一樣。整個東漢社會特別是中上層，對讖緯保持著巨大的好感，不相信讖緯的學者才是少數。從後世發現的一些東漢普通士大夫的墓碑看，有些士大夫甚至會把讖緯附會在自己身上。

禮樂，是儒家在新朝基礎上為劉秀開出的第二個新局。

劉秀總體是一位比較謙遜的皇帝。王莽青年時雖落魄，但身分地位並不低，劉秀則務農販糧打官司，起於下層。因此，劉秀儘管也封禪泰山，但對社會民生有比較清醒的認知，知道天下遠沒有到足以制禮作樂的程度，所以他對歌功頌德的祥瑞並不感冒。但祭祀、宗廟、學校等禮樂制度，他認為必備，且基本延續了王莽時期的設計。

比如封禪。建武中元元年，經過大司空張純的多次慫恿，劉秀終於趕赴泰山封禪，這也是他晚年所做的最重要工作。張純是何許人也？就是當年領頭為王莽設計九錫禮儀的人！在張純的安排下，劉秀封禪泰山，並在回來後按照王莽當年的禮儀建立明堂、辟雍、靈臺。張純本人則在從泰山返回洛陽途中病逝。

比如宗廟。劉秀嚴格遵守王莽所推崇的「為人後」之義，為了接續西漢，獲得合法性，根據張純的建議，劉秀按輩分以漢元帝為父、漢宣帝為祖，在洛陽太廟祭祀宣、元二帝，不祭祀親生父祖；在長安的太廟祭祀成、哀、平諸帝；只在故鄉舂陵[15]祭祀親祖。若王莽在世，一定給劉秀點個大大的贊。王莽曾給漢宣帝、漢元帝等幾位皇帝上廟號，劉秀非常認可漢宣帝的「中宗」廟號，予以沿用。

比如郊祀。西漢把郊祀的地點改來改去，好幾十年都沒定下來，是王莽確立了長安南北郊祀天地，以漢高帝配天、呂后配地的制度。東漢繼續沿用這一南北郊祀制度。在研究以誰來配天時，劉秀最初主張堯，因為堯是劉氏的祖先。此時，曾給王莽設計九廟的杜林站了出來，主張應繼續以漢高帝配天，被劉秀採納。只是劉秀實在不喜歡呂后，就尊漢文帝的母親薄氏為高皇后配地。

經學，是儒家在新朝基礎上為劉秀開出的第三個新局。

東漢建立不久，就按照西漢十四博士的配置重建了「王官學」，排斥王莽時期新晉的古文經學，延續了西漢經學的知識傳承，而且和讖緯緊密結合。但是，經學自有發展的內在理路。王莽、劉歆對古文經學的推崇已經比較深入人心，因此東漢的儒家對古文經學並不仇視，古文經學在民間大行其道，兩者偶有衝突，大體和諧，直到東漢末年經學大儒鄭玄對兩派予以「集大成」的構建。

除了上述三個新局，王莽曾經沒幹成的事，劉秀也嘗試做了一些。例如，王莽沒有把王田私屬令推行下去，劉秀卻趁著天下剛剛安定，多少做了一些土地丈量分配的工作，當然，劉秀立國的基礎之一仍然是國家和豪族之間的妥協，這本就是他從王莽失敗中得到的教訓，至於東漢多年之後將滅亡於豪族，還是後話。劉秀也先後發布六道釋放奴婢、三道禁止傷害奴婢的詔令，繼承了王莽對奴婢的人道主義態度，以至於有人認為這些法令就是王莽沒有施行到底的私屬令[16]。

還有勤儉節約這件事，王莽一直標榜簡樸，也要求別人簡樸，但他本人卻從未做到，修築九廟極盡奢侈。劉秀卻表現出罕見的節儉，不論是日常生活還是死後的帝陵，他的陵墓是兩漢帝陵裡最小的。

總而言之，王莽的失敗不等於儒家的失敗。儒家拋棄了西漢，葬送了新朝，但在一定程度上復興了東漢。

作為一個地皇元年還在新朝打官司的人，劉秀對新朝沒有那麼深的不滿。他的帝國起初繼續使用新朝錢幣，他也會拿出那枚寫有「白水真人」的銅幣感慨萬分，遲遲不願意讓這個錢退出流通，直到後來才不得不恢復五銖錢。當然，王莽的錢鑄造精美，在民間仍然流通，甚至流通到東晉……

從這個意義上說，東漢大談孔子為漢制法，實際表現為王莽為東漢制法。新朝雖然滅亡，但有無數新朝的士大夫留在了劉秀的政府裡，例如共工宋弘後為東漢大司空，繡衣執法浮湛、淮平大尹侯霸均為東漢大司徒，上谷大尹郭伋後為東漢太中大夫，等等，那些從新朝地方官搖身一變為東漢地方官的就更多了。

4

但王莽留給後世的遺產，遠不止在東漢一朝。

表面的影響，就是王莽開闢了一條「周公——堯舜」模式的禪讓之路，這個模式以「周公」來掌權，以「堯舜」來受禪，穿插著賜九錫、建公國或王國等措施，從而實現合法的權力交接。自東漢末年，曹操建魏國、受九錫，兒子魏王曹丕受漢獻帝禪讓開始，這個模式持續了很多年，而且一直被模仿，從未被超越。這是王莽留給後代「篡位」帝王們的禮物。

另一個很重要的影響處於歷史的暗流，那就是民意。

王莽的即位有著龐大的民意基礎，災異、祥瑞、符命等可以視為民意的載體。自此以後，在帝制中國，民意也變得愈發微妙，很多好事憑藉民意才能施行，很多壞事依託民意得以肆虐。但民意始終不能直白、通暢地表達，當讖緯、符命後來逐漸被歷代帝王拋棄，祥瑞和災異則依然以一種欲說還休的態度頑固地在政治場域裡生存，表達著或隱晦或顯白的民意。

但是，王莽最重要的影響，是在儒學自身。

王莽以禪讓的方式登上帝位，這是儒家在帝制時代政治實踐的頂峰。暫且不論王莽其人，也暫時拋開其中的迷信，只說儒家不依靠軍事力量，以和平方式實現了改朝換代和權力轉移，不太影響普通民眾的日常生活，更沒有發生劇烈的內戰和殘酷屠殺，猶如儒家版本的「光榮革命」，就堪稱一次重大的成功，是西漢政治儒學結出的最大成果。

不妨假設，如果王莽在執政後沒有再造危局，上至天子下至臣民，都把皇帝幹得不好就得禪位當作理所當然的事情，後代繼起的王朝也能遵循這一約定並不斷完善，猶如儒家版本的《大憲章》，那麼，帝制中國能否擺脫治亂模式，讓古代的老百姓少一些亂世苦難？

歷史是不允許假設的。而且古代帝制之下，只要秦制不變，治亂是擺脫不了的。王莽的失敗，使禪讓喪失了嚴肅性，淪為殘酷鬥爭的遮羞布，後世每一次「和平」禪讓的背後，都有著權臣對軍事力量的絕對把控；也使得儒家改制被視為美好、偉大但不可能實現的荒誕理想。

換言之，新朝的失敗終結了西漢的政治儒學，那種旨在馴服君主，用天人感應、災異祥瑞來限制帝王，甚至大臣敢於要求君主下臺的做法，漸漸失去了感召力。儒家失此良機，再無膽略氣魄和自信對帝制進行根本性的政治變革，再也無力觸及馴服君主、政權更替之類的宏大議題。這就是歷史的殘酷。對一個制度來說，如果把歷史給的第一次機會搞砸了，後人就會認為這是一個被證明過的錯誤答案。

於是東漢的儒學，又回到漢武帝、漢宣帝開創的「王霸之道」格局下，越發淪為政治的修飾物，地位被高度尊崇，但並不真正受重視。東漢不再有董仲舒、夏侯勝、京房、劉向和劉歆等「帝師範兒」的經師，儒家的政治地位明升暗降。

但東漢有更多的名士、孝子、循吏、學者。學術上，像鄭玄這樣的集大成者既熟習讖緯，也深研古文經學，還瞭解漢朝律令，力圖將古文和今文經學由禮制統攝為一體，並注釋漢律；士大夫們在道德上砥礪名節，他們《詩》《書》傳家，涵養百年，孕育宗族，造就了漢末三國赤壁千古的風流人物。

名教中亦有風流。至魏晉六朝，才子名士們的談玄雖然被認為是對名教的抵抗，但其實都有儒家的底色，玄言中不無政治的微言大義，但作為思想學術，受道家的影響，儒學已從政治哲學演進為玄學和義疏學。那些兩漢的餘緒，一部分殘留在越發無人問津的漢朝章句裡，一部分進入道教方術。特別是災異、數術、符命、讖緯之類，隨著後續王朝將其禁止，除了一小部分留在古代天文學領域，大多數已從廟堂之上跌落進最低的塵埃。直到今天，我們在道教神符的「急急如律令」[17]裡，在街頭巷尾的占卜者處，多少可以窺到過往的依稀痕跡。

至隋唐，佛道大興，儒學舊注飄零，幾乎不振。幸有韓愈《原道》，文起八代之衰，懸空構建起從孔子到孟子直至他本人的一套「道統」。此時儒學的危機，已不必侈談「政治儒學」，而是在佛教的彼岸淨土和僧人的禪意超越中，努力贏得一點生存空間。

繼而入宋，自宋初五子至南宋朱陸，皆以接續道統為己任，儒家自中唐吐故納新四百年，終於發揮出能夠對抗佛教的心性成聖之學，但無論是朱熹這一脈的「道問學」，還是陸九淵這一脈的「尊德性」，比起漢儒，其距離政治哲學的關係更遠。當然，宋儒的政治品格仍然存在，把漢朝自上而下的宮廷政治哲學，轉變為自下而上的個體、家族、社區的民間政治哲學，換言之，宋代儒家的政治品格不再糾結於馴服君主，轉而致力於涵養君子和治理家族。孔子的制法終於找到新的方向，不是給帝王製造符命讖緯，而是給民間創立鄉規民約、族譜家法等。

元、明之世，朱熹理學成為王官學，陸九淵之學演進為王陽明心學，但王陽明本人以「致良知」而發雷霆之力，戡亂平叛，其後學卻等而下之。明清鼎革，刺激儒生們另開新路，務實求變，儒家的政治品格體現在天文、地理、農工、軍事之類的實學，但一入清朝，文網嚴密，對實學的追求扭曲為對文字音韻訓詁、版本目錄校讎的研究，雖然自稱重返東漢，實際上不僅疏離於政教，亦不關乎心性。

直到清代中後期，學術理路內在轉移，常州學派興起，沿乾嘉之路繼續上溯，號稱重返西漢政治儒學，重提今文經學，但尚未積蓄政教實績，已聞西洋炮艦之聲，西洋政教挾槍炮之利侵入中土，時代已入第二個千年之大變局。

儒學還在周、秦之變的第一個千年之大變局中跌跌撞撞，抬頭已見改天換地。

隨著清朝廢科舉，無論是哪一路儒學，再也沒有王官學這一「體制內身分」的護持。而在學術領域，今文經學斥古文經學是新學偽經，古文經學譏今文經學為荒誕不經，從此兩敗俱傷，把騰出的位置讓給了現代學術，現代學術則從漢代學術繼續上溯，回到先秦諸子，回到商周彝器，將舊儒學視為未經科學審視的粗陋資料而非大經大法。此時生出的民國新儒家，將西洋政教理解為三代之治，以德國古典哲學改造儒家理學，力圖從老內聖開出新外王，將儒學拉回政治的軌道，至今延續百年，但其蹤跡多存乎學術著作、期刊論文，對大眾而言，彷彿紙上談兵。

至二十一世紀，特別是隨著互聯網的普及，道術更進一步為天下裂。儒學又有錨定西漢政治儒學，以觀照華夏當代乃至未來政制的學說。而孔子如何為當代立法，參與重塑當代倫理政教，似已成為不可迴避的問題。

但放眼日常生活，雖然我們遵循的道德準則仍以儒家倫理為基礎，但很難具體找到一項政制、一部法律、一樣科學技術、一個市場主體「屬」儒家。

儒家的靈魂似乎還在，但身體在哪裡？

敢問，孔子應否並如何為當代立法？

敢問，王莽留給後人何種經驗教訓？

本書涉及年號簡表*

（表一）

帝號	姓名	年號及年數	起訖時間（西元）	備註
西漢				
漢高帝（漢太祖）	劉邦	元年～十二年	前二〇六～前一九五	劉邦於五年即帝位
漢惠帝	劉盈	元年～七年	前一九四～前一八八	
高后（呂后）	呂雉	元年～八年	前一八七～前一八〇	
漢文帝（漢太宗）	劉恆	元年～十六年 元年～七年	前一七九～前一六四 前一六三～前一五七	前一六三年改元，未有年號
漢景帝	劉啟	元年～七年 元年～六年 元年～三年	前一五六～前一五〇 前一四九～前一四四 前一四三～前一四一	前一四九、前一四三兩次改元，未有年號
漢武帝（漢世宗）	劉徹	建元元年～六年 元光元年～六年 元朔元年～六年 元狩元年～六年 元鼎元年～六年 元封元年～六年 太初元年～四年 天漢元年～四年 太始元年～四年 征和元年～四年 元年～二年	前一四〇～前一三五 前一三四～前一二九 前一二八～前一二三 前一二二～前一一七 前一一六～前一一一 前一一〇～前一〇五 前一〇四～前一〇一 前一〇〇～前九七 前九六～前九三 前九二～前八九 前八八～前八七	據辛德勇，漢武帝起初改元沒有年號，至第五次改元之後，將之前的改元追記為建元、元光、元朔、元狩、元鼎；第六次改元後不久追記為元封。前一〇四年漢武帝實行太初曆，以正月為歲首，實行正式的年號制度，每四年一改元。晚年未及確定或追記年號即去世

（表二）

帝號	姓名	年號及年數	起訖時間（西元）	備註
西漢				
漢昭帝	劉弗陵	始元元年～七年 元鳳元年～六年 元平元年	前八六～前八〇 前八〇～前七五 前七四	元平元年，昭帝去世，昌邑王劉賀任二十七天皇帝後被廢，漢宣帝即位
漢宣帝（漢中宗）	劉詢（劉病已）	本始元年～四年 地節元年～四年 元康元年～四年 神爵元年～四年 五鳳元年～四年 甘露元年～四年 黃龍元年	前七三～前七〇 前六九～前六六 前六五～前六二 前六一～前五八 前五七～前五四 前五三～前五〇 前四九	據辛德勇，本始年號一直使用到「本始六年」，霍光死後，宣帝親政，改本始五年為地節元年，本始六年為地節二年
漢元帝	劉奭	初元元年～五年 永光元年～五年 建昭元年～五年 竟寧元年	前四八～前四四 前四三～前三九 前三八～前三四 前三三	初元元年，王政君為皇后 初元四年，王莽生
漢成帝	劉驁	建始元年～四年 河平元年～四年 陽朔元年～四年 鴻嘉元年～四年 永始元年～四年 元延元年～四年 綏和元年～二年	前三二～前二九 前二八～前二五 前二四～前二一 前二〇～前一七 前一六～前一三 前一二～前九 前八～前七	永始元年，王莽襲新都侯 綏和元年，王莽為大司馬
漢哀帝	劉欣	建平元年～二年 太初元將元年 建平二年～四年 元壽元年～二年	前六～前五 前五 前五～前三 前二～前一	建平元年，劉秀生 建平二年，劉欣改元太初元將，以求再受命。旋即廢除，恢復建平二年
漢平帝	劉衎	元始元年～五年	一～五	劉欣死後王莽再任大司馬 元始元年，王莽為安漢公 元始四年，王莽為宰衡
皇太子（孺子）	劉嬰	居攝元年～三年 初始元年	六～八 八	劉衎死後王莽居攝

（表三）

帝號	姓名	年號及年數	起訖時間（西元）	備註
新莽				
	王莽	始建國 元年～五年	九～一三	王莽以十二月為歲首，始建國元年正月即初始元年十二月
		始建國天鳳 元年～六年	一四～一九	
		始建國地皇 元年～四年	二〇～二三	地皇四年十月初三，王莽被殺
更始				
	劉玄	更始元年～三年	二三～二五	更始政權改正月為歲首，更始元年九月初三，王莽被殺 更始三年九月，劉玄退位
東漢				
漢光武帝（漢世祖）	劉秀	建武元年	二五	建武元年六月，劉秀即位

＊本表主要根據李崇智《中國歷代年號考》（中華書局，2001）；並採辛德勇《改訂西漢新莽歷史紀年表》成果，見氏著《建元與改元》第394頁附錄（中華書局，2013）。本書年號、年代、日期的古今對應，主要依據《公曆和農曆日期對照查詢》（https://ytliu0.github.io/ChineseCalendar/index_simp.html）。

世系圖

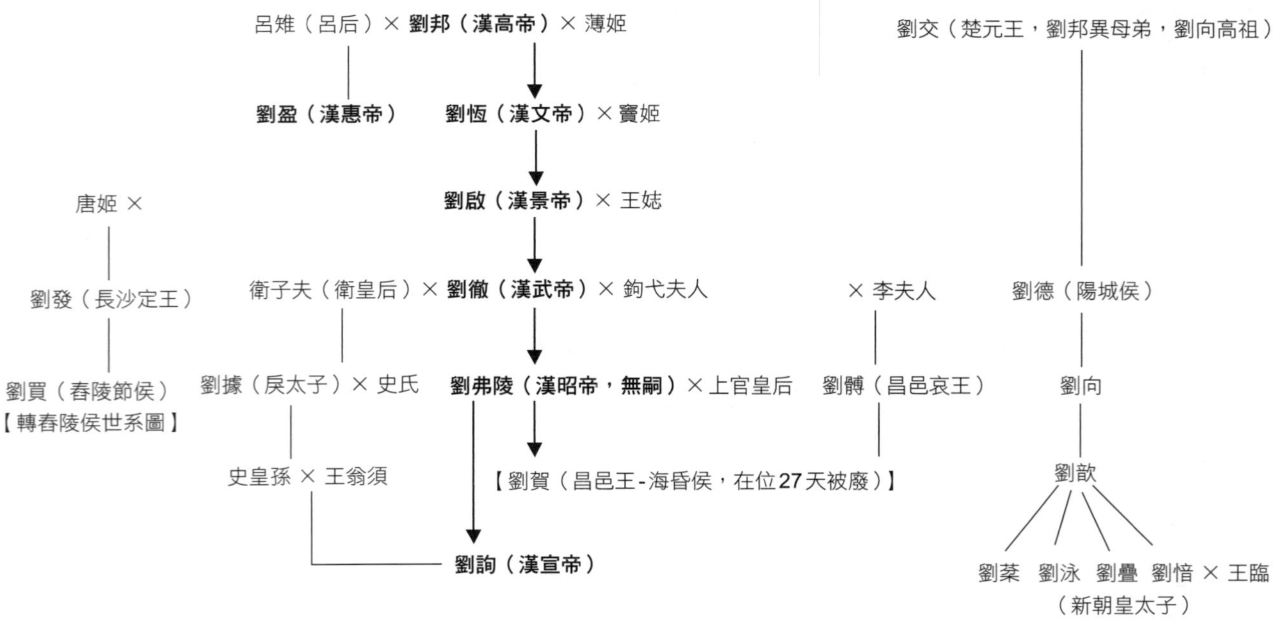

西漢皇室世系圖（上）

注：× 號指婚姻關係；帶箭頭的豎線指皇位的繼承關係；不帶箭頭的豎線和折線指生育關係。下同。

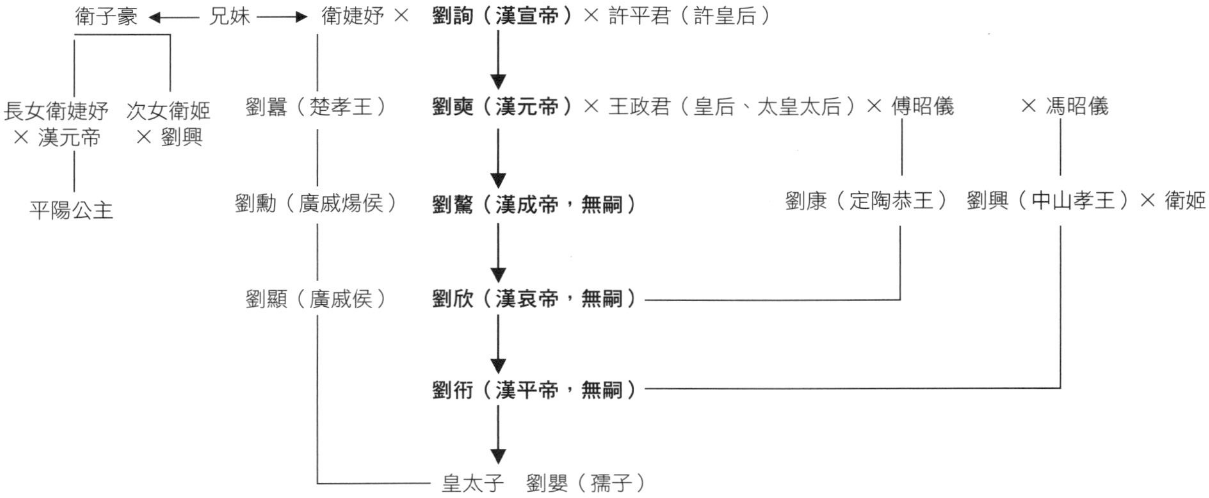
衛子豪
兄妹
衛婕妤 ×
劉詢（漢宣帝）× 許平君（許皇后）
長女衛婕妤
× 漢元帝
次女衛姬
× 劉興
劉囂（楚孝王）
劉奭（漢元帝）× 王政君（皇后、太皇太后）× 傅昭儀
× 馮昭儀
平陽公主
劉勳（廣戚煬侯）
劉驁（漢成帝，無嗣）
劉康（定陶恭王）
劉興（中山孝王）× 衛姬
劉顯（廣戚侯）
劉欣（漢哀帝，無嗣）
劉衎（漢平帝，無嗣）
皇太子　劉嬰（孺子）

西漢皇室世系圖（下）

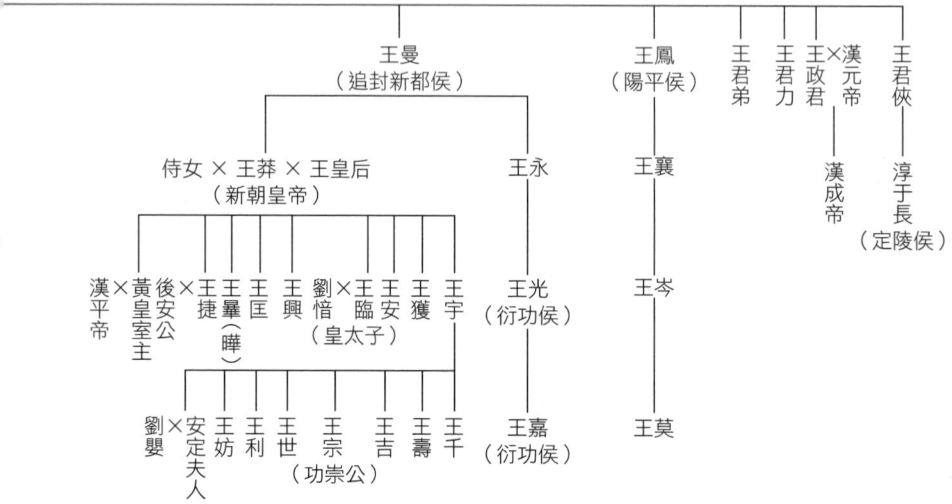
王曼
（追封新都侯）
侍女 × 王莽 × 王皇后
（新朝皇帝）
王永
漢平帝×黃皇室主
後安公×王捷
王𦒱（曄）
王匡
王興
劉愔×王臨
（皇太子）
王安
王獲
王宇
劉嬰×安定夫人
王妨
王利
王世
王宗
（功崇公）
王吉
王壽
王千
王光
（衍功侯）
王嘉
（衍功侯）
王鳳
（陽平侯）
王襄
王岑
王莫
王君弟
王君力
王政君×漢元帝
漢成帝
王君俠
淳于長
（定陵侯）

王氏家族世系圖

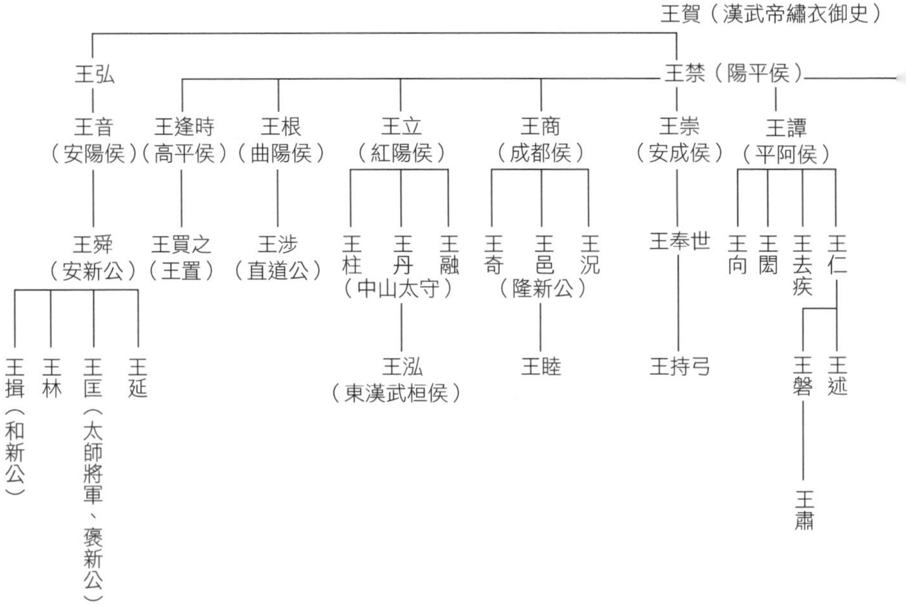

王氏家族世系圖

注：

1. 王逢時之子，《漢書．元后傳》作「王買之」，《外戚恩澤侯表》作「王置」，疑為一人。
2. 王舜之子王揖，《莽傳》稱王舜死後，「子延襲父爵，為安新公」。但《外戚恩澤侯表》又有「公攝嗣，更號和新公」，《莽傳》又有「和新公王揖」，疑王攝、王揖是同一人。又據《莽傳》，安新公王延投降更始政權後被殺，和新公王揖與王莽同死於漸臺上，因此王延、王揖非同一人。至於王舜的爵位繼承的矛盾，疑王延繼承的是安新公爵位，王揖繼承的是王舜原來的安陽侯爵位並改為和新公。
3. 王莽私生女王捷的封號，據《莽傳》為「睦逮任」；《匈奴傳》載須卜當與雲之子「奢」被封後安公，娶「陸逯任」，應即王捷，封號形近而誤。

春陵侯家族世系圖

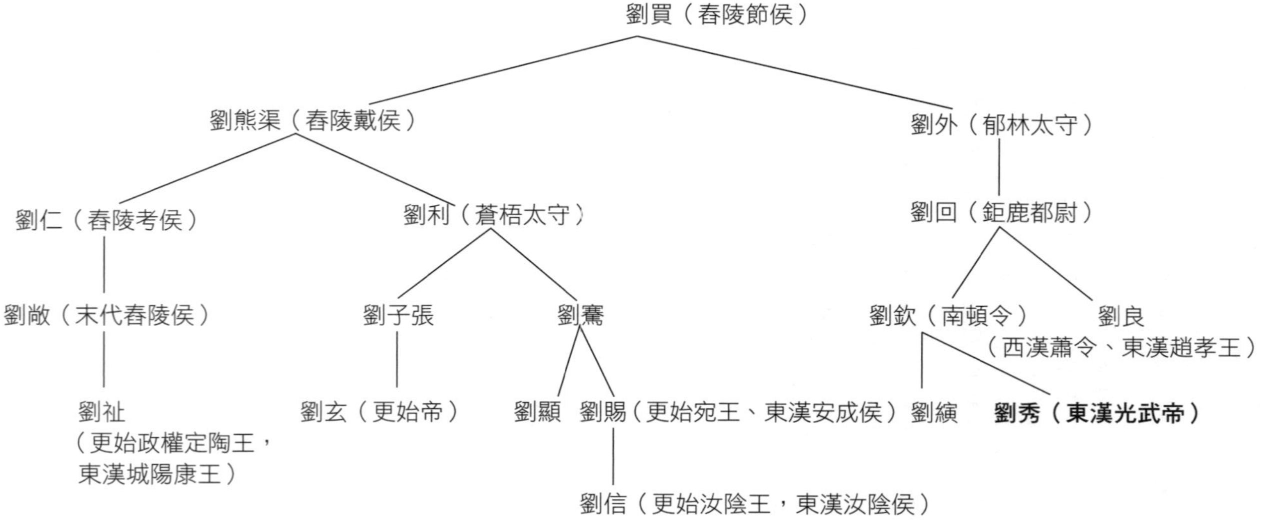
劉買（春陵節侯）
劉熊渠（春陵戴侯）
劉外（郁林太守）
劉仁（春陵考侯）
劉利（蒼梧太守）
劉回（鉅鹿都尉）
劉敞（末代春陵侯）
劉子張
劉騫
劉欽（南頓令）
劉良
（西漢蕭令、東漢趙孝王）
劉祉
（更始政權定陶王，
東漢城陽康王）
劉玄（更始帝）
劉顯
劉賜（更始宛王、東漢安成侯）
劉縯
劉秀（東漢光武帝）
劉信（更始汝陰王，東漢汝陰侯）

呼韓邪單于與王昭君家族世系圖

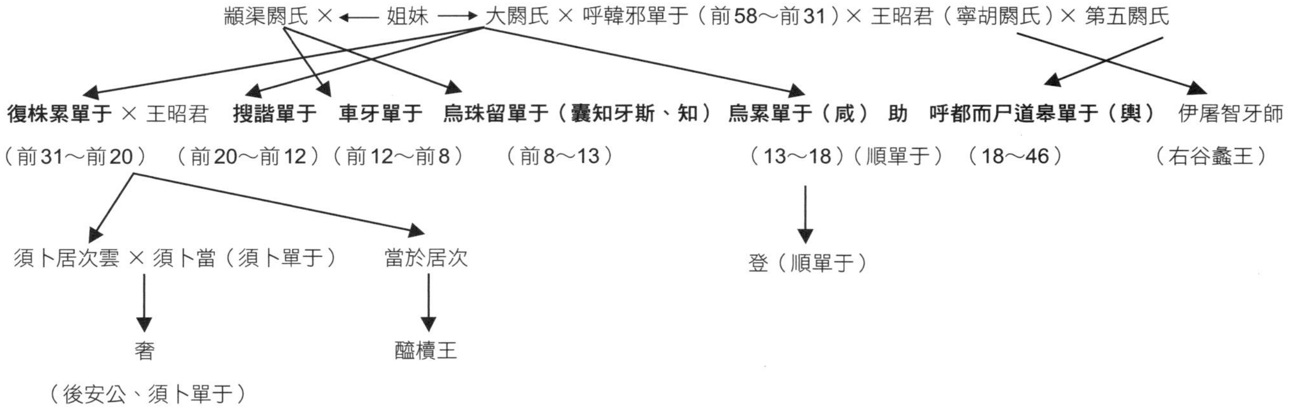

參考書目

古籍

陳立：《白虎通疏證》，中華書局，1997
阮元：《十三經注疏》（附校勘記），藝文印書館影印嘉慶二十年江西府學刻本，2007
皮錫瑞：《經學通論》，中華書局，1954
　　《經學歷史》，中華書局，1959
唐晏：《兩漢三國學案》，中華書局，1986
司馬遷：《史記》，中華書局，1997
班固等：《漢書》，中華書局，1962
范曄：《後漢書》，中華書局，1997
劉珍等：《東觀漢記校注》，中華書局，2008
荀悅、袁宏：《兩漢紀》，中華書局，2002
司馬光等：《資治通鑒》，中華書局，2012
趙翼：《廿二史箚記》，中華書局，2005
章學誠：《文史通義校注》，中華書局，1985
黃暉：《論衡校釋》，中華書局，1990
蘇輿：《春秋繁露義證》，中華書局，2002
汪繼培：《潛夫論箋校正》，中華書局，1985

汪榮寶：《法言義疏》，中華書局，1987
朱謙之：《新輯本桓譚新論》，中華書局，2009
安居香山、中村璋八輯：《緯書集成》，河北人民出版社，1994
陳橋驛：《水經注校證》，中華書局，2007
何清谷：《三輔黃圖校釋》，中華書局，2005
孫星衍：《漢官六種》，中華書局，1990
王利器：《鹽鐵論校注》，中華書局，1992
徐天麟：《西漢會要》，上海古籍出版社，2006
張震澤：《揚雄集校注》，上海古籍出版社，2009
許慎：《說文解字》，中華書局，1963
許維遹：《韓詩外傳集釋》，中華書局，2020
周振甫：《文心雕龍注釋》，人民文學出版社，1981
劉歆等：《西京雜記（外五種）》，上海古籍出版社，2012
陳奇猷：《呂氏春秋新校釋》，上海古籍出版社，2002

專著

安作璋、熊鐵基：《秦漢官職史稿》，齊魯書社，1984
陳壁生：《經學、制度與生活》，華東師範大學出版社，2010
陳煥章：《孔門理財學》，中央編譯出版社，2009
陳侃理：《儒學、數術與政治：災異的政治文化史》，北京大學出版社，2015
陳啟雲：《儒學與漢代歷史文化》，廣西師範大學出版社，2007
陳蘇鎮：《〈春秋〉與「漢道」：兩漢政治與政治文化研究》，中華書局，2011
陳直：《史記新證》，中華書局，2006

《漢書新證》，天津人民出版社，1959

《兩漢經濟史料論叢》，陝西人民出版社，1980

程樹德：《九朝律考》，中華書局，2003

程政舉：《漢代訴訟制度研究》，法律出版社，2010

崔適：《史記探源》，中華書局，1986

董成龍：《武帝文教與史家筆法：〈史記〉中高祖立朝至武帝立教的大事因緣》，華東師範大學出版社，2019

杜正勝：《編戶齊民：傳統政治社會結構之形成》，聯經出版事業公司，1990

甘陽：《文明·國家·大學》，生活·讀書·新知三聯書店，2012

葛承雍：《王莽新傳》，西北大學出版社，1997年

葛劍雄：《西漢人口地理》，商務印書館，2014

龔鵬程：《漢代思潮》，商務印書館，2008

顧頡剛：《秦漢的方士與儒生》，上海古籍出版社，2005

郭偉川編：《周公攝政稱王與周初史事論集》，北京圖書館出版社，1998

侯旭東：《寵：信－任型君臣關係與西漢歷史的展開》，北京師範大學出版社，2018

黃留珠：《劉秀傳》，人民出版社，2003

姜忠奎：《緯史論微》，上海書店出版社，2005

李開元：《漢帝國的建立與劉邦集團：軍功受益階層研究》，三聯書店，2000

李若暉：《久曠大儀：漢代儒學政制研究》，商務印書館，2018

李碩：《樓船鐵馬劉寄奴：南北朝啟幕戰史》，文津出版社，2020

林劍鳴：《秦漢史》，上海人民出版社，2019

劉慶柱：《地下長安》，中華書局，2016

羅建新：《讖緯與兩漢政治及文學之關係研究》，上海古籍出版社，2015

呂思勉：《秦漢史》，上海古籍出版社，2005

呂宗力：《漢代的謠言》，浙江大學出版社，2011
馬孟龍：《西漢侯國地理》，上海古籍出版社，2013
蒙文通：《儒學五論》，廣西師範大學出版社，2007
　　《經學抉原》，巴蜀書社，1995
孟祥才：《王莽傳》，人民出版社，2016
彭衛、楊振紅：《中國風俗通史（秦漢卷）》，上海文藝出版社，2002
彭信威：《中國貨幣史》，上海人民出版社，1988
錢穆：《兩漢經學今古文平議》，商務印書館，2001
　　《國史大綱》，商務印書館，2002
　　《中國歷代政治得失》，生活．讀書．新知三聯書店，2001
　　《秦漢史》，生活．讀書．新知三聯書店，2004
瞿同祖：《中國法律與中國社會》，中華書局，2004
　　《漢代社會結構》，上海人民出版社，2007
饒宗頤、李均明：《新莽簡輯證》，新文豐出版公司，1995
沈展如：《新莽全史》，正中書局，1977
孫機：《漢代物質文化資料圖說》，上海古籍出版社，2008
孫少華：《桓譚年譜》，社會科學文獻出版社，2019
湯志鈞：《西漢經學與政治》，上海古籍出版社，1994
王葆玹：《西漢經學源流》，東大圖書公司，1994
王子今：《秦漢文化風景》，中國人民大學出版社，2012
　　《秦漢史：帝國的成立》，中信出版社，2017
夏曾佑：《中國古代史》，河北教育出版社，2003
辛德勇：《建元與改元：西漢新莽年號研究》，中華書局，2013

邢義田：《天下一家：中國人的天下觀》，中華書局，2011
《地不愛寶：漢代的簡牘》,中華書局，2011
徐復觀：《中國思想史論集》，上海書店出版社，2004
《中國思想史論集續編》，上海書店出版社，2004
《兩漢思想史》，華東師範大學出版社，2001
徐景昭：《禪讓、世襲及革命：從春秋戰國到西漢中期的君權傳承思想研究》，上海古籍出版社，2014
許倬雲：《求古編》，商務印書館，2014
閻步克：《士大夫政治演生史稿》，北京大學出版社，2015
《波峰與波谷：秦漢魏晉南北朝的政治文明（第二版）》，北京大學出版社，2017
《從爵本位到官本位：秦漢官僚品位結構研究》，生活·讀書·新知三聯書店，2017
楊鴻年：《漢魏制度叢考（第2版）》，武漢大學出版社，2005
楊寬：《中國古代陵寢制度史研究》，上海人民出版社，2003
楊權：《新五德理論與兩漢政治：「堯後火德」說考論》，中華書局，2006
楊樹達：《漢代婚喪禮俗考》，上海古籍出版社，2007
楊向奎：《西漢經學與政治》，1943
楊永俊：《禪讓政治研究》，學苑出版社，2005
楊振紅：《出土簡牘與秦漢社會（續編）》，廣西師範大學出版社，2015
余英時：《中國知識階層史論（古代篇）》，聯經出版事業股份有限公司，1980
張杰：《中國古代空間文化溯源（修訂版）》，清華大學出版社，2016
張樹國：《楚騷·讖緯·易占與儀式樂歌：西漢詩歌創作形態與〈詩〉學研究》,清華大學出版社，2017
周振鶴：《中國地方行政制度史》，上海人民出版社，2014
朱騰：《滲入皇帝政治的經典之學：漢代儒家法思想的形態與實踐》，中國政法大學出版社，2013
祝總斌：《兩漢魏晉南北朝宰相制度研究》，北京大學出版社，2017

（美）艾蘭：《世襲與禪讓：古代中國的王朝更替傳說（新譯本）》，商務印書館，2010
（日）鶴間和幸：《始皇帝的遺產：秦漢帝國》，馬彪譯，廣西師範大學出版社，2014
（日）橋本敬造：《中國占星術的世界》，王仲濤譯，商務印書館，2012
（日）日比野丈夫：《秦漢帝國：中國文明的歷史（三）》，吳少華譯，四川人民出版社，2019
（日）西嶋定生：《秦漢帝國：中國古代帝國之興亡》，顧姍姍譯，社會科學文獻出版社，2017
（日）紙屋正和：《漢代郡縣制的展開》，朱海濱譯，復旦大學出版社，2016
（日）佐竹靖彥：《劉邦》，王勇華譯，北京聯合出版公司，2020

其他

劉翔平：《神經質人格（修訂本）》，光明日報出版社，2018
孫志新主編：《秦漢文明：歷史、藝術與物質文化》（圖冊），社會科學文獻出版社，2020
譚其驤主編：《中國歷史地圖集（第二冊）》，中國地圖出版社，1982
（美）巴巴拉・W・塔奇曼：《歷史的技藝：塔奇曼論歷史》，中信出版社，2016
（古希臘）柏拉圖：《理想國》，商務印書館，1986
《游敘弗倫蘇格拉底的申辯克力同》，商務印書館，1999
（美）保羅・J・席爾瓦：《文思泉湧：如何克服學術寫作拖延症》，上海教育出版社，2015
（美）伯格、（美）盧克曼：《現實的社會建構：知識社會學論綱》，北京大學出版社，2019
（美）博格：《精準拉伸：疼痛消除和損傷預防的針對性練習》，人民郵電出版社，2016
（美）列奧・施特勞斯：《政治哲學史》，河北人民出版社，1998
（義大利）馬基雅維利：《君主論》，商務印書館，1986
（美）馬克・克雷默、（美）溫迪・考爾：《哈佛非虛構寫作課：怎樣講好一個故事》，中國文史出版社，2015
（英）瑪麗・比爾德：《羅馬元老院與人民：一部古羅馬史》，民主與建設出版社，2018
《龐貝：一座羅馬城市的生與死》，民主與建設出版社，2019

（古希臘）色諾芬：《居魯士的教育》，華夏出版社，2007
《論僭政》，華夏出版社，2006
（荷蘭）伊拉斯謨：《論基督君主的教育》，上海人民出版社，2003

論文

董濤：《王莽威斗及相關天文信仰問題考察》，載《重慶師範大學學報（社科版）》2018年第5期
馮時：《新莽封禪玉牒研究》，載《考古學報》2006年第1期
胡平生：《未央宮前殿遺址出土王莽簡牘校釋》，載《出土文獻研究》第六輯，上海古籍出版社，2004
黃一農：《星占、事應與偽造天象：以熒惑守心為例》，載《自然科學史研究》1991年第10卷第2期
黃展岳：《關於王莽九廟的問題》，載《考古》1989年第3期
紀國泰：《亦論「揚雄至京、待詔、奏賦、除郎的年代問題」》，載《西華大學學報（哲學社會科學版）》第36卷第4期
李炳泉：《西漢中常侍新考》，載《史學月刊》2013年第4期
李大龍：《關於高句麗侯騶的幾個問題》，載《學習與探索》2003年第5期
李浩：《「司馬光重構漢武帝晚年政治取向說」獻疑—與辛德勇先生商榷》，載《中南大學學報》第21卷第6期
李俊方：《兩漢皇帝即位禮儀研究》，載《史學月刊》2005年第2期
李俊芳：《漢代冊命諸侯王禮儀研究》，載《中國史研究》2010年第2期
劉次沅：《古代熒惑守心記錄再探》，載《自然科學史研究》2008年第27卷第4期
劉光勝：《清華簡〈繫年〉與「周公東征」相關問題考》，載《中原文化研究》2016年第2期
劉凱：《九錫淵源考辨》，載《中國史研究》2018年第1期
劉偉：《天帝與祖先：〈尚書·金縢〉解義》，載《開放時代》2020年第2期劉源：《「五等爵」制與殷周貴族政治體系》，見《歷史研究》2014年第1期劉宗迪：《太史公之死》，載《讀書》2007年第3期
蘇誠鑒：《「欲法武帝」與「附會〈周禮〉」—論王莽「六筦」及其「稅民」之制》，載《中國史研究》1989年第4期
田餘慶：《論輪臺詔》，載《歷史研究》1984年第2期

王國慶：《匈奴單于位繼承初探》，載《赤峰學院學報》2012年第9期
吳國武：《帝舜姓氏考辨》，載《中國典籍與文化》2005年第2期
徐冲：《西漢後期至新莽時代「三公制」的演生》，載《文史》2018年第4期
閻步克：《詩國：王莽庸部、曹部探源》，載《中國社會科學》2004年第6期
袁青：《西漢中後期的禪讓思想探析》，載《江漢學術》第33卷第5期
張嘉鳳、黃一農：《中國古代天文對政治的影響：以漢相翟方進自殺為例》，載王健文主編《政治與權力》，中國大百科全書出版社，2005
張利軍：《清華簡〈周公之琴舞〉與周公攝政》，載《中國史研究》2018年第1期
趙國華：《劉歆謀反事件考論》，載《史學月刊》2016年第5期
趙貞：《漢唐天文志書中的「白衣會」》，載《中國典籍與文化》2011年第3期
（日）阿部幸信：《論漢朝的「統治階級」：以西漢時期的變遷為中心》，載《台大東亞文化研究第一輯》；《「統治系統」論的射程》，載《早期中國史研究》第三卷第一期

注釋

引子：皇帝之死

1 程政舉：《漢代訴訟制度研究》，第198頁，法律出版社，2010。按照捕律，官吏不得夜闖民宅捉拿嫌犯，如發生，嫌犯有權反抗，官吏則會被追究責任。以前有句老話「夜闖民宅，非奸即盜」，觀念與此相同。

2 《漢書・王莽傳》，第4044頁：「哀帝崩……太皇太后……遣使者馳召莽」，中華書局，1962。

3 《後漢書・張步傳》，第500頁，中華書局，1965。

4 西曆和古代曆法並非絕對對應，年數對照取約數，後文同。

5 今內蒙古和林格爾一帶。

6 《漢書・董賢傳》，第3738頁。

7 同上。

8 《漢書・地理志》，第1609頁；總數據葛劍雄《西漢人口地理》統計取約數，第17頁，商務印書館，2014。

9 《漢書・眭弘傳》，第3153頁。

10 符節令，隸屬少府。孟祥才認為是「符節縣令，符節，今四川合江」，見《王莽傳》，第38頁，人民出版社，2016。此說誤，西漢時該地稱「符」，王莽改名為「符信」，東漢建武間始改名為「符節」。

11 《漢書・眭弘傳》，第3153、3154頁。

12 《漢書・眭弘傳》，第3154頁。

13 西嶋定生：《秦漢帝國》，第315頁，社會科學文獻出版社，2017。

14 楊權：《新五德理論與兩漢政治：「堯後火德」說考論》，中華書局，2006。

第一章　漢室

一、安得猛士兮守四方

1 這一節參考李開元：《漢帝國的建立與劉邦集團：軍功受益階層研究》，生活．讀書．新知三聯書店，2000；陳蘇鎮：《〈春秋〉與「漢道」：兩漢政治與政治文化研究》，中華書局，2011；阿部幸信：《論漢朝的「統治階級」：以西漢時期的變遷為中心》，載《台大東亞文化研究（第一輯）》；呂思勉：《秦漢史》，上海古籍出版社，2005；閻步克：《波峰與波谷：秦漢魏晉南北朝的政治文明（第二版）》，北京大學出版社，2017；馬孟龍：《西漢侯國地理》，上海古籍出版社，2013。

2 西元前一九六年冬。此時漢仍以每年十月為歲首。

3 今安徽宿縣附近。

4 劉邦生年，《史記》《漢書》均未載，後人有兩說：一說為西元前二五六年，一說為西元前二四七年。佐竹靖彥認為兩個年齡都不準確，主張劉邦、項羽年齡相仿，見氏著《劉邦》，北京聯合出版公司，2020，備一說。此處姑採《史記集解》說，定在西元前二五六年。

5 即使按照劉邦出生於西元前二四七年來算，「戰國四君子」也有兩人和劉邦是同代人。

6 秦始皇雖然姓嬴，名政，但是在當時，人們對男性貴族習慣稱氏而不稱名，所以今天大家習慣的「嬴政」，在當時應該是「趙政」，政的家族是趙氏。

7 李開元：《漢帝國的建立與劉邦集團》。

8 《史記．高祖本紀》，第381頁，中華書局，1959。

9 阿部幸信：《「統治系統」論的射程》，載《早期中國史研究》第三卷第一期。

10 《殷芸小說》卷一，見《西京雜記（外五種）》，第129頁，上海古籍出版社，2012。按：本書中多次使用筆記小說，有些具有一定的史料價值，有些雖然內容荒誕不經，但能反映古人的思想觀念，如後文講董仲舒時使用的《幽明錄》等。特此說明。

11 徐復觀：《封建政治社會的崩潰及典型專制政治的成立》，載《兩漢思想史》，華東師範大學出版社，2001。

12 李開元：《漢帝國的建立與劉邦集團》。

13 李開元認為，漢朝的「朝」，來自當時諸侯負有向漢廷「奉朝請」的義務，所以「漢朝」在當時不是指天下，而僅指漢中央及統轄的領土。這與後代使用漢朝、唐朝、清朝的意思是不一樣的，同上引書。

14 阿部幸信《論漢朝的「統治階級」：以西漢時期的變遷為中心》引大庭脩說，載《台大東亞文化研究（第一輯）》，第70頁。

15 簡1～2.133，轉引自邢義田：《張家山漢簡〈二年律令〉讀記》，載《地不愛寶》，第144頁，中華書局，2011。

16 《漢書·文帝紀》，第106頁。

17 同上。

18 《史記·屈原賈生列傳》，第2491頁。

19 《漢書·文帝紀》，第115頁。

20 劉邦封劉肥為齊王的時候，「諸民能齊言者皆與齊」，見《漢書·高五王傳》，第1987頁。

21 《漢書·荊燕吳傳》，第1904頁。

22 李開元：《漢帝國的建立與劉邦集團》，第219頁。

23 《漢書·荊燕吳傳》，第1906頁。

24 《漢書·晁錯傳》，第2300頁。

25 同上。

26 同上。

27 《漢書·荊燕吳傳》，第1907頁。

28 阿部幸信：《論漢朝的「統治階級」：以西漢時期的變遷為中心》。

29 馬孟龍：《西漢侯國地理》，第256頁。

30 《史記·平津侯主父列傳》，第2960頁。

31 以上關於酎金案的動機、數據，據馬孟龍《西漢侯國地理》中編第六、七章和下編第六章。

32 《漢書·武帝紀》，第173頁。

二、漢家自有制度

1 王葆玹：《西漢經學源流》，第148頁，東大圖書公司，1994。

2 同上。

3 李若暉：《久曠大儀：漢代儒學政制研究》，第90頁，商務印書館，2018。

4 閻步克：《士大夫政治演生史稿》，北京大學出版社，2015。

5 《漢書·景帝紀》，第149頁。

6 杜正勝：《編戶齊民》，聯經出版事業公司，1990。

7 閻步克，漢朝「用秦制不用秦政」，見《波峰與波谷（第二版）》。

8 陳蘇鎮認為，秦朝滅亡的原因就是秦國急切地把秦制推廣到被征服的關東各國，而法律的移植造成了被征服土地臣民的不適應，舊的習慣被摧毀，不僅沒有懾服被征服者，反而迅速導致了叛亂，並滅亡了秦政權。而漢朝就沒有這麼做。見氏著《〈春秋〉與「漢道」》。

9 《史記》載文帝四年，《漢書》載十三年，應以後者較妥。

10 錢穆《兩漢博士家法考》：「文帝外取黃老陰柔，內主申韓刑名」。見《兩漢經學今古文平議》，第190頁，商務印書館，2001。

11 陳蘇鎮《〈春秋〉與「漢道」》第116頁提示了漢法移植到諸侯國的後果。

12 《漢書·刑法志》，第1098頁。

13 《漢書·刑法志》，第1099頁，並枚舉了「斬右止」所對應的幾項罪名。棄市，一說為絞刑。

14 同上。

15 同上。

16 《後漢書·崔寔列傳》，第1729頁。

17 今山西曲沃一帶。

18 今陝西韓城附近。

19 《漢書·五行志》，第1427頁。又據葛劍雄《西漢人口地理》第90頁，戶口減半，並不是人口減半，而是考慮了脫籍、逃亡，以及武帝時期地方官的虛報。但百姓的逃亡，同樣說明了當時政策的嚴酷。

20 今陝西淳化附近。

21 霍嬗之死很可疑，他是否為獻祭被殺，因文獻無存，無從探求真相。

22 劉宗迪：《太史公之死》，載《讀書》2007年第3期。

23 《史記．汲鄭列傳》，第3106頁。

24 《史記．龜策列傳序》，第3224頁。

25 王葆玹：《西漢經學源流》，第138頁。

26 辛德勇：《建元與改元》上篇。辛德勇認為，中國歷史上真正意義上的年號是從「太初」開始，漢武帝的「元光」「元朔」等年號是追記，而且這幾個年號主要是六年一改元的標記，沒有特殊的「更始」含義。

27 今山東泰安甯陽。

28 陳侃理認為，《洪範五行傳》為夏侯始昌所作，見氏著《儒學、數術與政治：災異的政治文化史》，第74頁，北京大學出版社，2015。

29 今山東菏澤鉅野一帶，當時屬通衢。今山東濰坊仍轄昌邑縣，與西漢的昌邑並非一地。

30 桑弘羊此時因故從大司農被短暫貶為搜粟都尉，但大司農空缺，桑弘羊實際仍代行大司農之職。

31 《漢書．西域傳》，第3914頁。

32 田餘慶：《論輪臺詔》，載《歷史研究》1984年第2期；李浩：《「司馬光重構漢武帝晚年政治取向說」獻疑——與辛德勇先生商榷》，載《中南大學學報》第21卷（2015年12月）第6期。

33 《漢書．夏侯勝傳》，第3159頁。

34 《漢書．夏侯勝傳》，第3155頁。

35 也有一種可能性，在這場政變中沒有被殺的昌邑王舊臣，比如王吉、龔遂，已主動投向霍光。西嶋定生持此說，見氏著《秦漢帝國》，第321頁。

36 《漢書．武五子傳》，第2761頁。

37 《漢書．夏侯勝傳》，第3156-3157頁。

38《漢書．元帝紀》，第277頁。

39 呂思勉：《秦漢史》第152頁：「霸王道雜之者，王指儒，霸指法，以儒家寬仁之政待民，法家督責之術繩吏。」此說太過理想化，霸王之道，不會區分民與吏，而是不可分割的統治思維。

三、陳聖劉太平皇帝

1 疏廣、嚴彭祖都是公羊博士胡毋子都的再傳弟子，同出一師；夏侯勝、夏侯建都傳《洪範五行傳》；蕭望之世傳《齊詩》。當然，劉奭也接受過魯學的教育，和齊學比起來，魯學沒有那麼多荒誕不經的神學內容。但他魯學老師就不那麼有名了，比如張游卿以諫大夫的身分教過他《魯詩》，張氏是前面提到過的昌邑王的老師王式的弟子或徒孫，但張氏本人無論是名氣還是官職均與夏侯勝等無法相比。《後漢書》裡還記載高嘉也教過劉奭《魯詩》，此人連事蹟都沒有留下。

2《漢書．元帝紀》，第280、282頁。

3《漢書．京房傳》，第3162頁。

4《漢書．韋賢傳》，第3130頁。

5 漢惠帝應該只在長安有廟，而漢文帝則在各郡國都立廟；漢武帝在長安有廟，在他巡遊過的郡國有廟。

6《漢書．韋賢傳》，第3116頁。

7 三種類別的概括，見王葆玹：《西漢經學源流》，第五章。

8 祫，就是合。祫祭涉及的立廟、毀廟等制度較為複雜，此處簡略概括，姑不贅言。

9 史皇孫是漢宣帝的父親，但沒有當過皇帝，所以祫祭的時候可能不會擺進去。

10 這裡說的五帝，和逐漸形成的「三皇五帝」的五帝頗有不同，是秦地本土神祇。而劉邦選擇黑帝，是為了繼承秦的「水德」，因為水德尚黑。

11 東君是日神，雲中君是雲神；八神是今天山東地界的八個神，包括天、地、陰、陽、日、月、兵和四時；房中大概是房子的神，堂上大概是門神灶神一類。

12 此事不載正史，見《西京雜記（外五種）》卷二，第19頁。

13《漢書．禮樂志》。

14 也有不少觀點認為漢成帝「綏和改制」具有強烈的實際意義，但考慮到漢成帝很快去世，這一改制在當時應該沒有產生太大的影響。

15 《漢書・哀帝紀》，第345頁。

16 《漢書・谷永傳》，第3467頁。此為化用《呂氏春秋・貴公》，原句為「天下非一人之天下也，天下之天下也」，見陳奇猷：《呂氏春秋新校釋》，第45頁，上海古籍出版社，2002。

17 居延漢簡有「太初元將元年六月」的簡文。轉見辛德勇：《建元與改元》。

18 有觀點甚至認為，這場改制是劉欣的帝王權術。袁青《西漢中後期的禪讓思想探析》一文推斷，劉欣故意開啟此次改制，又故意在一個月後以改制無效果的名義取消改制，目的就是證明儒家關於漢室中衰的讖言是錯誤的；見《江漢學術》第33卷第5期。此說缺乏足夠史料支持，但劉欣從頭至尾把控改制的看法是妥帖的。

19 陳侃理：《儒學、數術與政治》，第110頁。

20 葛劍雄：《西漢人口地理》，第32頁。

21 劉子張年輕時，當時的春陵侯可能是劉敞的父親劉仁。

22 亨，即烹。

23 劉仲應是沒有留下姓名，劉仲就是劉家老二的意思。

第二章　元始元年春正月：安漢公

一、倉促之夜

1 《漢書・王莽傳》第4068頁：「臣以元壽二年六月戊午倉卒之夜，以新都侯引入未央宮……」

2 《漢紀》卷二十九，第513頁，中華書局，2002。

3 《後漢書・張步傳》，第500頁。

4 《漢書・董賢傳》，第3739頁。

5 同上。

6 同上。

7《漢書．王莽傳》，第4044頁。

8《漢書．董賢傳》，第3739頁。

9 同上。

10《漢書．董賢傳》，第3733-3734頁。

11《西京雜記》卷四「董賢寵遇過盛」，見《西京雜記（外五種）》，第31頁。

12《漢書．董賢傳》，第3734頁；罘罳，音浮思，和門闕配合使用的屏風。

13《漢書．董賢傳》，第3740頁。

14《漢書．王莽傳》，第4044頁。

15 同上。

16《漢書．何武傳》，第3487頁。

17 同上。

二、安漢公是什麼稱號

1《韓詩外傳》卷五第十二章，見許維遹：《韓詩外傳集釋》，第172頁，中華書局，2020。

2《孟子．公孫丑下》：「五百年必有王者興，其間必有名世者。」《孟子．盡心下》：「文王至於孔子，五百有餘歲。」孔子卒於西元前四七九年，五百年後，約略等於王莽秉政之時。

3《漢書．王莽傳》，第4046頁。

4《漢書．王莽傳》，第4068頁。

5《史記．周本紀》正義「因太王所居周原，因號曰周」，第111頁。

6《史記．魯周公世家》集解引譙周注，第1515頁。

7 周公的「公」，可能既是采邑在王畿之內的「周」的公爵，又是作為周王室執政大臣的尊稱。

8 以往有學者認為，周公次子世代繼承周公之位；長子伯禽封魯，所以魯國的開國封君是伯禽。但是《史記》等明言周公封魯，且以歐洲封建制度為參照，一個貴族可以同時擁有國王、公爵、侯爵等多個稱號，所以周公封魯依然較為可信。

9 兩引見《漢書·蕭何傳》，第2012-2013頁。
10《漢書·王莽傳》，第4048頁。

第三章 王氏

一、王氏之興自鳳始

1 今河北大名縣。
2 當然，占卜之類不在被禁之列。
3《漢書·元后傳》，第4015頁。
4《西京雜記（外五種）》卷四，第34頁。
5 今濟南章丘一帶。
6《漢書·元后傳》，第4013頁
7 同上，第4014頁。
8 張金光教授認為，王賀是郡三老，理由是他擔任三老後，有「魏郡人德之」的記載。但考慮到魏郡的治所是鄴而非元城，還是認為王賀為縣三老較穩妥。
9 葛劍雄：《西漢人口地理》，第140頁。
10《漢書·元后傳》，第4035頁。
11《漢書·元后傳》，第4015頁。
12《漢書》說王政君許嫁的是漢宣帝兒子東平王，但東平王封王的時間要晚於王政君入太子宮的時間，所以不確；《論衡·偶會篇》則說是趙王。黃暉認為當時的幾個趙王在年齡和卒年方面也對不上，推測是平干王，見《論衡校釋》，第105頁，中華書局，1990。無論是哪個王，都不影響行文，所以文中未明確說明。
13《漢書·外戚傳》，第3969頁。
14《論衡校釋·骨相篇》，第115頁。
15《漢書·元后傳》，第4015頁。

16 同上。

17《論衡校釋・骨相篇》第115頁載王政君「生子君上」，與《漢書》載劉驁「字太孫」不同，劉盼遂認為「太孫」乃「宣帝寵異成帝之詞」，可從。

18《漢書・外戚傳》，第3970頁。

19 這一時期姓王的重要人物太多了，重名的也不少，為了區別，這裡以「王翁須家」指代漢宣帝的母族王氏家族。而專以「王氏家族」來指王政君家族。

20《漢書・成帝紀》，第301頁。

21 同上；《漢書・元后傳》，第4016頁。

22 劉竟死後，這一世系絕嗣，國除。後來漢元帝把自己的兒子劉興封為中山王。

23《漢書・史丹傳》，第3376頁。

24《漢書・元后傳》，第4016頁。

25《漢書・元后傳》，第4019頁。

26《漢書・元后傳》，第4036頁。

27 西漢時期的西安一帶，氣候與今天有很大差別，比現在濕潤溫暖，能夠生長今天的亞熱帶甚至熱帶植物，犀牛、熊等也出沒在山林裡。據竺可楨等人研究，當時正處於「大理冰期結束後的第三個溫暖期」。

28《漢書・元后傳》，第4017頁。

29 同上。

30 漢成帝第一個年號，約前32-前29年。

31《漢書・劉歆傳》載劉歆入仕的起步是黃門郎，所以他在此之前尚未有其他職務。主張只有侍郎才能加官中常侍，並推測劉歆是任命中常侍未果才轉任黃門郎，見李炳泉：《西漢中常侍新考》，《史學月刊》2013年第4期。

32 漢成帝第三個年號，約前24-前21年。

33《漢書・劉歆傳》，第1972頁。

34《資治通鑑・成帝紀》，第976頁，中華書局，精裝版，2012。

35 檿，音同眼。

36 王鳳的弟弟成都侯也叫王商，不過此時王鳳的弟弟尚未封為列侯，兩人主要活動有先後，不至於相混。但為了便於閱讀，文中有時候使用樂昌侯、丞相等來進一步區分。

37 《漢書・王商傳》，第3370頁。

38 《漢書・王商傳》，第3372-3373頁。

39 《漢書・王商傳》，第3373頁。

40 《漢書・王商傳》，第3374頁。

41 《漢書・王章傳》交代了王章這位頗有性格的妻子的結局：多年後，王鳳已死，王鳳的弟弟王商為大司馬，將王章的妻子家人赦免，允許回鄉。王章的家人在廣西靠採珍珠積聚了百萬家財，回到故鄉，贖回故居，是流放者裡罕見的一幕。

42 王鳳死後，兒子襄襲爵陽平侯；王崇死後，兒子王奉世襲爵成安侯。

43 吳國武：《帝舜姓氏考辨》，見《中國典籍與文化》2005年第2期。

44 因為氏比較實用，血緣又越來越遠，所以姓的意義變小，氏日益重要，慢慢地姓氏就成了一回事。

45 上古之時，「陳」「田」的聲母是一樣的，所以兩字發音相似，一聲之轉；中古時期，「陳」的聲母分出，發音才迥然不同。顧炎武認為，陳完奔齊後並沒有改為田氏，而是到了戰國時期他的後人才改，從之。

46 《漢書・元后傳》，第4013頁。

47 同上。

48 沈展如：《新莽全史》，第一章第一節注釋八，第3頁，正中書局，1977。

二、大司馬王莽

1 僅統計《漢書・成帝紀》。

2 伯格、盧克曼：《現實的社會建構：知識社會學論綱》，北京大學出版社，2019。

3 見陳橋驛：《水經注校證》，第452頁，中華書局，2007；《漢書・元后傳》，第4024頁；兩書所引歌謠略異。

4 外杜，《水經注》引作「五杜」。顏師古引李奇，以「外杜」為長安城內外杜里。高都，一說為高都水，一說為高都里，後者較為妥帖，可從。

5 薄昭是被漢文帝逼迫自殺的。

6 田蚡死後，漢武帝聽說田蚡有「謀反」的事蹟，就說「使武安侯在者，族矣！」意思是倘若田蚡沒死，就會被族誅。

7 呂思勉：「蓋上無誅賞，則下不得不依附權門以自固。」見《秦漢史》，第162頁。

8 閻步克：《士大夫政治演生史稿》《波峰與波谷（第二版）》。

9 《漢書．谷永傳》，第3455頁。

10 《漢書．元后傳》，第4024頁。

11 《漢書．樓護傳》，第3707頁。

12 閻步克：《士大夫政治演生史稿》。

13 此處為推測，因為史書沒有記載，另外從王莽和劉歆的關係看，劉歆和太常博士們不是一路的。

14 陳參事蹟，史書不載，其經學的家法和師法也不詳，有人認為他是西漢大臣陳咸的兒子，陳咸的確有子名參，但陳氏是律法世家，不太可能是同一個人。

15 《漢書．五行志》，第1431頁。

16 蕭何、公孫弘都有過為國招攬賢才的舉動。

17 「遣就國」就是「遣送回封國」，這是對貴族的一種待遇，表面上看，並不是多麼嚴重的治罪，但實際上是對貴族實權的懲罰性剝奪。因為，在中央統治穩固時期，政治資源幾乎都在首都。首都猶如抽水機，把地方的人才、財富統統抽取到皇室之所在，所以，如果一位曾經執政的大臣被「遣就國」，意味著他被迫回到封國，不能隨意踏出國界，更不能擅自進入首都，形同軟禁。鑒於漢朝的侯國視同於縣，所以在多數情況下，被「遣就國」的列侯還會遭受實際掌握侯國政權的國相或是侯國上一級郡守的監視。個中滋味，不言而喻。

18 《漢書．王莽傳》，第4040頁：「此兒種宜子。」

19 《漢書．王莽傳》，第4041頁。

三、王莽的沉浮

1 按照天文學推算，這個月並未發生「熒惑守心」，見黃一農：《星占、事應與偽造天象：以熒惑守心為例》，載《自然科學史研究》1991年第10卷第2期。黃一農認為，翟方進可能是被捲入了政治陰謀。劉次沅認為，這個月的天象是「熒惑守太微，犯東上相」，同樣屬於對天子不利的凶象，見《古代熒惑守心記錄再探》，載《自然科學史研究》2008年第27卷第4期。後文對這一事件還將詳細敘述。

2 從今天的醫學角度看，可能是腦溢血。

3 確有個別觀點認為漢成帝是自殺，因為史書記載他身體很好，卻在立太子、內廷任用王莽為大司馬、外廷任孔光為丞相後去世，時間上倉促，行為上卻很從容，所以懷疑是自殺。但缺乏史料支持，聊備一說。

4 此處及以下關於劉欣即位的禮儀安排，參考李俊方：《兩漢皇帝即位禮儀研究》，載《史學月刊》2005年第2期。

5 《漢書·哀帝紀》第345頁贊語：「睹孝成世祿去王室，權柄外移，是故臨朝屢誅大臣，欲強主威，以則武、宣」。這個評價被有的學者認為是粉飾虛誇，但從漢哀帝的行為來看，這個評價應是當時人的看法，符合實際，不宜以成敗和後世眼光來評判。

6 這裡使用「外戚傳統」而較少使用「外戚制度」，因為外戚是基於情感、禮儀的親親關係，平民也有外戚，充滿著人與人之間的親情、感情的糾葛和愛恨，不宜使用生硬冰冷的「制度」來將其抽象。這一點，在外戚與皇帝的關係上最為明顯。

7 後面又增加一位列侯。

8 《漢書·五行志》，第1450頁。

9 以上兩引俱見《漢書·王莽傳》第4042頁。

10 例如明朝嘉靖年間「大禮議」事件，一脈相承。

11 《漢書·外戚傳》，第4002頁。

12 《漢書·王莽傳》在描述這件事情時，緊跟著董宏上書一事，說「後日」云云。但據《漢書》，董宏上書在尊定陶恭王為「恭皇」之前，而《哀帝紀》明言此事在四月，因此董宏上書及被免一事亦應在四月；同時，王莽被免大司馬是在七月丁卯，且緊承未央宮宴會事件。所以，《王莽傳》裡的「後日」云云，並非「後天」，而是「後來」之意。

13 《漢書·王莽傳》，第4042頁。

14 校尉是武職的名稱。

15《漢書》等皆稱之為司隸校尉，其實這個官職是司隸。

16 王去疾在劉欣為太子時就為侍臣，所以關係不錯。王閎是後來才進入內廷的。

17《漢書．外戚傳》，第4006頁。

18《漢書．師丹傳》，第3509頁。

19 漢成帝綏和改制，將御史大夫改稱大司空；漢哀帝劉欣在建平二年又改回御史大夫，這段政事恰好發生在改名期間。四年後，劉欣又將御史大夫改稱大司空。

20《漢書．朱博傳》，第3400頁。

21 今山東菏澤一帶。

22 邢義田：《秦漢皇帝與聖人》，見氏著《天下一家》，中華書局，2011。

23《漢書．王莽傳》，第4043頁。

24「神經症人格」是一個現代心理學術語，不是疾病「神經病」，而是用來描述一個人性格中的焦慮、脆弱、偏執、強迫、衝動、追求完美或極度自卑等表現。顯然，我們無法對王莽進行臨床診斷，只能通過史料進行分析和猜測。

25 彭衛、楊振紅：《中國風俗通史（秦漢卷）》，第437頁，上海文藝出版社，2002。

26《論語．子路》。

27 對此論題的研究，陳壁生《經學、制度與生活：〈論語〉「父子相隱」章疏證》集大成，華東師範大學出版社，2010。

28《漢書．宣帝紀》，第251頁。

29 柏拉圖：《游敘弗倫蘇格拉底的申辯克力同》，嚴群譯，商務印書館，1999。

30 這應是當時很多人的看法，班固在《漢書》中重述了這個事件，將其引導為王莽的虛偽殘忍，缺乏人性，這是基於王莽敗亡之後的追溯，應與這個事件發生時的輿論不太一樣。

31《漢書．王莽傳》，第4043頁。

32 連鎖信的案例，見呂宗力：《漢代的謠言》，第27頁，注3，浙江大學出版社，2011。

33《漢書．哀帝紀》，第343頁。

34 自長安至新都，約五百公里。

四、撥亂反正

1 平阿，在今江蘇高郵與安徽天長交界一帶，距離長安較王莽的封地遠，所以理應比王莽晚到。

2《漢書．何武傳》，第3487頁。

3 侯旭東說：「哀帝暴亡是否與王莽有關，不無疑問。」見氏著《寵：信－任型君臣關係與西漢歷史的展開》，第90頁，北京師範大學出版社，2018。

4《漢書．外戚傳》，第3999頁，所引詔書有刪減。

5《漢書．外戚傳》，第4004頁。

6《漢書．毋將隆傳》，第3265頁。

7《漢書．王莽傳》，第4045頁。

8 同上。

第四章　居攝元年春正月：攝皇帝

一、呂寬大案

1 徐沖：《西漢後期至新莽時代「三公制」的演生》，見《文史》2018年第4期。

2《漢書．王莽傳》。班固用「爪牙」「腹心」等形容詞來描繪王莽的權力小圈子時，肯定不會想到，多年以後，范曄在《後漢書》裡描述東漢大將軍竇憲權傾朝野時，也是「以聯夔、任尚為爪牙，鄧疊、郭璜為心腹，班固、傅毅之徒，皆置幕府，以典文章」。

3《後漢書．申屠剛列傳》，第1012頁。

4《漢書．王莽傳》，第4065頁。

5 今四川境內。

6《漢書．王莽傳》，第4065頁。

7 同上。

8 同上。

9 同上。

10 同上。

11《漢書・金日磾傳》，第2965頁。

12《漢書・功臣表》中作「金楊」。

13 今山東濰坊。

14《後漢書・逢萌列傳》，第2759頁。

二、事先張揚的婚禮

1《漢書》：瘱，音同易。

2 婆家。

3 加引號，是因為這是王莽所理解的周代。

4《漢書・王莽傳》，第4051頁：這句話裡的「適」不是適齡，而是「嫡」，即正妻所生。

5 邢義田：《張家山漢簡〈二年律令〉讀記》，見氏著《地不愛寶》，第155頁，中華書局，2011。

6 以上漢印、瓦當、鏡銘、銅洗等內容，俱採自王子今：《秦漢人的富貴追求》，見《秦漢文化風景》，中國人民大學出版社，2012。

7 王符：《潛夫論・浮侈》：「富貴嫁娶，車軿各十，騎奴侍僮，夾轂節引。富者競欲相過，貧者恥不逮及。是故一饗之所費，破終身之本業。」見《潛夫論箋校正》，第130頁，中華書局，1985。

8《漢書・王莽傳》，第4052頁：共，同供。

三、從宰衡到賜九錫

1《漢書・平帝紀》應劭注，第352頁。

2 見第四章第15小節。

3《漢書・王莽傳》，第4050頁。

4 管、蔡分別是周公的兄和弟，武王滅商之後，被周武王委派在商朝舊地。按照《尚書》《史記》等傳世文獻，周武王死後，周公攝政，引來管、蔡不滿，就和商紂的兒子武庚一同叛亂，後來被周公東征平叛，管、蔡二叔，一殺一放。但是，這段歷史較為複雜，如據清華簡：管、蔡及霍叔是作為三監被委派到商朝舊地的，周武王死後，周公攝政，引發了管、蔡的流言，但是這種周王室內部的矛盾被武庚所利用，商朝遺民叛亂，殺掉管、蔡、霍叔「三監」，然後才有周公東征平叛之事。先不論哪條更符合歷史，對西漢人來說，可能《史記》關於誅管、蔡的記錄是時人的普遍認知，所以王莽才會按照「大義滅親」的模式來模仿。

5 《漢書・王莽傳》，第4062頁。

6 同上。

7 但現在更多認為，「皇帝」來源於「煌煌上帝」，就是光明之帝的意思，不是取「三皇五帝」二字組成。此外，還有皇取「泰皇」之說。一些先秦古籍裡已經有「皇帝」這個詞，參邢義田：《中國皇帝制度的建立與發展》，見氏著《天下一家》。但是，不排除在西漢時，普通人就是認為從古代的諸皇諸帝各取一字。

8 《漢書・王莽傳》，第4068頁。

9 《漢書》裡常說「公卿大夫」，這裡的「公」是「位」，和官職裡統說的「三公」不是一個概念。

10 《漢書・王莽傳》，第4067頁。

11 《漢書・王莽傳》，第4068頁。

12 《漢書・王莽傳》，第4070頁：「四年冬，大風吹長安城東門屋瓦且盡。」

13 第二章第三節。

14 《後漢書・劉敞列傳》，第561頁。

15 《漢書・王莽傳》，第4071頁。

16 《漢書・王莽傳》，第4069頁。

17 劉凱：《九錫淵源考辨》，見《中國史研究》2018年第1期。

18 《漢書・王莽傳》，第4072頁。

19 《後漢書・張純列傳》，第1193頁。

20 王莽所受九錫，按《漢書・王莽傳》：「受綠韍袞冕衣裳，瑒琫瑒珌，句履，鸞路乘馬，龍旂九旒，皮弁素積，戎路乘馬；彤弓矢，盧弓矢；左建朱鉞，右建金戚，甲冑一具；秬鬯二卣，圭瓚二；九命青玉珪二；朱戶納陛；署宗

官、祝官、卜官、史官；虎賁三百人，家令丞各一人。」（第4075頁）

21 楊永俊：《禪讓政治研究》，第六章，學苑出版社，2005。

22《漢書．王莽傳》，第4075頁。

23 楊永俊：《禪讓政治研究》，見第五章注9。

四、居攝：與周公異世同符

1 胡平生：《未央宮前殿遺址出土王莽簡牘校釋》，見《出土文獻研究》第六輯，上海古籍出版社，2004。

2 日比野丈夫認為，此東夷王獻寶「一定是倭國使者」所為，未知何據，見氏著《秦漢帝國》，第246頁，四川人民出版社，2019。

3《匈奴傳》提到這位公主的名號時，一處為「須卜居次雲」，另一處為「伊墨居次雲」，「須卜」和「伊墨」是同一匈奴語的不同漢譯。

4《漢書．王莽傳》，第4077頁。

5《漢書．王莽傳》，第4078頁。

6 同上。

7《漢書．平帝紀》，第360頁。

8《漢書．王莽傳》，第4079頁。

9 見本書第一章。

10《漢書．王莽傳》，第4079頁。

11 同上；填，鎮的通假字。

12 同上。

13《漢書．王莽傳》，第4080頁。

14 見郭偉川編：《周公攝政稱王與周初史事論集》，北京圖書館出版社，1998；張利軍：《清華簡〈周公之琴舞〉與周公攝政》，見《中國史研究》2018年第1期；劉光勝：《清華簡〈繫年〉與「周公東征」相關問題考》，見《中原文化研究》2016年第2期。

15 假皇帝和攝皇帝的區分，見下一章。

五、皇太子：劉嬰的身分

1 天子三璽和皇帝三璽的詳細解說，見西嶋定生：《秦漢帝國》，第365頁。

2 通過考察《尚書·金縢》篇的微言大義，區分周公面對上天和祖先的不同，以解釋「周公稱王」問題，見劉偉：《天帝與祖先：〈尚書金縢〉解義》，載《開放時代》2020年第2期。其他討論見郭偉川編《周公攝政稱王與周初史事論集》一書。

3 王慎行認為，《尚書》裡把周成王稱為「孺子」，未必意味著年幼，把「孺子」等同為繈褓嬰孩，是後人的過度解讀。見氏著《周公攝政稱王質疑》「成王年幼辨」，載郭偉川編：《周公攝政稱王與周初史事論集》。但是，顯然王莽就是把孺子當作嬰孩來使用的。

4 閻步克：《波峰與波谷（第二版）》，第18頁。

5 《漢書·王莽傳》，第4082頁。

6 《漢書·王莽傳》，第4084頁，張竦替劉嘉寫的奏書。

7 《漢書·翟方進傳》，第3424頁，翟宣「明經篤行，君子人也」。

8 奏章見《漢書·王莽傳》，第4083-4085頁。

9 《漢書·王莽傳》，第4086頁。

10 《漢書·翟方進傳》，第3438頁：「群雁數十」；案《說文解字》：「雁，鵝也」。

11 郡治在今天河南濮陽一帶，轄區還包括今山東聊城一帶。

12 《漢書·翟義傳》，第3439頁：「信、義等始發自濮陽，結奸無鹽。」

13 《漢書·翟義傳》，第3426頁。

14 《漢書·翟義傳》，第3427頁。

15 今河南民權縣一帶。

16 今河南杞縣一帶。

17 《漢書·翟義傳》，第3436頁。

18 傳說有一首詩《平陵東》是紀念翟義的，但難以詳考，也無法斷定詩歌是否為翟義之死的隱喻。姑且錄在此處備讀者參考：平陵東，松柏桐，不知何人劫義公。劫義公，在高堂下，交錢百萬兩走馬。兩走馬，亦誠難，顧見追吏心中惻。心中惻，血出漉，歸告我家賣黃犢。

19 也稱眾陵侯。

20 據沈展如《新莽全書》，此人疑劉立改名。

21 呂思勉說，「人心思漢者，乃班氏父子之私言，非天下之公言也」，此言恰當；但呂思勉為證成此言，強調「翟義非正人，其起兵非必為漢」，卻並無根據。見氏著《秦漢史》，第202頁。

22 《漢書·翟義傳》，第3439頁。

第五章　經師

一、馴服君主

1 《漢書·揚雄傳》，第3584頁：「劉棻嘗從雄學作奇字。」

2 即漢朝的大鴻臚。

3 《漢書·王貢兩龔鮑傳》贊語，第3097頁。

4 《漢書·王莽傳》和《藝文志》裡記載的這些「任課老師」略有不同，可能是前後的任職老師有變動。

5 《史記·叔孫通列傳》，第2722頁。

6 同上。

7 章學誠：《文史通義·易教上》，見《文史通義校注》，第1頁，中華書局，1985。

8 儘管被坑的很多都是方士，但其實方士、儒生，在彼時使用的是相似的話語。

9 法家理想的君主的確是專制的，但也是最知法懂法、依照律法嚴格執法的君主，是法的典範，是首席大「法」官和首席執法官。但如何培養教育這樣的君主，以及君主不守法怎麼辦，法家也沒有有效措施。

10 《史記·叔孫通列傳》，第2722頁。

11 同上。

12《史記·叔孫通列傳》，第2724頁。

13《史記·叔孫通列傳》，第2726頁。「希」，觀望。

14《漢書·叔孫通傳》，第2131頁。

15《漢書·武帝紀》，第156頁。

16 陳啟雲認為，衛綰的這次上奏，僅指這一次舉賢良罷申韓縱橫之言。見氏著《儒學與漢代歷史文化》，第115頁，廣西師範大學出版社，2007。但即便舉賢良都是儒生，其他派別仍然有別的入仕渠道。

17《漢書·儒林傳》，第3608頁。

18《漢書·竇嬰傳》，第2379頁。

19 建元是劉徹後來追補的年號。

20《漢書·五行志》，第1329頁。董仲舒的草稿並沒有保留，這裡是從他對其他火災的推演中摘出有可能引起嚴重後果的義理。

21《高廟園災對》，見《董膠西集》，收入《漢魏六朝百三家集》影印版，見「中國哲學書電子化計畫」（https://ctext.org/zh）。

22 董仲舒和公孫弘是在漢武帝即位之初（建元元年）還是第一次改元之初（元光元年）舉賢良對策，歷代有爭議，近來還有「元光五年說」。因文獻不足證，這裡取元光元年。

23 陳蘇鎮先生認為司馬遷「沒有見過天人三策甚至不知董仲舒曾參加對策」，見《〈春秋〉與「漢道」》，第226頁。但司馬遷未在董仲舒傳裡記錄這些，未必是不知，更有可能是不取，覺得不重要、不需要。司馬遷問學董仲舒，焉能不知？

24《漢書·董仲舒傳》，第2523頁。

25 王葆玹：《西漢經學源流》第三章。

26 今揚州。

27《漢書·公孫弘傳》，第2619頁。

28《漢書·儒林傳》，第3612頁。

29《史記・平津侯主父列傳》，第2962頁。

30 也有認為董仲舒指的是田蚡和淮南王，但這可能是後人知道田蚡之死，淮南王謀反的後見。

31《漢書・景十三王傳》，第2419頁。

32《詣丞相公孫弘記室書》，見《董膠西集》，收入《漢魏六朝百三家集》。

33《漢書・董仲舒傳》，第2525頁：「立學校之官，州郡舉茂材孝廉，皆自仲舒發之。」只是「發之」，具體實施，董子並無權力。

34《漢書・藝文志》，《西京雜記》卷三，第27頁。

35 劉義慶：《幽明錄》；此雖為小說家言，亦可見董子之形象。

36 陳侃理：《儒學、數術與政治》，第43頁。

二、今古之爭

1 以上，《漢書・蓋寬饒傳》，第3245頁。

2 皮錫瑞：《經學歷史》，第90頁，中華書局，1959。

3《漢書・溝洫志》，第1697頁。

4 李若暉：《久曠大儀：漢代儒學政制研究》，第94頁。

5《漢書・蓋寬饒傳》，第3247頁。

6 同上。

7《漢書・蕭望之傳》，第3286頁。

8《漢書・蕭望之傳》，第3287頁。

9《漢書・元帝紀》，第298頁。

10 弘恭在蕭望之死後不久病死，石顯繼任中書令，直至漢成帝即位後才失勢。

11《漢書・元帝紀》，第299頁。

12 所以二〇一五年海昏侯墓出土「張侯論」誕生之前的《論語》版本殘簡，就引起了強烈關注。

13《漢書・翟方進傳》，第3417頁。

14 黃一農：《星占、事應與偽造天象——以熒惑守心為例》。

15 張嘉鳳、黃一農：《中國古代天文對政治的影響：以漢相翟方進自殺為例》，載王健文主編：《政治與權力》，第177頁，中國大百科全書出版社，2005年。

16 劉歆生卒年不詳，從他活動的時間上下限看，與王莽年齡相仿。

17 陳侃理：班固《五行志序》全襲劉歆之說，後代《五行志》也相繼沿用，影響深遠。見《儒學、數術與政治》，第130頁。

18 對揚雄到長安入仕的時間，史書記載前後矛盾，亦有錯訛，歷來各家爭議頗多。鑒於可靠文獻不足，這裡採紀國泰之說，見《亦論「揚雄至京、待詔、奏賦、除郎的年代問題」》，載《西華大學學報（哲學社會科學版）》第36卷第4期。

19 蒙文通：《井研廖季平師與近代今文學》，見《經學抉原》，巴蜀書社，1995。

20 錢穆：《劉向歆父子年譜》，見《兩漢經學今古文平議》，第29頁。不過，古文經所倚重的《周禮》大概是戰國時期形成，其對周代禮樂制度的設計是對戰國時期新的官僚體制的反應，不是真正的周代禮制，見閻步克《士大夫政治演生史稿》。當然，對篤信古文的漢儒來說，《周禮》就是周代禮制。

21 儒家經學的今古文問題非常複雜，自古特別是近代以來，經過廖平、康有為、皮錫瑞、周予同等學者的努力，再加上百年來現代學術研究的積累，對相關問題有了很深的理解，但至今還不能說有「標準答案」。鑒此，限於本書的篇幅和目的，這裡僅能對今古文經學的問題做極簡、極籠統的描述。

22 《漢書．劉歆傳》說他遷「奉車光祿大夫」，《房鳳傳》稱「奉車都尉劉歆」，可能劉歆像當年霍光一樣，任「奉車都尉光祿大夫」。

23 三種分類見楊鴻年：《漢魏制度叢考》（第2版），第123頁，武漢大學出版社，2005。

24 今河南北部。

25 今內蒙古包頭一帶。

26 今河北衡水一帶。

27 揚雄：《法言．孝至》，見《法言義疏》，第559頁，中華書局，1987。

28 劉小楓主持譯事，取《禮記》《荀子》篇名，將柏拉圖的《理想國》譯為《王制》。

29《漢書．食貨志》，第1137頁。

30《漢書．貢禹傳》，第3075頁。

31 孫少華：《桓譚年譜》，第170頁，社會科學文獻出版社，2019。

第六章　始建國元年春正月：皇帝

一、從周公到堯舜的二十二天

1 觀風俗歸來後，陳崇被從大司徒司直提拔為司威，封列侯。

2 參加的將士也包括這時期討伐西海羌及鎮壓其他叛亂的人員。

3 普通百姓的民爵沒有取消，出土的新莽時期簡牘裡，仍然有不少民人擁有爵位。見饒宗頤、李均明：《新莽簡輯證》，第5頁，新文豐出版公司，1995。

4 後世一般認為，周朝並未實行過整齊的五等爵制，而是一種複雜的「內外服制」。簡單地說，外服是周王畿之外的侯、甸、男、衛、邦伯等名號，負責在周王畿之外特別是邊疆拱衛王室，侯的地位最高，如齊侯、晉侯、魯侯、衛侯等。內服則是王畿之內的貴族，其中的公，是王室執政大臣或年長者的尊稱，如周公；伯，主要是王室低一規格的執政卿士或家族的嫡長子，如鄭伯。此外，前朝王者的後代也稱公，如商的後代宋公、夏的後代杞公。子，則一般是族長、宗子，如楚國是蠻夷，其君長雖然自稱王，但被周稱為楚子、荊子。這些名號並不都是爵位。同時，這些名號還分為內稱和外稱、生稱和死稱、自稱和他稱等等，複雜得很。周公被稱為「公」，是因為他是周王的執政且在內服有采邑，但他的封地魯國屬外服，所以魯國的君主稱「魯侯」，但魯國人會尊稱魯侯為公，《春秋》裡從魯隱公到魯哀公都是「公」，諸侯死了也常被稱為公。諸如此類。

春秋時期，周王遷都，禮崩樂壞，內外服的體系被打破，這些原來性質各自不同的貴族名號就被時代挾裹，漸漸混為一談：外服的諸侯，內服的王室貴族，蠻夷的君主，夏商的後代，都頂著原本不同內涵的公侯伯子男的稱號在中原縱橫馳騁。後人難以搞清這些稱號的來龍去脈，認為這些都是爵位，就構建起一套爵制。到了戰國，連孟子也會講「公一位，侯一位，伯一位，子男同一位」，也不得不承認「其詳不可得聞也」。歷史之晦暗難明，孟子尚且不免，何況王莽？參劉源：《「五等爵」制與殷周貴族政治體系》，見《歷史研究》2014年第1期；及其他現代考古學成果。

5 孟子愛用禽獸這個詞，但並不是後世罵人的話，而是強調非人、不合乎人性。

6 《漢書・王莽傳》，第4090頁。

7 《漢書・王莽傳》，第4091頁。

8 同上。

9 《漢書・王莽傳》，第4093頁。

10 廣饒，今山東東營廣饒一帶。

11 《漢書・王子侯表》裡沒有「廣饒侯劉京」，叫劉京的有蒲領侯、武陶侯，廣饒侯的世系裡沒有記錄劉京。《王子侯表》序言寫道：「元始之際，王莽擅朝，偽褒宗室，侯及王之孫焉；居攝而愈多，非其正，故弗錄。」因此，這個廣饒侯劉京應是王莽所立，所以班書未載。

12 《漢書・王莽傳》，第4093頁。

13 《說文解字》：「亭有樓。」根據當時的亭制，猜測亭長應該住在亭的樓上，樓下可能是辦事場所。

14 今四川渠縣一帶。

15 始建國元年秋，王莽令人在全國頒布符命，有「福應十二」，其中「九以玄龍石」，應該就是雍石。因為據《漢書》「戊午，雍石文，皆到於未央宮之前殿」的記載，雍縣的這塊石頭是沒有被運到長安的，到未央宮前殿的是石頭上的「文」。「文」如果指文字的話，《漢書》當有記載，但沒有記載，所以可能是圖案。

16 見表6.1，從冬至迎石牛到王莽正式稱帝，僅有十七天，到始建國元年僅有二十二天。

17 《漢書・王莽傳》，第4094頁。

18 魯隱公攝政，後為魯桓公所殺，所以才稱之為「隱」。

19 《漢書・文帝紀》，第111頁。

20 《漢書・王莽傳》，第4095頁：「哀章學問長安」。

21 沈展如：《新莽全史》第六章第二節注17附圖，第140頁。

22《漢書‧王莽傳》作「赤帝行璽某傳予皇帝金策書」，並說「某者，高皇帝名也」。就是說，這裡的「某」是劉邦的名字。班固是後漢人，出於避諱，寫作「某」。但哀章是以赤帝的名義作書，即使此封檢是哀章偽作，也應以赤帝的身分署檢，不必為劉邦避諱，所以這裡的「某」應當直言劉邦的名字「邦」。（第4095頁）

23 據劉慶柱：《地下長安》，中華書局，2016。

24 王盱見白衣人當在改元之後、哀章獻策之前。

25「圖」上究竟是什麼，史書未載，此為推測。

26《漢書‧王莽傳》，第4113頁。

27 春秋戰國期間也有個別諸侯禪讓侯王之位，堯舜古史，晦暗難明，這裡描述的是王莽及時人的觀念。

28 孟祥才：《王莽傳》第172頁也認為此事是哀章所為，理由是王莽的登基詔書是急就章，可備一說。

29《漢書‧王莽傳》，第4113頁：「大神石人談曰」云云，並沒有明言是巴郡石牛。但王莽運到前殿的只有巴郡石牛和雍的石文，而且，石頭具備了動物的形狀，「人談」才可信，沒有動物形體五官的石頭怎麼能開口呢？所以這裡的大神石應該就是巴郡石牛。楊永俊《禪讓政治研究》第四章第一節也有其他論證，可參。

30 古人以「婦人」來表達褒貶，顯然是一種性別上的汙蔑，不符合當代價值觀，特此聲明。

31 古老的建除術，用來占卜吉凶。戰國竹簡已完整記錄了建除十二神名稱，有學者主張建除名稱可以追溯至商。在日曆上注明每日建除的做法一直延續至今。

32 雲夢睡虎地、天水放馬灘出土的秦簡日書均有「定日……祝祠」等記錄，說明這天宜祭祀等重大活動。

33《西遊記》第十四回「心猿歸正六賊無蹤」：卻說那劉伯欽與唐三藏驚驚慌慌，又聞得叫聲師父來也。眾家僮道：「這叫的必是那山腳下石匣中老猿。」太保道：「是他，是他！」三藏問：「是什麼老猿？」太保道：「這山舊名五行山，因我大唐王征西定國，改名兩界山。先年間曾聞得老人家說：『王莽篡漢之時，天降此山，下壓著一個神猴，不怕寒暑，不吃飲食，自有土神監押，教他飢餐鐵丸，渴飲銅汁。自昔到今，凍餓不死。』」自王莽開國到唐朝肇始，大概是六百多年。

二、始建國傳億年

1 顏師古說：恚對之辭也。

2 王諫、張永事見《漢書·元后傳》，第4033頁。

3 《漢書·王莽傳》，第4099頁。

4 辛德勇：《建元與改元》，上篇《重談中國古代以年號紀年的啟用時間》。

5 同上，下篇《所謂「天鳳三年鄣郡都尉」磚銘文與秦「故鄣郡」的名稱以及莽漢之際的年號問題》。

6 胡風、福山。

7 王莽參用今古文。

8 林劍鳴：《秦漢史》，第674頁，上海人民出版社，2019。

9 顧頡剛：《秦漢的方士和儒生》；楊永俊：《禪讓政治研究》。

10 《漢書·王莽傳》，第4101頁。

11 當然，民國對清室的優待也有複雜背景，如以優待換取退位等。

12 徐鄉，今山東黃縣附近。

13 今山東萊陽、平度附近。

14 《漢書·王莽傳》，第4118頁。

15 西元一〇年九月十五日。

16 《漢書·王莽傳》，第4119頁。

17 愔，音同音。

18 王莽說，居攝時，見到過有符命稱王臨為洛陽之主，而洛陽是天下之正中，所以預示著王臨為太子。王莽早有遷都洛陽的打算，這符命，也可能是王莽遷都的提前安排。

19 《漢書·王莽傳》，第4099頁。

20 音同歸。

21 《漢書·王莽傳》，第4106頁。秩宗，即漢太常。

22 徐冲：《西漢後期至新莽時代「三公制」的演生》。

三、改制與王制

1《漢書・食貨志》，第1142頁。

2 歷史上的井田制到底是什麼，怎麼實施的，尚未有公認答案。但這不妨礙後來人如王莽「想像」井田制的模樣。

3《漢書・王莽傳》：「故無田，今當受田者，如制度。」（第4111頁）這裡的「制度」應該是這道法令的具體內容，但詳情已不可知。

4 按照孟子的說法，井田制不僅是土地制度，還是一種鄰里宗族的社區制度。當然，也有學者堅持認為，王莽施行的就是井田制。

5 呂思勉：《秦漢史・總論》，第1頁。

6《漢書・食貨志》，第1179頁。

7《漢書・食貨志》，第1183頁。

8 陳煥章：《孔門理財學》，中央編譯出版社，2009。

9《漢書・食貨志》，第1181頁。

10《漢書・食貨志》說年息百分之十，《王莽傳》說月息百分之三，兩者有差別。蘇誠鑒認為是前者，見《「欲法武帝」與「附會《周禮》」-論王莽「六筦」及其「稅民」之制》，載《中國史研究》1989年第4期；林劍鳴認為應是最高利息和最低利息的區別，見《秦漢史》，第658頁。實際上，以今天銀行利率情況推斷，各地經濟水平不同，利率、息差都會不同，所以林劍鳴說應更近實際。

11 彭信威：《中國貨幣史》，第70頁，上海人民出版社，1988。

12 一些學者認為這是兩次改革。考慮到兩次時間挨得很近，且始建國元年主要是廢除刀幣和五銖錢的政治行為，因此將其與始建國二年的幣制改制合為一次更符合當時的實際。從行政的習慣來看，也可以把前面的一次視為「試點」。

13 語出東漢何休。

14 侯家駒：《周禮研究・序言》，聯經出版事業有限公司，1987；轉引自李若暉：《久曠大儀》，第188頁。

15 智囊見《後漢書・魯恭列傳》，第873頁；魯匡封折威侯，見《新莽簡輯證》，第5頁。

16 始建國四年，王莽已經允許王田買賣，王田制實際上即已失效，但法令直到地皇三年才被全部廢除。

17《漢書・王莽傳》，第4112頁。

第七章　天下

一、奇怪的戰爭

1 長安北方，今內蒙古自治區西段。

2 此時，車師後王應該已被王莽降格為侯，但史書依然記為王，這裡也繼續稱之為王。

3《西域傳》稱烏賁都尉；《匈奴傳》稱烏桓都將軍。兩者可能是匈奴同一職事的不同譯名。

4 匈奴沒有南將軍，應該也是匈奴職事的漢譯。

5 王國慶：《匈奴單于位繼承初探》，見《赤峰學院學報》2012年第9期，該文對匈奴繼承情況做了統計。

6 今昌平、密雲。

7 今甘肅張掖。

8 嚴尤，姓莊名尤，《漢書》中避漢明帝劉莊諱，改為嚴尤。為了敘事方便，本書仍以嚴尤稱之。

9 今內蒙古包頭附近。

10 高句麗侯騶的身分，目前尚未有公認的說法。這裡傾向於認為騶就是被降為侯的高句麗國王。可參考李大龍：《關於高句麗侯騶的幾個問題》，見《學習與探索》2003年第5期。

11 此處得到《周易》研究專家、同濟大學谷繼明兄指導。

12 呂思勉：《秦漢史》，第186頁。

13 此時尚未有赤眉的名號，這裡為了敘事便利而使用。

14《漢書・王莽傳》，第4104頁。

二、皇帝的執政藝術

1《漢書・王莽傳》，第4116頁。

2 同上。

3 錢穆：《中國歷代政治得失》第一講。

4《漢書・王莽傳》，第4135頁。

5《漢書・王莽傳》，第4153頁。

6 有說是橫搜五次。但據漢武帝大搜十幾日之情況推測，當是一次五天。

7「附城」的情況較為複雜，如桓譚被封為「明告里附城」，《漢書》明言這是他曾擔任使者、擅長「明告」（宣傳）的意思。出土的新莽簡裡，有奉聖里、通恥里、墩識里、仁勇里等，從字面看也是如此。但「里」是縣下的行政區，與郡縣性質不同。例如北京有「建國里」社區，既是存在的地區，也是美稱。

8 閻步克：《詩國：王莽庸部、曹部探源》，載《中國社會科學》2004年第6期。

9 以上漢代諸侯王的冊命禮儀，參李俊芳：《漢代冊命諸侯王禮儀研究》，載《中國史研究》2010年第2期

10《漢書・王莽傳》，第4129頁。

11《漢書・王莽傳》，第4140頁。

12 王莽顯然把「無錫」的「無」字理解為「沒有」，但無錫、烏傷等地名，應是吳越古老方言的音譯。

13 孟祥才：《王莽傳》，第219頁。

14 孟祥才：《王莽傳》，第225頁。

15《漢書・王莽傳》，第4143頁。

16 紙屋正和認為，王莽長年在京師，只有短暫的遺就國經歷，因此「對地方一無所知」，「並沒有處理行政實務的官員經驗」，見氏著《漢代郡縣制的展開》，第473頁，復旦大學出版社，2016。但考慮到王莽在稱帝之前已總攬行政事務多年，且治理卓有成效，絕不可能如此。

三、再造危局

1《後漢書・皇后紀》，第405頁。

2 劉珍等撰，吳樹平校注：《東觀漢記校注》，第2頁，中華書局，2008。

3《後漢書・鄧晨列傳》，第582頁。

4 畢漢思認為，王莽的失敗主要是因為黃河數次決口並改道。其說經余英時《畢漢思「王莽亡於黃河改道說」質疑》反駁，見余英時：《中國知識階層史論（古代篇）》，第185頁，聯經出版事業股份有限公司，1980。兩漢書裡確實沒

有提到此時有嚴重的黃河改道，但是對旱災、蝗災的描述很多。

5 《漢書・食貨志》，第1185頁。

6 王匡、王鳳與王氏家族成員重名。這時期，主要有三個王匡：王音之孫、王舜之子王匡，官職為太師將軍，後來在洛陽被更始軍俘虜被殺；王莽的私生子王匡；以及綠林首領王匡。

7 此十二月，應是夏曆，非新朝曆，屬地皇元年初。因為嚴尤在地皇元年中已被解職。

8 《漢書・王莽傳》，第4167頁。

9 今山東安丘市附近。

10 《漢書・王莽傳》，第4170頁。

11 《後漢書・列女傳》，第2783頁。

12 《漢書・王莽傳》，第4173頁。

13 同上。

14 《漢書・王莽傳》，第4175頁。按古代兵法災異之說，下雨不沾衣才是泣軍，是凶兆，沾衣是吉兆。《漢書》說「霑衣止」，「止」字可能指沒有沾衣的意思；也可能只是實寫大雨傾盆、淋濕衣服的狀況，無言外之意。

15 《漢書・王莽傳》，第4175頁。

16 《後漢書・桓譚馮衍列傳》，第962頁。

17 今河南商丘一帶。

18 今山東東平附近。

19 《漢書・王莽傳》，第4177頁。

20 《漢書・王莽傳》，第4178頁。

21 黃留珠：《劉秀傳》，第16頁，人民出版社，2003。

22 今湖北江陵一帶。

23 今湖北隨縣一帶。

24 夏曆。

25 此事具體的發生順序和時間，據黃留珠：《劉秀傳》，第45頁。
26 今河南省南陽南部。
27 夏曆二月初一。
28 本章自此使用漢軍視角，下文使用漢曆。
29 分別是今河南省葉縣、舞陽、偃城附近。
30 《後漢書．光武帝紀》，第5頁。
31 即今威海榮成一帶，連率即太守。
32 可以想像《魔戒二》中聖盔谷保衛戰的影像表達。
33 《漢書．王莽傳》，第4183頁。
34 關於昆陽之戰裡王莽軍的總數，史料記載不一。其中「百萬」之說，應是當時莽軍對外虛張聲勢，及後世史料為襯托劉秀的功績而誇大。考慮到軍隊的集結人員和在途人員、戰鬥部隊與後勤人員等不同口徑，當是實際集結四十餘萬，加上在途及後勤人員近百萬，但真正參與交戰的僅有幾萬人。《論衡校釋．恢國篇》第827頁作「三萬人」，劉盼遂認為「三」是「百」字之訛。
35 今河南省寶豐縣附近。
36 《新輯本桓譚新論》，第13頁。
37 夏曆八月，新朝曆九月。
38 今河南西峽縣一帶。
39 今河南靈寶一帶。
40 今陝西華陰附近。
41 今陝西富平附近。
42 一說寧武男。
43 夏曆八月，新朝曆九月。
44 夏曆九月，新朝曆十月。

45 大概是下午五時。

第八章　始建國地皇四年十月：反虜

一、回首故人千里遠

1 殘片二〇〇一年出土於長安桂宮遺址，參馮時：《新莽封禪玉牒研究》，見《考古學報》2006年第1期。

2 說符侯的「說」，是「悅」的意思：也有認為是「解說」之意。

3 《後漢書・崔駰列傳》，第1704頁。

4 《後漢書・桓譚列傳》，第956頁：「當王莽居攝篡弒之際……譚獨自守，默然無言」。按：王莽居攝之際，桓譚鞍前馬後，任諫大夫，擔當使者傳播《大誥》，受封明告裡附城之爵，並未「默然無言」。此為正史隱諱粉飾之語。孫少華等將此事繫於桓譚封爵後、王莽登基前，見《桓譚年譜》，第191頁。桓譚的「默然無言」應是針對符命，當與新朝建立後王莽以符命封侯、投機分子爭獻符命相關，故而繫於此。

5 《漢書・王莽傳》，第4096頁。

6 今朝鮮半島。

7 今天的川、雲、貴、廣西一帶。

8 沈展如：《新莽全史》，第158頁。

9 古代地名，大概位於今天陝西商洛境內，古代險要之地。

10 《漢書・王莽傳》，第4116頁。

11 《劇秦美新》只能根據其序言確定為揚雄入新朝所作，具體時間已不可考，因此其創作動機也難以確知。這裡認同陸侃如：《中古文學繫年》之說，揚雄在剛進入新朝的時候寫這篇文章的可能性更大。

12 《文心雕龍・封禪》，見周振甫：《文心雕龍注釋》，第236頁，人民文學出版社，1981。

13 《漢書・王莽傳》，第4122頁。

14 甄豐，字長伯。

15 《公羊傳・隱公五年》。這裡的陝，一說是郟。

16 孟祥才：《王莽傳》，第268頁。

17《漢書·王莽傳》，第4123頁。

18「室」也是因為新朝把漢朝的宮殿改名為室，如未央宮改為壽成室。

19《漢書·揚雄傳》，第3584頁。

20 揚雄：《解嘲》，見《揚雄集校注》，上海古籍出版社，2009。這個段子是用揚雄賦裡的話來反諷。

21《尚書·堯典》。

22《漢書·王莽傳》，第4123頁。

23《漢書·王莽傳》，第4124頁。

24 同上。

25《漢書·王莽傳》第4126頁說他並不樂見王莽稱帝，因此「病悸」而死，此說不確。參孟祥才：《王莽傳》，第248頁。

26 據說三國時期的甄妃是其後代。

二、第一家庭

1《漢書·外戚傳》，第4011頁。

2 即長樂宮。

3《漢書·元后傳》，第4034頁。

4《元后誄》，見《揚雄集校注》。

5《漢書·王莽傳》，第4132頁。

6 同上。

7 這一時期出土的簡牘，年號基本是「始建國天鳳」；第一年多是「始建國天鳳一年」。見《新莽簡輯證》。

8 新莽年號的考證及天鳳與彗星的關係，見辛德勇：《建元與改元》下篇，《所謂「天鳳三年鄗郡都尉」磚銘文與秦「故鄗郡」的名稱以及莽漢之際的年號問題》。

9 王宇有六子，王宗排第四。但居攝期間，王宗奉新都侯為後，被稱為長孫，可能他是王宇嫡子。

10 此印章意思費解，標點一作「維祉冠、存己夏、處南山、臧薄冰」。

11 孔仁大概是在陳崇、苗訢之後擔任五威司命。

12 洛陽在新朝改名義陽，本書為敘事便利，仍稱洛陽。

13 趙貞：《漢唐天文志書中的「白衣會」》，載《中國典籍與文化》2011年第3期。

14 《漢書．王莽傳》，第4165頁。長孫，王宇字；中孫，王獲字。中室，一說後宮，指皇后；一說王臨自稱。

15 《漢書．王莽傳》，第4165頁。

16 趙翼著、王樹民校證：《廿二史箚記校證》，第74頁，中華書局，1984。

三、登仙——！

1 《西京雜記》《漢武帝內傳》《武帝故事》，見《西京雜記（外五種）》。

2 《漢書．郊祀志下》「作樂其上」，按沈展如之說，「作樂」不僅是音樂，而是「各種遊戲娛樂，耍樂，享樂以至於淫樂音樂等」，此說可從，見沈展如：《新莽全史》，第370頁。

3 今陝西興平市一帶。

4 沈展如：《新莽全史》，第380頁。

5 朱謙之：《新輯本桓譚新論》，第14頁，中華書局，2009。

6 見《金樓子．雜記下》，《龍溪精舍叢書》本，亦轉引自《桓譚年譜》，第224頁。年譜以為甄邯墓中出土的是威斗，但甄邯死在始建國四年，王莽鑄威斗是在五年後的始建國天鳳四年。如果記載屬實，只能說陪葬的是類似北斗星的銅質器物。

7 董濤：《王莽威斗及相關天文信仰問題考察》，載《重慶師範大學學報（社科版）》2018年第5期。

8 沈展如認為像熨斗。

9 新朝以夏曆十二月為歲首，八月約是夏曆七月。

10 《漢書．揚雄傳》，第3585頁。

11 《漢書．王莽傳》，第4155頁。

12 當然，亞里士多德所說的「詩」，指的是「詩劇」。

13《漢書・王莽傳》，第4161頁。

14 黃展岳：《關於王莽九廟的問題》，見《考古》1989年第3期。關於十二廟的用途，未有定論。

15《漢書・王莽傳》，第4161頁。

16 即原來的魏郡；大尹就是原來的郡守。

17《漢書・王莽傳》，第4167頁。

18 八丈多高，大概二十米，或有誇張。

19 按此面積，太初祖廟每邊長九十多米，一九五〇年代發掘的九廟遺址中，位於最南側被認為是初祖廟遺址的邊長是九十五米左右，差別不大，因此這個記錄是可信的，由此推知，祖廟的面積近七千平方米，是今故宮太和殿的三倍；其他十一個宗廟邊長減半，與考古發掘也差不多一致，都是五十米左右。祖廟高度三十多米，與今天安門城樓差不多高。參黃展岳：《關於王莽九廟的問題》。

四、反虜王莽安在？

1 惲，音同運。本文中郅惲的事蹟，俱見《後漢書・郅惲列傳》《後漢紀・郅惲傳》。

2 本章是王莽視角，因此仍採用新曆。

3 林劍鳴：《秦漢史》，第731頁。

4《漢書》稱四月，《後漢書》稱三月，即漢曆三月，新曆四月。

5 新曆七月，漢曆六月。

6《漢書・王莽傳》，第4184頁。

7 同上。

8《漢書・天文志》，第1282頁。

9 音同赤，作姓氏音同帶。

10 董忠被當作主謀，或者說董忠是實際上的主謀，是因為時人在描述這場政變時，或是把董忠放在最前，或是以董忠代指他人。見趙國華：《劉歆謀反事件考論》，載《史學月刊》2016年第5期。

11《後漢書・竇融列傳》，第798頁。

12 漢曆八月，新曆九月。
13 今河南西峽縣一帶。
14 兩地相距大約100公里。
15 越騎，最初是來自越地的騎兵，這裡指的應是能力超群的騎士，與越地未必有關。
16 新曆十月，漢曆九月；《後漢書》《後漢紀》均依漢曆作九月。
17《漢書・王莽傳》，第4190頁。
18《漢書・外戚傳》，第4011頁。
19《漢書・王莽傳》，第4190頁。
20《漢書・王莽傳》作「商人杜吳」，《東觀漢記》作「杜虞」，吳、虞二字聲音相近，應是一人；職業一說為屠夫，但商人、屠夫其實也可能是一個職業，即從事屠夫的商人。
21《漢書・王莽傳》，第4192頁。
22《漢書・項籍傳》，第1820頁。對王莽屍體的搶奪，「爭相殺者數十人」，字面也可以解為「爭著去砍殺的有數十人」。但若設想當時情景，以及類比項羽被殺情景，當理解為「因爭奪相互殘殺的有數十人」為妥。
23 王莽已死，此處為漢曆九月。

餘韻：孔子為漢制法

1《後漢書・劉玄列傳》，第470頁。
2《後漢書・光武帝紀》第11頁注引《續漢志》。
3 今甘肅平涼涇縣一帶。
4 今陝西省渭南市華州區一帶。
5 今河北省邢台市柏鄉縣一帶。
6《後漢書・劉盆子列傳》，第484頁。
7《漢書・王莽傳》，第4194頁。

8《後漢書．循吏列傳》。

9《廿二史劄記校證》，第90頁。

10《後漢書．耿純列傳》。癭，大脖子。

11《後漢書．祭遵列傳》，第739頁。

12《後漢書．公孫述列傳》，第538頁。

13《後漢書．桓譚列傳》，第961頁。

14《後漢書．儒林列傳》，第2558頁。

15 此時已升格更名為章陵縣。

16 呂思勉：《秦漢史》。

17 道家神符常常以「急急如律令」作為指揮神仙的常用語，這是漢朝政府公文的格式語，就像今天政府印發公文，通知裡會有「特此通知」或「請遵照執行」之類的話。

後記與致謝

王莽的面目一直晦暗不清。

貼在他身上的標簽，有聖王、篡位者、騙子、偽君子、政治家、改革家、早期社會主義者、空想社會主義者、左派儒教士等等，網絡上還有人不無褒義地稱他是「穿越者」。二十世紀以來，因為社會觀念的激蕩，對王莽的不同評價像一只劇烈擺動的鐘擺，還會出現「欲言又止、矛盾反覆」*的狀況。

這當然有歷史觀念演進的原因。社會從古代跨入近代和現代，對歷史人物的評價發生變化很正常。但王莽更為典型，不同觀念和立場的人，都能從王莽身上看到自己所反對或擁護的一面。誇張一點講，思想界每出現一個新的流派或學說，王莽就會多一個新的標籤。

這就使王莽具有一種特殊的魅力。眾所周知，王莽的史料相對較為單一，雖然也有一些出土文獻，但主要來自《漢書》諸篇，特別是最後一篇《王莽傳》，班固以空前龐大的篇幅為王莽立傳，名為「列傳」，實為「本紀」。班固既要以王莽「總結」前漢，又要以王莽「發端」後漢，還要在呈現史實的同時維護東漢官方對王莽的定性。這使得《漢書．王莽傳》成為一部包含著微言大義的政治文本，即使是百分百的信史，但一定經過篩選，蘊含褒貶，給後人認識王莽蒙上了一層厚厚的面紗。

因此，嘗試描繪出王莽的多重面貌，成為我這次寫作的直接動機。我想不妨擱置對王莽「蓋棺定論」的衝動，回到他身處的時代，置身當時的政治、經濟、社會和文化環境，站在兩漢之交時人對歷史經驗、對公平正義的理解上，具體地看他的理想志業、人格表現、家庭關係、政治行動、改革措施，不以好壞是非、科學迷信等後見一概而論，而是借助他的行跡來探討更深入的問題。因此，彌漫在漢代空氣裡的天人感應、祥瑞災異、符命讖緯，就成了一個很必要的通道。

書寫王莽的另一個動機是儒家經學。儒家從先秦諸子之一，到西漢逐漸成為皇朝的經學，直至推動王莽的崛起，這是非常重要的事件。但是，理解儒家經學，並不能只依靠儒家經典的文本，只閱讀原文和注疏是不夠的。與王莽這個人物一樣，經學也應該被放置在具體的歷史演進中，才能呈現儒家在這一時期的使命與成敗。王莽與經學成為兩條明暗交織的線索。當然，經學是中國古典學術皇冠上的明珠，難度大，爭議多，在本書中我無意也無力進行全面深刻的把握，只是盡可能將其與王莽成敗的關係大概勾勒出來。

剩下的問題，就是如何通過敘事來實現了。這個關於王莽的「歷史非虛構」或者乾脆說「歷史報告文學」，應該怎麼寫？

對我而言，「歷史非虛構」本身是一個矛盾體。既然是歷史，當然不允許虛構；但「非虛構」這一文體追求敘事的戲劇性和在場感，人物要生動，細節要豐盈，要有文學的感覺。總的來說，它不是戲說歷史，也不是學術研究，更不是史料翻譯，而是介於歷史寫作和文學寫作之間的獨特文體。

「歷史非虛構」承載的使命不是學術研究，而是吸引更多人來關注這個話題，如果因此引發讀者的興趣，他會去閱讀更專業、更嚴謹的學術著作。但「歷史非虛構」也應盡可能吸取學術成果，傳遞可靠、豐富、前沿的歷史知識。

最終，我只能在「客觀史實、文學敘事、經驗識見、個人褒貶」這四個維度上盡可能求得平衡，戴著鐐銬跳舞。這其中，經驗識見、個人褒貶均受制於自己有限的閱歷和眼界，不免陋見。但關於客觀史實、文學敘事這兩點，不妨多說兩句。

一是史料辯證的邏輯。打個比方，寫作「歷史非虛構」，就像下屬給上級寫調研報告。上級對這個題材或是有所瞭解，或是有些興趣，但沒有工夫去實地調研（研讀原文、瞭解前沿成果），才需要派人去寫調研報告。而下屬在調研中，所聞所見未必都是真的，古書不見得都正確，有些是古人的偏見，有些是記錄或流傳的錯誤。因此下屬還要多渠道去瞭解，包括歷代學者的故識和出土文獻的新知，辨析真偽，查漏補缺，最終還要給上級提出見解，以資參考。因此，呈獻給「上級」讀者的文本，需要有增值、有側重、有態度。

二是文學敘事的邏輯。歷史寫作要在多大程度上追求真實性和客觀性，是一個經久不衰的話題。不談學術寫作，也拒絕向壁虛造，「歷史非虛構」應當允許一定程度的文學構思或者說「文心」。例如吸取文學敘事特別是現代文學的方法論。事件、歷史人物的話不可虛構，但不妨在文學筆法、謀篇布局、史料剪裁、場景渲染等方面努力，給讀者以通俗有趣的閱讀體驗。

以前的歷史題材紀錄片，常常是旁白念稿子，鏡頭放ＰＰＴ，最多拍攝幾段風景，現在一些紀錄片則借助優秀的「服化道」（編按：即服裝、化妝跟道具），讓演員扮演歷史人物，在精心復原的場景裡演繹歷史情節，給人以身臨其境的體驗。「歷史非虛構」寫作也應如此，古人不是生活在孤立的時空，史書不會面面俱到地記錄一個人每天做什麼，但這個人一定會和我們一樣在「生活」，他會吃穿住行，也會吟詩歌詠，他會不斷和他的時代互動。所以，儘管一個人物在史料裡只留下幾句話、幾條履歷，但我希望讓讀者感受到這個人物是處在「歷史語境」中。

這話說起來容易，做起來很難。自己才疏學淺，儘管努力嘗試呈現出一個適度、豐盈、有依據的文本，但距離這個目標或許還很遠。因此，我早有心理準備，無論怎樣在史實、文學、褒貶和見識之間騰挪轉移，也一定會同時遭受到這四個方面的批評—堅信實證的朋友會批判一些情節處理得輕率或想像過度；喜愛通俗「發揮」的朋友會批評腦洞不夠大；立場不同的朋友可能會很不贊同一些褒貶評價；擁有更高識見者可能會覺得幼稚。

但這正是我所希望的，有批評才是幸事，因此先提前接受下任何批評，努力改進，然後繼續勇敢地去寫吧！

最後是致謝時間：

首先要感謝行距文化黃一琨先生，文景何曉濤先生、李頔女士及為本書從運作到出版付出巨大努力的各位老師與朋友；感謝我的版權代理武新華、沙加之倫女士，本書得以找準切入點並付諸實踐，源於我們在一次喝酒時的熱烈交談。

北京大學歷史系陳侃理、同濟大學哲學系谷繼明、復旦大學歷史系闞海等老師與朋友在一些疑難問題及稀見資料方面給予了無私幫助；北京師範大學淩文超副教授、我讀書時的同學中山大學哲學系劉偉、北京師範大學歷史系徐暢、復旦大學國際關係與公共事務學院王蕾，好友高遠致、王芳軍、馮婧婧、李向品和李默伉儷等閱看了初稿並提出寶貴意見；鄧安慶、左君宜、繆磊等很多朋友對我長久以來的熱情鼓勵，在此一併謹致謝忱。當然書中的錯謬，責任均在我。

特別感謝我的老師陳壁生對我思想的啟迪，感謝劉勃先生、陸大鵬兄、閔雪飛姊姊以及老領導王勇的支持鼓勵，感謝二〇〇四年辭世的符郁給我播下的一粒種子。

感謝我的家人。對我的寫作，父母和岳父母給予了無私的關心，妻子在職場上的敬業勤奮不斷激勵我，三歲的女兒小白一見我寫作就玩我滑鼠砸我鍵盤，迫使我提高效率提前三個月完成了書稿。

大白

二〇二一年七月二十日

於北京白又白公社

＊葛承雍：《王莽新傳》，第216頁，西北大學出版社，1997。